KB120761

국가의 사기

국가의 사기

1판 1쇄 인쇄 2018. 1. 23.
1판 1쇄 발행 2018. 2. 2.

지은이 우석훈

발행인 고세규
편집 성화현 | **디자인** 이경희
발행처 김영사
등록 1979년 5월 17일(제406-2003-036호)
주소 경기도 파주시 문발로 197(문발동) 우편번호 10881
전화 마케팅부 031)955-3100, 편집부 031)955-3200 | **팩스** 031)955-3111

값은 뒤표지에 있습니다.   ISBN 978-89-349-8047-6 03300

홈페이지 www.gimmyoung.com   **블로그** blog.naver.com/gybook
페이스북 www.facebook.com/gybooks   **이메일** bestbook@gimmyoung.com

좋은 독자가 좋은 책을 만듭니다.
김영사는 독자 여러분의 의견에 항상 귀 기울이고 있습니다.

이 도서의 국립중앙도서관 출판시도서목록(CIP)은 서지정보유통지원시스템 홈페이지
(http://seoji.nl.go.kr)와 국가자료공동목록시스템(http://www.nl.go.kr/kolisnet)에서
이용하실 수 있습니다.(CIP제어번호: CIP2018002261)

국가의 사기

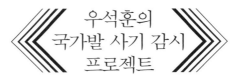

우석훈의
국가발 사기 감시
프로젝트

김영사

—

서문

—

"지옥도 지나 보면 꽃동산이다." 고등학교 때 교련선생님이 단체 기합을 주고 몇 명인가를 봉걸레 자루로 때리고 나서 했던 얘기다. 그때는 참 많이 맞았다. 초등학교 때는 거의 맞은 적이 없는데, 중학교에 들어가면서 매 맞고 벌 서는 게 일상이 되었다. 고등학교 2학년이 끝나갈 때쯤 청산별곡을 다 외우지 못했다고, 국어 선생님에게 엉덩이 스무 대를 맞은 적이 있다. 나는 그게 부당하다고 생각했다. 84년 어느 겨울날의 일이다. 나는 앞으로 사람을 때리지 않겠다고 결심했다. 그 시절에는 누군가를 때리는 것이 사회적 일상과도 같았다. 나중에 알게 된 일이지만, 그 시절에는 대기업에서도 상사가 부하직원을 종종 때렸다.

그리고 대학에 들어갔다. 곤봉을 들고 있는 경찰을 보는 것은 일상사였다. 돌이 날아다니는 것은 기본이고, 전경들이 보도블록을 뜯어서 던지기도 했다. 나는 그 시절이 참 싫었다. 때리고 잡아가고, 또 때리고 또 잡아가고, 우리는 모두 군인처럼 살았다. 대통령도 군인이었고, 장관들도 군인 출신이 많았고, 한국 최고의 기업이라고 하는 포철도 군인들이 만든 회사였다. 때리는 그들이나 맞는 우리들이나, 군인처럼 살았다.

학교에서 학생들을 때리지 않게 된 것은 아주 오랜 뒤의 일이다. 때리지 않고 공부 가르치는 것이 그렇게 어려운 일일까? 학교만 그런 것이 아니다. 한동안 한국이라는 국가는 누군가 다른 사람을 때리는 것을 아주 당연하게 생각했다. 집에서 엄마들은 아빠에게 맞았고, 아이들도 맞았다. 학교에서도 때리고, 회사에서도 때렸다. 그 이후 시간이 많이 흘렀다. 세상이 좋아졌을까? 학교에서 학생들을 때리지 않게 되었거나, 덜 때리게 되었다. 오랫동안 연인 사이의 사랑싸움이라는 정도로 심각성을 인지하지 않던 '데이트 폭력'도 엄연한 폭력이며 인권문제라고 하는 게 요즘 사회적 분위기다. 그렇지만 나머지 분야도 그만큼 좋아졌을까? 잘 모르겠다.

90년대 해외여행이 자유화되면서 대학생들이 배낭여행을 가기 시작했다. 풍요의 20대, 짧게 그렇게 한국의 20대가 살 만한 시기가 잠시 열렸다. 80년대까지는 정신적인 낭만은 있을지라도 풍요롭지는 않았다. 20대가 풍요로웠던 시대, 그 시기를 서태지가 상징하는 것 같다. 1997년 12월, 한국이 가느다랗게 열어놓고 있던 풍요의 문이 닫혔다. 그 이후로 20대는 계속 나빠지기만 했다. 내 기억에는, 단 한 번도 경제적으로 그들의 상황이 개선된 적은 없다. 말의 잔치는 있었지만, 그야말로 말뿐이었다.

"그 돈들은 다 어디로 간 거야?"

홍준표가 자유한국당 대표가 되면서 청년에 대한 정의를 새로 내렸다.

50세가 청년의 기준이란다. 진짜 황당한 발상이다. 농촌 지역 청년회 회장에 가장 젊다는 이유만으로 50대가 대표가 되는 것은 본 적이 있다. 그런 식이면 이제 흰머리와 치과 치료가 생활이 된 나도 아직 청년이다. 이 어처구니없는 상황이 한국의 보수들이 짊어진 운명인 것 같다.

촛불 집회와 함께 정권이 바뀌었다. 기분학, 그야말로 진짜 기분학상으로는 세상이 좋아진 것 같다. 그러나 정말로 좋아졌을까? 내가 좋아지는 것과 세상이 좋아지는 것은 전혀 별개의 문제다. 그리고 내 기분이 좋아지는 것과 경제가 좋아지는 것은 정말로 완전 별개의 문제다. 세상이 좋아질까? 이 질문에 머뭇거리지 않고, 서슴없이 그렇다고 답한다면, 당신은 너무 정치적인 사람일지도 모른다. 세상이 진짜로 좋아질지는, 아직은 모른다.

최저임금이 올라갔다. 사방에서 난리 난다고 여기저기 곡소리다. 일본, 미국과 함께 독일이 최근 최저임금을 많이 올리는 흐름으로 들어갔다. 무엇보다도 최저임금제가 없던 독일이 최저임금제를 전격적으로 도입했다. 그러면 독일이 좋아진 것일까? 독일이 좋아져서 최저임금제를 도입한 것이 아니라, 독일이 어려워져서 최저임금제를 도입한 것이라고 보아야 옳을 것이다. 진짜 잘사는 나라들, 스웨덴, 노르웨이, 스위스, 이런 데는 최저임금제가 없다. 굳이 그걸 법으로 강제하지 않아도 어느 정도 서로 월급을 주면서 사는 나라, 그런 데가 더 잘사는 나라들이다. 우리에게도 최저임금을 억누르면서 버티던 단계가 끝나면 최저임금제가 아예 필요 없거나 있어도 유명무실한 단계가 온다.

우린 그 중간 단계에 있다. 더 높은 곳으로 갈 수도 있고, 더 열악한 상황으로 갈 수도 있는 분기점에 있다. 그렇지만 지금이 뭔가 바꿀 수 있는 좋은 시기인 것은 확실하다. 그래도 여전히 구조적으로 이상한 것, 조직적으로 황당한 것, 상식적으로 생겨서는 안 되는 일, 국가 안에서 이런 것들이 진행된다.

지난 10년, 원래도 좀 이상하던 나라가 더 많이 이상해졌다. 이것도 이상하고, 저것도 이상하다. 그중에 시급한 문제들을 풀려고 했던 것이 우리 모습인 것 같다. 그러다 보니 진짜 이상한 것, 단기간에 풀기 어려운 문제, 이런 것들은 문제 축에도 들지 못했다. 당장 너무 이상한 문제를 해결해야 하는 초단기 과제 중심으로 살다 보니까 진짜로 이상한 것은 논의 테이블에 올라와 보지도 못했다.

"그건 원래 그래."

이상한 것은 이상한 것이고, 나쁜 것은 나쁜 것이다. 원래 그런 것은 없다. 모든 제도에는 다 기원이 있고, 모든 이상한 것에는 다 계기가 있다. 풀 수 있는 문제만 풀고 풀 수 없는 문제는 아예 얘기도 하지 않는 것, 그게 짧게 보면 이상한 시대 10년, 길게 보면 박정희 이후로 수십 년 동안의 경향이었다.

숨 크게 들이쉬고, 그 기원과 구조에 대해서 생각해보기로 한 것은 2016년 4월의 일이다. 막 총선이 끝났고, 당시 새누리당이 제1당의 위치에서 물러났다. 이제는 진짜 변화를 생각해봐도 좋을 것 같았다. 그사이에 최순실 사태가 생기고, 촛불 집회가 있었고, 탄핵과 함께 새 정부가 들어섰다. 숨 막힐 정도로 거대한 변화가 진행되는 동안, 나는 어떻게 하면 세상이 진짜로 좋아질 것인가, 그런 고민을 하고 있었다.

1980년대 이후로 정부가 작아지는 것이 좋다는 얘기들이 유행했다. 이 시대가 종료했고, 전 세계적으로 정부가 지금보다 더 커지는 중이다.

좋든 싫든, 작은 정부를 지향하던 시대는 종료하게 된다. 그리고 전 세계적으로, 정부의 크기는 당분간 더 커질 것이다. 그와 함께 국가의 역할도 더 커질 것이다. 작을 때에는 별로 티가 나지 않던 일들이, 규모가 커지면 심각한 문제를 일으킬 가능성이 높다. 복지 등 국가의 기능과 역할이 많아지는 것과 반비례로 국가의 실패와 모순이 같이 늘어날 가능성이 크다. 지금까지의 보수들이 여기에 대해서 제시한 방법은, 그런 걸 다 없애버리라는 간단한 얘기였다. 국가는 자신이 할 줄 모르는 분야 그리고 할 줄 아는 분야에서도 손을 떼고, 그걸 시장에 넘기라고 했다. 안 하고 다른 데 넘기는 건 간단한 해법이다. 그렇지만 국가가 더 커지는 게 흐름이고, 다른 데 자신이 하던 일을 넘길 수 없다면? 우리는 민영화 이전의 문제와 민영화 이후의 질문을 지금 동시에 만나게 되었다. KBS, MBC, 이런 재미없는 채널들 치워버리고 TV 수신료도 그냥 화끈하게 없애버리면 안 되나? 다른 채널도 많고, 그냥 미드, 일드, 이런 거 보면 안 되나? 이런 질문 앞에 우리가 서게 될 것이다.

나는 아직도 책이 가진 고유의 기능을 믿는다. 방송국에서 진짜로 길게 준비를 하는 다큐나 탐사 방송은 6개월 정도 준비한다. 그건 창사특집 같은 특별 방송의 경우다. 두 달도 길고, 보통은 한 달 반 정도 준비해서 방송 하나를 만든다. 그리고 우리가 보는 많은 방송들은 일간 단위이거나 주간 단위다. 그 이상 길게 생각을 하기가 어렵다.

신문의 기획기사는 한 달 준비하면 정말 오래 하는 것이다. 1주일을 넘어가는 일을 하기가 어렵다. 주간지도 일주일 단위로 움직인다. 숨 막히게 정신없는 시간들을 보낸다. 언론과 관련된 한국 내의 어떤 집단도 1년 단위라는 시간으로 움직이지는 않는다. 우리는 바쁘다. 세상이 모두 이럴까?

영국의 BBC에는 1년 정도가 아니라 몇 년씩 준비하는 방송들이 종종 있다. 일본의 NHK만 해도 대형 프로그램들은 몇 년씩 준비한다. 우리처럼 호떡집에 불난 것처럼 정신없이 일하는 단기팀만 존재하는 선진국은 없다. 일상적인 일을 처리하는 단기팀과 함께 긴 호흡으로 다른 것을 준비하는 장기팀이 공존하는 것, 우리가 깜빡하고 넘어온 지난 10년 동안의 불찰이다.

10년 전 사회적 논의의 장에서는 책이 제1시장이었다. 책으로 유명해진 사람들이 언론이나 방송으로 진출하는 구조가 10년 전까지는 분명히 한국에 존재했다. 지금은 책 시장이 후시장이다. 방송 등 다른 분야가 선시장이고, 책은 그렇게 유명해진 사람이 내는 후시장이 되었다. 이것과 같은 구조를 가진 분야가 정치다. 원래는 작은 지자체 같은 곳에서 유명해진 사람이 더 큰 국회로 나오게 된다. 정치로 유명해져서 더 큰 정치를 하는 것, 그런 게 정상적인 정치 시장이다. 한국에서는 정치로 유명해지는 것이 아니라 이미 유명해진 사람이 정치를 한다. 한국 정치가 가진 후진성이 이 구조에서 나온다. 지난 10년 동안 책 시장은 언론 시장이나 문화 시장보다는 정치 시장에 더 가까운 것이 되었다. 방송에 딸린 부가 시장, 그런 게 지금 한국의 책 시장이다. 좋은 것은 아니다.

그렇지만 여전히 한국에서 책만이 가지고 있는 기능이 있다. 언론도 못 하고 방송도 못 하는 것, 그건 아주 긴 시간을 가지고 다각적으로 고민하는 일이다. 세상에는 짧고 빠르게 대응해야 좋은 것만이 아니라, 아주 긴 시간을 가지고 천천히 들여다봐야 보이는 것들도 있다. 특히 긴 시간에 걸쳐서 오랫동안 엉키고 결합된 구조적 문제는 긴 시간을 가지고 천천히 들여다보면서 푸는 수밖에 없다. 글 쓰는 사람이나 주제에 따라서 좀 다르겠지만 책이 독자들 손에 갈 때까지 3년 정도의 시간이 걸린다. 3년 전에도 문제라고 생각했는데, 3년 후에도 여전히 문제일까? 그런 문제가 한국에는 생각보다 많다. 그리고 진짜로 세상을 변화시키기 위해서는 그렇게 긴 호흡으로 고민할 필요가 있다. 숨 길게 쉬고 몇 년간을 달리는 고민, 이런 질문들이 한국에는 필요하다고 생각한다. 그리고 국가의 덩치가 더 커지고, 시장이 더 복잡해질수록 더더욱 책이 필요하다. 나는 아직도 그렇게 믿는다.

상식이 무너지고 '블랙리스트'가 난무하던 시기를 보냈다. 그 시기에 많은 매체가 왜곡되었고, 많은 사람들이 어려움을 겪었다. 그사이 매체로서의 책이 선시장에서 후시장이 되었고, 많은 작가와 저자들이 책을 쓰던 펜을 손에서 내려놓게 되었다. 아동 도서나 그림책의 양서 작가들은 크게 사회적 분위기의 변화를 타지 않는다. 이런 작가들마저 이러다가 굶어죽겠다고, 서로 안부 인사하는 상황이 되었다. 이런 현상은 영원히 굳혀질 비가역적인 현상일까?

"이 또한 지나가리라, 국가가 사기 치던 시대와 함께…."

10년 전에 한국이 그랬던 것처럼, 20대, 30대 작가들이 사회를 상대로 충격적이고 반항적이며 새로운 물결을 이끄는 시대가 한국에도 다시 올 수 있다. 한국은 원래 그랬던 나라이고, 아직도 그런 잠재력을 충분히 가지고 있다. 그때에야 비로소 우리는 어둡고 이상했던 한 시대가 지나갔다고 서로 기뻐하며 안도하게 되지 않을까?

'얇게 썬다'는 표현이 최근 문화계 현장에서 많이 사용된다. 워낙 디테일이 강조되는 트렌드가 생기다 보니까 더 얇게, 더 얇게, 이렇게 세밀한 접근법이 유행하게 되었다. 그렇게 시야가 더 좁아지면서 세밀한 것들을 더 중시하게 된다. 이 속에서 가끔 우리는 모범생 딜레마에 빠지게 된다. 열심히 하고 더 자세하게 하는 것이 오히려 오래된 구조적 문제에 갇히게 만드는 경우가 있다. 문제를 푸는 것 같지만, 하면 할수록 오히려 더 문제 안에 깊게 갇히는 경우, 한국의 사교육이나 부동산 같은 게 이런 특징을 가지고 있다. 그리고 때때로 국가는 사람들이 더 세밀하고, 더 디테일하게 고민하는 것을 좋아하기도 한다. 그래야 사기 치기가 더 쉬워지기 때문이다. 때로는 일상적인 접근법과는 정반대로 두껍게 썰고, 길게 보는 것이 전혀 다른 시각을 제공하기도 한다. 국가의 사기라는 질문은, 책이라는 매체라서 던질 수 있다는 생각이 들었다. 정권이 바뀌어도 본질이 바뀌지 않는 국가 내부의 요소들이 존재하는 법이다. 그리고 진정한 변화는 그곳에서 시작하거나, 그곳에 도달하여야 한다. 그게 내가 이해한 촛불 집회의 의미다. 한국 경제의 지속가능한 번영을 위해서, 우리는 조금 다르게 질문해야 할 것 같다. TV와 신문의 경제에 관한 수많은 논의에도 불구하고 굳이 테이블에 메뉴 하나가 더 필요한 이유다. '두껍게 썰기', 이런 걸 독자들과 같이 한번 해보고 싶다.

차례

—

들어가는 말

—

"그런데 피청구인은 최서원의 국정개입 사실을 철저히 숨겼고, 그에 관한 의혹이 제기될 때마다 이를 부인하며 오히려 의혹 제기를 비난하였습니다. 이로 인해 국회 등 헌법기관에 의한 견제나 언론에 의한 감시 장치가 제대로 작동될 수 없었습니다. 또한, 피청구인은 미르와 케이스포츠 설립, 플레이그라운드와 더블루케이 및 케이디코퍼레이션 지원 등과 같은 최서원의 사익 추구에 관여하고 지원하였습니다. (……) 이러한 피청구인의 위헌·위법행위는 대의민주제 원리와 법치주의 정신을 훼손한 것입니다."
- '2017년 3월 10일 헌법재판소 2016헌나1 박근혜 탄핵사건에 대한 선고문' 중에서

수많은 사람들이 2017년 오전 11시부터 시작된 헌재의 최종 판결문 발표를 숨죽이고 지켜보고 있었다. 일반적인 법원 판결문보다는 훨씬 더

부드럽고 알기 쉽게 구어체로 만들어진 이 판결문에서 우리는 낯선 개념 하나를 접하게 되었다. '피청구인'이 박근혜라는 것을 이해하기는 쉽지만, 최서원이 '최순실', 이제는 하나의 개념이 된 바로 그 사람을 지칭하는 것을 알아채기는 어려웠다. 최순실은 알아도 최서원은 우린 잘 모른다. 이 익숙하지 않은 낯섦, 과연 최순실은 누구인가?

오전부터 이정미 헌법재판관의 입을 지켜보던 사람들에게 대통령이 탄핵될 것이라는 결론을 알린 것은 위의 네 문장이다. 그날 발표문의 결정적인 내용이다. 한국인의 70% 정도가 기뻤을 것이고, 10% 정도가 기분이 나빴을 것이고, 10% 정도는 좋지도 싫지도 않았을 것이다. 그 즈음의 탄핵과 관련된 여론조사 추이를 보면 그 정도로 볼 수 있다.

그날 나는 기뻤다. 아니, 많이 기뻤다. 그러나 마냥 기쁘지만은 않았다. 설명하기 쉽지 않은 그런 찜찜함이 마음속에 있었다. 이제 세상은 좋아질까? 깊이 생각하지 않고 몇 초 만에 "그렇다"고 대답할 수가 없었다.

그리고 17일 후인 3월 27일 이미 탄핵되어 더 이상 대통령이 아닌 박근혜 씨에게 구속영장이 청구되었다. 2017년 3월 31일 새벽 3시 영장판사에 의하여 구속영장이 발부되었다. 그 뉴스를 기다리면서 밤을 샌 사람들도 많았겠지만 나는 다음 날 일이 있어서 아주 일찍 자버렸다. 오전에 전라북도 교육청에서 강연이 있어서 새벽 4시에 일어났다. 의도하지 않았지만 박근혜 씨가 서초동 서울중앙지검을 나와서 서울구치소로 이동하는 장면을 생중계로 보게 되었다. 확률적으로, 이런 장면을 실시간으로 보게 될 사람은 많지 않을 것이다. 나는 이런 걸 꼬박꼬박 챙겨볼 정도로 그렇게 열심히 사는 스타일은 아니다. 그렇지만 영장 발부 이후에 박근혜 씨가 구치소로 이송되는 장면을 끝까지 지켜보았다. 아직 깊이 잠자고 있는 두 어린 아들과 아내를 두고 전주로 향하는 차에서 참 많은 생각이 들었다.

우연하게 마주친 불운의 순간이 한 번 더 있었다. 그날도 지방에 일이 있어서 혼자 운전하고 내려가던 참이었다. 분당 약간 아래 용인 근처에서 노무현의 시신이 실린 운구차를 반대편에서 마주치며 지나가게 되었다. 어떤 의미로든 불운한 사건이다. 국민장을 치르기 위해 서울로 올라오는, 시신이 된 대통령, 그의 차가 호위를 받으며 지나가는 것을 반대편 차선에서 만나는 것, 다시는 하고 싶지 않은 경험이다. 전직 대통령이 자살하는 일, 이런 일을 다시 만나고 싶지는 않다.

이 몇 개의 장면이 전주로 향하는 내 머릿속에서 몽타주처럼 빠르게 스쳐 지나갔다. 그리고 다시 한 번 나에게 물어보았다. 자, 이제 박근혜 씨가 감옥에 갔다. 아마도 가볍지 않은 형량이 나올 것이다. 그럼 세상이 좋아질 것인가? 정서적으로야 좋아진다고 말하고 싶지만, 논리적으로는 그렇게 대답하기가 어렵다. 선뜻, 좋아질 것이라고 말하기에는 찜찜함이 있다. 그래도 최순실이 버티고 있던 시절보다 좋아지지 않겠는가? 물론 그렇기는 하지만, 그건 감정적이고 정서적인 답변이다. 그만큼 확실한 캐릭터가 등장하지 않는다면 오히려 더 큰 문제들이 더 잘게 그리고 쪼개져서 분산되어 존재하게 될 것이다. 그리고 다시는 지금과 같은 거대 사건으로 부각되지 못할지도 모른다.

누군가 세상이 좋아지겠느냐고 물었을 때 할 수 있는 최선의 전략은, 아무 말도 하지 않는 것이다. 쉬운 방법이다. 아무 말도 하지 않으면 틀릴 확률도 없다. 쉽기는 하지만 비겁한 선택이다. 글쎄, 나도 나이를 더 먹으면 비겁한 선택을 하게 될지도 모르지만, 아직은 비겁한 선택을 하고 싶지는 않다.

조선 시대에 과거는 3년에 한 번 치르게 되어 있다. 식년시라고 부른다. 문과 33명 등 분야별로 급제자 숫자도 다 정해져 있다. 그렇지만 조선 왕조 501년 동안 문과는 804회를 치렀다. 평균적으로 매년 1.64회의 과거를 본 셈이다. 엄청나게 과거시험을 많이 봤다. 세종은 과거를 좀 덜 보게 했다. 28년의 재위 기간에 21회를 치렀다. 반면 세조는 좀 많이 봤다. 12년 동안 23회를 치렀다. 매년 두 번의 과거를 본 셈인데, 조선 전반기의 왕 중에서는 가장 과거 횟수가 많다. 성군으로 불리는 성종도 과거를 많이 보지는 않았다. 24년의 재위 기간에 연간 1.2회 정도를 치렀다.

임진왜란을 겪고 난 후로는 과거 횟수가 늘어난다. 광해군 때에 2.1회로, 연간 두 번을 넘게 시험을 치렀다. 제일 많았던 것은 영조 직전의 경종 때로 매년 4.5회나 치렀다. 사도세자 사건을 겪으면서 51년간 왕좌를 지킨 영조는 매년 거의 2.5회의 과거를 보게 했다. 그의 손자인 정조 때에는 1.7회로 약간 내려가다가 철종 때 2회, 고종 때 2.7회 과거를 치렀다.

영·정조를 지나며 과거제도 자체가 문란해졌다는 것은 많은 사람들이 지적하는 얘기다. 그렇다면 그 전에는 과거가 아주 철저하게 실력 위주로 시행되었는가? 이건 입증하기 어렵다. 과거가 아주 문란해진 이후로 5인 1조 혹은 7인 1조로 시험을 치른 얘기들이 많다. 극단적으로는 문제를 푸는 사람과 글씨를 잘 써서 답안지를 정리하는 사람들 등으로 전문 분업체계가 되어 있었다는 얘기도 많다.《열하일기》의 박지원은 아예 과거를 보지도 않았다. 비슷한 시기, 정약용은 문과에 2등으로 합격해서 성공적으로 공무원 세계에 안착한다. 남겨져 있는 기록들은 많은데, 이런 것과 과거를 통과한 사람들의 이름만 가지고 과거제도에 대해서 객관적

조선조 과거시험 빈도

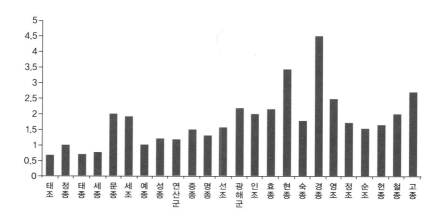

으로 평가하기는 어렵다.

　일반적으로 사람들이 조선 시대의 과거에 대해서 가지고 있는 생각은 조선 초기에는 세계적으로 훌륭한 공무원 채용 제도로 잘 운영되었는데, 조선 후기에 과거 관리 자체가 붕괴되면서 나라가 망하게 되었다, 이런 것 같다. 과거 부정에 대한 얘기는 많은데, 과연 조선 전기라고 해서 부패하지 않고 과거시험이 운영되었는지는 지금 확인하기 어렵다. 확실한 것은 태조에서 세종에 이르기까지, 매년 본 것은 아니고 2년에 한 번 안 되게 과거를 보았다가 세조 때 1년에 두 번 정도 보는 걸로 늘었다는 사실이다. 그리고 다시 줄어들었다가 조선 중후기로 가면서 과거는 1년에 두 번, 기분 좋으면 세 번도 보는 시험이 되었다. 3년에 한 번, 그렇게 정해진 대로만 과거를 치르게 한 조선 왕은 없다. 조선의 왕들은 왜 이렇게 과거를 불규칙하게 운영했을까?

세종과 세조 사이의 과거 횟수는 설명이 좀 쉽다. 문종은 재위 기간이 짧아서 빈도수가 높다. 그 뒤를 이은 단종을 계유정란으로 밀어내고 부당하게 권력을 탈취한 세조는 선비들을 많이 죽였다. 그리고 조정의 일에 별로 협조적이지 않은 선비들도 많았을 것이다. 어떤 식으로든 충원이 필요했을 것이다. 그렇다면 조선 후기의 과거 횟수의 증가는? 물론 새로운 공무원들이 필요했다고 생각할 수도 있지만, 이건 임진왜란을 겪은 광해군 때 정도만 해당된다. 지금도 그렇지만 대체적으로 공무원 수는 정해져 있다. 더 많이 뽑으면 누군가를 내보내야 하는데, 이건 쉬운 일이 아니다. 합격하고도 배치되지 못하는 인력 정체가 생기게 마련이다. 자신의 업적을 과시하기 위한 통치술의 일환으로 과거를 치른다고 하더라도 너무 치렀다. 이렇게 하면 문제가 생길 것을 조선조의 왕들은 몰랐을까?

공무원 임용의 눈으로 조선조의 과거를 보면 행정학의 영역이다. 사법고시를 유지할 것이냐 아니면 로스쿨 체계로 갈 것이냐, 이건 법조인 임용에 관한 문제지만, 법학이 아니라 행정학에서 다룰 영역이다. 조금 더 논의를 확장하면 윤리학 혹은 정의론의 대상이 될 수 있다. 국가 권력에 접근하는 것을 어느 계급까지 허용할 것인가? 이건 좀 더 심각하고 근원적인 질문이 될 수 있다. 그렇다면 조선조의 과거제도를 경제의 눈으로 본다면?

단순화시켜서 생각한다면, 임진왜란 이후 조선 후기로 갈수록 증가하는 과거시험은 경제 진작 정책의 일환으로 볼 수 있다. 과거장에서 국가는 답안지를 적어낼 종이 한 장도 나누어주지 않는다. 종이와 먹 같은 기본적인 것은 물론이고, 전국에서 과거를 보러 떠나는 유생들의 모든 비용도 개인들에게서 나오게 된다. 전국적으로 시험을 치르면서 향시와 같은 지방 시험부터 단계적으로 한 바퀴를 돌면 개인들은 상당한 돈을 지불하게 된다. 요즘 식으로 말하면, 민간 소비를 늘리는 일종의 소비 진작 정책 같은 것이다. 박근혜 후반기, 메르스 사태로 소비가 너무 줄었다고 정부가 억지로 만들어낸 '한국판 블랙프라이데이'가 이런 것과 성격이 유사하다. 원래의 블랙프라이데이는 부활절 이후 크리스마스 직전까지 사람들도 많은 선물을 하고 실제 판매자들도 시즌 마무리 기간이어서 남은 재고를 소진하는 계기가 된다. 그렇지만 우리나라는 설과 추석 등 명절 중심으로 선물이 구성되어 있고, 소비 시즌이라는 게 형성되어 있지 않다. 정부에서 일부 백화점 등 떠밀고 억지로 소비 늘려달라고 하는 게 한국판 블랙프라이데이다.

1929년 대공황을 극복하는 과정에서 미국 루스벨트 대통령 주도로 추진된 뉴딜과 한국판 블프는 많이 다르다. 뉴딜 때는 실제로 정부가 주도해서 지출을 늘렸다. 이걸 재정 정책이라고 부른다. 일본에서 1990년대 이후 불황을 극복하기 위해서 소비를 진작시키려고 할 때에 상품권을 나누어주었다. 일본은 1998년 직접 국민들에게 수십만 원짜리 상품권을 나누어주면서 6개월 내에 사용하도록 하였다. 불황 극복에 큰 효과는 없었다는 것이 사후 평가이기는 하다. 그렇지만 이때에도 정부가 지출을 늘리면서 개인들에게 소비를 하도록 권유하였다. 블프는 정부는 별거 안 하고, 사람들에게 소비 분위기 조성만 하려고 한 행사다. 만약 지금도 조선 시대와 같은 방식으로 과거제를 시행하고 있었다면 박근혜 정부는 블프 대신 과거시험을 대대적으로 치렀을 것이다. 영조가 재위 기간 연평균 2.5회의 과거를 보게 했다. 모르긴 몰라도, 지금도 그렇게 일괄적으로 공무원을 뽑을 수 있다면 박근혜 정부는 연간 4~5회의 과거 행사를 열었을 것 같다. 별거 없는데도 한국판 블프를 하는 정부에서, 있는 걸 왜 안 썼겠나?

3년에 한 번 정기적으로 치르는 식년시 외의 과거에 경기 진작이라는 거시적 목적이 있다면, 내부적으로는 자산 재분배의 효과도 생각해볼 수 있을 것이다. 정부의 경제 정책은 중립적인 것이 좋지만, 많은 경우에는 자산 효과가 존재한다. 정부가 재정 정책을 쓸 때 직접 수혜를 받는 계층이 있고 그렇지 않은 계층이 있기 때문이다. 토건 정책이 대표적이다. 건설사가 1차 수혜를 받고, 그렇게 증가한 지출과 일자리를 통한 후방 효과가 간접 효과를 발생시킨다. 1차 수혜는 정부 사업에 직접 참가하는 사람들이 주로 받는다. 과거를 치르면 지필묵이라고 부르는 종이와 붓과 먹의 수요가 늘어난다. 이런 기초 품목은 종로에 자리 잡고 있던 정부의 공식 납품업자들이 주로 취급한다. 지방에 있는 사람들이 지출하고 돈은 중앙, 즉 한양으로 모이게 된다. 만약 누군가 상납을 받거나 부패했다면? 마찬가지다. 한양에 있는 외척 등 정권 실세들 쪽으로 모인다. 지방 양반들이 땅문서를 팔고, 그 돈이 결국 한양으로 흘러 들어오게 되는 구조다. 조선 후기처럼 정치 권력이 문란해지면 문란해질수록, 경제적으로 과거는 더 많이 보게 되어 있다. 실제로 그랬다.

훌륭한 인재를 전국에서 많이 뽑아서 국정을 안정시키겠다는 게 명분이었겠지만 결국은 과거를 더 많이 봐서, 성공하고 싶은 사람들이 더 많이 지출하게 만드는 작용을 했다. 그리고 그 돈이 정부 재정을 튼튼하게 하는 방향보다는 누군가에게 뒷돈을 채워주는 쪽으로 흘러갔을 것이다. 늘어나는 급제자에게 자리를 마련하기 위해서는 또 많은 사람들이 먼저 공직에서 물러나야 했을 것이다. 안정적인 것과는 좀 거리가 있는 선택이다. 세종 때 과거를 덜 본 게 괜히 덜 본 게 아닌 것 같다. 그 어느 왕보다 새로운 일들을 많이 펼친 세종이 철종이나 고종만큼 인재의 부족을 느끼지 않았겠나?

게다가 한양에서 치러진 과거의 경제적 성격은 지역적인 면에서 중립적이지도 않다. 한양에 사는 사람보다 더 많은 사람들이 과거 때 움직이게 된다. 구조적으로 지방에 있는 사람들이 돈을 쓰고, 그 돈의 상당 부분은 서울에서 쓰게 된다. 그러니 "말은 제주로 보내고, 자식은 서울로 보내라", 이런 말들이 나오게 된 것 아니겠는가? 혹독한 유배 시절을 경험한 다산 정약용은 자식들에게 절대로 4대문 밖으로 나가지 말라는 편지를 보낸다.

독자 여러분, 한번 생각해보자. 여러분이 망해가는 조선 왕조의 시스템 디자이너라면 어떤 선택을 할 것인가? 왕을 둘러싼 외척들은 경제를 살리기 위해 과거를 더 많이 치르자고 한다. 찬성할 것인가 반대할 것인가? 과거제 폐지? 아니면 과거제 대폭 확대? 정상적인 상식을 가진 제도 디자이너라면 부패한 과거제도 운영 방식부터 고치자고 할 것이다. 온 국민이 부패한 제도로 과거를 뻔히 이해하고 있는데, 그 상태 그대로 횟수만 늘리는 것이 과연 도움이 될 것인가?

조선조에서 과거는 500년간, 나라를 만들 때부터 나라가 망할 때까지 지속되었고, 임진왜란 한가운데에서도 이순신은 전라좌수영에서 무과를 진행하였다. 조선은 양반의 나라이기도 했지만 유자의 나라이기도 했다. 그리고 과거시험의 나라이기도 했다. 과거를 통해서 양반집을 일으킨 중신은 과거제의 문제를 개선하기보다는 자기 자식들이 과거를 잘 보기를 원했다. 시험 부정 없는 과거를 치르게 하는 게 그렇게 어려운 일이었을까? 그러나 조선은 그런 개혁을 결국 못 했다. 앞에서 말한 박지원 같은 일부 사람들이 과거를 보지 않는 소극적 저항을 했을 뿐이다.

국가가 조직적으로 사기를 치기 시작하면, 그것은 관행이 되고, 한번 그렇게 자리 잡은 것은 고치거나 개선하기가 아주 어려워진다. 잘못된 제도라도 늘 이익 보는 쪽과 그렇지 않은 쪽이 존재하기 때문이다. 그리고 많은 경우, 이익을 보는 소수는 잘 단결하고, 이익을 보지 않는 다수는 단결할 이유가 없다. 관행이라는 이름으로 소수에게만 이익이 돌아가는 제도가 생각보다 오래간다. 조선 시대에 시행했던 과거제의 병폐, 결국 나라가 망하고야 끝이 났다.

애덤 스미스는 《국부론》에서 사회 전체의 이익과 기업의 이익이 일치하지 않을 경우가 있다고 말하였다. 그리고 이때 국가는 기업가의 말에 너무 귀 기울여서는 안 된다고 지적하였다. 그런데 공동의 번영을 기업가가 원하지 않을 수도 있다는 이런 애덤 스미스의 지적을 얘기하는 사람은 거의 없다. 《국부론》 전체에서 딱 한 번 나오는 '보이지 않는 손'이라는 표현 하나로 애덤 스미스를 해석하려고 했기 때문에, 기업가들에게 사회가 속을 수도 있다는 애덤 스미스의 경고는 사람들 귀에 들어오지 않았다.

경제학자들은 때로 사람들을 속인다. 일부러 속이는 경우는 없더라도, 집단으로 속이고, 협업해서 속인다. 경제학자들만 그런 것이 아니다. 전문가들이 집단으로 사람들을 속이는 경우는 많다. 그런 속임수 중에서 가장 흔하게 벌어지는 것이, 지나친 전문용어와 도저히 읽을 수 없는 약어들, 보고 싶지 않은 말과 글을 남발하는 것이다. 일반인들은 아예 보고 싫어지지가 않는다. 의학용어들도 지나치게 어렵고, 법률용어도 어렵고, 심지어 UN의 기술적 분석 보고서들도 너무 어려운 말을 많이 쓴다. 외래어 남발이고, 설령 우리말로 되어 있다고 하더라도 어려운 한자투성이라서 도저히 알 수 없다. 그렇게 해서 아무도 들여다보고 싶지 않은 영역을 만든다. 그 안에서 무슨 일이 벌어지는지 아무도 모른다. 그렇지만 아무도 모른다고 해서 그게 세상에 영향을 미치지 않는 것은 아니다. 그리고 이런 아무도 모르는 곳에서 벌어지는 사고는, 기본적으로 그 규모가 10조 원을 넘어간다. 때로는 수백조 원 아니 수천조 원에 달하기도 한다. 금융 분야에서 벌어지는 일들이 대개 그렇다.

후순위채권이라는 용어가 있다. 경제학 교과서에는 안 나오는 말이다. 옛날에 공부한 사람들도 안 배웠고, 요즘 공부한 사람들도 안 배웠다. 왜 후순위채권을 기업이 발행하는가? 1997년 IMF 경제위기 이후 BIS라는 지표가 한국에서 엄청나게 중요해졌다. 자기자본비율을 의미한다. 후순위채권이라는 기기묘묘한 금융상품이 인기를 끌게 된 것은 순전히 이 BIS 때문이다. 기업이 5년 이상의 후순위채권 형태로 돈을 빌리면, 이걸 빚으로 보지 않고 자본으로 인정해준다. BIS 비율을 높이면서도 빚을 외부에서 빌릴 수 있으니까 기업이 아주 선호한다. 그래서 기업이 망했을 때, 다른 채권들을 먼저 갚고 나중에야 차례가 오는 이 기묘한 상품이 한국에서 인기를 끌었다. 이런 설명을 들으면 후순위채권이 무엇인지 이해가 되시는가? 아마 90% 이상, 이게 뭔 소리래? 전혀 이해하지 못할 것이고, 이걸 왜 이해해야 하는지도 이해하지 못할 것이다. 이 복잡하고 관심 없을 개념에 자갈치 할머니들까지 돈을 쏟아 부은 적이 있다.

이 후순위채권이라는 금융상품이 지역경제를 흔들고, 심지어는 정치도 뒤흔든 적이 있다. 부산의 평범한 아줌마, 할머니, 할아버지 들까지 후순위채권을 집단으로 매입했다. 그리고 이 후순위채권을 집중적으로 사람들에게 사라고 권유한 기관이 결국 망했다. 난리가 났다. 그게 바로 2011년 부산 저축은행 사태의 핵심이다.

후순위채권? 나도 무서워서 이런 금융상품은 거래하지 않는다. 펀드 거래를 아예 안 하는 것은 아니지만, 그렇게 크지 않은 금액 정도를 머니마켓펀드인 MMF에 넣어두는 정도다. 후순위채권은 진짜로 무서운 상품이라서 쳐다보지도 않는데, 부산의 자갈치시장 아줌마들을 포함한 지역 상인이 대거 샀다. 뭔 일이래? 당연히 이건 투자용 금융상품이라서 예금자 보호가 안 된다. 한국에서는 은행이 망하더라도 5,000만 원까지는 예금을 보호해준다. 그러나 투자상품은 예금이 아니라서 전혀 보호받지 못한다. 망하면, 그냥 망하는 거다.

MMF나 주가연계증권인 ELS는 영어 약자로 표현된다. 자주 쓰는 사람 아니면 무슨 말인지 모른다. 이런 건 그래도 사람들이 무슨 뜻인지 한 번 찾아보게는 된다. 한때 수많은 중소기업이 피눈물을 흘려야 했던 키코는 그냥 들어서는 정말로 무슨 뜻인지 알 수가 없다. 환헤지 상품이라는 설명을 들어도 어렵다. 키코의 작동 메커니즘까지 알고 이 상품에 가입한 중소기업 사장이 있었을까? 없었을 것이라고 생각한다. 후순위채권은 한자어이기는 하지만 어쨌든 우리말이다. 듣기만 해도 등골이 오싹한 느낌이 들지 않는가? 나는 이 말을 듣기만 해도 본능적으로 무섭다. 우선주와 같이 '우선'이라는 개념을 사용하다가 '후순위'라는 말이 나오면, 진짜로 본능적으로 무섭다. 이건 진짜로 전문가들 사이의 본능이다. 일반 국민들은 채권도 잘 모를 것이다. 그런데 이런 걸 부산 지역에서 대량으로 팔

왔다고?

전문가라고 다 아는 것은 아니다. 몇 명 빼놓고는 아무도 몰랐던 상품도 있다. CDO라는 것이다. 이건 진짜로 거의 아무도 몰랐다. 세계 경제가 장기 불황에 빠지게 되고, 저성장을 이제는 현실로 받아들이라는 말, '뉴노멀'은 2008년 글로벌 금융위기 때문에 생겨났다. 그리고 세계 최대의 투자은행인 리만 브라더스의 파산으로 시작된 바로 이 위기가 CDO 때문에 생겨났다.

영화 〈빅 쇼트〉는 한국에서 2016년 1월에 개봉했고, 46만 명 정도 봤다. 많이 본 것일까 적게 본 것일까? 2013년에 개봉한 영화 〈마진 콜〉은 7천 명이 봤다. 2011년에 개봉한 다큐영화 〈인사이드 잡〉은 5,741명이 보았다. 〈인사이드 잡〉의 내레이션은 본 시리즈의 맷 데이먼이 했고, 그해 아카데미 장편 다큐멘터리 상을 수상하였다. 7천 명, 5천 명이 본 〈마진 콜〉과 〈인사이드 잡〉과 비교하면 〈빅 쇼트〉의 46만 명은 엄청나게 많이 본 것이라고 할 수도 있다.

이 세 가지 영화의 공통점은 명확하다. 모두 CDO Collateralized Debt Obligation에 관한 영화다. 〈인사이드 잡〉은 CDO 발행과 거래를 허용한 정부의 실패에 관해서, 〈마진 콜〉은 CDO를 하룻밤 사이에 팔아버리고 손실을 최소화하려고 했던 어느 투자은행에 관해서, 그리고 〈빅 쇼트〉는 CDO의 문제점을 포착한 몇 사람이 각기 다르게 몇조 원씩 벌게 된 얘기다. 우리말로는 부채담보부증권이라고 하는 CDO, 이건 진짜로 사건이 벌어지기 전까지는 거의 아무도 몰랐다.

영화 〈배트맨〉의 주인공을 연기한 배우들이 여러 명 있다. 크리스토퍼 놀란이 감독을 맡은 배트맨 시리즈에서는 크리스천 베일이 배트맨으로 나왔다. 배트맨의 어둡고 인간적인 면을 제대로 보여주었다는 평가를 받는다. 이 크리스천 베일이 〈빅 쇼트〉에서 마이클 버리를 연기하였다. 경제학을 공부한 의사, 이 마이클 버리가 CDO의 문제점을 처음 발견한 사람이다. 2008년 글로벌 금융위기 때, 그의 펀드는 CDO 붕괴로 수조 원을 번다. 마이클 버리의 투자에 주목한 은행원과 펀드 매니저들이 몇 명더 있다. 그들도 수조 원 벌었다. 당시 전 세계에서 사람들이 잃은 돈은 수천조 원을 넘어선다. 그 이후의 세계적인 경제 손실액은 추정이 불가능할 정도다.

한국에서도 2008년 9월, 수많은 펀드들이 급락했고 대부분의 펀드들은 원금 건지기도 어려웠다. 이런 걸 생각해보면, CDO의 문제점을 다룬 영화들에 대해서 사람들이 너무 관심이 없는 것도 사실이다. MB는 글로벌 금융위기를 타개한다면서 한반도 대운하를 4대강 사업으로 변장시켜서 다시 추진하였다. 그리고 부수적으로, 청년 실업 문제를 해결하기 위해서도 4대강 사업이 필요하다고 하였다. CDO, 우리에게도 아무 상관이 없는 상품이 아니고, 아무런 연관이 없는 사건은 아니다.

더 섬뜩한 사건도 있다. 리만 브라더스의 파산으로 글로벌 금융위기가 격발되었고, 바로 이 리만 브라더스를 강만수를 필두로 한 금융 공무원들이 직접 인수하자고 나섰던 적이 있다. 이미 위기의 전조를 보이던 리만 브라더스를 인수해서 한국 금융이 세계적으로 발전하는 계기로 삼자고 한 것이 강만수의 주장이었다. 이 에피소드는 다큐 〈인사이드 잡〉에도 나온다. 사회적으로 반대가 심해서 인수하지는 못했다. 그러나 국가의 돈을 하얗게 태워버릴 뻔한 사건이 실제 추진되었었다. 물론 그렇다고 해서 우리가 손해를 덜 본 것은 아니다. 그때 태워버릴 뻔했던 돈은 자원외교 한다고, 결국에는 그만큼 태워버렸다. 주도한 사람이 강만수가 아니었지, 국가가 날려 먹은 것은 마찬가지였다.

그렇다면 CDO가 도대체 무엇인가? 우리 식으로 말하면, 빚 문서를 여러 개 묶어 새로운 빚 문서를 만든 것이다. 관련 영화와 다큐에서 CDO를 가장 쉽게 설명하는 용어는 '똥 덩어리'이다. 여러 종류의 똥을 복잡하게 섞는다. 그러면 각각의 리스크가 분산되었다고 평가해서 A⁺⁺ 등급의 금융상품이 된다. 이 거대하게 뭉쳐진 다양한 종류의 똥 덩어리를 돌리다가 결국 터진 것, 그게 리만 브라더스 파산 사건이다. 그리고 이 똥 덩어리로 각자 수조 원의 돈을 번 사나이들에 관한 영화가 바로 〈빅 쇼트〉다.

〈빅 쇼트〉, 영어 단어 자체는 어려울 게 하나도 없는 두 단어의 조합이다. 그러나 무슨 말인지 알 사람은 많지 않다. 빅은 크다는 뜻? 맞다. 대형을 의미한다. 그러면 쇼트? 짧다는 바로 그 단어? 단어는 짧은 머리, '쇼트 헤어' 할 때 그 쇼트가 맞다. 그렇다면 빅 쇼트는? 큰 짧은 것? 뜻이 통하지 않는다. 이때의 '쇼트'는 공매도로 번역한다. 〈빅 쇼트〉를 금융용어에 맞게 번역하면 '대형 공매도 사건' 정도가 된다. 공매도? 다시 머리 아파지기 시작한다. 쇼트를 이해하기 위해서는 '롱'도 알아야 하고, 롱과 쇼트를 이해하기 위해서는 헤지펀드의 전략을 알아야 한다. 간단한 일은 아니다.

CDO가 거대한 똥 덩어리라는 것을 가장 먼저 눈치 챈 마이클 버리가 만들었던 금융 회사가 헤지펀드다. 가끔은 금융 자본주의를 작동시키는 악의 근원이며, 국제적 투기 자금의 주체라고 비판받는 게 헤지펀드다. 그렇지만 금융상품도 어디까지나 상품, 상품을 거래해서 이익을 올리는 것 자체를 뭐라고 할 수는 없다. 그 자체로 악은 아니다. '피도 눈물도 없는', 이렇게 말할 수는 있다. 모든 금융이 그런 것은 아니지만, 금융 거래 자체가 수익률 등 수익 조건을 중심으로 움직인다. 그 안에 깃든 사람들의 땀과 눈물, 애환, 그런 건 보이지 않고 보려고 하지도 않는다. 피도 눈물도 없고 비인간적인 거래를 하는 것은 맞는데, 그것 자체가 죄악은 아니다. 그것도 하나의 거래 방식이고 그 거래를 성사시키는 법인 자체를 헤지펀드라고 부른다. 물론 특별한 경우, 국가와 결탁을 하면서 제도 자체를 자신에게 유리하게 만들거나, 공무원을 매수해서 특별한 혜택을 받는 것, 이런 건 범죄다. 분명히 나쁜 일이다. 그러나 피도 눈물도 없이 냉정하게 거래한다고 해서, 그 자체를 범죄라고 하거나 나쁘다고 하기는 어렵다. 마이클 버리가 똥 덩어리투성이인 CDO 거래를 통해 수조 원을 벌었다고 해서, 그의 헤지펀드를 비난하기는 쉽지 않다. 오히려 그 상황이 되도록 무방비로 방치한 미국의 금융당국을 비난하는 게 더 빠를 수 있다. 그리고 흔히 월가라고 부르는 이들의 돈을 선거자금으로 받아, 우호적인 정책 분위기를 만든 백악관과 대통령들을 비난하는 게 사태 해결을 위해서는 더 빠를 수도 있다. 정상적인 상황에서의 헤지펀드, 분명 피도 눈물도 없는 것은 맞지만, 그 자체를 죄악으로 보기는 어렵다.

헤지펀드의 기본 전략을 흔히 롱 앤 쇼트Long & Short라고 부른다. 이때의 롱은 주식구매를 의미한다. 어떤 회사의 장기적 전망이 좋은 경우, 그때 헤지펀드는 그 회사의 주식을 장기적으로 구매하고 보유하는 전략을 사용한다. 그렇다면 쇼트는? 금융에서 쇼트는 공매도로 번역된다. 어떤 회사나 금융상품의 전망이 좋지 않으면 단기적으로, 그 가격이 내려간다는 쪽으로 베팅을 하고, 공매도를 한다. 공매도는 말 그대로 아직 대금을 지불하지 않은 상태로 거래하는 걸 의미한다. 미리 거래를 하고, 실제 가격이 내려가면 아무것도 오가지 않았어도 그 차익만큼 이익이 된다. 단기적으로 전망이 좋지 않을 때, 헤지펀드는 쇼트 전략을 쓴다. 그걸 우리말로는 공매도 했다고 한다. 물론 실제 돈 거래를 하지 않고도 이득을 볼 수 있는 만큼, 실패하면 대가는 혹독하다. 규모가 커지면 커질수록 잘못 내려진 선택에 대한 대가를 혹독하게 치르게 된다.

평범한 단어지만 독특한 뜻으로 사용하는 것은 금융용어만은 아니다. 법률용어도 그렇다. case는 경우, 사례와 같이 아주 쉬운 영어 단어다. 어려울 것 없다. 그렇지만 법률에서의 case는 사건이다. civil case는 민사소송건, case number는 사건 번호로 번역된다. 생활용어와 전문용어는 약간 의미가 다르다.

마이클 버리가 한 금융거래는 CDO가 내려가는 쪽의 보험상품을 발행하게 하고, 그걸 사들인 것이다. 전형적인 쇼트 전략이다. 모두가 CDO의 가치가 올라간다고 생각하는 순간, 그 반대쪽으로 움직이는 금융상품 거래를 했다. 일상적인 경우에는 그냥 돈을 잃고 말지만, 진짜로 똥 덩어리인 CDO가 폭락하는 경우, 반대로 올라가는 금융상품의 구매를 통해서 많은 펀드들은 균형을 맞추려고 한다. 물론 마이클 버리가 방향은 맞추었지만 폭락 시점은 맞추지 못했다. 생각했던 것보다 1년 이상 폭락이 지연되면서, 마이클 버리도 자신이 가진 많은 유가증권을 매각해서 비용을 지불하며 버티게 된다. 그 과정이 영화에서는 아주 고통스럽게 묘사된다.

헤지펀드가 롱 전략을 늘리면 이제는 선진국들의 국민연금 기금처럼 안전한 기금에 투자하는 우수한 중장기 투자자가 된다. 훌륭한 기업의 주식을 오래 보유하는 것, 거의 엔젤 수준이다. 쇼트 전략을 늘리면 경제 불안을 틈타 반대쪽 전략을 사용해서 폭락을 조장하는 세력처럼 보이게 된다. 그렇지만 수익률을 놓고 리스크와 수익률 사이에서 균형을 맞추기 위해서 죽어라고 계산을 한다. 많은 헤지펀드는 롱 전략보다는 쇼트 전략의 비중을 높이는 경향이 있다. 그 편이 단기 수익률을 더 높일 수 있는 가능성이 있기 때문이다. 2008년 글로벌 금융위기처럼 모두가 폭락하는 상황에서, 오히려 떼돈 버는 헤지펀드들이 나온 까닭이다.

모두가 경제의 번영을 바라고, 장기 성장률이 지속적이고 안정적으로 나오기를 바랄까? 모두가 그런 것만은 아니다. 모두에게 나쁜 일이 벌어질 때 돈 버는 사람들이 존재하는 것도 사실이다.

그러면 눈을 우리에게 돌려보자. 미국의 월가는 그랬다 치고, 우리나라에는 CDO 같은 게 없을까? 부산 자갈치 시장에서 하루하루 살아가는 사람들에게 후순위채권을 팔았던 나라다. 금감원의 금융 전문가들이 후순위채권의 위험성을 몰랐을 리가 없지 않은가? 우리나라는, 혹시라도 국가 자체가 CDO인 것은 아닐까? CDO는 신용이 충분치 않은 사람들이 집 사면서 은행에서 돈 빌린 채권을 모으고 모아서 만든 금융상품이다. 하나하나는 우수하지 않은 불량 채권이지만, 그걸 거대하게 모으면 위험이 줄어든다고 사람들이 믿은 것이다. 거대하다고 해서 안전하거나 우수하다고 말하기는 어렵다는 것이 CDO가 우리에게 준 교훈이다. 국가가 하는 일은 크다. 그러나 크다고 해서 늘 우수한 것은 아니고, 또 언제나 안전한 것도 아니다.

왜 개인은 맨날 속는가?

1장

—

1
돈과 사랑, 속으면서 시작하는 것

—

"세상의 범죄는 대부분 금전 아니면 치정에서 시작된다."

형법을 공부할 때 들었던 이야기다. 극단적인 환원주의다. 돈과 사랑, 이걸로 많은 범죄를 설명할 수 있다. 간단하지만 생각보다 설명력이 높다. 그러나 이것도 경제학은 복잡하다고 생각한다. 더 간단하게 돈 하나로 환원한다. 사랑? 경제학에서는 별 요소가 아니라고 여겼었다.

오랫동안 돈과 권력 그리고 사랑, 이 세 개면 인간을 설명할 수 있다고 생각하였다. 4세기경에 《고백록Confessions》을 쓴 성 아우구스티누스Aurelius Augustinus가 이렇게 사람의 행위를 설명한 적이 있다. 그때에는 신을 닮기 위해서 인간으로 하여금 노력하게 만드는 명예욕이 가장 중요하다고 하였다. 돈과 사랑은 부차적인 것이었다.

20세기 중후반, 경제로 사회의 많은 부분을 설명하려고 하던 시기가 있었다. 그 선봉장은 단연 개리 베커Gary Becker였다. 그는 1992년 노벨경제학상을 탔다. 그는 범죄의 문제도 경제로 설명하려고 하였고, 이게 범죄 경제학이 되었다. 베커의 시각에서 범죄를 저지르는 것은, 범죄를 통해서 얻을 수 있는 이익이 발각되었을 때 지불하게 되는 비용보다 크기 때문이다. 결혼을 유지하는 것 역시 결혼을 유지하면서 발생하는 이익이 그 계약을 파기했을 때 발생하는 이익보다 크기 때문이다. 결혼은 그런 점에서 매일 갱신하는 계약과 같은 것이다. 아침에 일어나서 결혼을 유지하는 것과 유지하지 않는 것의 편익과 비용을 계산해서 매일매일 계약을 새로 맺는 것으로 이해할 수 있다. 어느 편이라도 그 계산이 맞지 않는다고 생각하는 순간, 결혼의 청산 절차가 시작된다. 중세에도 이혼이 있었고, 조선조에도 이혼 제도가 있었다. 신과 하는 약속? 절대로 결혼은 그런 것이 아니다. 많은 것은 이익과 비용이라는 돈의 용어로 설명할 수 있다. 개리 베커의 이론대로 형법에 대한 설명을 재구성하면 다음과 같을 것이다.

"세상의 범죄는 대부분 금전에서 시작되고, 치정 역시 금전에서 시작된다."

개리 베커는 시카고학파를 대표하는 학자 중의 한 명이다. 경제학자 중에서 그만큼 사회에 대한 연구를 많이 한 사람도 없을 텐데, 거꾸로 그만큼 사회과학 연구자들에게 욕을 많이 먹은 사람도 없을 것이다. 뭔가 설명한 것은 같은데, 돈으로 모든 것을 설명하는 것은 사실은 아무것도 설명하지 않은 것과 같다. 1990년대 미국을 풍미한 경제학 흐름은 극단적인 경제환원론이었다. 모든 사회현상을 경제로 설명하려고 했다. 그리고 이걸 '경제학의 제국주의'라고 부르기도 했다. 경제로 많은 것들이 설명되는 것은 맞지만, 경제만으로 다 설명되지 않는 것도 사실이다.

사랑이 경제로 다 설명될까? 예수 사후, 지난 이천 년간에도 사람들은 사랑을 충분히 이해하지 못했고, 앞으로 천 년이 지나도 이해하지 못할 것 같다. 여전히 사랑의 복잡 미묘함에 대해서 우리가 충분히 이해하고 있지는 못하다. 현실에서의 사랑은 복잡하다. 많은 경우, 사랑은 속이는 것에서부터 시작한다. 자기가 가진 것보다 더 가진 것처럼 보이려는 것, 여기에서부터 사랑이 시작된다. 속이는 것을 알면서도 속아주기도 한다. 그때 진짜 사랑이 시작된다. 진짜 속는 것과 속아주는 것을 구분하기는 어렵다. 어느 쪽이든 속지 않으면 결혼 서약이 성립될 수 없다. 저울로 무게를 재는 것처럼 사람의 가치를 잴 수 있는 방법은 없다. 만약 진짜로 사람의 가치를 정확하게 재는 저울이 존재한다면, 결혼 자체가 불가능할지도 모른다. 모르고는 속지만, 알고도 속을 수는 없다. 결혼은 계약이고, 판단이다. 그리고 결혼한 이후, 매일매일 속은 것을 확인하면서 평생을 살아간다. 속았지만, 그 이후에 만들어낸 삶이 충분히 가치 있다면 '부가 가치'가 높은 결혼이라고 할 수 있다.

한국에서 결혼한 지 10년 이상 된 여성이, 남편이 자신과의 삶을 충분히 믿고 자랑스러워하는지 아닌지 간단하게 확인할 방법이 있다. 아쉽지만 집이나 부동산 혹은 현금 등 유가증권이 있는 경우에만 가능한 방법이다. 자신의 집이나 부동산을 공동 명의로 바꾸어 달라고 배우자에게 요구하면 어떻게 될까? 이미 했어야 하는데, 아직 못 해서 미안하다고 말하고 바꾸면 최소한 그 금액만큼 사랑하는 것이라고 볼 수 있다. 만약 증여세 등 온갖 핑계를 대면서 펄펄 뛰면? 그 반대의 경우일 가능성이 높다. 뭐라고 얘기하든, 결혼생활 10년 이상 된 남편이 재산의 절반을 아내의 명의로 전환하는 것을 거부한다면, 여전히 이혼 가능성을 염두에 두고 있는 것이다. 믿음 부족이든 사랑 부족이든, 파혼이 이 부부 주변에서 서성거리고 있다. 사랑, 믿기 이전에 속이지 않는 것이 더 중요한 '일일 계약', 매일매일 갱신하는 계약이다.

경제라고 많이 다를까? 우리는 100달러짜리를 보면 괜히 기분이 좋아 진다. 아마도 100년 전 아니 50년 전 사람들이 이런 모습을 보면 진짜 이 상하다고 느낄지도 모른다. 그냥 종이 한 장인데, 이런 걸 보면서 기분까 지 좋아지다니! 사실 지금같이 화폐가 진짜 가치와 아무 상관도 없어진 지는 50년도 채 되지 않았다. 2차 세계대전 이후 세계 통화체계를 재구 축할 때만 해도 분명히 달러를 가지고 가면 은행에서 그 가치만큼 금을 주는 태환 화폐였다. 흔히 워터게이트 사건의 주역으로 기억되는 바로 그 닉슨Richard Nixon이 1971년 금태환 정지를 전격적으로 결정했다. 이제 는 달러를 모아서 은행에 간다고 해도 그걸 금으로 바꿔주지는 않는다. 그 이후, 우리가 쓰는 화폐는 금 혹은 은 같은 귀금속, 즉 실제 상품과는 아무런 상관도 없다. 이론적으로 지폐는 이제 그 자체로 아무것도 아닌 종잇조각에 불과하다. 바꿔준다고 했는데, 갑자기 미국 대통령인 닉슨이 "이제부터는 안 바꿔준다"고 했으니까, 사기 친 것이기는 하다. 만약 어 느 개인이, 바꿔준다고 했다가 안 한다고 하면 어떻게 되겠는가? 바로 사 기죄로 고소다. 감옥 간다. 그러나 상대는 미국 그것도 대통령, 끽 소리 못하고 참을 수밖에 없다.

'피아트fiat'라는 단어가 있다. 자동차회사 이름으로 유명한 바로 그 피 아트. 일상생활에서는 거의 사용하지 않는 단어다. 그런데 이 피아트라 는 단어가 닉슨 이후 세계 경제의 변화를 설명하기 위해서 경제학에 전 격적으로 등장하게 된다.

"빛이 있으라Fiat lux."

성경의 유명한 구절이다. 창세기에서 신이 세상을 만들 때, 바로 이 피아트라는 라틴어를 사용한다. 엄청나게 권위 있는 단어다. 닉슨이 한 1971년의 조치를 경제학에서는 바로 이 피아트라는 단어를 가져가 사용한다. "돈이 있으라Fiat money." 태초의 천지창조에 비견될 만큼 닉슨의 불태환 조치가 충격적이었던 셈이다(우리나라에서는 박근혜 정부 당시 "빛이 있으라"가 아닌 "빛이 있으라"라는 명령이 내려졌다는 농담이 있었다). '피아트 머니Fiat money'는 우리 말로는 '명목화폐'라고 번역하는데, 이렇게 번역하고 나면 피아트라는 단어가 가지고 있는 환상적이며 충격적인 느낌은 사라진다. 반대말은 상품화폐 또는 실물화폐commodity money이다.

2차 세계대전 이후 영국의 파운드 대신 미국의 달러를 기준화폐로 설정하고, 그 대신 미국은 언제든지 달러를 가지고 오면 그만큼의 금을 준다고 약속한 게 현대적 세계 경제체계의 출발이었다. 그런데 닉슨은 이제 달러를 금과 교환해주지 않겠다며 금 없이도 "돈이 있으라" 하고 선언한 것이다. 약속위반이라고 하면 약속위반인데, 그렇다고 나머지 나라들이 "기분 나빠서 우린 그냥 자급자족할 거예요" 이렇게 외치며 무역을 거부할 수는 없으니까 그냥 끌려들어갔다. 이때부터 미국은 금을 추가로 확보하지 않아도 무한정 달러를 찍어낼 수 있게 되었다. 이론적으로는 한도가 무한대인 마이너스 통장을 미국 정부는 가지게 되었다. 기축통화만이 가질 수 있는 특권이다. 물론 엄청나게 많은 음모론이 나왔다. 많은 유태계 은행자본과 관련된 유태인 장악설부터 화폐전쟁에 이르기까지, 미국의 발권과 기축통화에 대한 이야기들은 정말 많다. 그런데도 우리는 여전히 달러를 사용한다. 물론 불안하다. 한국은행도 여유 있을 때 골드바, 금괴를 매입한다. 무슨 일이 갑자기 벌어질지 모르는 것 아닌가? 국가를 믿는가? 아니 미국을 믿는가? 믿는 것 외에는 다른 방법이 없다. 언제든지 귀금속과 교환해주는 것을 전제로 국가가 화폐를 발행하는 태환화폐에서, 이제는 더 이상 바꿔주지 않는 불태환화폐 체계가 되었다. 국제금융, 말은 멋있는데, 아무도 약속하지 않은 '믿음'만 남은 상태로 불안하게 움직여간다. 하루아침에 약속을 못 지키겠다고 선언하면서 동시에 믿음을 강요한 미국, 닉슨 이후로 세계 경제는 그런 불안정성 위에 세워지게 되었다. 그리고 지금은 트럼프를 믿어야 한다. 믿기지는 않지만 다른 방법이 없다. 오랫동안 미국의 국가 브랜드 순위는 1위였지만, 2016년 6위로 내려갔고, 그 자리를 독일이 차지하게 되었다(시장 조사기관 GFK). 물론 미국이 국가 브랜드 1위에서 내려온 것은 처음은 아니고, 2004년 아들 부시가 당선되었을 때 7위를 한 적이 있다.

　사랑은 속는 것 혹은 속아주는 것에서 시작한다. 서로 한눈에 반한다, 이걸 경제적으로 생각하면 서로 동시에 속았거나 동시에 속아주기로 한 사건이다. 속거나 속이지 않으면 사랑이 생기지 않는다. 우리는 한 사람이 지나온 날들 그리고 아직 살지도 않은 미래의 모습을 한순간에 통찰할 정도로 신의 눈을 가지고 있지 않다. 돈도 마찬가지다. 돈을 받고 상품을 내주는 것은 언젠가 무너질지도 모르는 국가의 약속을 믿고 거래하는 것이다. 일제 시대에도 일본 보험회사들이 운용하는 생명보험 같은 게 있었다. 일본의 폐망과 함께 조선총독부가 사라지면서 휴지조각이 되었다. 사랑과 돈, 삶의 두 가지 중요한 축은 속는 것으로부터 출발한다. 그러니 '속지 않는 삶'이라는 것은 근본적으로 성립할 수가 없다. 우리는 속는다. 큰 금고 안에 골드바를 채워놓으면서 혼자 살 수 있나? 그러면 폐인 된다. 우리는 모두 속고, 매일 속는다. 그렇기는 하다. 사랑하면서 속고, 사랑하기 위해서 속인다. 그렇게 생각하면 결혼 자체가 거대한 사기극이다. 속고 싶지 않아서 혼자 살기로 결심한 사람들이 점점 더 늘어난다. 하지만 평생 금괴와 귀금속을 집에 쌓아두고 외톨이로 살아가는 것, 그것도 그렇게 행복한 삶은 아닐 것 같다. 속는 것이 너무 싫어서 완전히 고립되어 혼자 지내면 덜 속을까? 이제는 남한테 속는 대신, 자신에게 속을 가능성이 높아진다.

어차피 우리의 삶은 속고 속이는 것의 연속이다. 속는 것 자체가 엄청난 일은 아니다. 그렇지만, 가끔은 이 사소해 보였던 속임이 인생에 치명적인 결과를 가져오기도 한다. 나만 혼자 속은 게 아니라 다른 사람들도, 아니 모두가 같이 속았다고 해서 결과가 치명적이지 않은 것은 아니다. 모두 속았는데 별 탈 있겠어? 모두 속았어도 모두가 균질하게 피해를 당하는 것은 아니다. 2008년 9월 글로벌 금융위기, CDO라는 금융상품에 전 세계가 속았다. 한국에서 펀드상품에 가입한 많은 사람들이 금융자산의 절반 정도를 잃었다. CDO가 뭔지 모른다고 해서 그 피해를 피해갈 수 있는 것은 아니다. 살다 보면 '설마 그런 일이?' '절대 그럴 리 없어.' 그런데 이렇게 모두 혹은 많은 사람들이 속아 넘어가는 사건들이 종종 벌어진다. 우리의 삶은 아주 길고 길다. 이 긴 시간은 희박해 보이는 많은 확률을 100퍼센트로 만들기에 충분한 시간이다. 가습기 살균제 사건 같이 억울한 죽음을 또 만나고 싶지는 않다.

—

2
광고에 속지 않는 법

—

몇 년 전, 대형마트에 오피스텔 분양 광고가 대대적으로 걸린 적이 있었다. 이것만 사면 수익률이 엄청나게 높을 것이고, 노후 보장도 걱정이 없을 것이다, 그리고 그걸 사기 위해 필요한 돈도 다 대출해줄 테니까 아주 약간의 돈만 준비하면 된다는 내용이었다. 이렇게 마트에 내걸린 광고를 보고 수억 원은 족히 하는 오피스텔을 사는 사람이 있을까? 아마 있을 것이다. 있으니까 광고를 한 것 아닌가?

이런 고가의 상품이 대형마트의 플래카드 광고에 내걸린다는 것 자체가 불가사의한 일이다. 누가 이런 걸 보고 선뜻 지갑을 열까? 누구나 보는 대형마트 광고에서 유효한 것들이 있다. 너무 비싸지 않고, 누구나 쓰는 그런 제품들이 이런 광고에서는 더 효과적이다. 그런데 이런 곳에서 불특정다수에게 던져지는 고가의 상품은 지극히 위험한 투자일 가능성이 높다. TV 광고를 비롯해 광고 방식에도 다 나름의 룰이 있다. 대형마트의 오피스텔이나 아파트 광고, 광고 중에서도 막장 중의 막장이다.

가끔 TV에 '상위 1퍼센트' 같은 표현으로 특권층을 겨냥하는 듯한 광고들이 나온다. TV는 모든 사람들이 보는 매체이기는 한데, 정말로 상위 1퍼센트를 위한 상품은 TV 광고에 절대 나오지 않는다. '톱클래스'라고 하는 사람들은 TV를 잘 보지도 않고, TV에 나오는 정보를 믿지도 않는다. 공중파 TV에는 상위 1퍼센트가 원하는 상품이 등장하지 않는다. '상위 1퍼센트'라는 표현을 썼더라도, 광고의 타깃 고객은 진짜 1퍼센트가 아니라, 그렇게 되고 싶다는 로망을 가진 중산층이다. 혹시라도 호화 요트 광고를 TV에서 하는 것을 본 적이 있으신가? 절대로 이런 럭셔리 제품은 공중파 TV 광고로 나가지 않는다.

공중파 광고에 중산층이나 전 국민 대상 제품이 나간다면, 케이블방송은 저소득층이나 특수 집단이 타킷이다. 낚시용품 광고가 공중파로 나가지 않고 낚시 전문채널로 나가는 것은 당연한 일이다. 공중파든 케이블이든, 아파트를 제외한 고가의 제품 광고는 별로 없다.

홈쇼핑은 좀 특수하다. 시간이 아주 많은 사람과 시간이 아주 없는 사람들이 대상이다. 시간이 아주 많아서 TV 쇼핑을 즐기는 사람들이 있고, 반대로 시간이 너무 없어서 홈쇼핑밖에 할 수 없는 사람들이 그 대상이다. 실패해도 크게 문제가 없는 제품들이 홈쇼핑 채널에 나온다. 홈쇼핑에는 시간이 많고 여유로우면서도 부자는 아닌, 그런 중산층 대상의 상품이 많이 나간다. 내가 본 홈쇼핑 상품 중에서 가장 고가의 상품은 닛산 알티마였다. 한미 FTA 체결 이후 미국에서 만든 일본 자동차들이 관세 하락을 노리고 한국시장 진출 전략을 집중적으로 편 적이 있는데, 그때 닛산 알티마가 TV 홈쇼핑에 상품으로 나왔던 것이다. 물론 직접 알티마를 구매하는 것은 아니고, 시승 신청을 하는 것이었다. 그다음으로 고가는 닛산 큐브였다. 가수 이효리가 타면서 '효리차'라고 불렸던 바로 그 차였다. 최근에는 자동차 리스가 늘어나면서 그보다 훨씬 더 고가의 외제차들이 광고에 나오기도 한다.

닛산 알티마보다 비싼 진짜 럭셔리 제품은 TV 광고는 아예 하지 않는다. 케이블이든 공중파든 TV에 광고로 등장하는 순간, 제품의 럭셔리 이미지가 사라진다. 그 대신 전문가들과 소수의 부유층들이 주로 보는 잡지나 매체에 광고를 한다. 샤넬 제품 중에서 비교적 저가 제품이라 '엔트리 백'이라고 불리는 샤넬백은 물론이고 샤넬 디자인의 옷을 TV 광고에서 본 적이 있는가? TV에 광고하는 순간, 이런 제품은 망한다. 럭셔리 중의 럭셔리라고 불리는 호화요트는 TV 광고 절대 안 한다. TV 보고 물건 사는 사람 중에도 상위 1퍼센트의 호화계층이 있을까? 물론 있다. 그렇지만 그들이 진짜 비싼 제품을 살 때 TV 광고를 보고 사지는 않는다. TV에 광고가 나가는 순간, 그건 '개나 소나' 다 사는 일반 제품으로 등급이 내려간다. 공신력을 위해서 일부러 공중파 광고를 하는 상품이 있는 반면, 정반대로 공중파에 절대로 나가지 않는 전략을 짜는 상품들도 분명히 존재한다. 제품 고유의 속성에 맞춰 브랜드 전략과 홍보 전략을 짜게된다. TV 광고를 비롯한 다양한 광고들은 제품의 품질이나 효능과는 아무런 연관관계가 없다. TV 광고가 의미하는 것은 회사의 최소 자본력이다. 자본이 부족하면 TV 광고비용을 감당할 수 없기 때문이다. 공중파가 의미하는 것은 그 회사의 최소 자본력이고, "우리는 이 정도로 영세한 회사가 아닙니다", 그 얘기를 위해서 광고비를 지출하는 것이다.

단일 제품으로 TV 광고에서 가장 비싼 제품은 아파트다. 아파트 광고가 보장해주는 것은 건설사의 최소 자본력 이상은 없다. 그런데 건설사가 광고비를 감당할 정도로 규모가 크면 과연 아파트 품질은 보장될까? 어차피 우리나라에서는 건설사가 직접 아파트를 짓는 것이 아니다. 실제 시공은 하청업체들이 하는데, 기술력이나 디자인이나 별 차이는 없다. 그렇지만 큰 회사라서 지은 후에 관리라도 잘하지 않을까? 한국의 여러 제도 중에서 가장 낙후한 분야가 감리라서, 품질이 보장되지는 않는다. 그리고 회사가 클수록 법무팀도 더 우수하기 때문에, 재판으로 갈수록 소비자들만 더 불리해진다. TV 광고를 보고 아파트를 사는 것은 자기 돈을 가장 무의미하게 낭비하는 일 중 하나다. 집 살 때 입지와 조건을 TV 보고 결정하는 것은 정말로 바보 같은 일이다. 정말로 필요한 것에 대해서는 아무런 정보도 주지 않는다.

공중파 TV의 아파트 광고도 그다지 믿을 만하지 않은데 대형마트에 걸린 플래카드 광고를 어떻게 믿겠는가? 설령 오피스텔을 살 생각이 있더라도 대형마트의 플래카드 보고 사면 정말로 큰일 난다. 힘들게 번 돈을 쓰레기통에 처박는 가장 손쉬운 방법이다.

대형마트의 플래카드를 보고 진짜로 오피스텔을 산 사람을 직접 본 적은 없다. 건너 건너 알아본 바로는 대부분 크게 손해를 봤다고 한다. MB 정권과 박근혜 정권에서 임대업을 부추기는 사회적 분위기가 형성되었다. 오피스텔 몇 채를 산 사람들을 알기는 한다. 대부분 공기업의 월급쟁이들이었다. 그중에 한 명은 진짜로 돈을 벌었다. 나머지 사람들은 손해를 많이 봤다. 돈을 번 사람은 MB를 그렇게 싫어하면서도 MB가 서울시장 시절에 손을 댄 곳에 투자하였다. 이른바 추격매수를 한 셈이다. 많은 사람들이 MB를 싫어했고, 그가 하는 일들을 혐오했다. 그도 MB를 싫어했지만, MB의 사업수완만은 믿었다. 그는 꽤 많은 돈을 벌었다. 그 정도 믿음과 소신이 있고 자신의 철학을 스스로 부정할 정도의 용기가 있는 사람은 돈을 벌 능력이 된다. 무슨 일을 해도 잘했을 것이다. 그 밖의 사람들은 적당히 판단하고 남들 하는 대로 따라 했다. 대부분 많은 돈을 잃고, 노년이 불안하게 되었다.

사람들이 오피스텔이라는 것을 잘 모르던 아주 초창기에 오피스텔을 사서 큰돈을 번 사람을 안다. 그는 우리나라 상법의 대가라고 불리는 법률 전문가였다. 그는 정보가 아주 많았다. 몇 번의 거래로 그는 큰 부자가 되었다. 그런데 많은 정보를 가진 사람들이 모두 치부에 성공했을까? 그렇지는 않다. 진짜 정보와 가짜 정보를 가리기가 쉽지 않다. 그게 그렇게 간단한 것이라면 왜 정보 경제학이라는 게 생겼겠는가?

미국에서 글로벌 금융위기가 터졌을 때, 부채담보부증권, 즉 CDO라는 것을 알고 CDO의 위험성도 알았던 사람은 세계적으로도 아주 극소수였다. 몇 사람은 몇 조 원씩 벌었다. 그리고 아주 일부의 사람들이 자신의 돈을 빼야 하는 순간이라는 정보를 알았다. 이 사람들은 돈을 벌지는 못했지만 손해는 피해갈 수 있었다. 이때 상위 '0.1퍼센트'라는 말이 유행했다. 상위 1퍼센트는 돈만 있는 사람이지만, 상위 0.1퍼센트는 돈과 정보도 있는 사람이다. 그게 진짜 정보다. 세계 최상급 정보다. 그 순간을 생각하면, 나는 진짜 무섭다.

그해 9월에 리먼 브라더스의 파산이라는 형태로 글로벌 금융위기가 터질 줄은 나도 몰랐다. 그러나 그해 하반기에 엄청난 경제위기가 올 것 같다는 생각은 나도 했다. 얼마 되지는 않지만 내가 가지고 있던 주식을 그해 상반기에 전부 팔았다. 그리고 그 돈으로 새 차를 샀다. 강남에 살던 시절이었다. 그 후로는 무서워서 주식은 안 한다. 약간의 정보와 약간의 운 덕분에 나는 2008년 9월의 폭락을 피할 수 있었다. 그 이후로 한동안 경제부 기자들 사이에서 귀신이라는 소문이 돌았다. 그리고 몇 년 후 강남 생활을 정리하면서 집을 한 번 샀다. 이때에도 집값이 많이 올랐다. 새로 산 집이 오를 것은 어느 정도 예상은 했는데, 그렇게 많이 오를 줄은 몰랐다. 경제부 기자들이 이사 갈 때 나에게 물어보기 시작했다. 그러나 나는 잘 대답해주지 않았다. 내가 한 몇 번의 성공적 거래의 절반은 운이다. 그리고 늘 내가 최신의 고급 정보를 접할 수 있을 것이라는 보장도 없다. 나도 나를 믿지 않는다. 경제 시스템은 메커니즘상 주기적으로 폭락이 발생하게 된다. 다음번 폭락을 피할 수 있으리라는 자신이 없다.

대형마트의 플래카드에 적힌 '고수익'이라는 문구를 볼 때, '자연이자율'이라는 개념을 잠시 생각해보면 도움이 될 것 같다. 정상적인 경제에서 수익률은 결국에는 자연이자율, 즉 궁극의 수익률로 수렴하게 된다. 일시적 교란이 지나가고 정상적인 상태가 되면 이자율은 자연이자율이 되고, 수익률도 자연수익률로 수렴한다고 애덤 스미스를 비롯한 고전학파 경제학자들은 생각했다. 지금 현대 경제학에서도 대부분의 학자들은 '고수익률' 같은 것은 아주 일시적으로만 존재한다고 본다. 공부해서 떼돈 버는 것이 가능하다면 누가 경제학자가 되고, 누가 경제 전문가가 되겠는가? 바로 그걸 하고, 부자가 될 것 아니겠는가? 실제로 네덜란드가 세계를 지배할 때, 네덜란드에서는 유명한 경제학자가 등장하지 않았다. 그들은 너무 빨리 흥했고, 망할 때에는 경제학을 공부할 겨를도 없이 너무 빨리 망했다. 경제학자나 경제 전문가는 '고수익'을 이론적이든, 경험적이든, 믿지 않는 사람들이다.

대형마트에 내걸려 남들이 다 보는 정보, 그것이 자신에게도 큰돈을 가져다줄까? 일생일대의 기회라고 생각되는 순간, 일생을 망치게 되는 단 한 번의 위기일 수도 있다는 생각을 하는 게 낫다. 대형마트에는 원 플러스 원 세일 광고가 자연스럽다. 비싸야 냉장고, TV, 세탁기 정도지 그 이상의 고가 제품이면 기본적으로는 사기라고 보는 게 낫다. 왜 이런 일이 벌어지는가? 지금까지의 한국 정부는 토건과 건설사에 대해서 우호적인 정부였다. 무리하거나 과도한 광고는 정부가 일정하게 규제를 해야 하는데, 국가는 그게 싫다. 대형마트의 오피스텔 광고는 정부가 권장하는 것은 아니지만, 방치하는 것이기는 하다. 보험상품 광고 모델에게 보험설계사 자격증을 의무적으로 취득하도록 한 것과 비교해보면 차이점이 좀 더 명확할 것이다. 경제 활동에서 모두가 아는 정보는 아무 정보도 아니다. 남들도 아는 것, 자기만 아는 것, 이 양극단의 정보는 정보가 아니라 그냥 '노이즈'라고 생각하는 것이 좋다. 자기만 아는 것은 혼자만 속는 경우다. 모두가 아는 것도 혼자 속는 경우다.

—

3
국가는 주식 하는 국민을 원한다

—

종종 황당한 투자를 하는 사람을 보게 된다. 그중 비극을 면한 이야기를 좀 해보겠다.

아주 넉넉하지는 않은 어느 아버지가 아들에게 아파트를 사주었다. 아버지는 지방에서 꽤 유명한 선출직 공무원이다. 아들은 이 아파트를 전세로 내놓았고 상당한 전세금을 손에 쥐게 되었다. 아들은 이 돈으로 주식 투자를 했다. 그리고 많은 비슷한 경우처럼, 전세금을 고스란히 날렸다. 이상하게도 유산을 상속받은 이후에 엉뚱한 데 집을 사서 망한 사람, 주식투자로 날려먹은 사람이 많다. 유산으로 약간 넉넉해졌다는 생각에 무리하게 아내와 자식을 외국으로 보내 조기 유학시켜서 결국에는 이혼하고 망한 사람도 봤다. 예기치 않은 유산을 받으면 좋을 것 같지만, 유산을 받아서 끝까지 행복해진 사람들이 그렇게 많지는 않다. 복권의 경우도 마찬가지다. 프랑스에서 복권에 관한 연구들이 종종 진행되는데, 거액이 그냥 생기면 마냥 행복할 것 같지만, 실제로는 당첨 이후에 삶이 극적으로 불행해진 사람들이 아주 많다. 물론 복권에 당첨되어 행복해진 사람들이 아주 없지는 않은데, 대부분 바로 그 동네에서 이사를 가고 전에 알던 지인들과 연락을 끊었다는 공통점이 있었다.

아파트 전세금을 주식투자로 날려먹은 사람, 과연 그의 삶은 어떻게 되었을까? 그의 아버지가 개입해서 다시는 주식을 하지 않겠다는 다짐을 받고 다시 집 한 채를 더 사주면서 일상의 평온을 되찾게 되었다. 물론 대부분의 우리는, 아파트를 그냥 줄 부모도 없고, 다 큰 자식에게 주식을 끊는 조건으로 다시 집을 사줄 그런 부모는 더더군다나 없을 것이다. 그 아들에게 누가 주식을 하라고 권유한 것도 아니고, 속인 것도 아니고, 작전주에 엮인 것도 아니었다. 이 경우에는 과도한 자신감이 문제가 되었다. 대기업에서 남들이 부러워할 만한 성과를 낸 아들은, 자신이 하면 다르다는 생각을 가지고 있었다. 내가 아는 또 다른 사례는 간부로 승진하기 직전인 어느 경제 관료였다. 누구나 인정하는 성실하고 유능한 관료였고, 해외에서도 괜찮은 성과를 냈다. 그는 늘 자신감에 차 있었고, 자신이 경제를 잘 아는 만큼 주식도 잘 할 수 있다고 생각했다. 고3이 된 딸의 미래를 걱정한 아내가 결국에는 이혼을 결심하게 된다. 그의 아내는 딸에게 빚에 찌든 삶을 물려주고 싶지는 않았다.

아파트 전세금이나 집값 규모의 큰돈으로 일반인이 주식투자를 할 정도면 정신과 클리닉에 가야 하는 것이 정상이다. 그 정도면 도박 증상을 넘어 중독 상황이다. 그러나 국가가 조성한 사회적 분위기는 그렇지 않다. 누구에게도 도움 받기 어렵고 결국에는 그냥 집안 식구들만 속을 끓이게 된다. 많은 돈을 잃는 도박 중독은 치료 대상이라는 인식이 많이 퍼져 있다. 그러나 주식은 아직도 건전한 투자이며 권장되는 경제활동으로 이해된다. 여유자금이 생기면 주식에 투자해야 한다는 말을 누구나 쉽게 한다. 그러나 적절한 범위를 넘어서서, 전세금을 가지고 단기 투자를 하는 정도가 되면 진짜로 치료 대상이다. 신경증과 정신병의 기준 중의 하나가 사람들과 같이 살아갈 수 있느냐 없느냐이다. 주식투자 중독환자의 식구들은 힘들어서 같이 살 수가 없다.

한국 경제에서 1980년은 여러 가지로 기억할 만한 해이다. 정치적으로는 광주민주화운동으로 상징되는 군부독재의 집권과 그에 대한 저항이 있었다. 문화적으로는 갑작스럽게 컬러 TV가 보급되었고, 신군부에 의한 방송 장악이 있었다. 여기까지는 잘 알려진 이야기다. 그런데 주식시장에서도 중요한 의미가 있다. 지금 쓰는 대표적 주식지수는 1983년에 도입되었다. 우리가 코스피KOSPI라고 부르는 종합주가지수Korea Composite Stock Price Index, 그 기준일이 바로 1980년 1월 4일이다. 이날의 주가지수가 100이다. 매일매일 코스피 지수를 사용하면서, 우리는 신군부가 집권한 1980년 연초를 기준으로 하고 있다. 좋든 싫든, 이날과 지금을 매일 비교하게 된다. 그만큼 주가지수는 정치적이다.

매일매일 주식시장에서는 많은 정보가 나온다. 주간 단위, 월간 단위로도 수많은 추세선들이 그려진다. 그렇지만 주식이 가장 많은 정보를 주는 경우는 연간 단위 혹은 10년 단위 같은 장기 추세 정보다. 다음 그림은 지난 20년간 정권별 주식시장의 규모를 보여준다. 간단히 말하면 DJ 시절에는 2배, 노무현 시절에는 3배 정도 주식시장이 커졌다. 그리고 MB는 1,897에서 지수를 물려받았는데, 9년이 지난 후 박근혜 정부도 이 수준에서 많이 올라가지는 않았다. 10년간 제자리걸음을 했다고 해도 과

언이 아니다. 사후적으로, 이제 우리는 지난 10년간의 보수 정권 때 주식이 별 볼 일 없었음을 알게 되었다. MB는 '747' 운운하면서, 주식이 엄청나게 오를 것이라고 했다. 하지만 그런 일은 벌어지지 않았다. 그리고 박근혜 탄핵이 결정된 직후, 10년 동안의 박스권에서 탈출해 역대 최대치를 갱신하게 되었다. 이재용에게는 이 주식 급상승이 큰 불운이 되었다. 그가 감옥에 간 후 삼성전자 등 삼성계열사는 물론 한국 증시 전체가 큰 폭으로 올랐다. 주식시장의 불안을 이유로 형량을 감면 받고 사면 받던 그 이전의 오너들과는 달리, 주식시장 변동의 혜택을 받을 수 없게 되었다.

지난 10년만을 놓고 보면, 한국과 비슷한 증시 패턴을 보이는 나라가

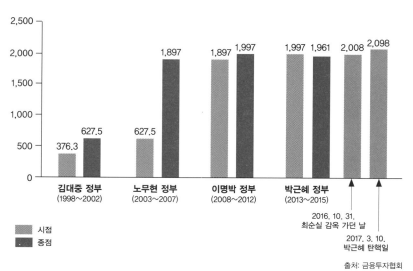

정부별 종합주가지수 추이

출처: 금융투자협회

있다. 일본이다. 아베 신조安倍晋三 집권 이후 아베노믹스를 표방하며 뭔가 엄청나게 했다고 하는 것 같은데, 증시만을 놓고 보면 '공수래공수거', 별 것 없다. 주가지수가 올라간 나라도 있다. 미국과 독일이 그렇다. 이들은 성공적으로 2008년의 글로벌 금융위기를 극복했다고 할 수 있다. 내려 간 나라도 있다. 영국과 프랑스 등 EU 대부분의 국가는 오히려 주가가 내려갔다. 영국의 EU 탈퇴 결정 같은 일이 벌어진 경제적 배경을 읽을 수 있다. 이런 주식의 흐름으로만 보면 지난 10년, 독일이 엄청나게 경제 를 잘했다고 할 수 있다. 인근 국가들이 전부 후퇴하는 와중에도 독일 혼 자 주식시장이 커졌다. 독일이 미국을 제치고 국가 브랜드 1위로 올라서 게 된 것이, 미국이 트럼프 이후 경제가 후퇴해서 벌어진 일만은 아니다. 통독 이후의 충격을 드디어 새로운 단계로 전환시킨 독일의 힘, 이런 게 증시 장기 지표에서 느껴진다.

사람들이 주식을 보유하게 되는 가장 큰 이유는 주식 배당이 존재하기 때문이다. 괜찮은 회사 혹은 도와주고 싶은 회사의 주식을 사놓고, 오랫 동안 가지고 있으면서 배당을 기대하는 것, 이걸 요즘은 점잖게 '가치투 자'라고 부른다. 말은 너무 도덕적이고 기술적으로도 어려운 이야기인 것 같지만, 원래부터 주식 보유는 그런 의미였다. 그런데 한국의 주식회 사는 전통적으로 거의 배당을 하지 않았다. 요즘은 국제적으로 너무 배 당금이 늘어나서 '주주 자본주의'라는 말이 등장할 정도인데, 한국 기업 은 그와는 정반대의 길을 걸었다. 그러다 보니 배당이 아니라 거래에 대 한 시세 차익이 중심이 되는 증권시장이 형성되게 되었다. 보유의 미덕 은 사라지고, 시세 차익이 증시의 기본이 되었다.

'데이 트레이드', 매일매일 주식을 거래하면서 시세 차익을 노리는 것은, 상식적으로는 일반인들이 하기 어려운 투자다. 그렇지만 1980년대 주식이 도입되면서 한국에서는 이런 데이 트레이드가 기본인 것처럼 자리 잡았다. 그리고 이런 데이 트레이드에서는 투자와 투기를 구분하기 쉽지 않다. 주식에 유입되는 자금과 회사들의 성적, 이런 것들이 코스피에 어느 정도 반영된다. DJ 때처럼 5년간 2배가 되었다면, 평균적으로 2배 정도 올랐을 가능성이 있다는 것이다. 노무현 때처럼 3배, 이런 기간에는 적당히 주식을 해도 큰 문제가 없다. 아주 정밀하고 정확하게 계산을 하지 않더라도 추세적으로 어느 정도는 돈을 벌 수 있다. 이를 '대세상승기'라고 부른다. 그렇지만 지난 10년 동안처럼 전체적으로 오른 게 없으면, 실제로는 본전만 유지하면서 버텨도 정말 잘하는 것이다. 거래 비용이 발생하기 때문이다.

이제는 기관들만 하던 공매도를 개인들에게 허가해달라고 하는 게 큰 민원이 되었다. 공매도는 원금 없이 유가증권을 매도하는 고급 금융기법 중 하나다. 물론 개인들에게 그걸 허용해도 이론적으로 상관은 없다. 그렇지만 현실적으로 '주식 폐인'이 엄청나게 늘어나게 된다. 공매도를 하든, 선물투자를 하든, 옵션투자를 하든, 본원시장은 증시에 모인 자금 자체를 모체로 한다. 누군가 돈을 벌면 누군가는 잃은 것이고, 그 사람이 잃은 만큼을 누군가가 따 간 것이다. 주식시장이 늘 전체 총액이 동일한 상태에서 서로 나누어 갖는 '제로섬 게임'인 것은 아니다. 그렇지만 지난 10년간은 결과적으로 한국 증시는 제로섬 게임이었다. 이를 사전적으로 알 수 있으면 좋겠지만, 이런 추세는 사후적으로만 알 수 있는 것이다. 만약 단 1분 앞이라도 미리 알 수 있다면, 그 사람은 엄청난 부자가 될 것이다.

정확한 수치는 아니라도 방향만이라도 미리 알 수 없을까? 한국은행이나 KDI 등 여러 연구원에서는 경제 예측모델을 운용한다. 한국에서 단기든 장기든, 경제 추세를 가장 먼저 아는 사람들이다. 그 사람들이 예측에 자신이 있었다면 자기가 먼저 떼돈을 벌고 하와이로 떠났을 것이다. 복잡한 컴퓨터 모델링 작업 같은 것을 하면서 월급 받는 삶이 그렇게 행복한 삶은 아니다. 한국에서 가장 정확하게 경제 예측모델을 운용한다고 실무진들 사이에서 소문이 자자한 경제학 박사가 한 명 있다. 그의 모델은 신뢰도가 아주 높았고, 정부 정책의 중요한 기반이 되기도 했다. 그는 싫다 싫다 하면서도 어쩔 수 없이 계속 연구원에 출근하고 있다. 아주 가정적인 삶을 사는 그는 자신이 운용하는 모델의 신뢰도를 높이기 위해서 최선을 다하지만, 그 결과를 믿고 주식에 투자하는 일은 하지 않는다.

그래도 다른 일 다 때려치우고 전문적으로 주식을 분석하면 수익률이 좀 높아지지 않을까? 근본적으로 주식과 가장 유사한 특징을 가지고 있는 것은 마권이다. 포스트모더니즘 소설로 유명한 하일지의 《경마장 가는 길》, 경마장이 종종 주식시장에 대한 은유로 사용되는 것을 생각해보자. 주식을 잘하는 것과 경마장에서 마권으로 돈을 버는 것은 같은 메커니즘이다. 로또를 비롯한 수많은 복권류의 상품은 확률게임과 전략게임으로 구분된다. 확률게임은 사전확률과 기대수익률이 이미 결정된 것이라서, 게임을 아무리 많이 해도 승률이 높아지지 않는다. 그렇지만 경마나 스포츠 토토 같은 것은 전략게임이라서, 많이 경험하고 정보가 많고 분석을 잘하는 편이 승률이 높아진다. 고스톱이나 포커 같은 것도 전략게임의 일종이므로 '타짜' 현상이 발생할 수 있다.

주식도 마찬가지다. 많은 정보를 가지고 오랜 기간 분석을 하면 승률이 높아지기는 한다. 경주마의 특징을 전혀 모르고 경마를 하면 확률게임이 되어버린다. 그렇지만 오랜 기간 경주마 한 마리 한 마리의 특징은 물론, 혹시 있을지도 모르는 경주 조작의 패턴까지 어느 정도 읽어낸다면 전략게임이 되고 승률이 높아진다. 주식에 오랜 시간을 들이는 것과 마권에 오랜 시간을 들이는 것, 게임의 특징상 전략이라는 요소가 개입할 수 있기 때문에 크게 다르지 않다. 그럼 주식과 마권 중에서 뭐가 더 유리할까? 만약 정말로 우연과 확률 그리고 전략이라는 요소만으로 돈을 벌고 싶다면, 나는 주식보다는 마권이 낫다고 생각한다. 단순히 게임으로만 보면 두 게임에는 결정적인 차이가 한 가지 존재한다.

경마를 생각해보자. 경마는 매 게임, 사람들이 베팅을 시작하면서 배당확률이 정해진다. 경마장에 손님이 많은 날은 많은 대로, 적으면 적은 대로 총금액이 결정된다. 그리고 그 안에서 누군가는 돈을 따고, 누군가는 잃는다. 모두가 따는 날도 없지만, 모두가 잃는 날도 없다. 자기가 얼마를 벌지는 확률과 전략에 의해서 결정되지만, 자기가 얼마를 잃을지는 스스로 결정할 수 있다. 주식시장이 일반적인 전략게임과 다른 이유는 모두가 돈을 버는 경우가 있을 수도 있고 모두가 돈을 잃는 경우가 발생할 수도 있기 때문이다. 한 게임에서 베팅 참여자 모두가 돈을 잃는 일이 벌어질 수도 있는 것이 주식이다. 그리고 이렇게 모두가 돈을 잃는 일이 불규칙적이지만 나름의 주기를 가지고 벌어진다. 80년 공황이라고 부르는 1980년이 그랬고, IMF 경제위기라고 부르는 1997년이 그랬고, 글로벌 금융위기라고 부르는 2008년이 그랬다. 경마장에서 모두가 돈을 잃는 일은 없다. 그러나 증시에서는 모두가 공평하게 돈을 잃는 경우가 발생한다. 완전히 망한 것과 덜 망한 것 차이만 있는 날, 블랙먼데이같이

'블랙'이라는 수식어가 붙기도 한다.

　전문적으로 주식거래만 하는 사람들이 있다. 공식적으로 이런 걸 대행하고 관리하는 회사가 증권회사다. 한동안 한국 최고의 직장이었지만, 한국 증시가 제자리걸음을 한 지난 10년 동안, 증권회사 직원에 대한 사회적 선호도도 많이 내려갔다. 지난 몇 년간 여의도 증권가에는 연말이면 칼바람이 불었다. 오죽하면 여의도에서 직장 망년회가 없어질 정도였겠는가. 증권회사가 이렇게 최대 불경기를 맞고 감원 열풍이었는데, 이 기간 동안에 개인들이 돈을 버는 것은 낙타가 바늘구멍을 지나가는 것만큼 어려운 일이었다.

　공식적으로 주식거래를 담당하는 회사가 증권회사라면 비공식적으로 개인들의 돈을 맡아서 거래를 대행해주는 사람들도 있다. 이걸 '숍'이라고 부른다. 공식적으로 계약을 하고 거래를 주선하는 법인인 헤지펀드와는 조금 다르다. 숍과 증권회사 사이에 차이가 있을까? 숍이 수익률을 높이기 위해서 좀 더 공격적으로 투자를 한다.

　알고 지내던 경제학 박사 중에서 한국 경제의 실물 분석을 잘하는 사람이 있었다. 아주 유명한 대기업 경제연구소에 있었다. 나름 신망이 높았고 나중에 연구소를 그만두고 나서는 주식만 전문적으로 거래해주는 숍을 열었다. 한동안은 괜찮았다. 나의 또 다른 지인도 그 숍에 20억 원 정도를 맡겼다. 그도 비즈니스계에서는 엄청 유명한 사람이다. 2008년 글로벌 금융위기의 충격을 금융기관들도 호되게 받았지만, 개인들이 하는 숍들이 이때 엄청나게 큰 충격을 받았다. 수익률을 높이기 위해서 작은 숍들은 리스크 분산을 조금 더 소홀하게 할 수밖에 없다. 경제학 박사의 개인 증권숍은 어떻게 되었을까? 안타까운 일이지만, 그 후에 아무도 그의 행방을 아는 사람이 없다. 신문에는 별로 나오지 않았지만, 2008년 무렵 숍 혹은 부티크 등의 이름으로 개인이 운용하는 사설 증권대행소가 많이 망했다.

증권사들은 규모가 크고, 다양하게 위험을 분산시킨다. 그래서 큰 충격이 오더라도 회사 자체가 망하지는 않는다. 하지만 숍은 수익률 위주로 공격적 투자를 많이 하기 때문에 헤징이 쉽지 않다. 그렇다면 숍은 사기일까? 고의성은 없다. 그리고 그 돈을 가지고 도망간 것도 아니라서 사기라고 보기도 쉽지 않다. 그냥 서로 바보 같은 일을 한 것이다. 그냥 바보 같은 일이라고 하기에는 개인의 인생이 너무 많이 망가졌고, 잃어버린 돈의 액수도 너무 컸지만 말이다. 2008년 9월 내가 직간접으로 아는 경제학 박사 수십 명의 인생이 망가졌다.

20년 전에 알던 사람들을 기준으로 내 주변을 돌아보면, 주식으로 떼돈을 번 사람은 거의 없고, 주식 때문에 소소하고 평범한 행복 자체를 잃어버리게 된 사람이 훨씬 더 많다. 대세 상승기였던 앞의 10년 동안 쉽게 돈을 번 사람들이 일부 있지만, 그 뒤의 10년 동안 벌어놓았던 돈을 모두 잃고 원래 가지고 있던 돈도 잃었다. 한국 증시 자체가 그런 속성을 가지고 있다.

개인이 감당하기에 주식은 위험한 거래다. 중독성도 강하고, 판타지도 강하다. 그리고 게임으로 치부하기에는 너무 큰돈이 상한액 없이 움직인다. 마약이나 사행성 오락과 본질적으로 크게 다르지 않다. 그래도 주식의 위험성을 환기시켜주는 정부 조치는 없다. 왜 그럴까? 간단하다. 모든 정부는 자신의 집권기에 코스피가 올라가기를 바란다. 가장 직접적으로 경제적 치적을 보여주는 지수가 바로 주가종합지수다. 오죽하면 전두환의 신군부가 주가지수 산정방식을 개선한 코스피를 만들고, 그 기준일을 자신들이 힘을 쓰기 시작한 1980년을 기준년도로 했겠는가? 주가지수는 GDP나 GNP보다 더 직관적이고 더 감각적이다. 1년에 한 번, 잘해야 분기별로 네 번 국민소득 추정치가 발표된다. 그러나 코스피는 매일 나오고, 매 시간 변한다. 돈을 움직이는 모든 사람들은 자신이 주식을 하든 하지 않든, 코스피의 움직임은 매일 지켜본다. 나도 코스피 지수는 하루에도 몇 번씩 확인한다. 진보 정권이든 보수 정권이든, 연기금 같은 정부 자금을 동원해서라도 어떻게든 주식가격을 유지하려고 하는 성향이 있다. 물론 경제도 과학이기 때문에 정부가 어떻게 하려고 하든, 주가는 자신의 고유 메커니즘대로 움직인다. MB 정권이나 박근혜 정권에서도 주식가격을 높이려는 노력을 하지 않은 것은 아니다.

증권가에서는 '도시락 폭탄'이라는 말을 쓴다. 오전에 코스피가 내려가는 날, 점심 먹고 들어오면 갑자기 연기금 등 기관 자금이 들어와서 주식이 올라가 있는 경우가 있다. 점심 먹을 때쯤 벌어지는 일이라서 도시락 폭탄이라 부른다. 물론 정부에서 어떻게 기관을 동원하는지 알고 있으면, 누구나 쉽게 돈을 벌 수는 있다. 그렇지만 그 변덕스러운 결정과정을 개인이 알기는 어렵다. 정부가 도시락 폭탄을 투척했다는 말이 나올 정도로 모든 정부는 증시가 내려가는 것을 싫어한다. 지수가 정치를 결정하기도 한다.

정부는 개인들에게 주식투자를 더 많이 하라고 말하지, 조심하고 주의하라고 말하지는 않는다. 정부만 그렇게 하는 것도 아니다. 경제와 관련된 많은 기관이나 회사에서 하는 경제교육이라는 게 사실 내용은 별것 없다. 기본적으로는 주식거래와 관련된 내용을 중심으로 구성된다. 사람들이 주식투자를 늘리면 국가도 좋아하고 기업도 좋아한다. 자기 회사 주식이 직접 오르지 않더라도 전체적으로 코스피가 올라가면, 투자 유치는 물론이고 은행 대출조건도 좋아진다. 국가와 기업, 특히 주식회사는 국민들에게 주식을 더 많이 하라고 권면하고 유도할 충분한 조건이 형성되어 있다. 오죽하면 어린이들에게 주식 사주는 것을 경제교육이라고 하겠나? 그렇지만 개인에게도 그럴까?

　도박이나 마약과 비교할 때, 과도한 주식투자의 폐해는 크게 다르지 않다. 과도하고 감당하기 어려운 주식투자 역시 개인의 삶은 물론 배우자와 자식 등 주변 사람들의 삶을 아주 어렵게 만든다. 국가는 알코올, 도박, 마약, 게임을 4대 중독이라고 부른다. 그리고 이런 것을 자제하라고 공익광고도 한다. 주식은 이런 것과 많이 다른가? 차이는 딱 하나다. 모든 정권은 자신이 집권하는 동안에 주식이 활황이 되고, 지수가 올라가기를 바란다. 그래서 공공연히 주식을 자제하라고 얘기하지는 않는다. 개인이 조심하는 수밖에 없다. 국가와 기업은 주식시장에 돈이 몰려드는 상황을 좋아하지만, 이게 개인들에게 꼭 좋은 일인 것만은 아니다.

—

4
보수 정부 9년간 급성장한 산업, 다단계

—

　평범한 사람들의 일상적 삶이 갑작스럽게 어려워지는 경우가 종종 발생한다. 한국에서 정상적인 중산층의 삶이 갑자기 어려워지는 계기는 과도한 주식투자와 무리한 주택 구입이다. 약간 무리하게 비유를 하면, 로또를 사는 사람은 부자는 아니라고 할 수 있다. 중산층도 로또를 사지만, 부자는 사지 않는다. 로또는 중산층과 가난한 사람들이 주로 산다. 복권 1,000원당 410원의 세금이 붙고, 이걸 모아 복권기금이 된다. 가난한 사람들이 주로 이 돈을 내기 때문에 죄악세 성격을 가지고 있다는 비판이 있다. 문인을 포함한 예술인들을 지원하는 문화예술진흥기금도 여기에서 나온다.

　주식과 집값이 중산층 이상의 가장 큰 걱정이라면, 중산층 하단부에서부터는 전혀 다른 경제가 등장한다. 다단계다. 한국에서 가난한 사람들을, 그것도 가족 단위로 어렵게 하는 가장 큰 문제는 다단계다. 최근에

들은 이야기 중에서 가장 재미있는 것 역시 다단계 회사에 대한 이야기였다.

30대 초반의 직장 여성이 해준 이야기다. 그 여성은 정부기관에 비정규직으로 있다가, 그보다 월급이 적은 민간협회의 정규직으로 자리를 한 번 옮겼다. 이 협회가 한동안 운영이 어려워서 임금이 체불된 적이 있었다. 친구들 만날 여유도 없었다. 그러다 다시 어느 정도 삶이 안정되자 친구들에게 연락을 했다.

"너, 요즘 다단계 하니?"

여성은 당황했다. 최근 20~30대 사이에서는 친구가 간만에 연락을 하면 아마도 다단계를 시작했을 것이라고 생각하는 것 같다.《88만원 세대》를 준비하던 시절, 대학생을 비롯한 20대의 삶에 대해서 한참 조사하고 돌아다녔다. 그때 늘 가던 동네 편의점에서 본 장면이 생각난다. 대학생처럼 보이는 여성 두 명이 전형적인 직장인 정장을 입고 컵라면 한 개를 나눠먹고 있었다. 젓가락을 집은 블라우스 소매 안쪽으로 오래 입어 생긴 얼룩이 보였다. 큰 컵라면도 아니고 작은 컵라면을 성인 둘이서 나눠먹는 모습은, 전 세계 어디에서도 본 적이 없다. 뭐지? 같은 편의점에서만 비슷한 장면을 몇 번 더 보았다. 집 근처에 다단계 직원 합숙소가 몇 군데 있다는 것을 그때 처음 알았다. 몇 년을 살았는데도, 동네에 그런 곳이 있는지는 처음 알았다. 마침 그때 YWCA에서 다단계 피해자를 돕는 시민운동 활동가에게 연락이 왔다. 그걸 계기로 다단계에 대한 연구를 좀 했다.

2000년대를 흔든 대표적인 대형 다단계 사건이 조희팔 사건과 주수도 사건이다. 모두 수조 원대의 피해가 발생했다. 주수도를 직접 만난 사람은 내 주변에 딱 한 명 있다. 2000년대 초반, 친구가 어느 회사에서 CFO 제안을 받고 주수도를 직접 만났는데, 영 이상해서 안 했다고 한다. 주수도 사건은 아직 전모가 다 드러나지는 않은 것으로 알고 있다. 내가 들은 바로는 이 사건을 국민에게 알린 주체가 국정원이라는 것이다. 국민들 피해가 너무 커질 것 같으니까, 언론사와 방송사 쪽에 정보를 살짝 흘렸다. 그렇지 않았다면 사건이 드러나지 안은 채 상당히 오랜 기간이 더 흘렀을 것이고, 피해자는 더 많아졌을 것이다. 출처가 불명확한 제보를 받고 전격적으로 주수도가 운영하는 JU그룹의 의혹을 국민들에게 직접 알린 것은 MBC 〈PD수첩〉이었다. 이 방송의 취재를 진행한 사람 중 한 명이 나중에 황우석 사태와 다큐 〈공범자들〉로 유명해진 최승호 PD다.

다단계를 처음 접한 사람이 맨 처음 만나게 되는 멘트는, 불법 다단계와 합법 다단계의 차이점일 것이다. 한국에 존재하는 다단계 중 일부는 불법이고, 일부는 합법이다. 나도 글을 쓰다가 다단계에 대해 언급할 때면, 의식적으로 '불법'이라는 수식어를 추가한다. 그러면 법적으로 문제될 게 없다. 합법 다단계에서 혹시라도 항의하거나 명예훼손으로 고소하려고 할 때, '불법'이라는 두 글자는 무의미한 송사로부터 나를 지켜준다.

"아니, 이건 불법 다단계에 대한 이야기예요. 선생님네 회사 이야기하는 건 아니라니까요."

그렇다면 합법 다단계는 좋은 것인가? 혹은 권장할 만한 것인가? 여기서부터 국가의 역할에 대해서 고민하게 된다. 국가가 법률로 인정을 했으니까 합법이다. 그런데 합법이면 좋은 것일까? 우리 식구나 내 친구라면, 불법이든 합법이든 다단계는 권장하지는 않을 것이다. 그리고 정말 친한 사람이라면 진짜로 도시락 싸들고 다니면서 말릴 것이다.

2000년대 중반, 다단계에 대한 연구를 하면서 정부 관리 체계를 조사한 적이 있었다. 다단계를 관리하는 협회가 있는데, 그 협회를 관리하는 상급기관이 존재한다. 내가 내린 작업가설은, 다단계 관리 협회가 하위직 경제 공무원들이 퇴직 후에 가는 소위 '팜' 중의 하나라는 것이었다. 행정고시를 통과한 사무관 이상의 공무원들이 아니라 그 밑에서 시작한 주무관급 경제 공무원들의 '팜'이 다단계 회사의 주체가 될 수 있다는 게 내가 1차적으로 내린 작업가설이다. 내가 접한 경제 분야의 실무 공무원들은 생각보다 다단계 자체에 대해서 호의적이고 긍정적인 반응을 보였다. 그냥 단순히 법을 준수하니까 문제가 없는 거 아니냐는 반응 정도가 아니라, 왜 이런 걸 자꾸 물어보느냐고 불쾌하다는 반응을 보인 경우가 많았다. 산업부 공무원들이 한전에 대해서 우호적인 것과 비슷한 종류의 반응이라고 기억한다.

　　합법 다단계와 불법 다단계의 구분은 방문판매에 관한 법이 규정한다. 법이 처음 생긴 것은 1995년이다. 그 이전에는 법이 없었으니까 다단계가 음성적이기는 하지만 불법은 아니었다. 법에서는 최소한의 관리규정을 두고, 그걸 지키면 합법이라고 말해준다. 합법이면 좋은 거 아냐? 그런 건 아니다. 법의 관리규율 안으로 들어가면 소비자의 피해를 최소화할 수 있다는 것이다. 그리고 '합법'이 합법이 되기 위해서 필요한 관리업무, 이걸 주무관급 경제 공무원들이 자신들의 '팜'이 한다고 이해하고 있었던 것 같다.

　　대선이나 총선에 나오는 공약들, 이런 걸 흔히 '하이레벨 팔러시high level policy', 고급정책이라고 부른다. 그 반대에 위치한 정책들을 '로우레벨 팔러시low level policy' 또는 생활이슈라고 부르기도 한다. 박근혜가 후보 시절 성범죄, 가정폭력, 학교폭력과 함께 학교 앞 불량식품을 4대악으로 지칭하면서 생활이슈를 국가 정책으로 활용한 적이 있기는 하다. 다단계는 전형적인 생활이슈에 해당한다. 대선에서 주요 후보가 다단계에 대한 공약을 내거는 것, 상상하기가 쉽지 않다. 크게 관심 갖는 사람도 없고, 크게 이슈를 만들기도 어렵다. 아직까지 다단계에 관한 문제가 전국적인 선거에서 엄청난 공약으로 다뤄지면서 찬반 논쟁이 붙은 적은 없다. 그렇다면 이게 정말로 소소하고 사소한 일일까? 결론부터 말하면, 노무현 정부 때 다단계는 극적으로 줄어드는 양상을 보이다가, 보수 정부 9년 동안 엄청나게 성장하는 산업이 되었다. 특히 생활이슈로 대선에 성공한 박근혜 시절에는 두 배 가까이 다단계 판매원이 급증했다. 다단계와 정권의 도덕성이 전혀 상관없어 보이지는 않는다.

2011년 기준, 한국에 등록된 다단계 판매원 수는 415만 명이었다. 이 것도 이미 어마어마한 숫자다. 그리고 2015년에는 796만 명, 4년 사이에 2배 가까이 등록 판매원 수가 늘었다(2015년, 공정거래위원회 다단계 판매업체 주요 정보 공개). 박근혜 정부 기간에 381만 명이 새롭게 다단계 판매원이 되었다는 얘기다. 만약 이게 정상적인 일자리라면, 한국에는 실업문제라는 게 아예 존재하지 않을 것이다. 신정부에서 공기업을 포함해서 죽어라고 늘리겠다는 일자리가 81만 개인데, 그 10배 가까운 수가 어쨌든 다단계 판매원으로 등록한 셈이다. 할렐루야! 2015년 기준으로 공개 대상 다단계 업체의 매출 총액은 5조 원이 넘는다. 2007년에 1조 7,000억 원 정도로 저점을 찍은 후, 지속적으로 상승 추세이다.

한국 영화시장 규모가 2조 원 약간 넘는다. 다단계 업체의 매출 총액은 영화시장의 2배가 넘는다. 물론 영화는 1,000만 관객을 넘어 1,500만 명

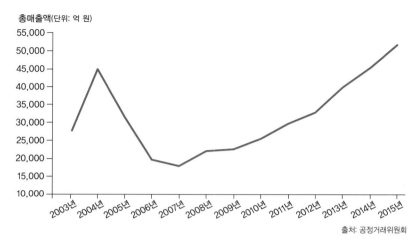

다단계 업체의 매출규모 추이

총매출액(단위: 억 원)

출처: 공정거래위원회

이 관람한 단일 영화가 존재한다. 다단계 판매원은 아직 1,000만 명에 이르지는 않았지만, 이 공정위 자료에는 불법 다단계 등 진짜로 사기성 농후한 곳에 있는 사람들은 빠져 있기 때문에 실제로는 1,000만 규모라고 예상할 수 있을 것이다. 어쨌든 공식적으로 796만 명이 5조 원이 넘는 매출액을 만들고 있으니까, 다단계에 있는 사람들이 영화 종사자보다는 몇 배로 열성적인 사람들이라고 할 수 있을 것이다. 한국 영화가 합법적이고 공식적인 다단계 판매 매출액 수준이 되기 위해서는 온 국민이 지금보다 영화를 2배 더 많이 봐야 한다. 현재 한국인의 연간 영화 관람횟수는 4.22회인데, 이미 세계 최고 수준이다. 매출액 기준으로는 지난 10년 동안 거의 3배 성장한 산업이 바로 다단계 산업이다. 보수 정권기에 최고의 산업이 되었다. 최고 특혜 산업이라고도 할 수 있다. 2003~2004년이 다단계에는 좋았던 시기였는데, 그 이후로는 한풀 꺾였다. 그리고 2008년을 기점으로 다시 살아났다. 패턴만 보면 전형적인 불황형 산업이다. 2008년 글로벌 금융위기 이후로 다른 산업들이 어려워지는 순간, 다단계가 완전 초강세를 보이게 되었다.

800만 명 가까운 사람이 다단계 판매원으로 등록되어 있지만, 실제로 월급이라고 부를 수 있을 정도의 금액을 받아가는 사람은 상위 1퍼센트 미만이다. 2015년 16,172명이 연간 5,104만 원을 받아갔고, 나머지 99퍼센트가 받은 수당은 연간 평균 53만 원이다. 전국적으로 본다면, 수억 원의 돈을 버는 사람은 0.5% 미만이라고 추정할 수 있고, 나머지 대부분의 판매원은 상위 등급 몇 명을 먹여 살리기 위해서 죽어라고 자기 돈 갖다 바치는 구조이다. 합법 다단계의 배분 구조도 정상적으로 보이지는 않는다. 여기에 불법까지 치면 이 규모가 더 커질 것이고, 왜곡도 더 커질 것이다. 정부에서 합법이라고 부르는 다단계들에 대한 기초 통계만으로도, 일반인들이 굳이 접근할 필요가 없는 곳이라는 게 명확해 보인다. 5조 원이 넘는 돈이 별도의 부가가치 생산 없이, 순전히 판매원 본인이나 식구 혹은 지인들 주머니에서 나왔다. 800만 명이 시도해서 대부분의 사람들이 1년에 평균 50만 원 정도를 받아가는 시장, 이걸 시장이라고 부를 수 있을까? 이건 시장이라고 부르기에는 성공 확률이 너무 낮다. 그리고 그 대가도 가혹하다. 돈도 돈이고, 주변의 지인들을 모두 잃게 된다. 아무리 친해도, 다단계에서 활동하는 사람들까지 챙겨서 친구로 대하려는 사람은 거의 없다. "너 다단계 하니?", 이 질문은, "전화 좀 끊으라"는 말과 같다. '네트워크 판매'라는 표현을 쓰기도 하지만, 이걸 통해서 개인의 네트워크가 늘어나는 것이 아니라 있는 네트워크도 붕괴된다.

우리나라 경제활동인구는 2,750만 명 정도 된다. 2011년 경제활동인구의 15퍼센트 정도가 다단계 판매원으로 등록되어 있다가, 경제 불황이 심각해진 2015년 30퍼센트에 육박할 정도로 높아졌다. 한국 경제활동인구의 30퍼센트에 육박하는 숫자가 합법적이고 공식적인 다단계 판매원으로 등록한 상황, 이게 심각하지 않다고 할 수 있는가?

"하나 팔면 과장, 두 개 팔면 부장, 세 개 팔면 사장…."

2008년 MBC 개그 프로그램의 한 코너인 〈파라요〉에 나왔던 대사다. 개그맨 박준형이 다단계 판매를 개그의 소재로 쓴 적이 있다. 매출액 기준으로 2007년에 최저점을 찍었던 합법 다단계들이 다시 폭발적으로 성장하기 시작한 게 바로 그해였다. 2008년을 전환점으로, 한국의 다단계는 누구도 제어하기 어려운 폭풍 성장의 길을 걷게 된다.

산업? 비싼 물건이라 해봤자 정수기와 공기청정기, 건강식품 등을 파는 것을 산업으로 분류할 수 있을까? 이런 상품들로 5조 원 규모의 매출액을 만들려면, 도대체 같은 물건을 얼마나 많이 팔아야 하는 것일까? 규모가 작아서 정책적으로 크게 신경 쓰지 않아도 되는 수준이면 몰라도, 경제활동인구 대비 30퍼센트 정도라면 그냥 방치해도 될 수준은 아닌 것 같다. 인기 온라인게임 리니지 누적 가입자가 700만 명 정도 된다. 게임 중독은 이미 사회적으로 첨예한 논쟁의 대상이 되었다. 청소년들을 보호할 것인가 말 것인가, 한다면 어떻게 할 것인가, 이런 게 단골 토론 대상이다.

'시장경제'라는 이념적인 대원칙을 강조하다 보니까 국민들의 생활경제가 밑바닥에서 붕괴하는 것은 알아차리지도 못했고, 별 대책도 마련하지 못한 것이라고 해석할 수 있다. 이 정도면 국가의 방치 아닌가? 국민경제가 어려워지면 어려워질수록, 가난한 사람들의 생활이 더 먼저 어려워지고, 그럴 때 다단계의 유혹이 더욱 강해지게 된다. 정부가 지금까지 한 얘기는, 불법에 대해서는 책임을 못 지니까, 기왕 다단계를 하실려면 합법 다단계로… 이게 보수 정권 9년 동안 다단계에 대해서 국가가 한 일 전부 아닌가?

좀 넓은 눈으로 본다면, 규제는 악이라고 생각하고 규제철폐가 선진화라고 주장하는 시대의 흐름이 만든 비극적 상황이라고 할 수 있다. 규제는 규칙과 제도를 합친 말이다. 자유방임 정책을 잘못 적용하다 보니 저소득층의 생활경제에서 심각한 부작용이 벌어졌다. 넉넉지 않은 살림에서 매년 5조 원씩 빠져나가면 이제는 개인들의 생활경제 차원이 아니라 국민경제 수준에서 심각한 문제가 일어나게 된다. 그걸 지난 9년간 우리가 본 것이 아닌가? 경제는 그냥 민간이 알아서 하면 된다는 방식으로 이해를 하면, 노무현 정부 때 창궐했던 투기성 오락인 바다 이야기도 손을 대면 안 되는 것이다.

정부에서 좀 더 적극적으로 일종의 가이드라인을 만들고, 장기적인 종합대책을 수립하는 것을 생각해볼 수 있다. 개인이 지나치게 많은 돈을 다단계에서 사용하지 못하도록 일정한 제약을 두고, 1인당 거래에 상한액을 두는 방식 같은 것은 큰 부담 없이 제도로 만들 수 있다. 우리의 헌법도 이 정도의 긴급한 조치 같은 것들은 허락하고 있다. 과연 이런 정도의 조치를 국가가 못 하는 것인가, 안 하는 것인가? 실무진에서는 법을 지켰으니까 문제없다고 하고, 다단계 산업을 자신들의 '팜'으로 여겼다. 고위직이나 정치인은, 진짜로 어려운 사람들의 삶에 그다지 관심이 있는 것 같지는 않다.

중고등학교에서 우리는 건전한 생활경제를 위한 기본 원칙을 거의 배우지 않고 있다. 길게 보면 국민경제를 위해서도 청소년들이 생활경제의 대략적 원칙 정도는 배우는 것이 좋다고 생각한다. 생활을 위해서 익혀야 하는 기본 지식에 대해서, 나는 좀 적극적인 편이다. 7차 교육과정에서 남학생들이 배우던 기술과 여학생들이 배우는 가정이 기술가정으로 통합 운영되기 시작하였다. 좋은 일이라고 생각한다. 생활을 위해서 필요한 1차 지식들을 군이 남녀로 구분하는 것이 서로에게 도움이 되는 일은 아니다. 생활경제라는 교과목이 존재하기는 하는데, 내용이 너무 피상적이고 교양으로 분류되어 있어서 실제로 가르치는 학교는 별로 없다. 지금의 교과서 분류체계에서는 남녀가 통합으로 배우는 기술·가정 한편에, 미래를 위해서 최소한으로 알아야 할 생활경제 내용이 들어가는 것이 좋다고 생각한다. 그리고 그 안에, 길지 않더라도 다단계에 대한 챕터가 들어가야 할 것 같다.

우리는 생활경제에 대한 개념이 너무 약하고, 특히 전통적으로 경제학에서 다루지 않았던 다단계 같은 새로운 종류의 경제활동에 대해서 아는게 너무 없다. 다단계는 공식 경제와 비공식 경제의 언저리에 걸쳐 있는 아주 독특한 경제 영역이다. 엄연히 다단계 회사도 법적 실체가 있는 조직이라 공식 조직이기는 하지만, 그 활동이 개인들의 사적인 친분을 기반으로 작동해서 비공식 경제의 요소가 많다. 수요가 곧 공급이고, 공급이 바로 수요이기도 한 특수 분야다. 그리고 생산은 없고, 판매와 분배만 존재하는 서비스의 특수 영역이기도 하다. 일반적인 경제원론 수준에서 다단계를 이해하고 분석하기는 쉽지 않다. 차라리 청소년기에 가정경제와 생활경제 차원에서 "이런 게 있습니다, 조심하세요", 이렇게 알려주는게 중장기적으로는 더 효율적일 수 있다. 보수 정권 9년 동안 대학생을 비롯해서 가난한 사람들이 다단계 회사, 그것도 합법 다단계 회사에 갖다 바치는 돈이 5조 원이 넘어갔다. 알아서들 조심하라고 하기에는, 국민 경제의 하단 부분이 너무 부실해졌다. 보수들의 온갖 방해를 뚫고 저소득층에게 '배달'된 복지 예산이 그대로 다단계 회사로 흘러 들어가게 방치할 수는 없는 것 아닌가?

—

5
은행과 은행 닮았지만 은행 아닌 것

—

한국인을 분류하는 몇 가지 방법이 있다. 축구 좋아하는 사람, 야구 좋아하는 사람, 둘 다 좋아하는 사람으로 분류하는 게 그중 하나다. 그렇지만 둘 다 싫어하는 사람도 분명히 존재한다. 박정희를 중심으로 분류할 수도 있다. 좋아하는 사람과 싫어하는 사람이 극명하게 나뉜다. 그렇지만 역시 좋지도 싫지도 않은 사람이 있을 수도 있다. 다른 분야와 달리 금융에서는 이 구분이 굉장히 쉽다. 모든 한국인은 은행과 거래하는 사람과 은행이 아닌 곳과도 거래하는 사람으로 구분된다. 이 기준은 거의 예외 없이 사용될 수 있다.

자동차 살 때를 생각해보자. 현금을 갖고 차를 사는 사람과 그렇지 않은 사람이 존재한다. 이 두 사람을 은행은 다르게 취급한다. 현금으로 차를 사거나, 은행에서 돈을 빌려서 그 돈으로 차를 사는 사람을 은행은 최고로 본다. 제1금융권에서 환영받는 사람이다. 자동차회사에서 알선하는 자동차 할부를 받는 사람은 그 순간 캐피탈 회사와 거래를 했고, 제1금융권이 아닌 곳에 채무를 가진 사람이다. 최근에 자동차 구매시의 할부금융 때문에 신용등급을 깎지는 못하도록 정치인들이 제도를 바꾸었다. 국내 자동차회사들이 차 안 팔려서 힘들다고 난리를 친 덕분이다. 그래서 자동차 할부금융으로 공식적인 신용점수 하락은 없다. 그렇지만 캐피탈과 거래한 흔적마저 지워지지는 않는다. 우수한 은행 고객들이 얻을 수 있는 우대금리에서 약간이지만 손해를 볼 가능성이 생긴다. 은행과 거래하는 사람 그리고 은행과 비슷하게 생겼지만 은행이 아닌 곳과도 거래하는 사람, 이 기준은 상당히 오랜 시간이 흘러도 변하지 않을 것이다. 편견과 차별 아니냐고? 그렇다. 한국 금융은 철저하게 편견과 차별에 의해서 움직인다. 민주주의? 그딴 거 없다.

MBN에서는 매주 산에서 사는 사람들을 그린 〈나는 자연인이다〉라는 방송을 한다. 벌써 5년째 이어가는 성공한 방송이다. 만약 그 방송에 나온 어떤 자연인이 자기 집을 수선한다거나, 아니면 뭔가 새로운 시도를 하기 위해서 은행에 가서 대출을 시도한다고 해보자. 이게 가능할까? 우리나라에서는 불가능하다. 잘못하면 지점장 시말서 쓸 일이다. 영국이나 프랑스 혹은 독일 같은 곳에서는 안정된 TV 방송에 출연한 자연인이라면 가능할 수 있다. 영화 〈원스〉에서 무명가수의 음악성과 가능성만 보고 은행 대출창구에서 바로 앨범 발매 비용을 대출해주는 장면이 나온다. 영화라서 과장하는 것이 아니라, 원래 그렇게 한다. 저예산 영화에 사회적 상식과 다른 장면을 굳이 넣을 필요는 없다. 한국에서 은행은 아직까지 그렇게 개인이나 신규 기업의 미래 가능성을 기술적으로 평가하는 경험이나 장치를 가지고 있지 않다. 우리의 은행들이 개인을 만날 때 그 사람의 개성이나 가능성 혹은 예술성과 같은 특징은 아무것도 아니다. 담보와 신용지수 그리고 거래 은행의 등급 같은 것으로 모든 것이 결정된다. 만약 우리가 사랑하고 연애할 때 이렇게 사람의 등급만 보고 판단하면, 속물이라고 손가락질 받는다. 이게 지금 우리의 금융이 딛고 있는 현실이다.

최초로 한글로 된 문장으로 만든 책은 〈석보상절〉이다. 여기에 우리말로 '아승기'라는 숫자가 나온다. 10의 56승인데, 부처의 인연이 시작된 아마득한 시간이라는 의미로 사용된다. 갠지스강의 모래만큼이라는 의미를 가지고 있는 항하사보다 만 배 크다. 아승기 다음으로 나의타, 불가사의, 무량대수 같은 큰 숫자가 이어진다. 이런 큰 숫자를 접할 일이 그렇게 많지는 않다. 현실에서 내가 만나본 제일 큰 숫자는 아직은 경이다. 10의 16승이다. 2007년쯤의 어느 논문에서였다. 고이즈미 준이치로小泉純一郎 총리가 추진하던 일본 우정국 민영화의 효과 분석에 관한 논문이었는데, 그때 일본에서 새롭게 외국으로 풀려나올 돈의 규모가 대략 1경 원 정도 된다는 것이었다. 2017년 우리나라 GDP가 1,500조 원 정도 된다. 그리고 누적된 가계부채가 대충 그 정도 수준이다. 천조 다음 단위가 경이다. 내가 경이라는 단위를 현실에서 처음 본 이후 10년 정도 지났다. 우리도 이제는 슬슬 경제의 많은 수치들이 경을 향해서 가고 있다.

1경 원? 일본은 전통적으로 자금이 풍부했고 이자율도 낮다. 80년대 이후 엔화는 달러를 대체할 수는 없어도 안정성만큼은 의심받지 않는 안전자산으로 여겨졌다. 이 싸고 풍부한 엔화를 외국으로 가지고 와서 투자(혹은 투기)를 하는 것을 '엔캐리 트레이드'라고 불렀고, '엔캐리 자금'이라는 표현도 썼다. 일본 경제가 한참 잘나가던 1980년대 후반, 소니는

CBS와 컬럼비아영화사를 연이어 사들였다. 그렇지만 1990년 버블이 터지면서 일본 경제가 어려워지기 시작한다. 2000년대 중반은 일본이 '잃어버린 20년' 한가운데를 통과할 때였고, 경제 사정이 그렇게 좋지는 않았다. 그렇지만 여전히 이자율은 낮았고, 유동성도 풍부했다. 풍요의 시대에 형성된 일본의 자금은 갈 곳을 잃고 일본 안에서 떠돌아다니고 있었다. 엔캐리 자금은 이 시절 전 세계를 헤매고 돌아다녔다. 달러에 버금가는 안전자산으로 간주되는 엔화표시 채권은 '사무라이 본드'라고 불렸다. 세계 3대 국제채권으로 분류되는 엔화표시 채권을 발행하면서 외국 회사들이 앞다투어 일본에서 채권을 발행했다. 한전 등 한국 공기업들도 이 사무라이 본드를 발행했다. 경제는 어려워도 엔화의 자금력만큼은 막강했다. 그때 몇 경 원 단위의 일본계 자금들이 갈 곳을 잃고 있었다.

우리나라에서 대부업법이 만들어진 것은 2002년이다. IMF 경제위기 이후 위기에 빠졌던 종합금융회사들이 어느 정도 정리될 즈음, 그다음 차례로 완전히 지하경제의 영역에 있던 대부업 문제를 해결하기 위해 생겨난 법이다. 외환위기 이후로 어느 정도 자리를 잡으려는 국민경제와 고이즈미의 우정국 개혁 등으로 일본 내에서 용처를 찾지 못해 해외로 흘러나온 엔캐리 자금이 2000년대 중후반에 딱 만난다. 이게 지금 우리가 보는 대형 대부업이 전면에 등장하게 된 배경이다. 메커니즘은 비교적 간단하다. 일본에서 이자율 6퍼센트 이내로 조달된 자금이 한국에서 30~40퍼센트의 대부업 대출이자를 받게 된다. 물론 한국계 대부업도 존재하기는 하는데, 캐피탈 등 제2금융권에서 자금을 조달할 때 10퍼센트대 이자율 정도를 적용받기 때문에 일본계 자금과 경쟁하기가 쉽지 않다. 당연히 조달 비용이 저렴한 일본계 자금이 경쟁력을 갖게 된다. 메커니즘은 쉬운데, 이걸 행정적으로 처리하기가 쉽지 않다. 초반에 금융당국에서 적절한 제도를 만들었으면 지금과 같은 대형 참상이 벌어지지는 않았을 수도 있었을 것 같다. 박정희 때부터 계속 존속하던 이자제한법은 IMF의 요구와 함께 전격적으로 철폐되었다. 그 이후로 우리나라 경제 공무원들에게는 이자율을 제한하는 것이 후진 국가에서나 하는 일이라는 생각이 강해졌다.

이 시절에 형성된 대부업체 옹호 논리는 비교적 단순하다. 은행에 갈 수 없는 저신용자들이 대부업체에서 돈을 빌리는 것인데, 만약 합법적인 대부업체에도 이자제한을 두면 그들은 저신용자들에게도 까다롭게 굴 것이다. 그러면 아무에게도 돈을 빌릴 수 없게 된 사람들이 결국 불법업체에 갈 것이고, 살인적으로 높은 이자율을 물게 될 것이다. 그러므로 대부시장(!)에서 자연스럽게 형성된 이자율에 맡겨놓는 편이 낫다….

좀 떨어져서 큰 눈으로 보면, 이렇게 대부업체가 엄청난 규모로 난립하게 된 데에는 한국의 은행 문턱이 너무 높다는 이유가 존재한다. 우리나라에서는 은행이 너무 쉽게 돈을 번다. 담보와 보증인을 내세워서 대출을 해주던 관행이 오래되어서 돈을 떼이기가 오히려 어렵다. 관치금융 때문에 은행 영업이 다 거기서 거기라는 얘기를 할 수는 있다. 어쨌든 대출을 해주면서 상대가 하려는 일, 상대의 미래, 이런 걸 꼼꼼하게 살펴보는 능력 자체가 제대로 형성되지 않았다. 담보와 보증을 기본으로 하다가 신용대출로 넘어가려다 보니, 이제는 또 너무 전적으로 신용등급에만 의존하게 되었다. 흔히 '관계형 금융'이라고 부르는, 앞으로 오래 거래할 생각으로 상대방에 대해서 천천히 이해하는 문화가 우리 은행에는 존재하지 않았다. 새로운 기술에 대한 이해도, 개인의 삶에 대한 이해도 제대로 정착될 기회가 없었다.

　유럽에서는 대형 은행이 아닌 지역사회에서 자연스럽게 생겨난 신용 협동조합 같은 것들이 이런 관계형 금융을 발전시켰다. 누가 누구고, 누가 뭘 하는 사람인지 금융도 어느 정도는 이해하고 있다. 지역 공동체에서 오랫동안 같이 지냈던 사람들이 금융을 한다면 무지막지하게 신용등급이라는 잣대만을 들이대지는 않을 것이다. 그렇지만 한국에서 사회적 경제가 너무 약한 것처럼, 신협이나 새마을금고 혹은 지역 농협도 그렇게 관계형 금융으로 제대로 발전하지는 않았다. 손쉽게 담보를 잡고 대출하거나 특정 정책금융의 창구 역할을 하는 정도로 만족했다. 많은 사람들에게 욕먹고 있는 지역 농협이 그런 경우가 아니겠는가? '마이크로크레딧'이라고 부르는 저소득자에 대한 신용대출 같은 것을 지역 시민사회에서 자연스럽게 스스로 잉태시킬 정도로 한국의 시민사회가 큰 힘을 가지고 있지도 않았다. 한국은 풀뿌리 지역자치도 약하고 시민사회도 스스로 자신의 영역을 가질 정도로 제대로 형성되어 있지 않다. 그러다 보니 중앙의 대형 은행이나 지역의 새마을금고나, 작동하는 방식이 다를 게 거의 없게 되었다. 돌고 돌아, 새로운 역습이 생겨났다. 어차피 지역과별 관계도 없이 움직이는 은행 지점들을 중앙에서 비용 절감을 위해서 없애겠다고 하는데, 이게 아니라고 할 사람도 없게 되었다. 지점을 줄이고, 사람을 내보내면 은행이 더 좋아지는가? 단기 영업이익만을 고려하는 은행장만 성과급이 늘어나니까 좋아지고, 은행은 더 나빠진다. 은행 지점들이 지역에 착근하면서 지역에 대한 이해를 높이고, 거기에서 튼튼한 소액 대출의 성과를 내는 것이 유럽 은행들이 발전해온 방식이다. 우리는 거꾸로 간다.

IMF 경제위기 직후 DJ가 폐지시킨 이자제한법은 2007년에 최고금리를 연 30퍼센트로 규정하며 다시 도입되었다. 2014년에 연 25퍼센트로 한 차례 하향 조정되었다. 그리고 지난 대선의 공약으로 20퍼센트로 다시 내릴 것인가 말 것인가를 놓고, 그야말로 불꽃공방을 하는 중이다. 일단은 24퍼센트로 다시 한 번 낮추기로 했다.

과도한 추심을 금지하는 '채권의 공정한 추심에 관한 법률'은 2009년에야 만들어졌다. 그리고 소멸시효가 완료된 채권에 대한 추심 금지 등 좀 더 현실적인 개선안은 여전히 국회에서 논의 중이다.

이 10여 년이 넘는 동안, 7등급 이하의 저신용자들에게 한국은 그야말로 지옥이 되었다. 이 기간 동안 개인의 실질소득 증가율은 계속해서 감소했다. 그리고 노동생산성 증가율보다 실질임금 증가율이 낮은 상태가 오랫동안 지속되면서 국민들은 평균적으로 자신이 일한 것에 비해 월급을 덜 받는 시기를 경험하게 되었다(전두환에서 YS 집권기까지, 한국 노동자들은 노동생산성 증가보다 더 빠르게 실질소득이 증가하는 경험을 하였고, 이 기간에 한국에 중산층이 폭넓게 형성되었다고 할 수 있다.) 월급이 노동생산성보다 덜 오르는 상황에서 한국의 저소득층은 전형적인 빈곤의 악순환을 경험할 수밖에 없게 되었다. '워킹 푸어working poor'라는 현상이 등장한 것도 당연한 일이다. 일단 빈곤으로 들어가면 헤어날 방법이 없다. 그리고 중산층과 저신용자의 삶은 하늘과 땅 차이지만, 그 두 집단의 경제적 신분이 갈라지는 경계점은 그야말로 종이 한 장 차이다. 우연히 보았던 대출광고, 그 순간 나락이 바로 옆에서 기다리고 있다.

일본에서 은화를 주조하던 곳을 긴자銀座라고 불렀다. 그야말로 막부시절 국가 금융을 담당하던 곳이다. 동경의 긴자는 전통적이면서도 화려하다. 그리고 일본에서 땅값이 가장 비싼 곳 중의 하나다. 긴자 거리 뒷골목으로 들어가면 서울과 달리, 갑자기 바다가 나온다. 동경만의 바다는 빈약해 보여도, 북태평양이다. 상징적이고 은유적이다. 한국에서 어느 중산층 가장 혹은 평범한 대학생이 은행 문턱을 나와 멘붕 상태에서 헤매던 뒷골목에서 만난 풍경은 진짜로 동경만의 북태평양일 수 있다. 그곳에서 한 발만 잘못 들이면 북태평양의 거센 물결에 휩싸여 금융 폐인이 된다.

신용등급은 1등급부터 10등급까지 있다. 가장 간단한 신용의 기준은 은행 마이너스 통장, '마통'이다. 은행권의 마이너스 통장을 가진 사람과 그렇지 않은 사람으로 구분하는 것, 금융 세계에서 가장 간단하지만 효율적인 분류법이다. 한국의 은행들은 평균적으로 1.5~1.7등급에서 마이너스 통장을 발급한다. 신용 1등급도 안정적 소득이 증명되지 않으면 쉽지 않다. 신용 2등급이면 직장 등 다른 조건이 괜찮아야 마이너스 통장을 가질 수 있다. 3등급부터는 은행 마통은 남의 나라 얘기다. 마이너스 통장이 발급되는 사람들, 여기까지가 한국 금융의 세계에서 1등 국민이다. 주택담보 대출 등 장기 대출에서 우대금리가 보통 여기까지 적용된다. 그다음부터는 더 가난한데도 더 비싼 비용으로 돈을 빌리게 된다. 돈 많은 사람에게 더 싸게 빌려주는 것, 민주주의 같은 것은 한국 금융에는 없다.

은행권 밑으로는 이제 2등 국민의 세상이 열린다. 저축은행과 캐피탈 같은, 이른바 제2금융권의 세계가 열린다. 여기에서 돈을 빌리면 빌릴수록 신용등급은 내려간다. 어느 정도일까? 사람들이 무심코 빌리는 자동차 할부금이 대표적인 캐피탈 대출금이다. 최근에 규정을 바꿔서 캐피탈에서 빌린 자동차 할부금은 신용등급에 바로 적용하지는 않기로 했다.

그러나 은행별 참고 자료에서까지 캐피탈 거래 흔적이 지워지지는 않는다. 주택 거래처럼 큰 대출에서는 이 약간의 차이가 작지 않다. 신용등급은 같더라도 대출 창구에서는 볼 수 있는 모든 자료를 참고한다. 그리고 대출 창구 직원이면, 자신의 책임을 줄이기 위해서 되도록이면 보수적으로 판단한다. 같은 조건이면 캐피탈 거래가 있는 쪽이 아무래도 좋은 평가를 받기 어렵다.

은행 거래가 무산되고 어쩔 수 없이 제2금융권에서 대출을 받게 되면, 제1금융권인 은행의 세계로 다시 돌아오기는 현실적으로 어렵다. 이제 밑으로 내려갈 일만 남아 있다. 생활이 어려워지면 카드값 연체나 가스 대금 연체 등 크고 작은 연체가 반복되면서 점차적으로 6~7등급까지 내려가게 된다. 이 정도가 공식적인 창구를 통해서 중금리, 이른바 10퍼센트대 상품을 거래할 수 있는 마지노선이다. 물론 안정적이고 고정적인 월급이 있다는 전제하에서 그렇다. 더 밑으로 내려가서 '폭망'하는 길이 일반적인 길이다. 원래의 신용을 회복하고 다시 은행과 거래할 수 있는 상태가 되는 것은, 이를 악물어도 아주 좁은 길이다.

대학생들이 정상적으로 대학을 졸업하면 신용등급은 5 정도가 된다. 그 정도만 해도 평온한 경우다. 운이 없어서 학자금 대출을 받았고, 그걸 연체했다면? 시작부터 7등급일 수도 있다. 혹시나 학생 시절 뭔가 잘 모르는 상태에서 다급해서 대부업 거래를 했다면? 사회의 출발부터 실망 정도가 아니라 '폭망'이다. 그들에게 누가 이런 걸 가르쳐줄까? 대부업체가 '찾아가는 서비스'를 광고하는 정도의 열성을 가지고 '찾아가는 금융 교육'이 이들에게 꼭 필요하지만, 현실은 아주 거리가 멀다. 급하면 버스가 아니라 '택시'도 탈 수 있다고 하지만, 이건 택시가 아니라 지옥행 특급열차다. 죽은 자들을 데리고 저승으로 가는 마차가 불꽃에 싸여 있다고 해서 일본에서는 화차火車라고 부른다. 류승완의 영화 〈다치마와리〉의 부제가 '악인이여 지옥행 특급열차를 타라'였다. 급하면 타는 고급 택시가 아니라 일단 타면 지옥으로 모셔주는 '지옥행 특급열차'다. 이런 어마무시한 나락의 입구가 어디 먼 곳에 있을까? 늘 지나가는 큰길에서 잠시만 골목으로 들어가면, 바로 그곳에 바다가 펼쳐져 있는 것과 같다. 먼 곳의, 다른 사람의 일이 아니다. 우리는 이런 현실에 눈을 감고, 이건 남의 이야기일 거야, 하고 무감각하게 살아갈 뿐이다.

편의를 위해서 경제를 실물경제와 금융경제로 구분한다. 실물경제에서는 복지라는 단어도 나왔고, 경제 민주화라는 단어도 나왔다. 계층 사다리가 끊어지면 안 된다는 말도 있었고, 심지어 격차사회라는 단어까지 나왔다. 그러나 이런 건 실물경제에서 벌어지는 일이다. 실물의 또 다른 얼굴인 금융의 세계에는 그딴 거 없다. 인권, 사생활 보호, 최소한의 유예, 이런 거 전혀 없다. 괜히 가난한 사람들에게 뭔가 해주면, 그들이 기회주의자로 전락할 것이라는 '모럴 해저드' 얘기만 잔뜩 있다. "내 돈은 지옥에서라도 갚아야 한다? 정부 모럴 해저드 위원회 결정", 이런 얘기다. 개인들의 금융활동에 가장 결정적인 영향을 미치는 신용등급의 세계는, 그야말로 계급 구조가 적나라하게 펼쳐지는 세상이다. 국내 인구 4,500만 명 중에서 1,000만 명 정도가 1등급이다. 2등급은 700만 명 정도 된다. 대체적으로 정부의 금융 정책은 이 집단을 대상으로 진행된다. 3등급 이하를 부를 때 '서민'이라는 말을 쓰고, 금융 공무원들, 특히 간부들은 이들을 2등 국민 취급한다.

2015년에 정부가 좀 희한한 금융상품을 내놓았다. 공기업인 주택금융

신용등급별 인원분포와 불량률

01 개인신용등급별 인원분포

신용등급	2016년 6월	2016년 9월	2016년 12월	2017년 3월	2017년 6월	2017년 9월
1등급	9,880,028	10,089,548	10,264,778	10,526,412	10,755,042	10,972,327
2등급	7,663,601	7,707,569	7,769,605	7,834,362	7,870,832	7,900,990
3등급	3,439,442	3,423,128	3,427,054	3,380,806	3,395,069	3,404,880
4등급	6,220,222	6,217,350	6,224,672	6,301,541	6,287,949	6,319,070
5등급	7,710,606	7,607,632	7,534,719	7,374,528	7,253,270	7,125,426
6등급	4,936,244	4,983,657	5,029,504	5,070,370	5,092,554	5,108,206
7등급	1,426,895	1,417,743	1,408,712	1,395,154	1,362,137	1,335,672
8등급	1,323,537	1,310,801	1,285,622	1,264,307	1,253,905	1,247,619
9등급	1,430,618	1,395,957	1,358,927	1,306,554	1,281,986	1,266,178
10등급	404,378	397,645	384,064	370,512	366,905	358,952
전체	44,435,571	44,551,030	44,687,657	44,824,546	44,919,649	45,039,320

* 2011년 10월 이후 신규 서비스 개시

02 개인신용등급별 불량률

신용등급	2015년 6월	2015년 9월	2015년 12월	2016년 3월	2016년 6월	2016년 9월
1등급	0.06%	0.06%	0.06%	0.05%	0.05%	0.05%
2등급	0.18%	0.18%	0.18%	0.17%	0.18%	0.17%
3등급	0.33%	0.32%	0.31%	0.28%	0.28%	0.29%
4등급	0.60%	0.61%	0.62%	0.46%	0.49%	0.51%
5등급	0.64%	0.64%	0.64%	0.56%	0.57%	0.58%
6등급	2.21%	2.31%	2.39%	2.05%	2.03%	1.97%
7등급	6.62%	6.70%	6.86%	6.19%	5.99%	6.04%
8등급	10.57%	10.50%	10.45%	9.79%	9.80%	9.89%
9등급	13.26%	13.88%	13.75%	14.03%	13.98%	13.55%

출처: NICE신용평가

공사가 안심전환 대출이라는 상품을 출시했고, 시중 은행은 단순한 창구로만 활용되었다. 국가가 크게 돈 벌려고 만든 상품이 아니라서 조건은 아주 좋았고, 아직은 대통령 박근혜의 권위가 시퍼렇게 살아 있을 때니까, 창구 역할만 한 은행들은 불만이 좀 있어도 아무 소리도 못했다. 미국 금리가 올라갈 것이 예상되는 시점에서, 변동금리로 된 주택담보 대출을 고정금리로 바꾸어주는 것이 목적이었다. 이자율도 최저 수준인, 2퍼센트대였다. 한국은행 기준금리가 1.5퍼센트인 것을 생각해보면 진짜로 저금리 상품이다. 이래저래 특혜에 가까울 정도로 파격적인 조건인데, 가입만 하면 누구나 혜택을 볼 수 있는 상황이었다. 말 그대로, 10년에 한 번 볼까 말까한 파격적 특혜 상품이었다. 정부가 거시경제 관리라는 차원에서 야심을 가지고 내놓은 상품이다. 총액 20조 원어치를 판매했는데, 4일 만에 모두 소진, 그야말로 '완판'이었다. 그래서 부랴부랴 다시 20조 원을 추가 공급했다. 새로 마련한 20조 원은 결국 다 소진되지 못하고, 6조 원이 남았다. 이 상품을 산 사람은 대략 35만 명 정도, 애초에 설계한 제품의 특징에 맞는 사람은 한국에서 이 정도가 다였다. 정부는 좀 더 기다렸지만 더는 신청하는 사람이 없었고, 나머지 6조 원은 다시 정부 금고로 들어갔다.

왜 이런 좋은 상품이 있는데도 다른 사람들은 신청하지 않았을까? 안심전환 대출의 맹점은 기본적으로 1, 2등급 고신용자들을 대상으로 설계되었다는 점이다. 물론 이런 신용등급을 조건으로 달지는 않았지만, 저축은행 등 제2금융권은 배제하고 은행권 대출만을 대상으로 한 게 바로 그 얘기였다. 몇억 원이 되는 돈을 제1금융권인 은행에서 빌릴 수 있는 사람은 기본적으로는 1, 2등급에 속해 있다. 1등급이 채무불이행에 빠질 불량률은 0.05퍼센트, 2등급은 0.18퍼센트다. 냉정하게 따지면 이 사람들은 금리가 올라도 어떻게든 버틸 수 있는 사람들이다. 3등급만 해도 불량률이 0.28퍼센트로 확 오르기 시작한다. 5등급은 0.57퍼센트, 6등급은 2.03퍼센트, 4배 가까이 차이 난다. 1등급과 2등급 사이에 3배 차이가 나는데, 5등급과 6등급 사이는, 정말로 그 사이에 현해탄이 흐를 정도다. 신용도 1, 2등급에 있는 사람이 금융 실패에 빠질 확률은 매우 낮다. 상대적으로 상황이 나은 사람들이 낮은 이자율로 고정금리를 적용하면서 형편이 더 나아졌다. 실제로 금리가 올라가면 문제가 될 사람들은? 나 몰라요! 안심전환 대출은 이자만 내는 거치식과 달리 처음부터 원금을 같이 갚아나가게 설계되어 있다. 단기적으로 상환금이 오를 수도 있고, 생각보다 지금의 상환금과 차이가 크지 않을 수도 있다. 그 정도 부담을 감내하면서 전체적인 조건을 좋게 만들 사람이 35만 가구, 더 이상은 없었다. 정부 자금이 모두 소진되지 않았다는 게 그 의미다.

조선 시대 양반들은 군역을 면제받았다. 조선이 망하기 직전 대원군이 호포제를 실시해서 모든 양인에게 군포를 물리기 전까지, 양반들은 군역의 의무가 없었다. 양반이 아닌 사람들은 군대에 가거나 군포를 물어야 했다. 안심전환 대출이 우리에게 보여준 것은 결국은 가난한 사람이 더 많은 부담을 지게 되는 금융의 현실이다. 한국에서 안심하고 사는 사람들을 더 안심하고 살아갈 수 있게 만들어주었다. 그것도 원하는 사람 모두를 말이다. 그렇지만 안심하지 못하는 사람은 정부의 구제 시스템에서 배제되었다. 35만 명을 끝으로, 안심전환 대출상품은 다시 나오지 않았다. 구제받을 사람들은 이미 모두 구제받았고, 아직도 구제받지 못한 사람들은 구제할 방법이 없다는 것이 국가의 판단 아니겠는가? 우리나라의 가계부채는 부채의 총량도 문제지만, 그 성격이 더 문제다.

자, 신용등급 1, 2등급이 대출받는 은행권이나 캐피탈, 저축은행, 상호금융 같은 제2금융권 밖에 있는 대부업계의 세계를 살펴보자. 7등급 이하가 대략 400만 명 정도 되고, 전체 신용등급자의 10퍼센트가 약간 안 된다. 국민 열 명 중에 한 명 정도는 은행은 물론이고 제2금융권에서도 대출을 받기가 어렵다. 이 사람들은 돈을 빌리기 위해서 대부업체에 가는 방법밖에 없다. 물론 시민운동의 일환으로 진행된 마이크로 크레딧 같은 프로그램이 있기는 한데, 아직 우리에게 그렇게 넓은 길은 아니다. 그보다는 대부업체가 더 넓고 보편적으로 열려 있다.

제2금융권 바깥에 있는 대부업체는 등록된 대부업체와 미등록 대부업체, 즉 불법업체로 나뉜다. 물론 개인들도 서로 돈을 빌려주고 받을 수는 있지만, 일상적 영업 수준으로 한다면 반드시 대부업체로 등록을 해야 한다. 아니면 불법 사채업이다. 예전에 있던 달러 이자 받는 일수꾼, 곗돈 모아서 외부에 빌려주는 것, 이런 건 이제 다 불법이다. 이 합법 대부업체와 불법 대부업체 사이의 팽팽한 균형이 이자제한법과 관련된 논의의 핵심이다. 7등급 이하의 저신용자들은 돈을 빌려가도 못 갚을 확률이 높으니까 높은 이자율을 적용해야 한다는 것이 기본 논리이다. 리스크가 높으니까 이윤율도 높아야 할 것이다. 이 법정이자율을 너무 낮게 하면 대부업체도 아무에게나 돈을 빌려주지 않게 되니까, 결국 9등급과 10등급의 극저신용자들은 대부업체도 이용하지 못하고 불법 대부업체로 내몰리게 될 것이라는 게 주요한 설명이다. 그럴듯하기는 한데, 대부업체가 존재해야 한다는 것을 전제로 하고, 이들도 일정 수익을 올려야 한다는 것이 부수적 논리이다. 과연 그럴까? 합법 대부업체, 이들이 국민경제를 구성하기 위해서 반드시 필요한 기관일까? 대부업체 없으면 경제가 안 돌아갈까? 국가가 합법과 불법을 나누고 나서는 합법 대부업체를 지나치게 옹호하는 것 아닐까?

좋은 국가라면 저신용자들이 생활자금이 긴급히 필요해서 돈을 빌리는 일이 없는 정도의 복지 상황을 만드는 것이 장기적으로는 옳다. 소득은 적고 주거비용은 높고, 기초 복지가 아직은 부족하기 때문에 저소득층이 생활자금을 빌리는 상황이 벌어지는 것이다. 가장 이상적인 것은 정상적인 시민으로 살아가면서, 비록 넉넉하지는 않더라도 빚은 지지 않는 상황이다. 경제학 교과서가 원래 그렇게 되어 있다. 가계는 흑자로 투자의 주체이고, 기업은 적자로 가계로부터 투자를 받는다. 이건 국민경제의 기본적인 시스템 디자인 같은 것이다. 죄짓지 않고 성실하게 산 사람이 빚은 지지 않고 살 수 있게 기본 디자인이 되어야 한다. 불법 대부업체나 사채업자가 있는 걸 당연하게 전제하고, 합법 대부업자의 적정 이윤을 전제로 정책 설계를 하고 있다. 대부업체도 좀 먹고 살아야, 사람들이 불법으로 내몰리지 않잖아? 이럴 때는 우리의 국가가 너무 자상하시다. 이것이 현실 아닌가? 기술적 해법이 있어도 대부업체들이나 2금융권 눈치 보느라고 안 하고 있다면? 열심히 일해도 먹고살기가 어려운 것을 '워킹 푸어'라고 부른다. 이 문제에 대해 대책을 세워야 한다는 전 세계적 흐름이 있다. 우리는 워킹 푸어의 출발점이 신용이다. 그리고 그들이 마침내 도착하는 종점이 신용불량자다. 신용 시스템 때문에 가난에서 나올 수 없는, 그야말로 '크레딧 푸어credit poor' 현상이 만연하다. 우리는 시스템 설계 자체가 그렇게 되어 있다.

2017년 현재 기준으로, 한국에서 대부업체에 거래하는 사람은 250만 명이다(금융위원회 '2016년 하반기 대부업 실태조사 결과'). 신용등급상 8등급, 9등급, 10등급을 모두 더해도 그 정도 수치가 나온다. 사람 규모로 보면 크기는 한데, 총액으로 보면 14.6조 원, 엄청나게 많은 금액은 아니다. 좀 무식한 방식이지만 그냥 사람 수대로 나누어보면 1인당 584만 원 정도 된다. 등록된 대부업체는 8,654개다. 14.6조 원 중의 60퍼센트 정도는 1년 미만의 단기대출이다. 600만 원도 안 되는 돈을 1년 미만의 기간으로 빌리는 것이 주요 양상인데, 금액에 비하면 이 사람들이 사회적으로 받게 되는 불이익이 너무 크다. 그리고 대부업체 이용자의 60퍼센트가량은 회사원이다. 일자리가 있고 소득이 있는 이 사람들은 적절한 금융 시스템만 존재한다면 대부업체까지 들락거리지 않아도 되는 것 아닌가? 전업주부는 5.6퍼센트, 그야말로 눈물 나는 일이다. 집에서 살림하는 사람들이 생활비가 부족해서 국가가 아니라 대부업체를 찾아가게 될 때까지, 한 명 한 명이 얼마나 눈물 나는 사연을 겪었겠는가? 이혼 후 양육비를 제대로 받는 경우가 전체의 20퍼센트 정도로 알려져 있다. 이런 한 명한 명이 자기만의 사연으로 대부업체 문을 두드릴 것이다. 금융 분야에서 복지라는 패러다임이 얼마나 작동하지 않았는지를 이 수치가 보여준다. 역산해서 계산해보면 대부업체에서 대출받은 주부가 14만 명 정도인데, 14만 가구가 대부업체 돈까지 빌려서 생활하고 있다는 말이 된다. 방치하기에는 적지 않은 숫자다. 대부업체 대출 14.6조 원을 용도별로 보면 57.6퍼센트가 생활비, 타대출 상환이 9.3퍼센트다. 생활비 비중이 진짜 높고, 이렇게 비싼 이자율로 또 다른 금융기관의 대출을 상환하는 것도 10퍼센트 가까이 된다. '지옥의 돌려막기'가 아니겠는가?

8,654개 대부업체가 정상적으로 영업을 할 수 있도록 보장하기 위해서 이 구조를 그대로 두는 방치하는 것이 옳은 것인가? 전체적으로 처리해야 하는 금액 14.6조가 큰돈인가? 주로 중산층 등 신용이 좋은 1금융권에서 주택담보 대출을 받은 사람들을 변동금리에서 고정금리로 전환하는 안심전환 대출로 정부가 준비한 금융상품 규모가 40조 원이었다. 그때 혜택 받은 사람이 35만 명 정도다. 그 상품 규모의 반도 안 되는 돈에 수혜 대상은 250만 명, 이게 사회적으로 정당성을 획득하기 어려운 정책일까? 그리고 변동금리를 고정금리로 바꾸는 것에 비해서, 이 대부

업체 대출 문제가 사회적으로 혹은 경제적으로 무의미한 일일까? 유일하게 걸리는 것은 8,654개의 대부업체들의 집단 반발 정도 아닌가?

문제를 해소할 방법이 전혀 없지는 않다. 최초의 아이디어는 전태일의 여동생인 전순옥에게서 나왔다. 서민금융이 그렇게 어렵다면 우체국의 유휴자금을 좀 사용하면 어떻겠느냐는 게 그의 제안이었다. 불가능한 이야기는 아니다. 우리는 일본이나 프랑스같이 이미 우체국을 민영화한 나라와는 달리, 우정사업본부라는 이름으로 아직도 우체국이 정부 영역에 있다. 우체국은 예금 및 보험을 취급할 수는 있지만, 대출을 취급할 수 없게 막혀 있다. 예금은 받는데 돈을 굴릴 데가 없으니까 증시에서 국민연금 등과 함께 대형기관으로 작용하고 있다. 우체국 예금수신고는 60조 원 정도 되고, 보험 총자산은 47조 원 정도 된다. 지금 대부업체에서 사람들이 빌린 돈 14.6조 원을 감당 못할 정도는 아니다. 게다가 이 사람들 모두가 돈을 떼어먹는 것도 아니다. 이 전체를 정부 예산으로 그냥 흘려보내는 것 역시 아니다.

현재 한국의 우체국이 서민금융 창구로 활용된다면, 더 이상 한국에는 대부업체가 필요 없을 정도로 절대 강자가 될 것이다. 우체국 예금은 많은 사람들이 선호한다. 조달금리 자체가 워낙 좋기 때문에 대부업체는 물론 저축은행과 농협, 축협 같은 상호금융도 경쟁하기 어렵다. 우정사업본부의 지금 사업조건이라면 '10퍼센트대의 중금리'로, 말만 10퍼센트지 실제로는 19퍼센트인 그런 대출상품이 아니라 실제로 10퍼센트를 가지고도 충분히 운용이 가능할 것이다. 현실적으로 다른 제약 없이 그냥 우정사업본부가 직접 서민금융에 들어오면 제2금융권에 교란이 너무 클 것이다. 그 충격을 줄이기 위해서 1인당 상한선 같은 것을 두면 된다.

예를 들어, 기존 대부업체 대출자가 우체국 대출로 넘어오면 2,000만 원 정도의 상한선을 두면 된다. 1인당 평균 대출액이 584만 원 정도니까, 이 정도면 대부분의 사람들이 일단은 대부업체 상환을 하기에 적당할 것이다. 그리고 대부업체 대출에서 넘어오는 1회성 전환이 아닌 일반 대출의 경우에는 1인당 800만 원에서 1,000만 원 정도로 상한선을 설정하면 나머지 기관들의 반발을 완화할 수 있을 것이다. 어쨌든 우체국이 서민들에게 대출을 할 수 있게 된다면, 이건 제도와 기관 설계에서 발생한 특수 상황이기 때문이다. 저신용 대출에서 생기는 우체국의 위험은 보증보험으로 어느 정도는 대비할 수 있다.

2007년경 일본은 우정국을 민영화하는 것을 경제발전이라고 생각했다. 그 시절에 풀려나온 돈이 이리저리 돌고 돌아 결국 한국에 대부업체 시장을 만들고, 그 돈의 일부는 결국 제2금융권인 저축은행에까지 이르게 되었다. 한국은 일본과는 달리, 우정사업본부를 공공의 영역에 두는 것이 발전이라고 생각했다. 이제 대부업체에 빌린 돈을 우리의 우정사업본부가 10퍼센트 금리 대출로 전환하게 된다면, 진짜로 역사의 아이러니일 것 같다. 제한적으로나마 우정사업본부를 서민금융 창고로 활용하자는 법안은 이미 2016년 10월 국회에 법안으로 발의되었다. 방법이 없는 건 아니다.

6
신용 계급사회, 이건 안 된다

—

유승민이 19대 대선에 출마하면서 그의 딸이 가진 2억 원의 재산이 논란이 된 적이 있었다. 많다느니 적다느니, 자기가 벌었다느니 벌지 않았다느니, 한참 말이 많았다. 현재의 재산세와 증여세 체계에서, 대학생 자녀에게 최대 1억 2천만 원까지는 증여세 없이 물려줄 수 있다.

법률 규정상 부모가 자식에게 10년간 2천만 원을 주는 것까지는 증여세 면제한도 내에 들어간다. 미성년자일 때까지는 그렇고, 성년이 되면 면제한도가 5천만 원으로 높아진다. 간단한 산수다. 열 살까지 2,000만 원, 스무 살까지 다시 2천만 원, 이렇게 미성년 시절에 4천만 원 증여가 가능하다. 그리고 20대에 다시 5천만 원을 증여할 수 있다. 대학생 시절인 20대 초반에 줄지, 20대 후반에 줄지, 법률은 구분하지 않는다. 이렇게 증여한 금액을 더해보면 대학 졸업할 때까지 부지런한 부모는 최대 9천만 원까지 증여세 없이 물려줄 수 있다. 여기에 4촌 이내 인척, 6촌 이

내 혈족은 10년에 천만 원씩 30년간 총 3천만 원을 추가로 증여할 수 있다. 친인척을 동원한 편법까지 치면 최대 1억 2천만 원까지 가능하다. 유승민 딸의 경우는 재산이 2억 원이라서 이 범위를 넘었다. 그래서 증여세를 일부 냈다.

만약 내가 재테크 책을 쓰는 입장이라면, 독자 여러분의 자녀에게 무조건 열 살까지 2천만 원짜리 통장을 만들어주시라고 권유했을 것이다. 만약 열 살까지 증여를 안 했다면 총 무상 증여액이 2천만 원 준다. 10대에도 통장이 없다면? 다시 2천만 원 준다. 이제 여러분 자녀가 대학을 졸업하여 독립을 하거나 결혼을 하는 경우 세금 없이 한 번에 받을 수 있는 돈은 5천만 원으로 줄어든다. 물론 대부분의 경우는 해당 사항 없지만, 정확히 따지면 그렇다는 얘기다. 자식이 결혼할 때 부모가 작은 집을 사주면 증여세를 내게 된다.

그 정도 돈은 이미 사교육 등으로 충분히 주지 않았는가? 그건 의식주의 세계에서 그렇고, 금융의 세계에서는 다르다. 자기 통장에 이미 예금 9천만 원을 가지고 있는 28세 청년과 사교육도 많이 받았고 외국 유학 경험도 있지만 통장에 백만 원도 없는 28세 청년의 삶은 금융의 세계에서는 완전히 다르게 전개된다. 신용도가 많이 다르기 때문이다. 그리고 점점 더 신용등급이 개개인의 삶에 많은 영향을 미치게 된다.

유승민의 딸이 아버지와 친척들에게 물려받은 것은 돈보다 더 중요한 신용, 바로 '크레딧'이다. 그리고 그걸 물려받지 못한 사람들은 '크레딧 푸어'로 삶을 살아가게 될 확률이 무척 높다. 다른 또래의 대학생들이 5등급에서 출발할 때, 9천만 원을 통장에 가지고 있는 대학생은 훨씬 앞 등급에서 시작하게 된다.

개인 신용이라는 관점에서 우리의 관행에 대해 생각해보자. 아이의 돌반지와 같은 현물은 재산적 가치는 있지만 신용으로서는 별 가치가 없다. 현금이 최고다. 그런 점에서 세뱃돈은 지금도 의미가 있는 아주 훌륭한 제도다. 세뱃돈을 그대로 은행에 넣는 것은 아무 일도 아니지만, 돌반지를 팔아서 그 돈을 은행에 넣지는 않는다. 옳은 경제교육은 자녀가 용돈을 잘 관리하고, 절약한 돈으로 필요한 물건을 사도록 가르치면서 경제적 자립심을 키워주는 것이다. 물론 이건 여전히 좋은 경제교육이다. 그렇지만 신용 경제의 관점으로 보면 이렇게 그때그때 써버리는 것이 좋은 신용관리 방법은 아니다. 현재의 제도가 주는 결론은, 아이가 열 살이 될 때까지 무조건 천만 원이 들어갈 것, 이거다. 현실적으로는 자녀는 물론이고 부모도 천만 원이 없는 경우가 많다. 그게 현실적이다. 그렇지만 제도는 그렇지 않다. 현 제도는 부모가 열 살까지 2천만 원, 스무 살까지 2천만 원을 넣어줄 수 있게 되어 있고, 그렇게 해야 자녀가 성인이 되었을 때 덜 차별을 받게 되어 있다. 같은 중산층이라도 부모가 자녀의 신용을 관리해준 집과 그렇지 않은 집이 차이가 나게 되어 있다. 이미 우리는 '신용 계급사회'로 깊숙이 들어와 있다. 목적은 상속세와 증여세를 덜 내기 위한 소소한 것이었는데, 부수적 효과로 사회 첫 출발 상황에서 신용조건에서 차이를 만드는 엄청난 일이 벌어지게 되었다. 정의의 관점에서는 이런 일이 벌어지면 안 된다. 그리고 국민경제의 안정성이나 효율성의 관점에서 봐도 이런 일이 벌어지면 안 된다. 부모의 직업과 재산이 재산세나 증여세 등 적절한 여과장치 없이 자식에게 그냥 넘어가는 일이 벌어지면, 이제 '계급사회'로 넘어가게 된다.

2016년 국회 정무위 새누리당 간사인 유의동 의원이 나이스신용평가로부터 자료를 제출받은 적이 있다. '신 파일러thin filer'라고 부르는 금융 전문용어에 관한 통계다. 신 파일러는 지난 2년 내 신용카드 사용실적이 없고, 3년 내 대출보유 경험이 없는 사람이다. 약 1,000만 명 정도가 이 신 파일러에 해당했다. 60세 이상이 300만 명을 넘고, 20~29세가 294만 명이었다. 신용정보가 거의 없는 이 사람들은 4~6등급을 부여받는다. 이 정도 등급이면 은행에서 대출받기 어렵다. 그런데 20세 미만의 신 파일러는 없는가? 신용평가회사는 대체 몇 살부터 사람들의 신용정보를 파일로 만들기 시작하는가? 설마 중학생도? 아니 초등학생도?

원칙적으로 개인의 신용평가 파일에서 나이의 하한선은 없다. 신용평가를 하는 회사들이 민간회사이기 때문에 정부가 가지고 있는 주민등록 정보 자료에 직접 접속해서 자료를 가져갈 수는 없다. 개인에게 파일이 생겨나는 순간은 주민등록번호가 어떤 방식으로든 노출되는 때부터인데, 자녀 이름으로 통장을 만들어주는 순간에는 확실히 신용파일이 만들어진다. 자녀 명의의 핸드폰을 개설해도 신용평가 파일이 만들어진다. 자신의 신용정보 파일이 언제 만들어지는지, 개인이 알기는 어렵다. 어쨌든 현재 시스템에서는 미성년자 대부분에게 이미 신용평가 파일이 만들어져 있다. 그리고 별다른 기준이 없으니까, 적당히 4~6등급 정도를 부여하고 있다. 대출에 관해서도 법적인 나이 하한선은 없다. 은행마다 내규로 정하고 있을 뿐이다.

그러다가 본격적으로 금융 거래를 시작하는 나이가 되면, 이제 신용등급이 갈리기 시작한다. 유승민 딸처럼 본인이 관리를 했든 부모가 관리를 했든 어쨌든 적당한 금융자산을 은행에 보유한 경우는 신용등급이 빠른 속도로 올라간다. 연체도 없을 것이고, 자산도 늘어날 것이기 때문에 금방 좋은 신용을 가지게 된다. 그리고 이미 충분한 파일이 확보되어 있기 때문에 경미한 연체 때문에 신용등급이 쭉 내려가지는 않는다. 그렇지 못한 경우는? 출발부터 중하 등급을 받는다. 그리고 금융 거래 정보 자체가 거의 없기 때문에 경미한 연체에도 신용등급이 뚝뚝 떨어진다. 핸드폰 요금 몇 번만 연체해도 6등급에서 8등급까지 내려가는 것은 순식간이다.

'푸어'라고 이름 붙는 용어들이 있다. 열심히 일하는데도 가난한 워킹 푸어는 이미 잘 알려진 용어이고, 집 사면서 대출 잘못 받아서 가난해진 사람들을 하우스 푸어라고 부른다. 의료비가 너무 많이 나와서 가난해진 사람들은 헬스 푸어, 저신용이나 신용불량 문제를 가진 사람들을 크레딧 푸어라고 부른다. 물론 이런 사람들도 근원을 따져보면 넉넉지 못한 부모에게서 태어나 나름대로 살아보려고 죽을힘을 다 했는데도 뭐가 안 풀렸을 가능성이 높다. 그래도 알고 했든 모르고 했든 혹은 남의 말을 잘못 듣고 했든, 자신이 뭐라도 해서 문제가 생긴 경우다. 그렇지만 10대나 20대 청년들의 저신용 문제는 진짜로 억울한 얘기다. 자신이 잘하거나 못한 게 아닌데도 저신용이라니!

구조적으로만 보면, 청년들의 신용은 부모가 신용관리를 해준 경우와 그렇지 않은 경우로 나뉘게 된다. 물론 더 근본적으로는 자녀의 신용관리를 해줄 여력이 있는 부모와 그렇지 않은 부모로 나뉜다. 어느 편이든, 청년들로서는 선택할 여지가 별로 없다. 관리할 자산이 없으면 현실적으로 금융 거래나 신용정보에 별 관심도 없게 된다. 무관심하게 1~2년 시간이 흐르고 가끔 바쁜 일에 치이다 보면 신용등급이 6~7등급으로 내려가는 것은 순식간이다. 혹시라도 그런 상황에서 대부업체 거래라도 한다면? 어쩌면 평생 그 상황에서 헤어나지 못할지도 모른다. 그런 20대를 보내고 다시 정상 사회로 돌아와 결혼을 하고 부모가 된다고? 현재의 사회구조에서는 가능성이 너무 낮다.

유승민 딸이 물려받은 것은, 집은커녕 전세금도 되지 않을 현금이 전부는 아니다. 출발선에서 이미 좋은 신용등급을 물려받고, 적당히 취직해서 꼬박꼬박 월급 받다 보면 머지않아 1등급에 도달하게 된다. 우대금리로 대출을 받을 수 있고, 그렇게 일정 수준의 삶을 살아간다. 비슷하게 공부했지만 부모에게 신용을 물려받지 못한 경우, 반월세 보증금을 위한 약간의 대출도 은행에서 받기 어렵다. 어쩔 수 없이 비싼 월세를 내게 되고 저축을 할 여력은 더더욱 없어진다. 한국은 토건경제 아닌가? 그저 전전긍긍하다가 상대적으로 힘든 삶을 살게 된다. 부모가 용돈 통장을 만들어주고, 일정하게 신용을 관리할 수 있게 해준 사람과 그렇지 않은 사람, 20~30대를 거치면서 삶이 너무 판이하게 전개될 것이다.

한국에서는 이미 많은 분야에서 약간씩 계급 현상이 발생하고 있다. 그렇지만 신용평가의 경우, 부모가 누구냐에 따라서 너무 가혹한 계급 현상이 벌어진다. 그리고 앞으로 개인의 삶에서 금융이 차지하는 역할이 점점 커질수록, 출발지점에 있었던 이 약간의 격차가 삶 전체를 좌지우지할 정도로 커져갈 것이다. 신용 계급사회, 어느덧 삶의 구조가 되어버렸고, 우리는 이미 그 안에 깊이 들어가 있다. 자녀들의 통장관리? 차라리 사교육을 덜 시키더라도, 지금의 제도하에서는 일정 정도의 돈을 자녀의 통장에 넣어두는 것이 정말로 필요하다. 덜 먹고 덜 쓰더라도 자녀 교육 먼저, 그렇게 하다가는 사랑하는 자녀가 저신용의 굴레에서 평생 나오지 못한다. '교육 퍼스트'가 아니라 '신용 퍼스트', 지금 경제구조에서는 교육보다 신용이 더 중요하다. 좋은 대학 나온다고 좋은 신용등급 받는 게 아니고, 신용불량으로 가는 길은 학력, 경력, 이런 거 없이 누구에게나 공평하다. 자녀 학교성적보다 자녀 신용평가를 먼저 챙기는 것이 좋은 부모가 해주어야 할 일이 되어버렸다. 유승민만큼은 아니더라도, 너무 뒤처지지는 않게 해주어야 하는 게 현 상황이다. 그것이 '신 파일러'라는 금융 개념이 의미하는 바이다.

지금 펼쳐지고 있는 신용 계급사회, 부당하기도 하지만 효율적이지도 않다. 아무것도 해보지 않은 청년들을 출발단계에서 먼저 탈락시켜 밑에 깔아놓고 경제 시스템을 구성하는 것은, 저출산 구조의 고착화이며 장기 침체 경제로 가는 지름길이기도 하다. 청년들이 경제적으로 힘들어서 도저히 연애와 출산을 생각하지 못하게 하는 이유는 많다. 그러나 저신용 등 금융 문제는 진짜로 너무 어처구니없는 일이다. 무심코 사준 핸드폰 때문에 초등학생 때부터 신 파일러로 관리되어 결국 저신용으로 청년 시절을 맞게 될 줄, 그 부모가 알았겠는가? 알았다면 지금 우리 신용등급 구조가 이 모양이겠는가? 담보와 연대보증을 줄이는 대신에 신용등급 영향이 점점 더 커진다. 그리고 앞으로 더욱 중요해질 것이다.

국가가 할 수 있는 가장 간단한 조치는 신용평가에서 개인파일을 만들 수 있는 나이를 지정하는 일이다. 법적으로는 간단한데, 연령 계산은 간단하지 않다. 사회생활을 시작하는 대학 졸업생, 이렇게는 못한다. 고등학교가 의무교육이 아니라서 이론적으로는 중학교를 졸업하고 바로 경제활동을 시작하는 사람들이 있다. 이 사람들은 경제적으로는 성인과 다를 바가 전혀 없다. 회사에 다니는 10대, 한국에 엄연히 존재한다. 현실적으로 기준으로 삼을 수 있는 나이는 주민등록증 발부 시점이다. 이건 성인이든 아니든, 미성년이라는 기준으로 포괄적인 유효성을 갖는다. 많은 경우 고2에서 고3 사이가 된다. 취업 등 경제구조로는 대학을 졸업하는 나이가 가장 타당하지만, 모두가 대학에 가는 것은 아니다. 또 그럴 필요도 없다. 그래서 대학 졸업 이후를 기준으로 하기는 어렵다. '주민등록증 발급 이후' 요런 규정 하나면 충분하다. 신용평가회사를 규정하는 법이 이미 있기 때문에, 여기에 한 줄 집어넣는 조치만 하면 지금처럼 미성년자를 대상으로 가혹하게 신용평가를 하는 일은 일단 중지시킬 수 있다.

조금 더 제도를 디자인한다면 출발점에서는 일단 같은 신용평가를 주는 방식을 생각해볼 수 있을 것이다. 개념적으로만 생각한다면 기본소득의 연장선에서 '기본신용' 같은 것을 제시할 수 있다. 일단은 출발점에서 모두에게 같은 신용등급을, 기왕이면 우호적으로 부여할 수 있다. 현재의 10등급 기준이라면, 2등급에서 3등급 사이가 될 것이다. 은행에서 대출을 받기에는 좀 애매하지만, 그렇다고 바로 제2금융권으로 달려가지는 않아도 되는 정도가 우호적인 신용이라고 할 수 있다. 물론 이렇게 해도, 부모의 능력에 따라서 금방 다시 차이가 벌어진다. 어쨌든 처음에 신용평가가 주어지는 순간, 그것도 약간 우호적인 등급이 부여되는 순간, 청년들 전체를 대상으로 생활경제에 대한 최소한의 기초교육 효과는 발생할 수 있다. 아마도 상대적으로 높은 등급을 받은 사람들이 자신의 신용등급을 유지하려고 노력하게 될 것이다.

조금 더 적극적으로 생각하면 주민등록증과 함께 신용평가 파일이 생기는 순간, 모든 청년들에게 천만 원 정도의 목돈을 '신용축하 기금' 정도의 이름으로 부여하는 방안을 생각해볼 수 있을 것이다. 지자체와 정부 혹은 부모가 같이 매칭 펀드 형태로 청년들이 목돈을 가질 수 있게 해주자는 제안은 정치권 등에서 몇 번 이미 나온 적이 있다. 복지정책, 개인정책 그리고 금융정책이 만나는 곳에서 가능할 수 있는 방안이다. 지금까지는 겨우 그 정도 돈을 줘봐야 개인 인생에 큰 변화가 생기겠느냐 하며 냉소적인 분위기가 더 강했다. 돈을 만드는 게 정책적으로 어려운 게 아니라 그 효과를 제대로 설득하지 못한 측면이 더 강하다. 신용과 결합시키면 이 '인생 시드머니'는 이야기가 달라진다.

상대적으로 우호적인 신용등급과 자신이 관리할 수 있는 약간의 자금이 주민등록증과 함께 부여된다고 생각해보자. 누가 그 돈을 막 쓰겠는가? 어떤 방식으로든 자신의 신용을 지키고 유지하는 쪽으로 사용하게 될 가능성이 높다. 그리고 아무 대책 없이 대부업체로 달려가는 일은 지금보다는 획기적으로 줄어들 것이다.

지금의 제도는 미성년자들의 신용정보를 좀 무분별하게 수집해서, 결국 신용계급 현상이 벌어지게 만들어져 있다. 그동안 국가는 뭐했나? 미안하지만 '신 파일러' 문제에서 '신thin'에만 집중해서, 비금융 정보도 더 많이 수집할 수 있게 해주는 방향으로 정책을 고민했다. 가뜩이나 개인에 대해서 우월한 정보를 가지고 있는 금융정보회사나 신용회사에 더 많은 권한을 부여하려는 게, 최소한 지금까지 국가가 보여준 모습이다. 미성년자와 청년에게 너무 가혹한 시스템이다.

냉정하게 판단하면, 현재로서는 좋은 대학 졸업장보다 좋은 신용등급을 만들 수 있는 자산과 금융 거래가 더 중요하다. 정부의 금융당국이 만들어놓은 금융 여건이 지금 그렇다. 그리고 점점 관계형 금융보다는 인터넷 금융으로 가자고 하면서, 우리를 더욱더 신용지옥으로 끌고 가고 있다. 법 중에 기본에 해당하는 것들로 헌법과 형법 그리고 민법이 있다.

민법 4조는 성년을 다음과 같이 정의하고 미성년자를 보호하는 규정을 두고 있다.

제4조. 사람은 19세로 성년에 이르게 된다.
제5조. ① 미성년자가 법률행위를 함에는 법정대리인의 동의를 얻어야 한다. 그러나 권리만을 얻거나 의무만을 면하는 행위는 그러하지 아니하다.
② 전항의 규정에 위반한 행위는 취소할 수 있다.

민법은 19세 미만 미성년자의 법률행위에 법정대리인의 동의를 구하게 되어 있다. 법률의 기본정신이다. 미성년자들과 청년들이 신 파일러로 내몰리고, 기본적으로는 부모의 관리행위에 의해 자녀들의 신용이 결정될 수밖에 없는 지금의 구조. 이런 신용 계급사회는 옳지도 않고 바람직하지도 않다. 그리고 무엇보다도, 상식적이지 않다. 국가가 방치한 금융 부문에서 가난한 사람들과 젊은 사람들이 너무 가혹한 현실로 내몰리고 있다.

국가는 왜 실패하는가?: 이념 현상과 클랜 현상

2장

—

1
필리핀과 말레이시아, 두 개의 길

—

북한의 김정남은 쿠알라룸푸르 공항에서 피살되었다. 하필이면 쿠알라룸푸르일까? 그 정도면 안전한 곳이라고 생각했을까? 쿠알라룸푸르의 안전 관리가 김정남을 지켜주지는 못했다. 북한 공작원들이 사전에 CCTV에 대해서 몇 번 물어보았다고 한다. 그리고 직원들은 매뉴얼대로 CCTV는 고장 났다고 대답했다. 피살을 막지는 못했지만, 살해자들의 대부분이 CCTV 영상에 잡혔다. 말레이시아 정부는 김정남의 사체를 북한에 그냥 넘겨주지는 않았다. 주권국가로서 소신에 따라 행동했다. CCTV에 대한 공항 직원 매뉴얼? 우리는 과연 이런 정도로 세밀하고 소상한 매뉴얼을 가지고 있을까, 그런 생각이 들었다. 동남아 인근에 여러 나라가 있고, 도시도 많은데 왜 하필 김정남은 쿠알라룸푸르를 선택했을까? '매뉴얼'이라는 단어는 우리에게 많은 것들을 생각하게 한다. 세월호에서 촛불집회까지, 우리는 "이게 국가냐?"라고 외쳤었다. 우리가 겪은 지난 10년은 매뉴얼이 제대로 작동하지 않는 사회였다. 매뉴얼이 과연 있기는 한 걸까?

2000년대 초반, 한 달 간격으로 필리핀 마닐라와 말레이시아 쿠알라룸푸르에 출장을 간 적이 있었다. 정부대표단으로 정신없이 전 세계 협상장을 돌아다니던 시절이었다.

마닐라 공항에 도착했다. 회의장소는 세부였고, 국내선으로 비행기를 한 번 갈아타야 했다. 필리핀 세부가 인기 신혼여행지로 알려지기 이전이었다. 국제선 공항에 내렸더니 국내선 공항청사까지 렌터카 도움을 받을 수 있다고 안내문에 적혀 있었다. 어느 공항에 가나 익숙한 렌터카회사 창구들이 있었다. 국내선 공항청사까지 가는 비용은 비슷비슷했다. 다른 외국인들이 돈을 내고 티켓을 하나씩 받는 걸 보고 나도 그렇게 했다. 20달러인가를 낸 기억이 난다. 조그만 종이쪽지 하나를 받아 들고 차례를 기다렸다가 공항 한쪽에 줄서 있는 렌터카를 탔다. 이게 뭔가, 잘 이해하기는 어려웠지만, 남들도 다 그렇게 하니까 나도 그냥 따라 했다.

마닐라 공항에서 택시 비슷하게 운영되는 렌터카를 타고 국제선 청사에서 국내선 청사로 가면서 보았던 모습은 평생 잊지 못할 것 같다. 외국에 갔다가 돌아오는 사람들 혹은 국내선에서 내려 국제선을 타러 가는 사람들이 나름대로 화려한 옷을 입고 커다란 캐리어를 밀면서 거대한 행렬을 만들고 있었다. 날씨는 엄청나게 더웠다. 렌터카회사들이 청사까지 변칙으로 렌터카를 운영하고 있어서, 나는 국내선 청사가 엄청나게 먼 곳에 있는 줄 알았다. 차는 금방 목적지에 도착했다. 이게 뭔가 싶었다. 아마 그렇게 가깝다는 걸 알았다면 굳이 렌터카를 빌려서 이동하지는 않았을 것 같다. 국제선 청사와 국내선 청사가 떨어져 있는 경우, 보통은 셔틀버스를 운행한다. 그러나 마닐라에서 누군가는 더운 날씨를 무릅쓰고 걷고, 누군가는 속임수에 걸려들어 렌터카를 탔다. 택시는 거의 없었다. 하긴, 그러니까 렌터카회사들이 단거리 렌터카를 운영했던 것 아니겠는가.

나의 어린 시절 기억에, 필리핀은 우리가 본받아야 할 잘사는 나라였다. 1970년대에는 우리나라보다 훨씬 잘사는 나라였다. 그때만 그런 게 아니다. 대학 시절 필리핀 대통령을 기념하여 제정된 막사이사이상을 빈민운동하던 제정구 선생이 수상할 때, 우린 모두 영광스러운 일이라고 생각했다.

렌터카회사에 적지 않은 돈을 주고 아주 짧은 거리를 차를 타고 이동한 뒤, 도대체 이게 뭔가 하는 생각을 지울 수가 없었다. 공항청사 간 셔틀버스 하나 운영하지 못할 정도로 가난한 건가, 그렇다면 왜 택시라도 운영하지 않는 건가, 택시 역할을 하는 저 렌터카는 또 뭔가? 속은 것 같은 느낌이 강했다. 나도 그렇게 짧은 거리인 줄 알았다면 그냥 걸어갔을 것 같다. 정부에 속은 건지, 렌터카회사에 속은 건지, 아니면 미리 꼼꼼히 알아보지 않고 무턱대고 온 내가 잘못한 건가, 알 수가 없었다.

그리고 바로 한 달 뒤, 이번에는 말레이시아 정부의 초청을 받아서 쿠알라룸푸르에 가게 되었다. 영화 〈인트랩먼트〉에서 숀 코너리와 캐서린 제타 존스가 곡예를 펼쳤던 쿠알라룸푸르의 페트로나스 트윈 타워는 한국 사람들이 꼭 한 번씩 가보는 코스였다. 쿠알라룸푸르는 한창 신도시를 만드는 중이었고, 계획 단계에서 우리나라의 분당과 일산을 약간은 참고했다는 곳에서 회의가 열렸다. 나는 협상도 해야 하고 회사에서 부탁받은 일도 처리해야 해서 관광을 할 만한 여유도 없이 왔다 갔다 하다가 돌아오게 되었다. 신도시 일부의 아파트 지역을 제외하면, 경관 상으로 필리핀과 말레이시아의 차이를 느끼기는 어려웠다.

그 시절, 시내의 모습만 보면 마닐라나 쿠알라룸푸르나 비슷비슷했다. 인도네시아와 함께 북태평양에 위치한 동남아시아 나라들 중의 하나였다. 말레이시아는 영국, 필리핀은 스페인을 거쳐 미국의 통치를 받았다. 그리고 태평양전쟁 때 일제의 침략을 받은 나라들이기도 하다. 인도의 영향권에 있는가 그렇지 않은가, 그런 역사적 맥락에서 차이점이 있기는 하지만, 사실 난 이 두 나라를 잘 구분하지 못했다. 태국 경제에 대해서는 대학원 논문 쓰면서 자세하게 들여다본 적이 있기는 한데, 말레이시아와 필리핀의 경제 구조에 대해서는 거의 아는 것이 없었다.

당시에 내가 받은 느낌은, 두 나라의 공무원 분위기가 좀 다르다는 것이었다. 그게 말레이시아의 국교인 이슬람교의 영향인지 아니면 말레이시아를 구성하는 또 다른 한 축인 중국인의 영향인지, 명확히 분석해보지는 못했다. 아니면 정치적 상황이 서로 좀 달랐을지도 모른다. 필리핀은 대표적인 독재자인 마르코스Ferdinand Marcos와 그의 부인 이멜다Imelda Marcos, 그리고 아키노Benigno Aquino 집권으로 이어진 정치적 격동으로 동남아시아에 대해서 별로 관심이 없는 사람들에게도 알려졌을 정도니까.

내 편견인지도 모르겠고, 낯선 것에 대한 거칠고 무례한 일반화인지도 모르겠다. 긴 시간은 아니지만 몇 년간 말레이시아 공무원, 필리핀 공무원과 같이 일을 했었다. 그래 봐야 우리 식으로 치면 산업부, 환경부, 기상청 그리고 외교부, 이런 특수한 분야에 제한된 경험이다. 어딘가 계통이 서 있는 것 같은 공무원 시스템과 그렇지 않은 듯한 공무원 시스템, 그 정도가 내가 가지고 있는 약간의 기억이다. 정말로 많이 달랐을까? 확신을 가지고 말하기는 어렵지만, 어쨌든 차이는 좀 있다고 느꼈다.

국제투명성기구에서 2014년 공공부문의 부패인지도에 대한 조사를 한 적이 있다. 174개국을 대상으로 했다. 한국은 55점으로 43위, 일본은 76점으로 15위다. 덴마크와 뉴질랜드가 90점 이상으로 최상위 그룹이고, 핀란드, 스웨덴, 노르웨이, 스위스가 선두 그룹을 형성한다. 싱가포르가 84점으로 캐나다보다 앞서 상위 그룹에 속한다. 말레이시아는 한국 바로 옆에 있다. 52점으로 50위다. 한국이나 말레이시아나, 정부의 부패도로 보면 크게 차이 나지는 않는다. 필리핀은 38점으로 85위다. 북한과 소말리아가 8점으로 최하위 그룹을 형성하고 있다.

이 수치를 절대적으로 볼 것은 아니지만, 2014년 기준으로 한국과 말레이시아는 공공부문의 부패인지도 지수는 비슷한 그룹에 속해 있고, 필리핀은 그보다 아래 그룹에 속한다고 할 수 있다. 이 차이가 경제적 성과에도 차이를 만들어낼까?

GDP 지수 역시 절대적인 것은 아니지만, 말레이시아는 1인당 GDP가 9,000달러 수준, 필리핀은 3,000달러 수준, 이제는 3배 정도 차이가 난다. 인근의 베트남은 2,000달러 후반, 태국은 6,000달러, 인도네시아는 4,000달러가 약간 안 된다.

말레이시아는 1997년 한국이 외환위기를 맞을 때 같이 외환위기를 맞은 동남아 국가 중 하나다. 대표적인 개도국 중 하나라고 생각했는데, 이제 1인당 GDP 1만 달러가 코앞에 와 있다. 조금만 더 지금 추세를 유지하면 말레이시아는 더 이상 개도국으로 분류하기 어려울 것이다. 우리가 OECD 가입한 것이 지금 말레이시아 정도의 소득수준일 때였다. 국민소득이 1만 달러를 넘어서면 이전에 적용하던 기준이 잘 안 맞기 시작한다.

1942년 태평양전쟁을 수행하던 일본은 마닐라와 쿠알라룸푸르를 모두 수중에 넣었다. 필리핀에서 말레이시아까지, 모두 일본군의 점령지였다. 식민지와 전쟁, 유사한 경험을 가지고 있는 이 나라들을 구분하기가 쉽지는 않다. 20세기 초, 내가 이 두 나라를 방문했을 때, 경제지수상으로 엄청난 차이가 있지는 않았다. 마치 우리가 예전에 그랬듯이 세계은행 사업이 중요한 나라들이었다. 그렇지만 한 나라는 그래도 공무원을 포함해서 행정체계에 계통이 잡혀 있다는 느낌이 들었고, 또 다른 나라는 정부 자체가 제대로 작동하지 않아서 마치 거대한 사기꾼 같다는 느낌을 받았다. 그리고 다시 십여 년이 지난 지금, 어쨌든 외형적 지수만 보면 두 나라가 걸어온 길이 다르다고 볼 수밖에 없다. 뭐가 다른 걸까? 설명하기는 어렵다. 하여간 최소한 경제적으로, 지금 두 나라는 다른 길을 걷고 있다. 그 차이점을 쉽게 규정할 수도 없고, 섣부르게 판단하기도 어렵다. 그렇지만 외형적으로 두 나라가 보여주는 차이는 GDP 3배 정도다. 작은 차이는 아니다.

　이 질문이 지금 우리에게 필요한 것일지도 모른다. 거칠게 보면, 오랫동안의 군사 정권 이후로 민주당 정권 10년, 보수당 정권 9년이 지나갔다. 그 기간이 시작될 때 우리는 국민소득 1만 달러 단계를 넘어서고 있었다. 2만 달러는 민주당 정부에서 지났다. 그리고 3만 달러를 넘어가기 직전, 우리는 잠시 숨고르기를 하고 서 있다. 우리가 과연 1인당 국민소득 4만 달러, 5만 달러로 갈 수 있는 사회적·문화적 제도를 가지고 있는가? 아니면 내부적으로 그렇게 멀리 뛰는 것을 불가능하게 하는 결정적 문제점을 가지고 있는 것일까? 한번쯤 뒤돌아서 생각해보아야 할 것 같다. 개별적 정책 한두 개의 문제가 아니라, 체질 혹은 시스템, 이런 전체적인 문제를 돌아보아야 할 것 같다.

　가깝게는 박근혜 정부, 멀게는 이명박 정부를 어떻게 평가할 것인가? 우리는 이런 질문 앞에 놓여 있다. 국가는 무엇이고, 국가는 무엇을 하고 있는가? 그리고 어떤 문제를 가지고 있으며 왜 실패하게 되는가? 만약에 우리가 점검해야 할 것이 있다면, 그 시점은 바로 지금이다. 촛불집회 이후로 최순실 일당이 정권을 내려놓게 되었다. 그리고 새로운 정권이 생겨났다. 이제는 좀 더 자유롭게 우리의 문제점에 대해 공공연히 논의해도 괜찮을 시점이 잠시 열린 것 아닌가 싶다. 개인이 조금만 약게 굴면 사기 사건에 연루되지 않고 스스로를 지킬 수 있다. 그렇지만 국가가 집단적으로 벌이는 사기극이나 사기적 구조는 개인이 아무리 똑똑해도 어쩔 수가 없다. 이 구조를 지금 바꾸면, 한국 경제에도 다른 길이 열릴 것이다. 문제를 푸는 방법에 대해서는 각각의 의견이 있을 수 있다. 그러나 그 시점이 바로 지금이라는 것에 대해서는, 아마도 우리 모두 동의하지 않을까?

—

2
한국에서 공무원은 진짜로 존경받는가?

—

　정권이 바뀌면 세상이 좋아질까? 그리고 경제도 좋아질까? 정권이 바뀌어도 공무원이 바뀌지는 않는다. 공무원이 바뀌지 않는데 정책은 바뀔까? 바뀌는 것도 있지만 바뀌지 않는 것도 있다.

　정권이 거의 바뀌지 않는 나라가 있다. 말레이시아는 아주 독특한 정당 체계를 가지고 있어서 정권이 바뀌지 않는다. 그래도 나름대로 자국의 문제를 풀어나간다. 일본도 거의 정권이 바뀌지 않는다. 오자와 이치로小澤一郎라는 불세출의 정치인이 등장해서 잠시 민주당 정권으로 바뀐 적이 있기는 하다. 그런데 경제라는 측면에서는 정권이 주기적으로 바뀌는 게 좋을까, 그러지 않는 게 좋을까?

　1965년작 영화 〈닥터 지바고〉를 고등학교 2학년 때 보았다. 명작은 여러 측면에서 가슴속에 깊게 남게 된다. 그렇지만 나는 유독 이 영화에 나오는 악인의 모습에서 충격을 받았다. 라라의 어머니의 애인인 코마로프

112

스키는 고위 공무원이다. 요즘 식으로 말하면 애인의 딸을 성폭행하면서 그녀의 삶에 결정적인 영향을 미친다. 그 와중에 러시아혁명이 벌어진다. 의사이자 시인인 지바고는 숙청을 피해 산 속으로 숨어들어가고, 물자가 부족해서 모두들 배고픈 삶을 살아간다. 이 무렵 사회주의 정부에서 다시 고위 공직자가 된 코마로프스키가 라라를 찾아와 각설탕을 건네주는 장면이 있다. 이 장면이 내 삶에 가장 깊게 남고, 인생관에 가장 큰 영향을 주게 될 줄, 고등학생이던 나는 미처 몰랐다. 자본주의 사회에서 잘 먹고 잘살고 높은 권세를 가지고 있던 코마로프스키는 러시아혁명 이후에도 각설탕 정도는 가지고 다닐 정도의 당 간부가 되었다. 그 인상이 무척 강했다. 사람들은 체제나 시스템 같은 거창한 얘기를 하지만, 사람이 살아가는 것은 다 거기서 거길 거라는 생각이 들었다. 여주인공인 라라를 중간에 놓고, 극단적으로 아름다운 삶을 살고 싶은 지바고와 지극히 현실적이며 욕망과 삶에 충실한 코마로프스키의 삶은 러시아혁명이라는 격동기를 배경으로 산다는 게 무엇인가를 보여주었다. 정권이 바뀌면 좋은 사람들이 득세하고 나쁜 사람들이 물러나는가? 자본주의에서 사회주의로 넘어가는 공산주의혁명이라는 대전환이 일어나도 그렇지 않았다. 좋은 사람, 나쁜 사람, 그 구분이 현실에서 진짜로 가능할까? 사회적으로 유능한 사람 혹은 버텨내기에 능숙한 사람은 러시아대혁명에서도 자신의 위치를 유지하며 살아남았다.

한국에서 몇 년에 한 번씩 주기적으로 벌어지는 정권 교체에서 살아남는 것, 그게 그렇게 어려운 일은 아닐지도 모른다. 실제로 우리는 건국하면서 지난 문제를 해소하자고 만든 반민특위를 강제로 해산시킨 경험이 있다. 그뿐인가? 독립군 잡던 친일 기술자들이 반공 시대에 다시 국가 보위의 첨단에 섰고, 그들이 국가유공자가 되었다. 그리고 그 힘으로 군사 정권을 만들었다.

소설 《닥터 지바고》에서 코마로프스키가 놀라운 반전으로 충격을 주는 것과 달리, 우리의 역사에는 이런 기회주의자가 오히려 대부분이다. 코마로프스키 정도 가지고는 우리 역사에서는 아무런 느낌도 오지 않는다. 김구는 누가 죽였는가, 이 간단한 질문도 아직도 제대로 답변하지 못하는 시대다. 친일파 공무원으로 잘살다가, 이승만 시절에 오히려 승진하고 군사 정권하에서도 높은 자리에 올라간 사람들은 너무너무 많다. 너무 많아서 오히려 정상적으로 보이고, 그걸 일일이 손가락질하는 것도 불가능하다.

이제 1세대 친일파들은 나이를 많이 먹어서 사회 일선에서 후퇴했다. 그들이 가졌던 권력과 돈이 2세대로 자연스럽게 넘어갔겠지만, 이미 친일파 2세들에게는 자신들이 친일파라는 기억마저 희미하다. 그건 부모 세대나 할아버지 세대의 일일 뿐이다. 그리고 조상의 적극적 친일 행적을 아들이나 손자들에게 일일이 이야기했을 것 같지도 않다. 역사는 그렇게 지워져가고, 잊혀져간다. 시간은 많은 것을 너그럽게 만들어준다. 몇 년 전부터 일제강점기의 이야기를 담은 〈암살〉, 〈밀정〉, 〈동주〉 같은 영화들이 유행을 했고, 흥행 성적도 괜찮다. 친일파들이 고위직에 많이 앉아 있던 시절에는 쉽고 유연하게 다루기 어려웠던 소재다. 21세기하고도 다시 17년, 친일파에 대한 부담으로부터 우리는 좀 더 자유로워졌다. 시간이 지나면 기억이 희미해진다. 그러나 모든 것이 다 잊히지는 않는다. '독립군 잡아가던 순사'는 여전히 우리에게 친숙한 이미지이다. 순사는 원래 독립군을 잡아가는 사람이고, '짭새'는 최루탄을 쏘는 사람이다.

조선총독부 시대에 우리가 존경하고 기억할 만한 한국인 공무원이 있었을까? 자본주의의 출발부터 우리에게 공무원이나 경찰은 기회주의적인 배신자였다. 그 이미지는 잘 지워지지 않는다.

2015년 여름, 두 개의 상반된 여론조사 앞에서 판단을 해야 하는 순간이 있었다. 두 개 모두 갤럽에 의뢰해서 나온 조사였다. '청년실업 대책으로 공공부문에서 일자리를 늘리는 것에 대해서 어떻게 생각하십니까?' 그리고 '공무원 수를 늘리는 것에 대해서 어떻게 생각하십니까?', 이 두 개의 질문이었다. 조사는 한 달 정도 간격으로 이루어졌다. 청년실업 대책으로 공공부문의 일자리 수를 늘리는 것에 대한 찬성률은 86퍼센트 가깝게 나왔다. 내가 본 여론조사 중 극단적이라고 할 정도로 찬성 수치가 높았다. 반면 공무원 수를 늘리는 것에 대해서는 80퍼센트 가깝게 반대로 나왔다. 미묘한 차이가 있기는 하지만 정책적인 측면에서 두 질문은 사실상 같은 내용이다. 우리는 공무원 숫자가 늘어나는 것을 극단적으로 싫어하는 나라다. 그래서 OECD 국가 중에서 공무원을 포함한 공공부문 비율이 가장 낮다. 일본보다도 더 낮다.

1990년대 이후의 큰 정부, 작은 정부 논쟁이 관련되어 있을 것이다. 이 논쟁은 기원을 쫓아 더 거슬러 올라가면 1929년 이후의 케인스주의자들의 정부개입론과 자유방임론까지 갈 수 있다. 그렇지만 큰 정부와 작은 정부 사이의 논쟁 정도라면 수치가 이 정도로 극단적으로까지 나오지는 않는다. 대체적으로 한국인은 진보 30퍼센트, 보수 30퍼센트, 중도 40퍼센트 정도로 구성되어 있다고 생각하고 여론조사를 읽으면 많은 주제들의 해석이 가능하다. 그런데 이런 구도에서 80퍼센트 같은 극단적 수치는 거의 나오지 않는다. 이렇게 해석하기 어려운 수치는 국회의원 증원 같은 데서도 나온다. 국회의 권한을 늘려서 행정부를 견제해야 하느냐고 물어보면 80퍼센트 정도가 찬성한다. 반대로 국회의원 숫자를 늘리는 것에 대해서 물어보면 이번에는 반대가 80퍼센트이다. 행정부를 상징하는 공무원과 입법부를 대표하는 국회의원, 최소한 한국에서 그렇게 인기 있는 사람들은 아니다.

청년들의 취업 기회로서의 공공부문 일자리와 공무원 증원에 대해서 극적으로 다른 이 두 가지 감성을 어떻게 해석할 것인가? 자기 자식이 공무원 되는 것은 좋고, 내가 만나는 공무원은 싫다고 해석하면 이 양가적 감정을 이해할 수는 있다. 공무원은 싫지만, 식구들이 공무원 시험에 합격하여 공무원이 되는 것은 좋은 일, 이 정도가 아닐까 싶다. 존경할 수는 없지만, 공무원이 되는 것은 좋은 일이라고 생각하는 정도? 기묘한 양가적 감정이다. 아들은 아버지를 사랑하면서도 증오한다. 이런 것을 양가적이라고 표현한다. 우리는 국가는 무서워서 감히 사랑하거나 증오하지 못하지만, 그보다 조금 만만한 공무원은 증오하면서도 부러워한다.

시스템상 국가는 행정부를 통해서 움직이고, 그 행정부를 작동시키는 사람들이 바로 공무원이다. 그렇지만 국가로서 우리 정부는 사회적 정당성을 담보하지는 못했다. 특히나 6·25 이후로 국가의 정당성을 반공에서, 무엇인가를 혐오하는 것에서 찾으려는 경향이 강했다. 국가가 정당성을 얻지 못하니까 결국에는 힘으로 동원할 수밖에 없었다. 동원주의를 사용할 수밖에 없었다. 경제는 '국민총동원' 혹은 동원 경제 같이 국가가 가진 인력과 자원을 인위적으로 끌어내는 형태가 되었고, '압축 성장'이라고 부르는 한국 경제는 그렇게 강한 국가주의와 개인들의 희생 위에 서게 되었다. 그리고 그 동원을 공무원들이 앞장서서 할 수밖에 없다. 그런 공무원들을 누가 좋아하겠는가?

2017년, 한국의 공무원들은 존경받는 데는 여전히 실패한 것 같다. 공무원이 하는 일이니까 믿는다, 이런 건 적어도 한국에는 없다. '나라님'을 믿는 할아버지는 있어도 공무원을 존경하는 국민은 없다. 공무원을 믿는 게 아니라, 다른 방법이 없기 때문에 그냥 참는 것이다. 존경받는 공무원, 이건 아직 우리의 현실과는 좀 거리가 멀다.

—

3
국가는 왜 실패하는가 1:
과도한 관심, 이념 현상

—

　조선은 성공한 나라일까 실패한 나라일까? 결국 식민지로 전락하는 과정을 보면 성공한 나라라고 하기는 좀 어렵다. 그렇지만 어쨌든 전 세계에서 가장 오래 버틴 왕조이기도 하다. 기초가 별거 없는 나라가 그렇게 오래갈 수 있을까? 한마디로 대답하기는 쉽지 않은 질문이지만, 독특한 국가였던 것은 사실이다. 노예제, 봉건제 그리고 자본주의로 넘어가는 일반적인 경제사 단계에서 일본까지는 잘 맞는데, 한국은 여기 안 맞는다. 조선은 노예제 사회인가, 봉건제 사회인가? 강력한 중앙정부가 존재하고 지방 영주는 존재하지 않는다. 노예제가 아닌 건 확실한데, 그렇다고 봉건제라고 보기도 어렵다.

　과거제도는 고려 때부터 실시되었는데, 광종 때 처음 도입될 때부터 승과가 같이 있었다. 중이 되는 것도 나라에서 관장을 했다. 고려는 무신을 억압한 나라이기도 했지만 불교의 나라이기도 했다. 고려를 뒤엎고

118

새로 만들어진 조선은 누가 뭐라고 해도 유교의 나라였다. 종교가 국가 운영에 깊이 개입한 것은 유럽의 역사도 마찬가지다. 오죽하면 십자군 전쟁을 벌였겠나. 그렇지만 조선 초에 진행된 유교 중심의 나라 만들기는 종교갈등 혹은 종교전쟁이라기보다는 이념전쟁에 더욱 가깝다. 세종 시대에는 왕이 불교를 믿느냐 믿지 않느냐, 궁궐에 절을 지을 것이냐 말 것이냐를 두고 신하와 왕의 갈등이 극한에 도달했을 정도다.

그리고 조선의 특징은 여러 문파로 갈린 패권세력 사이의 갈등과 견제라고 할 수 있다. 요즘 식으로 말하면 일종의 '클랜clan' 현상이다. 영어 클랜은 '집단'을 뜻하지만, 그 어원인 프랑스어 형용사 클랑데스탱clandestin에는 '숨어서 하는' 혹은 '비밀스러운'이라는 의미가 있다. 조선 중후기 동인, 서인으로 나뉘었다가 동인이 다시 남인, 북인으로 나뉘고 서인이 노론 소론으로 나뉘고, 노론은 시파와 벽파로 나뉘는 등 거듭된 당파 현상은 어쨌든 조선을 분석할 때 빼놓을 수 없는 부분이다. 국가는 강력한 이념을 가지고 있고, 그 내부는 수많은 클랜으로 나누어졌던 것이 조선의 역사다. 국가로서 조선의 성패를 그 자체로 평가하기는 쉽지 않다. 경제적 성과로 평가하기는 더더욱 어렵다. 이념이 어떻든 당파가 어떻든, 경제의 눈으로 보면 사람들이 먹고살 만하면 경제적으로는 성공했다고 할 수 있다. 그렇지만 이건 현재 우리가 가진 자료만으로는 입증도 어렵고, 마찬가지로 반증도 어렵다. 그러나 국가로서의 조선이 갖는 특징들은 이야기할 수 있다. 종교적 성격을 뛰어넘어 국가의 근간이 되는 이념으로 작동한 성리학, 그리고 성리학을 다양한 방식으로 다르게 해석한 분파들이 만들어낸 클랜. 이는 조선의 정치와 사회를 이해하는 기본적 도구가 된다. 좋거나 나쁘거나, 그런 문제가 아니다. 그냥 이 시스템은 이런 방식으로 작동을 한 것이다.

한국 보수들이 자주 사용하는 '자유시장경제'라는 표현이 있다. 이것도 이념적 성격이 굉장히 강한 표현이다. '자유+시장경제', 요 정도로 생각할 수 있는데, 그렇다고 엄밀하게 정의된 개념은 아니다. 시장경제도 생각보다는 어려운 개념이고, 자유주의는 더 복잡한 개념이다. 자유와 시장경제를 합치면 뜻이 명확해질까? "나는 공산당이 싫어요", 그 이상의 의미를 가지고 있을까?

자유론의 기본 사상가 중에 존 스튜어트 밀John Stuart Mill이라는 사람이 있다. 그의 《자유론On Liberty》에 대해서 읽는 것은 고사하고, 이게 뭔지 생각해본 자유시장경제론자가 한국에 있을까 싶다. 고전학파의 막내에 해당하는 밀이 공리주의적 지반에서 자유주의에 도달하게 되었다는 것은 유명한 이야기이다. 그리고 그는 이러한 자유주의 경제학에 기반해서, 인간이라면 누구나 자유를 누릴 권리가 있다고 생각한다. 그가 국회의원으로 국회에서 여성에게도 투표권을 주어야 한다는 연설을 최초로 한 사람이다. 1869년에 발간된 《여성의 종속The Subjection of Women》은 고전학파 경제학과 자유주의의 시각에서 여성해방이 왜 필요한지를 종합한 책이다. 19세기 영국에서는 방직 공장에서 10대 소녀들이 좁은 다락에서 먼지를 마시면서 노동을 하다가 일찍 죽었다. 그러면서도 남성들 임금의 절반도 못 받는 경우가 흔했다. 밀이 중요하게 생각했던 '사회적 원칙'이라는 개념이 바로 여기에서부터 출발했다. 한국에서 지금 자유시장을 외치는 사람들 중에 여성들의 권리와 노동에 대해서 고민하는 사람이 있을까?

존 스튜어트 밀의 자유주의와 경제적 사유와 비교하면, 한국의 자유시장경제는 이념으로서는 약간 독특하다. 자본주의를 옹호하는 한국식 자유주의는 유교와 결합했다. 그리고 마초주의만 남은 가부장제가 한국식 자유시장경제의 핵심 이념이 되어버렸다. 남성우월주의를 넘어 여성을 혐오하는 단계까지 가게 된 자유시장경제, 이걸 이념이라고 부르는 게 타당한지도 잘 모르겠다. 19세기, 자본주의가 가지고 있는 구조적 문제점을 완화해야 한다고 외쳤던 자유주의의 미덕이 지금 한국에 남아 있는지 잘 모르겠다.

자유는 그렇다 치고, 한국에서 시장경제는 제대로 운용을 했을까? 군사 정권 시절의 커맨드 앤 컨트롤command and control 방식에 너무 익숙해져서, 민간부문이든 공공부문이든 여전히 명령하고 지시하는 방식으로 국민경제를 움직이려고 한다. 이게 시장경제라고 할 수 있을까? 시장이 실패하는 경우가 존재한다. 이론적으로 가장 중요한 시장 실패가 벌어지는 것은 독점이 존재하는 경우다. 국가가 오히려 독과점을 키워서 불필요한 진입장벽을 만드는 것, 이게 한국 경제의 전형적 특징 아닌가? 이런 사람들이 무슨 시장경제를 자신의 이념이라고 하는지 모르겠다.

시간이 흐르다 보니까, 많은 한국의 보수가 건국이념이라고 생각하는 자유시장경제는 기묘하게 분화되었다. 자유 쪽은 반북 보수가 되었고, 시장경제 쪽은 경제 보수가 되었다. 더욱 강경해진 반북 보수와 그 안에서 상대적으로 합리적으로 보일 지경이 된 경제 보수는 어느덧 한 지붕 아래 같이 지내기가 어려워졌다. 자유시장경제라는 표현도 이제는 모호해지고 허접해졌지만 여전히 많은 사람에게 한국의 건국이념이자 국시라고 받아들여진다.

'자유, 평등, 박애' 이는 프랑스의 건국이념인 프랑스 대혁명의 구호다. 드골의 보수 정권도 자랑스러워한 프랑스 정신이다. 이 중에 평등이 들어 있다. 프랑스가 자본주의 국가를 만들면서 외쳤던 구호인 평등을 한국에서 얘기하면 좌파 빨갱이로 몰린다. 한국의 보수에게는 프랑스식 평등 같은 생각은 아예 없다. 이념이 나쁜 것은 아닌데, 한국 보수의 이념에는 지금 혐오만이 담겨 있다.

우리나라에서 군인들의 시대가 종료하던 시점에 세계적으로도 극한의 냉전 대결이 끝났다. 자유시장경제라는, 지나치게 호전적이며 전투적인 이념이 한국에서 약화될 만도 했다. 그 대신 좀 더 적극적인 실용주의나 생활경제를 살피는 흐름이 왔으면 좋았을 것이다. 그런데 역사가 그렇게 흘러가지는 않았다. IMF 경제위기와 함께 경제는 물론 공직사회도 다시 복고풍으로 흘러가게 되었다.

1990년대 중후반 미국의 월스트리트와 워싱턴 사이에 폭넓게 퍼진 생각을 '워싱턴 컨센서스Washington Consensus'라고 부른다. 10년 가까운 장기 호황이 펼쳐지면서 경제학 교과서를 바꿔야 한다고 호들갑을 떨던 시절이다. 나중에는 'IT 버블'이라는 오명을 쓰기도 했지만, 어쨌든 '뉴 이코노미' 같은 새로운 용어들이 이 시절에 탄생했다. 세계 경제의 신화적 기간이기도 했다. 그리고 이 호황을 이끈 생각을 '신자유주의'라는 별칭으로 부르기도 했다.

신자유주의? 경제이론이라기보다는 경제를 표방한 이념에 더 가깝다. 마르크스주의, 케인스주의, 통화주의, 제도학파, 역사학파… 경제학에도 주요 학파가 있다. '스쿨'이라고 부르는 이 학파에는 주요 저자가 있고, 학술지가 있고, 스스로 학파 소속임을 표방하는 학자들이 있다. 이게 학파의 정의다. 그러나 신자유주의를 대표하는 저자는 없다. 그리고 별도의 학술지가 있던 것도 아니다. 한때는 대부분의 저널이 다 신자유주의

적이었다. 그렇지만 대표적인 학술지가 따로 있지는 않다. 그리고 자신이 신자유주의자라고 하는 학자도 없다. 남들이 그렇게 분류하는 것이지, 스스로 신자유주의자라고 표방하는 사람은 거의 없다. 분명히 거대한 흐름이기는 했는데, 이론적으로 잘 정비되고 정돈된 것은 아니었다. 그래서 학파라기보다는 이념이라고 보는 게 더 타당할 수 있다.

우리나라에서 자유시장경제 이념에서 신자유주의 이념으로 넘어가는데 많은 노력이 필요한 건 아니다. 그냥 그게 그거다. 별 구분 없이 쉽게 받아들여졌다. 불교를 기본으로 하던 고려의 공무원들이 유교를 신봉하는 조선의 공무원으로 넘어가는 데는 전쟁과도 같은 오랜 갈등이 있었다. 그렇지만 한국의 공무원, 특히 고위 공무원들이 자유시장경제에서 신자유주의로 넘어가는 데는 정말로 10초도 필요하지 않았던 것 같다. 공무원, 군인, 학자, 이런 사람들은 한 사회의 엘리트다. 원래도 경쟁에서 이긴 사람들이 그 자리에 가는 것인데, '이긴 사람이 다 갖는 것'을 표방하는 신자유주의를 이해하기 위해서 따로 더 배울 것도 없었다. 억지로 자비롭고 지혜롭게 세상을 관리해야 할 것 같은 의무감에서 벗어난 고위 공직자들은 자신들이 타고난 신자유주의자인 것처럼 정말로 신나는 세상을 만나게 되었다. 그리고 더 신나는 일이 그들을 기다리고 있었다.

새로 집권하게 된 DJ에게는 공무원들의 협조가 절대적으로 필요했다. 공무원 임금을 높여주는 것으로 포괄적 합의를 하려고 했다. 공무원들이 권력은 많지만 월급은 많지 않은 것으로 사회적 균형을 맞추던 시절이 끝났다. 공무원들의 권력은 줄지 않았지만 월급은 높아지는 방향으로 서서히 변해갔다. 지금은 너무 많은 사람들이 공무원을 하고 싶어 한다. 당연한 일이다. 얻는 게 있으면 잃는 것도 있는 게 세상의 자연스러운 이치인데, 공직을 선택한 사람들은 잃는 것이 거의 없다.

민영화, 외주화, 신자유주의를 표방하는 공무원들의 집단적 이념은 지나칠 정도로 단순하다. 이게 과학일까? 워싱턴 컨센서스와 함께 민영화의 신화가 한 시대를 풍미했다. 그리고 2008년 글로벌 금융위기로 세계 최대의 자동차회사였던 GM이 정부 구제금융으로 가까스로 파산 위기를 벗어나면서 이 시기가 끝이 났다. 주식회사는 정부보다 유능하니까 정부가 하는 일들을 빨리빨리 민간에 넘기는 아웃소싱이 더 좋은 것이라는 신화가 넘쳤다. 그리고 정부는 하청 관리만 하면 되는 갑의 위치가 되었다. 많은 공공부문이 방법이야 어찌 되었든, 단기 이득만 높이면 성공한 것으로 평가받았다. 경제 공무원들이 평가기준을 그렇게 잡았고, 나머지 정부기관이 그걸 충실하게 따라갔다. 그래서 결국 공공부문이 솔선수범해서 비정규직을 양산하는 시스템이 생겨났다. 이제는 세상이 바뀌었다고, 정규직을 더 많이 고용하라고 하지만, 오랫동안 정규직 비율을 줄이고 비정규직을 늘리면 '선진화'를 했다고 더 높게 평가받았다. 그냥 평가점수가 높아져서 기분만 좋았던 것이 아니다. 처음에는 이런 평가점수를 사장과 본부장급 임원 보너스에만 연동시키다가, 나중에는 아예 전체 직원 인센티브에 연동시켰다. 이게 진짜로 세상 좋아지는 일인가? 공공기관을 포함한 공공부문 전체가 거대한 이념 창구가 되어버렸다.

작은 정부를 표방하는 신자유주의는 한국에서 경제 정책의 방법론 정도가 아니라 이념이 되었다. 그리고 MB 정권에서는 신자유주의도 아니고 그냥 대통령이 자기 하고 싶은 것만 하는, 극단적인 'MB 자유주의' 같은 게 되었다. 처음에는 실용주의를 표방했지만, 별로 실용도 아니었다. 4대강을 할 때는 '공사주의', 그야말로 공사에 의한, 공사를 위한, 공사만을 위한, 그런 토목천국이 펼쳐졌다. 이런 토건식 자본주의가 신자유주의와 무슨 상관이람! 작은 정부라면서 무슨 공사를 이렇게 많이 해! 박근혜 때는 더했다. 표방한 이념은 보수였는데, 극단적 이념은 극단적 실패를 만들었다. 이해할 수 없는 목적을 위해서 소수가 국가를 가지고 놀았다. 공무원들이 행정부의 기본 시스템을 형성하고, 그런 행정부가 국가의 중심이 되어 작동하는 국가, 박근혜 시대에 이런 것들은 잠시 정지하고 왕조 시절로 복귀한 것 같았다.

IMF 직후, '경제를 살립시다'라는 구호가 처음 등장했다. 그 후 20년 동안, 경제가 구호의 한가운데에 서 있지 않은 적이 없었다. 노무현 시대의 2만 달러, MB 때의 747, 박근혜의 말로만 경제민주화에 이르기까지, 정치보다 경제가 최소한 구호라는 측면에서는 한 발 앞에 있었다. 그래서? 권영길의 말마따나, "국민 여러분, 살림살이 좀 나아지셨습니까?"

자유시장경제든 신자유주의든, 경제를 이념처럼 신봉하는 동안, 흔히 서민이라고 불리는 사람들의 삶은 현실적으로 방치되었다. 불법만 아니라면 다단계는 자유로운 경제활동이고 여기에 제약을 가하는 것은 경제 자유에 적합한 것이 아니라고 그냥 방치해두었다. 인위적으로 이자율에 상한선을 두는 것 역시 시장경제에 맞지 않는 일이라고 국가는 믿었다. 마찬가지로, 전세든 월세든 시장에서 알아서 하면 다 될 것이고, 전세가 오르면 다주택자들이 집 더 많이 사서 임대시장에 진출하면 된다고 하였다. 박근혜 정부에서는 다주택 소유자를 투기꾼으로 보지 않고, 국가의 여력이 부족한 공공임대사업을 기꺼이 도와주는 정책 파트너 같은 것으로 생각했다. 임대사업자들에게 얼마나 더 많은 혜택을 줄 것인가, 이게 서민주택정책으로 둔갑했다. 다주택자들에게만 풀어준 것도 아니다. 재벌 건설사들에게도 임대사업을 풀어주면서 상상할 수 있는 모든 특혜를 다 베풀어주었다, 할렐루야!

경제가 이념, 그것도 극도로 높은 수준의 이념이 되어버린 나라에서, 생활경제를 살뜰하게 챙기는 공무원은 없거나, 있어도 승진에서 누락되는 구조가 만들어졌다. 군인들이 정치하던 시절에 이른바 정치군인들이 현장군인들, 즉 야전 사령관 위에 군림하는 현상이 생겼었다. 공안검사, 정치검사들이 득세한 시절이 펼쳐진 것도 우리는 또렷하게 기억한다. 경제는 좀 다를까? 다를 것이 별로 없다. 기본 시스템이 이렇게 된 나라에서, 경제라고 좀 다르겠는가? 경제 능력이나 지식보다 이념에 투철한 사람들이 더 먼저 승진하고, 더 멀리 승진했다.

경제가 이념이 되어버린 지난 시절, 국가가 실패하지 않기도 어렵다. 경제가 경제라는 이념에 갇혀버린 기이한 현상이 발생했다. 더 좋은 대안이 있어도 그것은 경제적이지 않다, 이렇게 얘기하는 역설적 상황이 벌어졌다. 시장이 실패하고 국가도 실패하고, 사람들은 하루하루 살아가기가 너무 힘들어졌다. 그냥 좀 힘든 게 아니라, 평생 번 돈을 삽시간에 털릴 위험 앞에 국가의 보호 없이 그냥 노출되었다. 우리에게는 지금 이념이 과다하다. 조선이 유교를 국가의 출발점 정도로 삼는 데 그치지 않고 과도하게 숭상하다가 망했던 것을 오래전에 잊어버린 것인지도 모르겠다. 이념만 부여잡고 있는 국가는 반드시 망하게 된다.

—

4
국가는 왜 실패하는가 2:
과도한 무관심, 클랜 현상

—

한국전력이라는 한국의 대표적인 공기업이 있다. 욕 엄청나게 먹는다. 더운 날이면 특히 욕을 더 많이 먹는다. 아마도 집집마다 에어컨 켤 때마다 한전 욕을 한 번씩은 할 것이다. 그리고 에어컨 빵빵하게 튼 백화점에 들어갈 때도 시원해서 고맙다는 생각보다 한전 욕을 한 번 더 할 것이다. 백화점 같은 상업시설이나 공장에서 사용하는 산업용 전기는 상대적으로 가정용보다 요금이 저렴하다. 백화점에서 에어컨 무섭게 틀어대는 것을 보면서 화나지 않을 사람은 별로 없다. 우리나라는 박정희 때부터 시작한 교차보조 방식을 아직도 유지하고 있다. 이 교차보조가 사라지거나, 전기요금이 무상이 되는 극단적인 일이 벌어질 때까지, 아마도 한전은 계속해서 욕을 먹을 것이다. 물론 한전은 대학생들에게 선호도 1, 2위를 달리는 기업이기도 하다. 요즘은 나주로 이전을 해서 좀 덜하지만, 서울 삼성동에 한전 본사가 있던 시절에는 삼성전자와 함께 청년들

127

이 가장 들어가고 싶어 한 직장이기도 했다.

이념과 이익이 부딪치는 순간, 어떤 일이 벌어질까? 편의상, 국가의 이념과 집단의 이익이 부딪친다고 설정해보자. 특정 집단이 정권을 잡으면, 그 정권의 이념이 바로 국가의 이념이 된다. 그리고 그 집단에 도움이 되는 것을 이익이라고 간주하자. 그 이념과 이익이 충돌하는 현장을 가장 쉽게 보기 위해서는 한전의 역사를 보면 된다. 한전이 있고, 한수원이 있고, 또 몇 개의 발전자회사가 있다. 이게 뭐지? 뭔가 이상하다고 생각했으면 그래도 좀 관심이 있는 사람이다. 보통은 그냥 그런 게 있나 보다 하고 바로 잊어버린다. 그리고 다시 에어컨 틀다가 생각나면 한전 욕을 하게 된다. 욕은 하지만 막상 이게 뭔지, 어떤 특징을 가지고 있는지 세세하게 알기는 어렵다. 더 살펴보기 전에 한 가지만 먼저 알려드리고 싶다. MB는 한전을 민영화하는 것에 대해서 어떤 의견을 가지고 있었을까? 후보 시절에는 민영화한다고 했다가, 막상 한전을 보고 나서는 생각이 바뀌었다. 아마도 대통령제가 유지되는 한, 한전이 민영화되는 일은 없을 것이다.

한전이 어떤 회사인지 알기 위해서 한전의 모델이 되었던 동경전력에 대해서 잠시 생각해보자. 한전의 전신인 경성전기와 조선전업은 모두 총독부 시절 일본 사람들이 운영하던 회사다. 동경전력 만든 사람들이나 경성전기 만든 사람들이나, 다 그 사람이 그 사람이다. 식민통치 기간에 전기든 철도든 기본 인프라는 일본 사람들이 깐 것이다. 그러고 나서 동경전력은 1951년, 한국전력은 1961년에 만들어졌다. 단순히 10년이라는 시기적 차이가 있다고만 보면 될까? 그렇게 간단치가 않다.

1945년에 일본군은 패망하고, 1952년까지 연합군 총사령부General

Headquarter, GHQ의 통치를 받는다. 전쟁에서 졌으니 어쩔 도리가 없었다. 전후복구사업의 일환으로 전력 계통을 시급히 정비해야 하기는 하는데, 맥아더Douglas MacArthur를 비롯한 미국 군인들이 일본 정부가 힘을 갖는 것을 좋아할 이유가 전혀 없었다. 하나의 큰 회사가 아니라 동경전력 등 지역별로 분할된 별도의 전력회사 시스템을 만들고, 이걸 정부 소속이 아닌 별도의 민간회사로 만들었다. 미국이나 영국의 발전회사들이 민영화된 것과는 달리, 일본의 경우는 처음부터 민영회사로 만들어졌다. 미국은 에너지부Department of Energy, DoE에서 전략 핵무기도 상당 부분 다루는만큼, 발전소 등 전력시설을 준군사시설로 이해하는 경향이 강하다. 미국 입장에서 일본 정부를 최대한 약하게 만들어야 한다는 생각이 아주 틀린 것도 아니다. 물론 패전국 일본으로서는 기본적인 발전 분야도 소유할 수 없게 되었으니까 속 터질 노릇이기는 했을 것이다. 어쩌겠는가? 진주만의 원한을 가슴에 품은 미군들이, 일본 정부 잘되라고 기본 시스템을 구상할 리는 없지 않겠는가? 1980년대 미국의 레이건Ronald Reagan, 영국의 대처Margaret Thatcher가 집권하는 등 각국에 보수주의 정권이 들어서면서 세계적으로 작은 정부가 유행했다. 이런 흐름 속에서 발전회사 등 정부가 가지고 있던 기본 인프라도 민간에 넘기는 일이 발생했다. 그렇지만 일본의 발전회사들이 민간회사인 것은 이런 세계적인 민영화와 상관이 없다. 전쟁에 지고 정부가 발전회사를 소유할 수 없게 된 것일 뿐이다.

한국에 민영화 흐름이 도래한 것은 1997년 12월 IMF 경제위기 이후의 일이다. 한전을 민영화하자는 논쟁이 생겨났다. 민영화는 기본적으로는 이념적인 주장이기도 하다. 자, 그럼 한전 민영화 흐름이 최고조에 달하던 순간, 한국은 어떤 선택을 했을까?

2000년 일본 전력회사 모델을 따라가기로 결정했고, 2001년에는 배전과 발전을 분리해서 6개의 발전자회사로 나누게 된다. 그럼 이건 민영화일까, 아닐까? 아직은 아니다. 민영화로 가는 중간단계다. 그리고 소유 구조로 보면 더더욱 민영화는 아니다. 산업은행 등 정부가 한전의 최대 주주이고, 한수원 등 나머지 발전자회사는 한전 단일 주주가 소유하는 형태다. 그러니까 민영화는 아니다. 그렇지만 거대한 덩치의 한전을 일곱 개의 서로 다른 회사로 나누어놓았기 때문에 민간에 팔기 훨씬 쉬운 구조가 된 것은 사실이다. 그러니까 민영화를 위한 아무런 조치도 하지 않은 것은 아니다. 민영화를 한 것도 아니고 안 한 것도 아니다. 도대체 이게 뭔가?

형식으로만 보면 애국자와 애국자 사이에 벌어진 전쟁이다. 내용상으로는 정부 내부의 클랜과 클랜 사이의 물러설 수 없는 일전이었다. 행정적으로 보면 금융 쪽 경제관료와 실물 쪽 경제관료, 즉 재정경제부와 산업자원부의 전쟁이었다. 사회적으로는 민영화에 반대한 민주노총과 어떻게든 민영화를 하겠다는 정부 사이의 갈등으로 보였다. 철학적으로는 이념 현상과 클랜 현상 사이의 대충돌이었다. 그리고 전체적으로는 국민들이 기이할 정도로 무덤덤해하며 무관심으로 방기한 동안에 국민경제 내의 금융과 실물이 한바탕 붙은 것이라고 할 수 있다.

IMF 경제위기 극복 과정을 행정적으로 주도한 것은 실물경제보다는 금융경제 쪽이었다. 금융위기라는 속성답게, 외환을 얼마나 확보할 것인가, 정부가 쓸 실탄, 즉 공적자금이 얼마나 확보될 것인가, 이런 질문이 맨 앞에 나섰다. 그리고 이 흐름은 결국 "뭐라도 내다팔자"는 흐름으로 흘러갔다. 기왕 팔 거면 돈 되는 것을 내다팔아야 하고, 그래야 외국인들에게 한국 정부가 뭐라도 내다팔 정도로 적극적이라는 것을 보여줄 수 있다는 주장이 있었다. 반대편에는, 꼭 필요한 것은 절대로 팔면 안 된다는 실물경제의 입장이 있었다. 잘되는 것은 절대로 팔면 안 된다, 이쪽이 실물경제였다. 편하게 이해하면 당시의 재경부와 산자부 사이의 전쟁이라고 보아도 좋다.

1차전은 금융 쪽이 완전히 이겼다. 포항제철이 팔렸다, 그리고 포스코로 이름을 바꾸었다. 국부유출 논란이 약간 있었지만, 크게 맞서서 반대한 사람도 별로 없었다. 물론 이때 포철을 안 팔고 버텼다 해도 아마 큰일은 벌어지지 않았을 것이다. 지금도 포철이 국영기업이었으면 나중에 벌어진 쌍용자동차 사태 때처럼 자연스럽게 국민기업 모델이 대안으로 부상했을 것이다.

2차전은 한국전력을 놓고 벌어진 진짜 대전투였다. 매각파는 포철을 팔아넘긴 힘으로 한전은 물론 어지간한 공기업까지 다 팔아치울 기세였다. 경제부총리를 축으로 재경부 쪽에서 밀고 들어오면 버틸 만한 정부부처는 없다. 그렇지만 한전은 한전이다. 지금도 기업순위 3~4위 정도를할 정도로, 한전은 큰 기업이다. 물론 내건 명분을 보면 재경부 측은 IMF가 요구하는 민영화, 산자부 측은 전력공공성이었지만, 그게 다는 아니었다. 산업과 자원을 관할하는 산자부이지만, 부처 내부의 예산은 에너지 쪽, 특히 전력기금이 가장 중요했다. 역설적인 이야기지만 한전을 내놓으면 산업 정책에 쓸 돈도 유지하기가 어렵다. 역사적으로는 상공부가 에너지 쪽을 합병한 것이지만, 예산 측면으로는 산업 파트가 에너지 쪽에 얹혀가는 신세였다. 산업에 대한 정부의 권한이 줄어들면서 예산도

131

같이 줄어들고 있었다. 한전 사수를 산자부가 명목적으로 내걸 수는 없었다. 그렇지만 산자부로서는 절대로 물러설 수 없는 일전이었다. 여기에 노조도 가담했다. 2002년에 38일에 걸친 발전사 파업이 있었다. 엄청난 일이다. 노조 대상이 아닌 과장급 이상 간부들이 몇 년 만에 옛날 기억을 살려가며 발전소 오퍼레이팅 룸에 들어갔다. 결국 정부가 살짝 한발 물러섰다. DJ 정부 내에서는 한전을 분리시키는 데까지만 갔다. 산자부와 한전은 목숨 걸고 버텼다. 그래도 분리시킨 발전자회사를 하나하나 매각하기로 했다. 2003년 새 정부가 들어섰다. 마침 증권시장 상황이 안좋았다. 시범사업으로 매각하기로 한 남동발전의 증시상장이 실패했다. 넘어진 김에 쉬어간다는 말이 있다. 동경전력 등 일본 발전소를 모델로 한전과 6개의 발전자회사로 분사는 했는데, 그 상태로 노무현 정부에서는 한전 매각을 둘러싼 전쟁이 일단 휴전으로 들어갔다. 일본식도 아니고, 유럽식도 아니고, 미국식은 더더군다나 아닌 기묘한 상황이 이어졌다. 민영화를 한 것도 아니고, 아예 안 한 것도 아닌, 그런 상황이 계속 이어졌다.

그리고 MB가 대통령이 되면서 민주당에서 새누리당으로 정권이 바뀌었다. 새로 들어온 정권은 노골적으로 신자유주의를 노선으로 선택하고, 당연히 민영화를 강하게 밀어붙일 것으로 사람들이 예상했다. 많은 사람이 나에게 한전 민영화의 귀추에 대해서 물어보았다.

"취임식 끝나고 한 달만 기다려보세요. 한전 민영화 이야기 싹 들어갈 거예요."

실제로 그렇게 되었다. DJ 정부, 노무현 정부에서 그렇게 강하게 한전 민영화를 주장하던 새누리당이 여당이 되고 나서는 더 이상 한전 민영화를 강하게 추진하지는 않았다. 그 대신 에너지와 자원 공기업을 통해서 자원외교를 설계하기 시작했다. MB는 민영화 대신 다시 한전 중심으로 통합하거나, 이게 힘들면 해외 구매 등 몇 개의 사업이라도 통합하는 쪽으로 정책 방향을 잡았다. 이런 정책의 검토를 외국계 컨설팅회사에 맡겼다. 결국 민영화 이야기는 쏙 들어갔다. 박근혜 정부로 바뀐 다음도 마찬가지였다. 아마도 한국에서 한전 민영화에 대한 이야기는 앞으로도 계속 나오겠지만, 진짜로 그걸 추진할 정권이 나오기는 어렵다. 공무원을 진짜로 싫어하는 안철수가 대통령이 되면 한전 민영화가 이루어질 수도 있다. 그렇지만 진보든 보수든, 자신이 정권을 갖게 되면 절대로 한전을 민영화시키지 않을 것이다. 한전 민영화 확률은 안철수가 대통령이 될 확률과 비슷하다고 할 수 있다.

클랜은 씨족 혹은 파벌을 의미한다. 같은 클랜 아래에서는 서로 돕기도 하고 먹여 살리기도 한다. 조금 독특한 의미의 공동체 같은 것이라고 할 수 있다. 클랜이 생겨나고 작동하는 현상은 비밀스러운 것이다. 정권은 거대한 클랜과도 같다. 한 사람의 대통령 아래에 먹고살아야 하는 사람들이 많다. 정부의 각 부처도 그 자체로 하나의 클랜이지만, 정권만큼 큰 클랜은 없다.

원래 민영화된 동경전력을 모델로 분사시킨 한전은 왜 일본과는 달리 민영화의 길을 걷기 어려울까? 국익이나 애국심 때문이 아니다. 경제적 합리성? 현재의 한전그룹 체계에서는 어떠한 조직론적인 합리성도 보기 어렵다. 모회사인 한전이 배전을, 자회사인 발전사들이 발전을 맡은 이유에 합리성이 있는가? 그저 몇 개라도 팔겠다는 지독한 집착이 만들어 낸 결과물일 뿐이다. 이러한 설계는 의도하지 않게 우연히 발생한 결과이기는 하지만, 진짜로 클랜 현상에 잘 들어맞는다. 분리된 상황을 한전도 자회사도, 모두 좋아한다.

회사로 한전 하나가 있을 때는 사장 한 명, 간부 두 명, 감사 한 명, 이리저리 해봐야 대통령이 임명할 수 있는 자리가 몇 자리 안 되었다. 그런데 그게 한수원을 포함한 여섯 개의 자회사로 늘어났다. 간단히 생각해도 많은 사람들이 가고 싶어 하는 임명직 간부 자리가 7배로 늘어났다. 그뿐이 아니다. 한전 하나의 회사 내에서 발전과 송전을 하면 전혀 필요 없을 배전 시스템이 별도로 필요하게 되었다. 형식적으로 서로 다른 회사가 되니까 내부에서 그냥 송전하면 되던 것을 어쨌든 사고파는 모양새를 갖추어야 했다. 지금 한전과 함께 나주로 이전한 한국전력거래소는 분사 때문에 괜히 생겨난 회사다. 여기에 각각의 회사들이 또 자신의 자회사들을 만들기 시작했다. 그냥 한전 하나 있던 시절보다 대통령이 움직일 수 있는 자리가 10배 이상 많아졌다. MB가 이런 노다지를 보고 그냥 지나칠 리 없다. 박근혜는 한전이 뭐가 뭔지 잘 몰랐던 것 같다. 그렇지만 최순실은 먹잇감에 대한 동물적인 감각이 있었던 것 같다. 한전 자회사들을 하나하나 먹어 들어가려고 하는 순간에 딱 국정농단 사건이 터졌다. 문화계에 이어 전력도 최순실 놀이터가 되기 직전이었다.

한전 역사는 전형적인 클랜 현상의 역사다. MB도 한전그룹을 자기 친구들 보내는 곳이라고 금방 이해했고, 박근혜 정권도 마찬가지였다. 전후 일본을 통치한 연합군사령부가 일본 정부에 발전회사를 주기 싫어했던 욕망만큼 강렬하게 MB나 박근혜도 한전 민영화를 찬성했던 사람들이다. 그리고 자기 친구들에게 자리를 나누어주어야 하는 상황이 오자 입장이 바뀌었다. 이 경우, 이념보다 클랜 현상이 더 강하다고 할 수 있다. 먹여 살려야 할 사람들이 많았고, 싫은 사람들에게 '알짜' 자리를 주기는 더더군다나 싫었다. 흔히 부처 이기주의 정도로 표현하지만, 클랜 현상은 그것보다 더 은밀하고 광범위하게 나타난다.

내가 본 클랜 현상 중에서 가장 강렬했던 것은 1980년대 후반 나프타NAFTA, 즉 북미자유무역협정을 준비할 때 멕시코 국민들의 반응이었다. 보통은 사회 기본 서비스에 외국계 기업이 들어오는 것보다는 자국 공기업이 버티는 것을 선호한다. 그런데 멕시코 국민들은 오히려 미국 회사들의 진출을 환영하는 반응을 보였다. 멕시코 공기업들이 너무 부패했고, 자국 국민들을 막 대했다는 것이 이들이 불만이었다. 부패가 너무 심각하면 차라리 어느 정도 평준화되어 있는 외국계 기업을 더 선호하는 경우도 있다는 것을 이때 처음 보았다. 이 정도 되면 정말로 국가 실패에 대해서 생각해보지 않을 수 없다.

한국에서도 사람들이 공무원이나 공기업 사람들을 싫어하기는 하지만, 그렇다고 차라리 외국계 기업이 대신 그 자리에 들어오기를 강렬히 소망하는 정도는 아직 아니다. 그렇지만 국산차 사느니 비싸도 외제차를 사겠다는 흐름이 하나의 문화로 정착된 것처럼, 공기업에 대한 불신이 멕시코 수준까지 가지 말라는 법은 없다.

시장 실패가 존재하는 것처럼 정부가 실패하는 경우에 대한 분석은 공공선택이론에 나온다. 1986년 제임스 부캐넌James Buchanan이 노벨경제학상을 타면서 잘 알려지게 되었고 '작은 정부' 이론의 근간이 되기도 했다. 소작하는 사람은 땅이 있는 사람에게 지대rent를 낸다. 마찬가지로 권한이 있으면 그 권한을 행사하려는 성향이 생기고 이를 지대추구rent-seeking 행위라고 부른다. 정부 내에 있는 각 부처가 반드시 국가 전체의 이익을 추구하는 것만이 아니라 자신의 지대를 더욱 높이는 쪽으로 행위한다는 것이 지대추구 이론의 핵심이다. 공공의 이익이 아니라 그 안의 작은 집단의 이익을 최대화하고자 하는 경제적 동인이 충분히 존재하게 된다. 애덤 스미스나 데이비드 리카도 같은 고전파 시대의 경제학자들이 자본을 설명하면서 또 다른 부의 근원으로 토지와 지대를 설정했던 것처럼, 21세기 경제에서도 지대는 여전히 중요한 상징으로 사용된다.

자리가 생기면 권한이 생긴다. 그리고 자리에 앉은 사람들은 그 권한을 키우기 위해서 최선을 다한다. 그렇게 내려진 많은 결정들은 사회적으로 최적이 되기 어렵다. 진짜로 그 일을 추진하려는 것인지, 아니면 더 많은 자리, 특히 더 많은 높은 직급을 만들기 위한 방편일 뿐인지, 그 자체로 판단하기가 어렵다. 그렇게 정부 내 정부, 클랜 현상이 작동하기 시작하면 국가 실패 현상이 발생하게 된다. 국가의 실패는 지나친 이념 현상 때문이기도 하지만 지나친 클랜 현상 때문이기도 하다. 한전 분사 사례에서 이미 보았듯이 민영화라는 강력한 이념도 막상 클랜 안으로 들어가면 별로 힘을 못 쓰는 경우도 많다. 이념과 클랜, 때때로 교차하고 때때로 충돌한다.

이걸 지켜보는 시민의 입장에서 생각해보자. 이념은 아주 공공연한 것이다. 반면에 클랜은 은밀하고 비밀스러운 것이다. 이념이 날카로운 송곳 같은 것이라면, 클랜은 끈적끈적하게 휘감기는 한여름 밤의 습도 같은 것이다. 이념은 바꿀 수 있지만, 클랜은 배반하기 쉽지 않다. 우리는 이념에 대해서 아주 많이 이야기하지만, 클랜에 대해서는 거의 이야기하지 않는다. 사실, 클랜은 은밀한 곳에서 몰래 그리고 아주 간접적인 방식으로 움직이기 때문에 그런 게 있는지, 어떻게 움직이는지 구체적으로 알기 어렵다. 사람들도 과도할 정도로 별 관심이 없다. 알아도 어차피 사람 사는 데서 늘 생겨나는 현상이니 굳이 고쳐야 한다고 생각하지도 않는다.

세월호 사건이 나고 나서 '해피아'라는 단어가 잠시 언론의 중심에 선적이 있었다. 해양수산부와 유관 기관 사이에 존재하는 유착관계를 말한 것이다. 실제로는 청와대와 대통령에게 쏠리는 관심을 돌리기 위해서 일부러 좀 더 어수선하게 떠든 경향이 있다. 그런 단어를 듣기 전에 사람들은 그런 게 있는지도 몰랐다. 사실 우리나라의 거대한 클랜들에 비하면 별 힘도 없는 집단이다. 그래서 잠시 사람들의 주의가 환기되었다. 그리고 다시 3년이 흘렀다. 그사이 정권도 바뀌었다. 뭐가 좀 바뀌었을까? 근본적으로 바뀐 것은 아무것도 없다. 세월호가 다니던 구간에는 이제는 아무 배도 없다. 서울과 제주 사이에는 이제 여객선이 필요 없는 것일까? 그 대신 목포 노선에 과부하가 걸렸다. 아무도 신경 쓰지 않고, 아무도 관심 갖지 않는다. 클랜 현상이 원래 그렇다. 정부 내의 클랜에 대해서는 여전히 과도할 정도의 무관심이 작동한다. 사람들이 이념 현상에 대해서 과다하게 관심을 갖는 것에 비하면 과도할 정도의 무관심이 클랜 현상을 존재하게 한다고 할 수 있다. 그래서 더욱더 끈적끈적하고 질척질척해진다. 국가가 하는 행위는 이념으로 잘 설명되는 것처럼 보인다. 겉으로만 그렇다. 그렇지만 길게 놓고 보면 클랜 현상이 더 많은 것을 결정한다. 좌우 대립? 그런 건 형식적으로만 존재한다. 정부 안에서는 내 사람, 네 사람, 우리 사람, 쟤네 사람, 그런 논리가 더 현실적인 요소다.

클랜 같은 거 좀 있으면 안 될까? 사람 사는 데 파벌이나 계파 혹은 소조직 같은 게 생겨나지 않을 수 없다. 서로 친한 것, 이 정도 가지고 중대한 실패라고 하기도 어렵다. 그러나 정부의 공식적인 조직들이 서로 클랜을 만들고, 이걸 강화시켜 나가기 위해서 너무 힘을 쓰다가 정작 국민들이 살기 어려워진다면 이건 문제다. 어떤 때는 이념을 지키느라, 어떤 때는 자기 조직에 충성을 하느라, 생활경제가 제대로 지켜지지 못하면 이건 정말 문제라고 하지 않을 수 없다. 다단계가 대표적이다. 다단계 관리하는 자리도 클랜의 자리니까, 근본적으로 문제를 해결하기 위한 정책 같은 것이 제시되기 어렵다.

지금부터가 중요한 순간이다. 어떻게 어떻게, 3만 달러 문 앞까지 왔다. 그러나 이런 식으로 클랜을 잔뜩 껴안고, 수많은 정책 실패를 만들면서 그 이상 달려 나간 나라는 없다. 어떤 식으로든 이 문제를 해소하거나 완화시키지 않으면 한국이 더 높은 선진국 단계, 국민소득 4만 달러, 5만 달러의 시대로 가기는 어려울 것이다. 국가가 공무원과 공직자 월급 주고 연금 챙겨주기 위해서 존재하는 것이 아니다. 고위 공직자 노후보장을 위해서 공직을 비롯한 공공부문을 형성하고 있는 것은 아니다. 한 명 한 명이 편하게 살고 덜 고생하기 위해서 세금도 내고 국가에 대한 의무를 다하고 있는 것 아닌가?

—

5
모피아: 클랜 중의 클랜

—

"우리 사회를 지배해온 메인스트림들이 2002년 선거에서 새로운 판단을 해줄 것으로 믿는다."

2002년 대선에 나선 이회창 후보가 일본 〈마이니치신문〉과의 인터뷰에서 했던 말이다. 그러자 한국에서 과연 '메인스트림'이 뭐냐, 하는 난데없는 논쟁이 붙었다. 물론 그 대선에서 이회창은 혜성처럼 나타난 노무현 후보에게 졌다. 그렇지만 한국의 메인스트림이 뭔지는 여전히 질문거리다. 한국에서 메인스트림은 도대체 무엇인가? 그리고 공무원 중에 메인스트림은 과연 있을까? 경제 관련 공무원 중에서 메인스트림은? 이런 질문을 해볼 수 있다.

박정희 시대 정부조직에서는 돈을 틀어쥔 재무부와 재벌을 틀어쥔 상공부의 힘이 막강했다. 지금은 부처의 이름은 물론 범위나 위상도 많이 바뀌었다. 그 시절 재무부Ministry Of Finance의 영문 약자 'MOF'와 '마피아

mafia'를 합성해 '모피아'라고 부른다. 그러면 이 모피아가 경제계의 메인 스트림인 것인가? 이게, 약간 애매하다. 옛날 모피아들에게 이 얘기를 하면, 자기들은 별로 힘 쓴 것도 없고 진짜 실세는 따로 있었다고 펄펄 뛴다.

박정희의 군사 정권이 들어선 이후로 계획경제라는 중앙형 시스템을 도입한 것은 잘 알려진 일이다. 그리고 이 독특한 경제 시스템을 운용할 새로운 부처가 만들어졌다. 경제기획원, 흔히 '이피비Economic Planning Board, EPB'라고 부르는 기구가 바로 무소불위의 권력을 가졌던 경제부처다. 구어체로는 경제기획원이라고 쓰지만 문어체로는 모두들 '이피비'라고 부른다. 그들이 진짜 메인스트림이다. 초기에는 경제기획원 장관이 대통령 유고시 승계순위 2순위일 정도로, 만들어질 때부터 아주 막강한 권력을 가졌다. 나중에 공식적으로 장관 대신 경제부총리로 승격을 시킨다.

전두환, 노태우, 모두 경제기획원을 통해서 국민경제 운용을 하였다. 어느덧 경제기획원은 군사 정권과 떼려야 뗄 수 없는 의미가 되었다. 그 시절에 모피아들이 자기들은 아무것도 아니었다고 말하는 게, 아주 틀린 말도 아니다. 실권은 이피비가 다 쥐고 있었다. YS 집권 이후 OECD 가입을 위한 제도 정비를 할 때 강력한 정부주도형 경제를 이끌던 경제기획원을 폐지해야 한다는 의견이 생겨났다. 1994년 결국 경제기획원은 문을 닫았고, 기존의 재무부에 통합되는 형식이 되었다. 금융부처로 재무부가 있고 산업을 총괄하는 실물경제부처로 상공부가 있고, 이 모든 걸 총괄하는 경제기획원, 즉 이피비가 있었다. 그런데 금융부처가 어느 날 총괄부처를 흡수하게 되었다. 모피아라는 단어 자체도 이피비 쪽에서 금융부처 견제하면서 쓴 말로 알려져 있다. 경제에는 금융경제와 실물경제가 있는데, 갑자기 경제기획원이 재무부에 흡수되면서 금융 혹은 금융

쪽 전통이 국민경제 전체를 지휘하는 양상이 되었다. 이회창식 표현을 쓰면, 경제기획원에서 재무부 계열로 한국 경제의 메인스트림이 교체되는 순간이었다.

그리고 어떤 일이 벌어졌을까? 얼마 후 IMF 경제위기가 왔다. 옛날 이피비 쪽에서는 재무부 라인이 이 사건에 대한 정책적 책임을 지고 감옥에 가야 한다고 생각한 것 같다. 그렇지만 한국에 정책실명제 같은 게 있는 것도 아니고, 한두 개의 정책을 가지고 인과관계를 명확하게 밝히기도 어렵다. IMF 경제위기의 책임소재 규명은 없던 일로 흐지부지해졌다. 오히려 IMF 이후 월스트리트 스타일의 신자유주의 흐름이 오면서, 안 그래도 그런 성향이 강했던 재무부 모피아들의 전성시대가 열렸다.

이피비와 모피아. 경제기획원과 재무부 시절에는 구도가 단순했고, 누가 누구와 싸우는지 알기가 쉬웠다. 그러다가 2008년에 MB 정권이 들어서면서 집행기구인 금융위원회와 감독기구인 금융감독원 체계로 바뀌면서, 구도가 조금 더 복잡해졌다. 그럼 모피아는 이제 금융위원회인가 아니면 예전처럼 그냥 기획재정부인가? 예전의 경제기획원과 재무부의 팽팽한 대립관계와 달리, 지금의 기재부와 금융위는 상대적으로 느슨한 상하기관 혹은 외청 구조에 가깝다. 넓게 보면, 거기서 거기다. 지금의 체계를 디자인한 사람 중 한 명이 MB의 절친이자 '리만(이명박+강만수) 브라더스'라고 불리기도 하는 바로 그 강만수다. 자기가 시스템을 짜놓고 기획재정부 장관을 했다. 퇴임 후에는 좀 더 실속 있는 자리라고 생각했는지 산업은행 은행장을 했다. 기재부와 금융위 그리고 주요 금융기관들 간부가 회전문처럼 여기저기 돌아다닌다. YS 초반까지 재무부를 견제하던 경제기획원은 이제 없다. 옛날식 표현을 쓰면 재무부가 총괄 기능은 물론이고 예산 기능도 가지면서 슈퍼 부처가 되었다. 그리고 금융 관련 기관들을 외청처럼 거느리고 있다. 그리고 이제는 모피아를 견제할 수 있는 세력이 적어도 한국 경제 시스템 내부에는 없다. 예전에는 몰라도 이젠 진짜로, 모피아가 메인스트림이 맞다. 이피비 출신이냐 아니냐, 이런 논란이 아직도 약간은 있다. 그렇지만 경제기획원이 없어진 것이 1994년이니 벌써 20년도 더 된 일이다. 장관급 인사 몇 명 제외하면 실제로 이피비라는 것은 한국에 존재하지도 않는다.

2008년 MB 정부는 기획예산처로 독립되어 있던 예산 기능을 기획재정부에 몰아주었다. 예산이야 아무나 하면 좀 어때? 회사에서도 예산 관련 부서가 가장 힘이 세듯이 국가 운영에서도 그렇다. 그리고 예산을 담당하는 부처가 각 부처는 물론 정부기관과 공기업까지 관리하고 평가하게 된다. 기획예산처 시절에는 형식적이라고 하지만 총리실에 소속되어 있었고, 총리가 지휘권을 가지고 있었다. 원래도 총리는 별로 실권이 없는데 그마저도 경제 쪽으로 넘어갔다. 그 시절에는 경제부총리도 마음대로 예산을 이래라저래라 하지는 못했다. 이게 전부 기획재정부로 넘어갔다. 공기업들의 일상적 관리는 물론, 연말에 기관장은 물론 일반 직원들 연봉까지 쥐고 흔들게 되었다. 공기업 평가에 인센티브 시스템을 워낙 많이 도입해서 어떻게 평가하느냐에 따라서 작게는 수백 명 많게는 수천 명의 연봉이 왔다 갔다 한다. 아무도 여기에 맞서지 못한다.

군사 정권 시절과 지금을 비교해보면 이제 차이가 좀 더 명확하다. 그 시절의 재무부는 경제기획원 사람들이 모피아라고 부르면서 견제도 좀 하고 그랬다. 지금의 기획재정부는 스스로 예산당국이다. 그리고 금융위와 금감원으로 분리된 금융당국을 일종의 외청처럼 거느리고 있는 거대

조직이 되었다. 이제는 모피아라고 부르면서 견제할 만한 다른 기관도 없다. 누군가 모피아라고 말하면 그건 '금융위' 얘기하는 거라고 피해갈 수도 있다. 산업부 소속 공기업들도 다 벌벌 떨면서 기재부 눈치 보는 형국이다. 특별히 견제할 만한 여건이 되는 기관도, 그럴 권능이 있는 기관도 이제는 없다. 있다면 청와대 정도인데, 어차피 실무는 공무원 파견직들이 하기 때문에, 팔은 결국 안으로 굽게 된다.

그럼 MB 쪽에서는 그렇게 하면 모피아가 너무 커진다는 것을 몰랐을까? 박근혜야 아무나 막 쓰다 보니까 눈뜬장님 같았지만, MB 때는 '타짜'들이 캠프에 들어가고 인수위에 합류했다. 몰라서 그런 건 결코 아니었다. 총리실의 기능을 떼어서 총리실도 좀 약하게 해놓고 거대한 기획재정부를 만들어 장관과 기관장 자리를 장악하면 된다고 생각했던 것 같다. 실제로 강만수가 했던 기능도 그런 것이다. 국가를 자기 맘대로 하려는 사람에게는 이쪽이 오히려 더 편한 방식이었을지도 모른다. 그렇지만 정상적으로 작동하는 '일반형 시스템'으로서는 문제가 생길 수밖에 없는 구조다.

지금의 모피아들은 너무 이념적이다. 관치금융 시스템은 그대로 두면서 동시에 은행도 크게 만들려는 모순된 정책을 자신들의 꿈으로 가지고 있다. 그게 투자은행 개념이다. 한국에도 세계적으로 경쟁력 있는 투자은행 2~3개는 만들어야 한다는 생각을 했다. 그런데 한국 구조에서는 이게 쉽지도 않을뿐더러, 세계적으로도 투자은행 붐이 종료하려는 시점이었다. 2008년 글로벌 금융위기를 기점으로 리먼 브라더스가 파산했다. 그 직전까지 한국 금융관료들은 리먼 브라더스 인수를 추진했었다. 외환은행을 팔아야 한다고 한바탕 난리를 치면서 결국 갈 길을 잃고 서로 곤란하게 된 론스타 사태도 그런 흐름에서 생겨났다. 그리고 결국은 MB의 친구가 회장으로 있던 하나은행에 외환은행을 넘기게 되었다. 이게, 거대 투자은행을 만들어야 한다는 너무 이념적인 생각을 하지 않았으면 벌어지지 않았을 일이다. 산업은행 민영화한다고 했다가 다시 그냥 정부에 두기로 하고는 그 자리에 강만수가 대뜸 대표로 가는, 웃지 못할 일들이 연달아서 벌어졌다. 정부가 바뀌면 이제는 투자은행에 대한 정부 입장이 좀 바뀔까? 그렇지 않다. 세울 수 없는 열차처럼, 모피아들은 그들의 꿈을 향해서 오늘도 집단적으로 한 발씩 앞으로 나가는 중이다.

모피아들은 정책집단이 아니라 지나칠 정도로 강력한 이념집단으로 움직이면서, 또 한편으로는 전형적인 클랜 현상을 보여주었다. 금융은 금융이고 실물은 실물인데, 모피아들이 산자부 같은 데 간부로 막 밀고 들어갔다. 그래도 나중에 예산 딸 때 문제 생길까봐 크게 대놓고 저항하지는 못했다. 금융과 실물 정도면 그래도 좀 엇비슷하다. 농림부 같은 별상관도 없는 데도 막 밀고 들어갔다. 처음에는 이게 무슨 의도인가, 사람들이 잘 몰랐다. 조금씩 밀고 들어가던 모피아들은 결국 농림부 영역에 있던 농협까지 밀고 들어갔다. 결국 농협중앙회와 분리한 농협금융지주가 이렇게 해서 생겨났다. 자기들 땅 따먹기 하는 것은 그렇다 치더라도 전통적인 협동조합이었던 농협의 성격도 완전한 금융회사로 바뀌게 된다. 농협을 지금의 농협 형태로 만든 것은 1962년 박정희였다.

은행? 완전히 모피아 영역이다. MB 정권과 박근혜 정권을 거치면서 청와대 말은 고분고분 잘 듣는 시늉만 하고 속으로는 이것저것 열심히 클랜 영토 확장에 나섰다. 9년간 보수 정권 한 턴이 지나고 나니까 이제는 정말로 누구도 손을 대기 어려운 클랜 중의 클랜이 되었다. 정부의 힘이 약해진다고 하지만 동시에 관치금융이라는 비판이 끊이지 않는다.

산업은? 평소에 산업 관리를 제대로 하지 않으니까 결국에는 마지막 순간에 파산 지경이 되도록 방치된다. 그리고 정부 자금줄을 쥔 모피아들이 세금을 주느니 마느니, 단단히 실세 역할을 한다. 이런 과정을 거치면서 최강 경쟁력을 가졌다는 조선업의 운명이 결국 모피아 손에 들어갔다. 지금 한국의 산업에는 산업정책은 없고, 파산정책만 존재한다.

예전에는 공무원들이 자신들을 직접 관리하는 행자부 눈치를 많이 봤다. 이제는 행자부가 하도 흔들리니까 그보다도 실제로 자신들을 평가하고 관리하는 기획재정부 눈치를 훨씬 많이 본다. 경제관료는 국민과 국가의 경제적 이익에 대해서 유능해야 하는데, 지난 몇 년 동안 이들은 자신들이 갈 수 있는 자리와 영향권을 늘리는 데만 유능했다.

그사이에 대부업체들만 신나게 되었다. 경제관료들은 죽어라고 집 사라고 시그널을 냈고, 국민들은 엄청나게 빚을 지게 되었다. 2007년 665조 원이던 가계부채가 어느새 두 배를 넘어 어느덧 1,500조 원을 바라보게 되었다. 그리고 이제 다단계업체에 가입된 국민이 800만 명이 넘는다. 보수 정권을 지나면서 다단계 판매원 수가 2배 가까이 늘었다. 이념이 중요한 것이 아니라 생활경제가 중요한 것인데, IMF 이후 지난 시간 내내, 그리고 특히 지난 10년간 모피아들은 너무 이념만 내세웠고 생활경제에는 관심도 없었다. 신선놀음에 도끼자루 썩는지 모른다는 게 모피아들에게 딱 맞는 말이다.

해법이 있을까? 쉽지 않다. 워낙 클랜으로서 그 뿌리가 깊고 또 범위가 넓어졌다. 중이 자기 머리 못 깎는 것과 마찬가지로, 모피아 문제를 모피아 스스로 해결하기는 어렵다. 일본도 우리와 비슷한 문제를 겪었다.

1990년부터 시작된 경제의 장기 불황이 계속되면서 결국 일본의 경제관료 시스템에 대해 의문이 제기되었다. 메이지 유신 때부터 일본의 중앙관청이었던 대장성은 연합군 통치기에도 버텼고, 패전 후 내무성이 분할되었을 때도 변하지 않고 살아남았다. 그러나 2001년 고이즈미 개혁이 한창이던 시절, 전후재건 경제의 핵심으로 '일본의 큰 곳간'이라는 별칭을 가지고 있던 대장성은 결국 해체되었다. 핵심 업무는 재무성으로 개편되었고, 은행감독과 예산권은 총리실 등 다른 부처로 이관되었다. 물론 일본의 재무성은 여전히 강하기는 하지만 예전의 대장성 시대와 비교될 것은 아니다.

일본의 재무성과 비교하면 한국의 기획재정부는 몇 배로 강하다. 물론 부처 설계나 시스템 수립보다 실제 운용을 어떻게 하느냐가 더 중요하기는 하다. 경제관료 시스템 디자인을 매번 바꾸지만 그렇다고 군사 정권 이후로 경제 현실이 크게 바뀌지는 않은 것 같다. 여전히 관치금융이고, 폐쇄적인 결정 과정 역시 같다. 지난 보수 정권 9년을 거치면서 검찰 등 사법 시스템과 국정원에 대한 대중적 관심은 아주 높아졌다. 그리고 시간이 지나면서 나아질 가능성이 있다. 그렇지만 한 번에 문제가 생기면 10조 원 이상씩 대규모로 터지는 경제관료체계는 거의 논의에 오르지 않았다. 이해하기 쉽게 모피아라고 부르지만, 그들이 스스로 엄청난 권한을 가지고 있거나, 수많은 산하단체를 거느리고 있는 것은 아니다. 경제 공무원 개개인이 가진 권력 자체가 큰 것도 아니다. 그러나 국가나 개인의 생활경제에 미치는 영향력은 엄청나게 크다. 오가는 금액이 워낙 크고, 결정하는 내용이 국민경제 운용에 많은 영향을 미친다.

이제부터라도 정책을 결정하기 전에 좀 더 개방적으로, 오랜 기간 많은 사람들과 토론을 하는 게 좋다. 그러나 누구와 토론할 것인가? 다들 경제정책에는 워낙 관심이 없다 보니까 시스템을 투명하게 운영하기 위해 시민들의 참여를 높이는 방식도 잘 통하지 않는다. 인권, 여성, 환경, 이런 사회적 의제에는 관련된 시민단체도 많고, 회원으로 참여하는 시민의 범위도 포괄적이며 다양하다. 그렇지만 경제, 특히 생활경제와 관련된 주제에 대해서는 시민단체도 별로 없고, 일상적으로 참여하는 시민은 전무하다시피 하다. 우리가 볼 수 있는 것은 다단계 사기로 피해가 났을 때 피해자 모임, 저축은행 등 금융사고가 터졌을 때 보상을 논의하는 피해자 모임, 이런 게 거의 전부 아니겠는가? 시민들의 과도한 무관심 속에서 좋든 싫든, 경제관료들은 폐쇄적이 되고, 정책결정 과정은 현실에서 벌어지는 일과 점점 더 멀어져간다.

검사와 경제관료 사이에 결정적 차이가 한 가지 있다. 검사는 문제가 생겨야 움직이는 사람이다. 문제가 생겼을 때 그 일을 잘 처리하는 사람이 좋은 검사다. 반면 경제관료는 문제가 생기기 전에 움직이는 사람이고, 문제가 생겼다면 담당자가 일을 잘못한 것이다. 그렇지만 지금 한국의 경제관료는 일반적인 관료보다는 검사에 더 가까운 위치에 있다. 자신이 스스로 문제를 해결하는 사람처럼 등장하는 경향이 있다. 큰 기업이 파산 위기에 봉착해서 경제관료의 결정권 아래 놓이는 일이 폼은 나지만, 좋은 일은 아니다. 그게 사법과 행정의 차이이기도 하고, 사법과 경제의 차이이기도 하다. 문제가 발생하지 않게 예방하고 미리미리 움직이는 것이 좋은 경제 행정이다.

문제가 터져서 공적자금이 들어가기 시작하면 기본 10조 원 아닌가? 그런 일이 없도록 선제적이고 예방적으로 경제정책이 구성되어야 한다.

누군가 가난해지고 나서 가난을 극복하게 하는 것보다는 가난해질 가능성을 줄여야 한다. 지금 조선업이 전체적으로 도산 위기에 몰리면서, 어디는 도와주고 어디는 도와주지 않을 것인가를 둘러싼 공적자금 논쟁이 한참 있었다. 설비투자와 공장 가동률 같은 기본 수치만 살펴봐도 조선업에 문제가 생겼고, 뭔가 조정할 필요가 있다는 것은 이미 수년 전부터 알 수 있다. 지켜보고 있다가 나중에 지원을 하는 게 좋은 정책일까, 그럴 필요가 없도록 사전적이고 예방적 조치를 취하는 게 더 좋은 경제 정책일까? 당연히 예방적 조치다.

경제와 직간접적으로 연관된 수많은 사기극이 벌어진다. 그리고 상당히 많은 일들이 경제부처가 미리 예방하거나 최소한 피해 규모를 줄일 수 있는 일들이다. 경제관료는 문제가 생긴 후에 해결하는 것이 유능한 것이 아니라 문제가 생기지 않게 하는 것이 유능한 것이다. 딜레마는, 문제가 없을 때는 뭐가 진짜 중요한지 우리가 알기 어렵다는 데서 생겨난다.

단기적으로는 경제기조의 결정과 경제정책의 운용 과정에서 시민들의 참여를 늘리는 일이 도움이 될 것이다. 시민들의 의견이 정책기조 형성에 도움이 될까? 지금까지 경제 관련 부처에서 시민들과 소통하려는 노력을 전혀 하지 않은 것은 아니다. 경제 교육과 홍보를 전혀 하지 않았다고 할 수는 없다. 그렇지만 이런 일방적이고 단방향적인 접촉을 21세기적 소통이라고 하기는 어렵다. 홍보, 자신이 원하는 것을 그냥 전달하는 것이다. 필요한 것은 홍보가 아니라 대화와 토론이다. 경제관료들은 시민들을 대화의 상대로 생각하지 않는 것 같다. 그게 박정희가 21세기에 지도자 모델이 될 수 없는 이유 아닌가?

지금은 21세기다. 좀 있으면 21세기 하고도 20년이 지난 시점이 된다. 우리가 20세기에 배운 경제 교과서에는 신용카드도 없었고, 제2금융권도 없었다. 대부업체, 특히나 일본계 대부업체의 특수성 같은 것은 있는 줄도 몰랐다. 다단계? 그런 게 경제 교과서에 나올 리가 없지 않은가!

게다가 우리는 세계에서 거의 유일하게 아주 짧은 한 세대 약간 넘는 정도의 기간에 극빈국에서 개도국 그리고 선진국 경험을 동시에 한 나라다. 당연히 우리의 일상적 삶은 물론 사회적 제도와 문화적 요소들에는 극단적인 극빈국 시대의 요소와 선진국 요소가 혼재되어 있다. 그리고 이렇게 극단적으로 다양한 요소들이 서로 결합하면서 만들어내는 현실은, 당연히 세계 어느 나라도 경험해보지 못한 일이다. 교과서에도 없고, 행정 매뉴얼에도 없는 독특한 경험을 하는 중이다.

빤한 이야기 같지만, 시민들과의 소통 강화는 우리의 경제정책을 현실적으로 만들기 위해서 효과적일 수 있다. 고대 스웨덴어에서 따온 옴부즈맨Ombudsman이라는 용어는 워낙 많이 써서 그냥 모니터링 요원 정도로 이해되는 경향이 있다. 그러나 행정감찰관 혹은 호민관 정도로 번역되는, 상당한 권한을 가진 사람이다. 각 분야별로 복수의 경제 옴부즈맨 제도를 도입해서 생활경제와 경제정책을 연결시키면 도움이 될 것이다. 시민을 교육과 홍보의 대상이 아니라 생활 의제와 미래 의제를 같이 고민하고 풀어나가는 동등한 주체로 받아들이는 것 자체가 전체적으로 새로운 시각을 만들어줄 것이다. 지나치게 폐쇄적인 동질그룹 그리고 전문가주의가 지금 경제관료가 부딪힌 첫 번째 문제라는 것을 인식할 필요가 있다. 제한적인 방식으로라도 더 많은 사람에게 그리고 더 직접적으로 문제를 공유하고 같이 풀어나가는 것이 가장 근본적인 해법일 것이다.

시민들에게 더 많은 논의 테이블을 열어주고 더 폭넓게 공유하는 것, 여기에는 많은 돈이 들지도 않고 많은 시간이 들지도 않는다. 그냥 하면 되는 것 아니겠는가? 이런 시도는 빠르면 빠를수록 좋다.

중장기적으로는 기획재정부를 둘러싼 클랜 구조에 대한 권한 축소와 역할 재조정을 고민해볼 필요가 있다. 어차피 지금 한국에서 이른바 모피아라는 클랜에 대해서 제어하거나 통제할 수 있는 집단은 없다. 그래서 자신의 역할 축소를 스스로 판단해야 하는 터라 단기간에 쉽게 될 수 있는 일은 아니다.

이제 경제관료들이 만들어낸 클랜 현상은 단순히 부처 한두 개의 힘 정도가 아니다. MB 시절에 총리실에 있던 기획예산처를 떼어내서 재정경제부에 얹어주는 과정에서 큰 저항이 있지는 않았다. 총리 권한이 워낙 축소되기도 했고, 엄청난 표 차이로 정권교체를 이루어낸 MB의 힘이 어마어마하고 무시무시해 보였기 때문이다. 그렇지만 이제 와서 기획재정부에서 총리실로 기획예산처를 원상복귀시키는 것은 쉬운 일이 아니다. 모든 부처와 모든 공기업 그리고 심지어는 지역의 토건 예산까지 한 손에 틀어쥔 이 거대권력을 두려워하지 않을 공직자는 한국에서 투표로 선출되지 않는 비례대표 국회의원 정도라고 할 수 있다. 국회의원은 무소불위의 힘을 가진 것 같지만, 실제로 지역 예산과 관련되면 그들도 갑자기 왜소한 존재가 된다. 현실이다. 매번 국회에서 예산을 통과시킬 때마다 지역의 토건 예산 등 민원사안이 마지막 순간에 갑자기 들어온다. '쪽지 예산'이라는 이름으로 잘 알려진 이런 현상은 정권이 몇 차례 바뀌어도 줄어들지 않는다. 오히려 점점 더 노골적이 되어간다. 이런 상황에서, 쪽지라도 던져야 하는 국회의원 입장에서 예산 편성을 하는 공무원 정책에 평소에 강력한 견제를 하기는 구조적으로 어렵다. 경제 정책과 예산은 별도의 일이지만, 결국 연말 예산에 모든 것이 물리게 되어 있다. 의원내각제인 영국은 의외의 예산 수정권 자체가 인정되지 않고, 독일의 경우는 의회가 예산을 삭감할 수만 있지 증액을 할 수 없도록 하고 있다. 한국에서 이런 지역 예산에 흔들리지 않을 수 있는 존재가 지역구 유권자들이 직접 선출하지 않는 비례대표 정도인데, 한국의 정치 구조에서 비례대표들은 대부분 초선이다. 초선의원 몇 명이서 모피아 구조를 흔들기는 어렵다. 중장기적으로는 MB 이전의 형태로 복귀하는 것에 대해서 생각해볼 필요가 있다. 총리실 산하의 기획예산처 체계로 돌아가서, 경제 총괄 기능과 예산 및 공기업 관리를 분리시키는 것이 현재로서는 최선으로 보인다.

정부기관의 예산 결정이 가을 예산 시즌에 국회에서 벌어진다고 아는 경우가 많다. 그렇지는 않다. 일상적으로 개별 사업별로 항목을 정하는 부처 내의 '내년도 사업계획'부터 시작한다. 국회에서 내년도 예산이 확정되기 이전에 그다음 해 예산에 대한 작업이 이미 시작된다. 그리고 실무 부처는 그 단계에서부터 예산당국과 개별 항목을 가지고 끊임없이 조율한다.

이피비와 모피아가 서로 견제하던 시절, 예산에 관한 권한은 대통령이 지독할 정도로—혹은 지나칠 정도로—직접 관여하는 이피비에 있었다. 이 힘을 지금은 경제부총리가 가지고 있는 것인데, 사실 과할 정도의 집중이다. 적절한 논의를 거쳐서 총리 권한으로 옮기는 게 지금의 구조보다는 좀 더 분산적이고 균형적이다. 이피비가 없는 지금, 금융 시각으로 지나치게 경도된 경제관료들을 적절하게 제어하는 방식은 총리가 다른 부처에 대해서 더 많은 권한을 가지게 하는 방법일 것이다. 총리가 실제로 국정을 총괄할 수 있는 권한이 지금은 너무 없고, 그 힘을 MB 시절 이후에는 모피아들이 챙겨갔다. 건축에서 이럴 때 '원상회복'이라는 표현을 쓴다. 지난 10년, 경제는 내내 불경기였다. 그렇지만 그 기간 동안 경제관료들의 힘은 건국 이래 유례없을 정도로 커졌다. 그리고 이제는 클랜 중의 클랜이 되었다. 이건 좀 이상하다. 오늘 바로, 내일 당장, 이렇게 하지는 못하더라도 예산 기능만이라도 원상회복하는 게 옳을 것 같다. MB가 경제 부처에 힘을 모아준 때부터 한국 경제의 잠재성장률이 내려가기 시작했고, 저성장이 본격화되었다. 그리고 고용지표와 분배지표 등 대부분의 경제 지표들도 안 좋은 방향으로 가기 시작했다. 힘이 너무 집중되는 것은 좋은 일이 아니다.

—

6
토건족: 공사의, 공사를 위한, 공사만을 위한 공사주의

—

아이크라는 별칭으로 불리던 아이젠하워Dwight David Eisenhower는 미국의 전쟁 영웅이자 공화당이 자랑스러워하는 불세출의 지도자였다. 그의 퇴임연설은 미국 역사상 가장 인상적인 퇴임연설로 평가받고, 또 사람들이 가장 많이 인용하는 문장이기도 하다.

이렇게 발전할 수밖에 없었던 절박성을 우리는 압니다. 하지만 그러면서도 우리는 그 속의 어두운 함의를 놓쳐서는 안 됩니다. 우리 땅, 우리의 자원, 우리의 모든 삶이 관련된 것이기 때문입니다. 우리의 사회 구조 자체도 이 문제와 결부돼 있습니다. 원하든 원치 않든 군산복합체military-industrial complex가 통제 불가능한 영향력을 갖게 될 수도 있기에, 정부의 여러 협의회들은 그 영향력을 경계하고 있어야 합니다. 잘못 주어진 권력이 재앙처럼 발호할 가능성은 지금도 있으며, 앞으로도 있을 겁니다.

이때가 군산복합체라는 개념을 사람들이 공개적으로 처음 접한 순간일 것이다. 미국 대통령보다는 2차 세계대전 중 유럽 연합군 사령관으로 더 유명한 아이젠하워는 공화당 소속 보수 정치인이다. 그렇기 때문에 군산복합체에 대한 그의 지적이 더 충격적이었고, 역사에 남게 되었다.

흔히 말하는 독점은 공급독점, 즉 '모노폴리'를 의미한다. 공급자가 둘이면 '듀오폴리' 그리고 셋 이상이면 과점이다. 국내 TV 시장은 복점이고, 핸드폰은 과점, 라면도 과점이다. 이런 것들이 공급자의 숫자에 관한 구분이다. 그런데 공급자가 아니라 수요자가 하나인 경우도 존재할 수 있다. 이것을 수요독점, 모놉소니monopsony라고 부른다.

군수품의 공식적인 수요자는 군대, 곧 정부다. 이라크전 이후로 국방도 외주화 현상이 벌어지면서 경비회사들이 점점 대형화되는 추세이기는 하지만, 기본적으로 국방의 수요자는 정부다. 군수품으로 개발된 대표적인 상품이 2차 세계대전 중 미국이 스위스의 네슬레에 의뢰했던 인스턴트커피다. 매번 원두에서 커피를 내리는 게 아니라 그냥 물에 타서 먹기만 하면 되는 가루커피가 군수용품이었다가 나중에 민간용품으로 변하였다. 어디 그뿐이겠는가? 경영학 자체가 유럽을 비롯해 전 세계적으로 펼쳐진 군수용품 조달과 병참에 대한 계산 과정에서 비약적으로 발전해 자체적인 학문으로 독립하게 되었다. 하버드 대학에서 경제학을 가르치던 맥나마라Robert McNamara는 공군에 계산 장교로 들어가게 되고 히로시마에 원폭을 투하하는 팀에 소속되어 있었다. 나중에 자동차회사 포드의 사장으로 선임되었다가 케네디John F. Kennedy가 대통령에 선출되면서 급작스럽게 국방부 장관이 된다. 국방부를 민간인 통제 아래 두어야 한다는 얘기가 나올 때마다 늘 거론되는 사례가 맥나마라 국방장관이다. 전후 고립된 서베를린 지역의 병참 보급을 맡았던 미군 보급장교 갤브레이스John Kenneth Galbraith는 나중에 《풍요의 사회The Affluent Society》, 《신산업사회The New Industrial State》 같은 경제학 명저를 남기게 된다.

전쟁과 무기 그리고 병참에서 벌어지는 수요독점 현상은 완전경쟁시장은 물론이고 공급독점 상황에서는 느껴보기 어려운 진귀한 경험이다. 국제적인 경제 협상에서 언제나 빠지지 않는 분야가 조달, 즉 정부에서 어떤 물건을 구매할 것인가의 문제다. 이 역동적인 특수시장이 폐쇄적인 구조에서 제대로 견제받지 않고 자체 논리만으로 폭주하면 그게 바로 군산복합체다. 소련과 치열하게 대립하던 냉전시대에 군산복합체는 그 힘을 키울 대로 키웠다. 그리고 냉전이 끝나면서 해빙 분위기 속에서 군축 논의도 같이 있었다. 그렇다면 미국의 군산복합체는 해체되거나 약화되었을까? 그런 흔적은 거의 없다. '위협'은 정규군 사이의 전쟁에서 테러와 같은 소위 '비대칭적 전쟁'으로 확대되었고, 9·11 이후로 국방산업의 영향력은 오히려 더 늘어가고 있다. 미국 대통령이 한국에 대해서 하는 가장 큰 메시지 중의 하나가 미국 무기 좀 더 사라고 하는 것 아닌가? 어디서부터 어디까지가 정부가 하는 일이고, 어디서부터 어디까지가 산업이 하는 일인지 구분하기가 어려울 지경이다.

미국에 군산복합체가 있다면 일본에는 토건족이 있다. 평화헌법 이후 군대가 위축된 일본에서 그 자리를 차지한 것이 토건이라고 할 수 있다. 토목과 건설, 두 가지를 합쳐서 토건이라고 부른다. 어차피 둘 다 건설사가 하는 일들이다. 그렇지만 약간의 차이는 있다. 토목공학은 로마 시절

이후로 시민들의 공학civil engineering이라고 불렸다. 시민들을 위한 기초시설을 만든다는 의미도 있지만, 기본적으로는 국방과 마찬가지로 수요독점이라는 특징을 갖는다. 정부와 산업이 한 몸이 되기 쉬운 구조다. 때때로 일본 경제 자체를 토건국가라는 틀로 분석하기도 한다.

일본 토건이 보여준 클라이맥스는 1987년에 만들어진 리조트법이라고 볼 수 있다. 집도 어느 정도 짓고 도로도 어느 정도 확충되었다고 느껴지면, 이때부터는 토건이 관광과 결합하기 시작한다. 그리고 이 단계에서 지자체와의 결합이 한 단계 더 깊어진다. 지역별로 골프장, 리조트, 테마파크, 공항 등이 연달아 패키지로 개발된다. 일본에서는 거의 공식과도 같다. 리조트법이 만들어진 후 3년 뒤 일본 경제가 본격적인 하향길로 접어든다. 일본은 1990년 증권시장이 폭락했고, 1991년 부동산도 클라이맥스를 지나 내림길로 전환된다. 경제, 특히 지역경제가 어려우면 어려울수록 사람들은 더더욱 골프장과 리조트 건설에 매진했다. 지브리 스튜디오의 2001년작 애니메이션 〈센과 치히로의 행방불명〉이 바로 이 시기에 지어졌다가 아무도 찾지 않아 폐허가 되어버린 테마파크를 모티브로 하고 있다. 사람은 아무도 없고 신과 요괴들이 사는 테마파크, 이것이 문화의 눈에 비친 일본 토건국가다.

어차피 사람 사는 데 집도 필요하고 도로도 필요한 것 아닌가? 이렇게 질문할 수 있다. 물론 도시도 필요하고, 인프라도 필요하다. 그건 두말할 필요가 없다. 그러나 제한된 예산을 어디에 많이 쓸 것인가, 하는 이런 기본적인 질문을 해볼 수 있다. 국방이 필요하기는 하지만 국방만 늘리다 보면 기본 복지를 비롯해서 다른 데 필요한 돈을 쓰기가 어려워진다. 마찬가지로 건설만 죽어라고 하다 보면 다른 데 적절한 비용을 지출하기 어려워진다. 그뿐 아니라 건설 과정에서 공무원과의 청탁과 부패가 생겨나고, 과도한 개발로 지역의 생태적인 문제도 뒤따르게 된다.

우리의 경우는 일본의 경제 구조와 거의 비슷한 데 한 가지가 더 추가된다. 재벌이라는 한국 특유의 대기업 구조다. 일본의 대기업들도 순환출자 등 기업 지배 구조의 문제점을 가지고 있다. 그렇지만 옥스퍼드 영어사전에 우리말 '재벌'을 음가로 적은 'chaebol'이 등재되기까지 한 우리나라만큼은 아니다. 한국의 대기업들은 2세 승계는 오래전에 넘겼고, 벌써 3세 승계를 놓고 논쟁을 벌이고 있다. 독특하다. 적은 지분으로 거대한 기업집단을 지배하는 '오너'가 현실적으로 존재한다. 이런 재벌들의 모기업, 즉 그룹 전체를 지배하는 기둥, 즉 지주회사 역할을 주로 건설사나 부동산관리회사가 담당했다. 현대의 경우는 현대건설이 그 역할을 했고, 삼성은 에버랜드가 했다. 아무래도 모기업에서 진행하는 사업이 많고 돈이 잘 도는 편이 사실상 지주회사를 운용하는 데 편했을 것이다. IMF 이전까지는 재벌이 원하는 것과 국가가 원하는 것이 딱 맞았다. 국가는 건설을 통해서 더 높은 경제성장률을 확보하고 싶어 했고, 대기업은 일단 건설 수주량이 늘어나기를 바랐다. 물론 수익률도 높으면 좋겠지만 수익률 자체보다도 '돈 돌리기'를 위한 사업량 확보가 더 우선이었다. 건설사는 집 짓는 것만이 목적이 아니라 재벌체계 전체를 돌리기 위해서, 하여간 돈이 돌아야만 했다. 만약 한국의 재벌체계가 건설사 중심으로 지배 구조를 구성하지 않았으면 한국 경제와 토건의 역사는 좀 다른 방향으로 흘러나갔을지도 모른다. '토공, 주공, 농기공'을 이 시절에 3대 토건기구로 부르기도 했다. 토지개발공사와 주택개발공사 그리고 지금은 한국농업공사가 된 농업기반공사다. 토지와 주택 그리고 농업지역,

157

전방위로 지을 수 있는 것은 모두 짓고자 하던 시절이다. 정부가 사업을 벌이면 공사는 대기업을 축으로 한 대형 건설사가 받고, 실제 일은 하청 회사들이 했다. 여기에 지역에 사업을 유치하고자 하는 지역 정치인들과 지역 사업자, 일명 '지방토호'로 불리는 사람들까지 결탁해 한국에서 거대한 토건족을 형성하게 되었다. 그리고 세계적으로 토건국가로 지목되는 일본보다 한국이 더 거대하게 그리고 본격적으로 토건국가를 만들어냈다. 마피아처럼 전체를 지휘하는 지도부가 있는 것은 아니다. 그렇지만 중앙정부에서 지방정부까지, 대기업에서 조그만 하청업체까지, 공사라는 공동 목표를 가진 집단이 형성되었다. 건설사가 적정한 이익을 얻고 살아남게 해주기 위해서, 중앙정부든 지방정부든 끊임없이 공사를 만들어냈다. 없으면 이유를 붙여서라도 만들어냈다. 정부에 돈이 없으면 민간자본을 유치해서라도 만들었다. 그 과정에서 꽤 비싼 유료로 운용되는 민자도로가 지방에 엄청나게 많아졌다. 이렇게 해서 어떤 핑계든 다 들이대면서 공사만을 하기 위한 경제 구조가 형성되었고 점점 더 공고해졌다.

이 과정에서 토건국가로 완전히 구조가 정착되는 상징적인 사건이 하나 벌어진다. 1996년에 서울 당산철교가 철교되는 과정이 한국 경제가 토건경제로 완성된 바로 그 분기점이라고 할 수 있다. 외형적으로는 시민과 부실 시공사 사이의 전쟁이었다. 물질적으로는 철강과 시멘트 사이의 소재 전쟁이었다. 본질적으로는 앞으로 지어질 아파트의 소재와 수명을 놓고 아직은 공기업이던 포철과 건설사 사이의 전쟁이었다. 그리고 중장기적으로는 기후변화협약 등 미래 이슈를 둘러싼 환경 세력과 토건 세력 사이의 전쟁이기도 했다.

건축 재료로서 철강과 시멘트는 서로 경쟁하는 사이다. 건물의 기본

골격에 철강 재료를 많이 쓰는 철골조와 시멘트를 위주로 하는 시멘트조가 있다. 극단적인 사례로는 흔히 스틸하우스라고 부르는, 아예 철강을 주재료로 만드는 건물도 있다. 재료에 따른 시공 가격과 기둥의 형태에 따른 내부 면적 차이 등 소소한 차이점이 있지만, 가장 큰 차이는 역시 건물 수명이다. 스틸하우스는 이론적으로는 수명이 무한대에 가깝고, 철골조도 100년은 넘어간다. 반면 시멘트 위주로 지어진 건물은 수명이 그 정도로 길지는 않다. 강철 위주로 건물 구조를 만들 것인가, 시멘트 위주로 만들 것인가, 국영기업인 포철에는 이 흐름이 중요했다. 스틸하우스를 유행시키기 위해서 포철이 막 움직이려던 1990년대 중반, 당산철교가 이 논쟁 한가운데로 등장했다.

만든 지 12년밖에 안 된 철교가 위험했다. 이 철교를 어떻게 할 것인가? 이게 작게는 재료 전쟁이었고, 크게는 한국 토건의 미래 향방을 가를 중요한 논쟁이 되었다. 물론 다리 자체는 어마어마한 부실시공이었다. 위험한 것도 사실이었다. 이걸 무너뜨리고 다시 지을 것인가, 아니면 돈이 많이 들어가더라도 고쳐서 쓸 것인가? 강철과 시멘트라는 두 패러다임이 한강 다리를 둘러싸고 정면으로 충돌했다. 외국 전문가들이 잇달아 방한하면서 서로 다른 의견들을 제시했다. 포철이 스틸하우스라는 패러다임을 막 사회에 제시하려고 하던 시점이었다. 한국강구조학회에서도 철강으로 만든 다리는 시멘트로 만든 다리와는 달리 고쳐 쓰면 된다고 마지막까지 반론을 제시했었다. 만약 당시에 환경단체들이 지금 정도의 목소리를 가지고 있었다면 사건은 좀 다른 방향으로 흘러갔을지도 모른다. 그러나 그 시점은 한국 시민단체의 초창기에 해당한다. 아직은 충분한 힘을 가지고 있지 못했다. 한국강구조학회에서도 협회 차원에서 공식

적으로 철강으로 만든 다리는 시멘트로 만든 다리와는 달리 고쳐 쓰면
되는 것이라고 마지막까지 반론을 제시했었다. 하지만 한국의 강철파는
결국 시멘트파에게 졌다. 저물어가는 20세기, IMF 경제위기 직전 1996년
12월에 당산철교는 전격적으로 철거되었다. 그리고 그 자리에는 시멘트
다리가 세워지게 되었다. 건물에 강철을 더 많이 써야 한다는 사람은 그
냥 진 정도가 아니라, 괴멸적 타격을 받게 된다. 공기업, 정부기관의 연장
으로서 한국의 건설정책에 관여하려고 했던 포철은 그 이후로 세상에 존
재하지 않게 되었다. IMF 경제위기 이후에 포철은 전격적으로 민영화되
었고, 더 이상 국가 기본 시스템에 대해서 고민할 수도, 고민할 필요도
없는 민영기업 포스코로 바뀌었다.

　21세기가 되었다. 신자유주의가 전면화되었고, 모든 것은 시장이 알아
서 한다는 패러다임이 지배적이게 되었다. 그리고 한국에서는 더 이상
건축물의 수명에 대해서 아무도 고민하지 않는 시대가 펼쳐졌다. 고민하
지 않는 정도가 아니라 일찍 망가지는 건물을 짓는 게 더 잘 하는 일이라
고 사회적으로 환영받는 시대가 되었다. 철강으로 튼튼하게 지은 건물?
아무도 원하지 않았다. 원래는 건물에서 철근의 비중이 늘어나는 것이
자연스러운 흐름이었을 텐데, 건설사들은 점점 더 안전하지 않은 건물을
만들게 되었다. 그리고 사회 전체는 이 흐름을 더 반갑게 생각했다. 군산
복합체는 평화를 반기지 않고 잦은 전쟁을 원한다. 마찬가지로 한국의
건축사에는 오래가는 튼튼한 건물을 달가워하지 않는 분위기가 생겨났
다. 전쟁이 벌어질수록 군산복합체의 이익이 늘어나듯, 건물이 빨리 망
가지고 재건축이 활발해질수록 사람들은 두 손을 들고 환호했다. 아파트
안전진단 평가를 받아서 불량 건축물이라고 평가받으면 '대환영' 플래카

드가 붙게 되었다. 공사가 늘어나면 좋은 일이다! 쓸데없이 철골조로 더 많은 강철을 아파트에 쓴다고 해봐야, 공사 단가만 늘어나고 건물 수명만 늘게 되니까 아무도 환영하지 않는다. 이제는 포스코로 이름을 바꾼 포철도, 더 이상 스틸하우스로 아파트를 짓자는 이야기를 하지 않는다. 그렇게 해봐야, 철강회사의 영업 논리일 뿐이라고 공격받는다. 전쟁을 원하는 군산복합체, 일찍 망가지는 아파트를 원하는 토건세력, 이게 우리의 21세기다.

그동안 한국의 아파트는 정말로 황당하도록 세계적 트렌드를 역행하게 되었다. 21세기 이후 지진에 대비한 내진설계가 트렌드가 되었는데, 내진설계의 기본은 철골조 혹은 그 이상의 안정성을 확보하는 것이다. 빨리 철거되는 것을 선호하는 한국 아파트와는 좀 거리가 멀다. 게다가 토건의 유행에 따르다 보니까 대부분의 아파트는 화재에 대해서 극단적으로 취약한 건물이 되어버렸다. 그리고 나중에 지어진 건물일수록 층간소음이 심각해진 것은 보너스다. 지진에 취약하고, 화재 나면 꼼짝없이 갇히게 되고, 층간소음도 심해진 아파트, 이런 게 승리하면서 우리의 21세기를 열었다.

일본 아파트를 볼 기회가 있으면 베란다를 한번 살펴보시기 바란다. 베란다와 연결된 옆 집 벽이 가벽으로 설치되어 있어 문을 열면 열린다. 그렇게 옆집으로 갈 수 있게 되어 있다. 한국 아파트 베란다는 어떤가? 베란다가 있는 집도 있고, 없는 집도 있다. 그걸 베란다 확장이라고 부르면서 2005년부터 전면 허용했다. 화재시 기본 대피동선인데, 그런 건 토건국가에서는 더 이상 고려대상이 되지도 않는다. 그리고 부가적으로 외벽이 사라지면서 난방비가 증가하게 된다. 베란다의 기능 중 하나가 보온과 단열인데, 그걸 다 없애고 나니, 결로는 기본이고, 아무리 난방을 해도 추울 수밖에 없다. 내진설계도 신경 안 쓰고, 화재시 대피로 확보도 필요 없다는 나라에서 난방비 같은 에너지 문제 따위에 신경을 쓰겠는가? 우리나라 아파트들은 겨울에 춥고, 여름에 더울 수밖에 없다. 시공사에서 진짜로 에너지 문제를 별도로 신경 쓰는 경우는 이를 빌미로 분양가를 올릴 수 있을 때뿐이다. 대충 지었던 불량 아파트를 허물고 새로 지은 재건축 아파트의 수명은 좀 늘어날까? 기본적인 설계 수명이 40~50년 정도다. 현실적으로는 30년 정도다. 아파트가 낡아서 재건축을 했는데, 최소한 그렇게 들어간 사람이 여생 동안 다시는 재건축 하지는 않도록 해야 할 것 아닌가? 이래서는 같은 아파트에서 재건축을 두 번 하는 사람이 나타날 수 있다. 건설사들도 좀 너무한 것이지만, 그냥 방치한 국가도 제정신은 아니다. 상식적으로 설계 수명을 좀 더 길게 잡아야 하는데, 이걸 '장수명 주택'이라고 별도 분류한다. 좋은 것인지는 알지만, 이건 권고사항이라서 그렇게 하는 건설사는 거의 없다. 네, 알기는 하는데, 하기는 싫네요! 선생님도 집 빨리 무너지는 것을 더 좋아하시잖아요? 지금 우리는 이런 이상한 도시를 만들고 있다.

토건족이 장악한 건물 패러다임에서 철근 대신 시멘트를 더 많이 쓰는 동안, 다른 분야는 어떻게 되었을까? 멀리 볼 것도 없다. 주택만큼이나 사람들 삶에 밀접하게 연관된 자동차는 어떤 철강을 썼느냐가 이미 선택의 중요한 기준이 되고 있다. 연비만큼이나 중시될 정도다. 초고장력 강판은 이제 자동차 선택에서 트렌드를 넘어 '머스트'가 되었다. 50퍼센트를 썼느냐, 55퍼센트를 썼느냐, 이런 초고장력 강판 비중이 신차 출시 때 사활을 거는 마케팅 포인트가 되었다. 한국 최초의 경차인 마티즈 모델을 승계한 스파크와 모닝 사이의 1위 경쟁이 여전히 치열하다. 1위 자리를 고수하기 힘들어진 모닝이 '경차 최초 초고장력 강판 44퍼센트'를 새로운 마케팅 포인트로 내세웠다. 그러면서 '통뼈경차'라는 용어를 새로 만들었다. 그야말로 전쟁이다.

지금은 경차에서 초고장력 장판을 44퍼센트를 썼느니, 안 썼느니 이런 경쟁을 하고 있다. 그보다 크고 비싼 SUV에서는 강판 비중이 절반을 넘었다는 둥, 60퍼센트를 넘었다는 둥, 목숨 건 마케팅 전투가 벌어지고 있다. 자동차보다 10배, 20배 혹은 그 이상 비싼 아파트에서는 이런 게 안 필요할까? 자동차의 안정성과 내구성보다 건물의 내구성이 덜 중요한 것일까? 그럴 리 없다. 아파트에서도 설계 수명과 내구연한은 가격만큼이나 중요한 품질이다. 이걸 우리는 제도적으로 무시하고 은폐하는 것뿐이다. 공사는 많을수록 좋다는 '공사주의'가 뿌리 깊게 자리 잡아서 이런 일이 벌어지고 있는 것이다. 극단적으로 상상해보자. 자동차 시장처럼 외국 제품이 들어올 수 있다면? 외국계 시공사가 한국에서 아파트를 짓는다면? 자동차에서 초고장력 장판에 대한 논쟁이 붙은 것은 외국 자동차와 한국 자동차 사이의 안전과 관련된 품질 논쟁을 하면서 벌어진 일이다. 외국 건설사가 한국에 들어왔다면 자동차의 경우처럼 철골 사용 비중이 마케팅 포인트로 등장하고, 설계 수명이나 내구연한 같은, 적어도 한국의 아파트 시장에서는 생소한 용어들이 아파트 광고에 대거 등장했을 것이다. 건물은 대충 지어서 30년 정도 겨우 버티게 하고, 인테리어만 비싸게 한 것, 그러고도 자신이 명품이라고 광고하는 게 한국 아파트다.

지난 20년을 돌아보면, 이런 지독할 정도의 토건족 흐름을 조절할 수 있는 기회가 한 번은 있었다. 2003~2004년, 노무현 정부가 출범할 때 건설업계는 불경기와 함께 심각한 위기에 봉착해 있었다. 새로 출범한 정부는 강력한 리더십이나 장악력을 가지고 있지 않았고, 때마침 경기도 좋지 않았고, 카드연체 문제가 생겨 사람들도 어려웠다. 그리고 외환 사정도 좋지 않았다. 건설업계는 공식적으로 '연착륙'을 정부에 건의했다. 이때가 건설업 구조조정의 적기였다. 노태우 정부와 YS 시대를 지나 부풀대로 부푼 건설업계에 조정이 필요했는데, IMF 경제위기를 거치면서도 특별한 정책적 변화 없이 그냥 억지로 버티고 있었다. 과도하게 많아진 건설사들은 경제 상황의 변화에 따라 자연스럽게 줄어들게 된다. 한국의 건설사들도 이걸 받아들이기는 했는데, 그래도 너무 급격하게 전부 망하게 되는 일은 없게 해달라고 정부에 부탁한 것이다. 이게 '연착륙', 소프티 랜딩의 의미다. 좀 봐달라, 이렇게 부탁할 정도로 상황은 긴박했다. 속도와 수위 조절이라도 좀 해달라는 것, 이 정도도 못해줄 것은 아니다.

실제로는 살살 속도 조절하는 정도가 아니라, 전면적으로 다시 토건 쪽으로 국민경제 운영방안을 틀어버렸다. 국민소득 2만 달러가 국정기조로 전격적으로 결정되고, 이헌재 경제부총리가 '한국형 뉴딜'의 방향을 틀면서 연착륙이 아니라 '풀 스피드', 다시 하던 대로 토건 쪽으로 질주하게 된다. 지역에 각종 경제 클러스터를 만든다고 하면서 결국은 원래 하고 싶어 하던 소위 '숙원사업'은 물론 해괴한 것들까지 전부 정부 돈을 받아갔다. 심지어 골프특구까지 떠오르게 되었다. '잃어버린 10년'을 거치면서 일본이 했던 것과 완전히 똑같은 일이 벌어지면서 '탈토건'은 불타는 금요일, 불금의 화려한 열기 속으로 장렬하게 사라졌다. 부동산 시장은 연착륙 정도가 아니라 막 활동을 재개한 활화산처럼 신나게 타올랐다. 결국 이렇게 풀린 돈들이 돌고 돌아 다시 강남 등 아파트로 향했고, 2005년과 2006년, 한국의 부동산은 절정에 달하게 된다. 딱 한 번 왔던 건설업 연착륙의 기회는 그렇게 아디오스, 클러스터와 혁신도시, 각종 특구와 국책사업과 함께 아디오스! 10년에 걸친 민주당 정권도 그렇게 한여름 밤의 꿈이 되었다. 정권은 바뀌어도 토건은 바뀌지 않는다는 신화가 굳건해졌다.

미국이 군산복합체를 제대로 제어하지 못하는 것처럼, 한국도 토건족을 제어하지 못한다. 토건국가로 유명한 일본도 이 정도는 아니다. 국회 내의 토건족, 중앙정부의 토건기구들, 지방의 취약한 지자체 기반 등 토건이 모든 것을 장악할 만한 조건은 역사적으로 최대로 강화되어 있는 상태다. 그리고 이 흐름에 반대하는 세력의 기반은 그렇게 강하지 않다. 많은 경우 그러한 것처럼, 뭔가 일을 추진하는 사람들은 사업과 각종 이권으로 뭉치게 되는 경향이 있다. 그렇지만 뭔가 반대하는 처지에 놓인 사람들이 하나로 뭉칠 경제적 동인이 거의 없다. 그래서 한편에서는 찬양과 칭송이 가득하고, 반대편에서는 기이한 침묵이 흐르게 될 가능성이 높다.

이런 종류의 침묵 중에서 가장 극단적인 사례를 몇 번 본 적이 있다. 부산이나 대구 혹은 광주나 제주도에서 하는 TV토론이나 토론회에 패널로 참여한 적이 있다. 타지 사람인 내가 부산 골프장 현안에 대해서 알면 얼마나 알겠는가? 제주도 케이블 사업이나 광주의 아파트 가격 폭등에 대해서 얼마나 자세히 알겠는가? 지역에 전문가가 없는 것은 절대 아니다. 그렇지만 지역 개발사업에 대해, 특히 시장 등 단체장이 관심을 가지고 있는 사안에 대해서 그 지역의 전문가가 반대의견을 표명하는 것은 아주 어렵다. 지자체 지원금과 인허가 등으로 다 서로 물려 있다. 도지사나 시장에게 밉보이고 싶은 사람은 없다. 자기 의견을 가진 사람들이 뻔히 있어도 침묵을 지킬 수밖에 없는 구조가 존재한다. 그러다 보니 최소한의 기계적 중립이라도 갖춘 찬반토론을 해야 하는 경우, 단체장 측에 맞설 반대편 패널을 구할 수 없는 우스운 일이 벌어진다. 지역에 특별한 이해가 없는 서울에 사는 전문가가 지방 의제에 나서야 하는 일이 이렇게 해서 생겨난다.

상황이 이런데 무슨 합리성이 있고, 경제성이 있겠는가? 지역에서 '숙원사업'이라는 이름이 달리면 누구도 말리기 어렵다. 서울에 있는 대형 건설사와 중앙관료와 정치인이 한 축이고, 지역의 이른바 지방 건설사가 작동시키는 토호들의 지역경제가 또 다른 한 축이다. 중앙정부의 폐쇄성과 지역경제의 외부 의존성이 한국이라는 공간에서 딱 만나면 누구도 말릴 수 없는 거대한 클랜이 된다. 토건이 그 자체로 이념이며 또한 그 자체로 거시구조와 미시구조를 동시에 갖는 클랜이 된다. 해체는커녕 완화도 쉽지 않다.

지역에서 개발사업을 둘러싼 논란은 대개 환경과 경제의 충돌처럼 나타난다. 개발이냐 보존이냐, 이런 구도인데, 사실 이 구도 자체도 기본적으로는 허구적이다. 제한된 돈을 어디에 더 많이 쓸 것인가 하는 거시경제의 문제는 지역적 논의 구도에서는 사라진다. 지역경제 논쟁을 하면 할수록, 전체적으로 토건에 들어가는 돈은 더 늘어난다. 누군 주고 누군 안 주느냐, 종종 지역감정과 정치적으로 연결되기도 한다. 푸대접을 받았다느니, 우린 푸대접도 못 받았다느니, 중앙 예산을 둘러싸고 지역 정서가 격렬하게 움직인다. 지역 간에 경쟁을 하는 것 같지만, 결국에는 토건 예산이 더 늘어나는 방향으로 간다. '선택과 집중'이라는 표현이 사용되기도 하였는데, 선택해서 집중하는 것이 아니라 집중하고 또 다른 선택을 하게 되었다.

　지역 또는 현장에서, 토건 지출은 인건비 혹은 복지 지출과 충돌한다. 지난 몇 년간 크고 작은 도서관을 많이 짓기도 했고, 기존의 도서관들도 리노베이션을 통해서 대대적으로 정비했다. 그런데 도서관이 이런 건축비를 너무 많이 쓰다 보니까 책 살 돈도 없어졌고, 사서를 늘릴 형편이 안 되었다. 학교 도서관도 시설을 너무 좋게 하고 나니, 정작 사서 교사를 고용할 예산이 없다. 수년째 사서 교사 충원이 전국적으로 전무하다시피 하다. 이런 일들은 비일비재하다. 오페라 하우스를 짓고 나니 돈이 없어서 오페라 하우스 단원들을 해고하고, 문화회관을 리모델링하고 상설 국악단 단원을 내보낸다. 도대체 뭐가 우선인지 현장에서 생각해볼 수 없을 정도다. 책, 사서, 오케스트라 단원, 이런 예산들이 건물예산에 밀린다. 그중에서 가장 심하다고 느낀 것이 종합부동산세의 활용이다. 노무현 정부 후반기에 국민적 저항에도 불구하고 종부세를 전격적으로 도입했다. 그때 이 돈은 정부에서 그냥 쓰지 않고 지방에 복지예산으로 내려 보내기로 약속을 하였다. 몇 년이 지났다. 종부세로 걷어 들인 돈은 지방에서 복지로 사용되었을까? 종부세를 내야 할 정도로 비싼 아파트들이 서울과 수도권에 많으니까 여기서 돈을 걷어서 어려운 지방으로 돈을 보낸다는 게 원래의 약속이다. 지방으로 돈이 간 것은 어느 정도는 맞는데 복지로 가지는 않았다. 시는 물론이고 규모가 작은 군 단위까지 복지관 혹은 복지센터 짓는 데 그 돈이 사용되었다. 솔직히 복지관이 없어서 기초 복지가 우리나라에서 잘 안 되는 것은 아니지 않은가? 농촌 지역 경관에 전혀 어울리지 않은 크고 번쩍이는 복지관이 생겨났다. 그동안에도 살기 어렵다고 농촌 지역에서의 인구 유출과 고령화는 심각할 정도로 진행되고 있다. 게다가 이런 복지관 예산은 기본적으로 매칭펀드라서, 중앙정부의 돈에 지방정부의 돈을 합치게 된다. 원래 없던 예산에서 복지관으로 돈이 가다 보니까 가뜩이나 부족한 기초 지자체의 복지 예산이 더 줄어들었다. 원래의 취지는 토건에서 들어온 돈으로 복지를 늘린다는 것이었는데, 토건에서 온 돈은 복지관 형태로 다시 토건으로 갔다. 그리고 오히려 복지 예산을 떼어서 토건에 보태주게 되는 일이 현장에서 벌어졌다. 진짜로 지독한 일이다. '가이사의 것은 가이사에게', 이런 것처럼 '토건의 것은 토건에게', 해도 해도 좀 너무한다.

　실제로 국가가 돈을 어디에 얼마나 쓰는가를 이념적인 방식이 아니라 실증적이고 통계적인 방식으로 살펴보아야 한다고 주장한 쿠즈네츠Simon Kuznets라는 경제학자가 있다. 1971년에 노벨경제학상을 받았다. 요즘은 거시경제 지표로 대부분의 국가가 국민총생산 같은 것을 사용한다. 여성 노동이나 환경적 가치를 제대로 반영하지 못한다고 비판을 많이 받기는 하지만, 쿠즈네츠의 영향으로 이런 거시지표들이 도입된 이후 분야별로 돈이 어떻게 움직이는지를 조금 더 상세하게 알게 되었다. 우리는 국가 전체적으로, 토건에 돈을 너무 많이 쓴다. 그리고 개인들도 너무 많이 쓰게 된다. 국민들의 자산 80퍼센트 정도가 부동산 형태다. 이 수치가 50퍼센트 안팎으로 가야 선진국의 모습이다. 뭔가, 많이 이상하지 않은가? 왜 공사를 해야 하는지, 우리는 이제 그 목적을 잊어버렸다. 시민들이 책을 쉽게 읽을 수 있게 하기 위해 도서관을 만드는 것인데, 도서관을 만들기 위해서 책 살 돈이 없고 사서들 충원할 돈이 없는 것, 이게 지금 우리의 형편이다. 시간이 지나면 도서관 예산이 늘 것 아니냐고? 문화관, 청소년 센터, 복지관, 앞으로 도서관 이후로도 지어야 할 건물들이 많다. 일본이 이러다가 '잃어버린 30년'을 맞게 생겼다. 동계올림픽은 대부분 적자고, 일본의 나가노 등 그 지역을 10년 정도 경제 불황 속으로 밀어넣는다. 그 와중에 대표적인 흑자 동계 올림픽이 1994년 노르웨이 릴레함메르였다. 어떻게 여기만 흑자? 간단하다. 프레스센터와 선수단 숙소 등 대부분의 건물을 새로 짓지 않고 가건물 형태로 잠깐 운영하다가 시합이 끝나자마자 철거했다. 한국의 도서관과 복지센터는 지금 적자를 볼 수밖에 없는 동계 올림픽과 같은 경제적 구조를 가지고 있는 경우가 대부분이다.

프랑스가 모든 것을 다 잘하는 것은 아니다. 지나치게 파리에 많은 것이 집중된 중앙형이고, 지방자치도 생각보다 그렇게 강한 나라는 아니다. 그렇지만 토건 문제에 대해서는 그런 대로 괜찮게 한다. 파리에 가본 사람이라면 프랑스식으로 6층, 우리 식으로 7층짜리 건물이 줄지어 서 있는 것을 보았을 것이다. 약간씩 떨어져 있는 에펠탑이나 개선문, 몽파르나스 타워 같은 것들이 특별히 도드라져 보이는 것은 다른 고층건물이 없기 때문이다. 이런 고전적이면서도 전체가 조화로운 도시 경관을 가지고 있는 메가 시티는 별로 없다. 연합군이 파리로 진군할 때 히틀러는 파리의 주요 건물들을 모두 파괴하라는 명령을 내렸다. 그렇지만 점령군 사령관 폰 콜티츠는 도저히 그렇게 할 수 없어서 레지스탕스와 협상을 하게 되고, 연합군은 파리로 무혈입성하게 된다. 영화 〈파리는 불타고 있는가?〉에서 콜티츠가 내려놓은 전화가 너머로 들려오는 히틀러의 목소리는 절망적이었다. 그 명령을 무시한 독일군 사령관 폰 콜티츠의 결정은 파리의 문화적 가치와 도시 경관의 가치를 보여준다. 파리의 공식적인 관광 수입을 본 적이 있다. 주요 문화재 입장료 같은 아주 공식적인 수익만으로도 우리나라 국방비와 비슷한 규모라서 놀란 적이 있었다. 프랑스가 도시 정책과 문화 정책에서는 정말 강하다.

사르코지Nicolas Sarkozy 대통령 시절 프랑스에서는 정부 직제에 대한 대대적인 개편이 있었다. 물론 프랑스는 대통령제라고 해도 총리가 내각에 전권을 갖는다. 내각제 요소가 강해서 정부 직제의 의미가 우리와는 조금 다르다. 사르코지는 극우파에 가까울 정도로 보수적인 정치인이다. 그때 '지속가능부'라는 부총리급 부처를 만들었다. 우리 식으로 치면 환경부가 건설교통부를 흡수한 것이라고 말할 수 있다. 지금은 '생태 전환과 사회적 연대부'로 이름이 바뀌었다. 기능은 같은데 토목을 담당하는 쪽을 대표하는 장관은 아예 없다. 부총리 한 명, 생태 쪽 장관 두 명, 교통 쪽 장관 한 명, 이렇게 환경부가 확대 개편되어 있다. 환경 밑에 토건과 관련된 부처를 아예 종속시킨 것, 이런 변화가 사르코지 보수 정권 시절에 진행된 일이다. 이 변화가 우리에게 참고가 될 수 있다.

물론 프랑스에도 토건은 있다. 한쪽에서는 해저터널을 제대로 뚫자고 하고, 한쪽에서는 반대한다. 다시 대대적으로 주상복합아파트 단지를 조성하자고 하고, 또 다른 쪽에서는 이미 실패한 정책이라고 반대한다. 주장하고 반박하고 논쟁한다. 때로는 격렬하게 싸우기도 한다. 기차가 지나가는 철도에 쇠사슬을 묶고 드러누울 정도로 논쟁이 격렬해지면 싸움도 격렬해진다. 그러나 전체적으로, 어느 정도 선을 넘어가지는 않으려고 한다.

정부 부처만으로 보면 노무현 정부 당시 건설교통부와 환경부의 충돌이 유독 도드라졌다. 그래서 두 부처 사이에 주요 보직을 교차로 맡는 방안이 추진되기도 했다. 그렇지만 지금까지 부처 서열에서 대체로 지금의 국토부가 환경부보다는 우선이다. 힘도 더 세고, 산하기관도 비교가 되지 않는다. 프랑스도 이런 상황은 크게 다르지 않았다. 더 작은 부처가 더 큰 부처를 통합해서 운영하는 것, 이게 프랑스식 국토부 직제 개편이 가진 특징이었다. 물론 연정 구도를 형성하기 위해서 녹색당의 협조가 필요했고, 도미니크 부아네Dominique Voynet 등 거물급 녹색당 정치인이 환경부 장관을 맡게 되는 정치적 맥락이 존재했다. 그냥 하늘에서 뚝 떨어지듯이 엘리트들이 책상에서 구상만 하면서 이런 변화가 생겨난 것은 아니다. 우리도 무엇이 진짜로 경제에 도움이 되는 것인지, 긴 시간을 놓고 차분히 고민해보아야 한다. 프랑스가 왜 환경부와 국토부를 통합했는지, 우리 모두 한번쯤 생각해보았으면 한다. 그 정도 큰 변화 없이 지금 토건족 문제를 풀기는 매우 어렵다. 그래도 위안이 되는 한 가지는 전쟁을 매개로 작동하는 군산복합체보다는 토건족 문제가 상대적으로는 쉽다는 것! 군산복합체는 국제 정세와 냉전 구조 등 한 나라의 힘으로 어떻게 하기는 어려운 문제다. 그러나 토목과 건설의 클랜화, 이건 1국 문제라서 우리만 제대로 정신을 차리면 충분히 풀 수 있다.

시간이 이 문제를 해결해줄까? 아파트도 어느 정도 짓고, 도로도 어느 정도 만들어서 포화점에 도달하면 자연스럽게 문제가 좀 완화될까? 절대로 그렇지 않다. 도로가 어느 정도 포화 상태가 예상되자, 이제 다시 지하도로와 지하도시로 새로운 트렌드를 형성시키는 중이다. '걷고 싶은 도시'는 90년대 중후반 환경주의자들이 도시의 미래로 제시한 밑그림이다. 21세기, 걷고 싶은 도시라는 얘기는 지하도로와 지하도시로 다시 한번 거대하게 토건을 하자는 얘기가 되었다. 사람은 지상에서 걷고, 토건은 지하와 해저로… 그냥은 멈추지 않는다.

—

7
물 브라더스: '물의 문학'에 바쳐진 22조 원

—

우리가 쓰는 학문의 이름과 체계는 대부분 서양에서 온 것인데, 직접 온 것은 아니고 많은 경우 일본을 거쳐서 들어왔다. 그래서 말들이 더 어려워졌다. 그래도 가끔 낭만적인 이름들도 존재한다. 한국, 일본, 중국이 공통으로 수문학水文學이라고 쓰는 학문이 있다. 수문학 공부를 처음 했을 때, 이 이름이 진짜 멋지다고 생각했다. 직역하면 '물의 문학'이다. 천문학도 직역하면 '하늘의 문학'이다. 하늘의 문학도 멋있지만, 물의 문학이라는 말이 주는 아스라하면서 끈적끈적한 느낌과는 좀 다르다. 물의 문학, 어딘지 안개 낀 도시로 떠나는 《무진기행》 같은 잔잔한 낭만이 느껴지지 않는가? 1990년대 중반, 전화번호부만큼이나 두꺼운 수문학 교과서를 놓고 가슴 설레던 순간이 아직도 기억에 남는다. 수문학은 순수과학, 즉 이학에 해당한다. 요즘 밥 먹고 살기 힘들다고 아우성치는 바로 그 순수학문 중 하나이다. 그리고 이걸 현실에 응용하면 수리공학이나 수자원학 같은 게 된다. 이젠 좀 취직할 수 있는 학문 같은 느낌이 든다. 수문학을 물의 과학이라고 하지 않고 물의 문학이라고 불렀던 근대 초기의 과학자들을 생각하면 마음이 애틋해진다.

정부가 운영하는 공사와 공단 같은 이름을 가진 공기업은 그 자체로 하나의 클랜이고, 가끔은 보다 거대한 클랜 네트워크의 구심점이 되기도 한다. 모피아나 토건족 같이 중앙부처가 몇 개씩 관련되는 전국 단위의 '메가 클랜'이 존재하기도 하지만, 그 정도 규모까지는 아닌 '마이크로 클랜'이 형성되기도 한다.

강원랜드는 카지노다. 그것도 국내에서는 유일하게 내국인이 들어갈 수 있는 카지노다. 그래도 강원랜드는 엄연히 공기업이고 정부기관이다. 정부가 51퍼센트의 지분을 소유하고 있다. 태백의 오래된 탄광 문을 닫으면서 정부가 지역사회와 타협을 보는 과정에서 생겨난 결과물이다. 카지노의 폐해가 작지는 않지만, 그렇다고 다른 지역이나 다른 곳의 카지노 사업에 엄청난 영향을 미치지는 않는다. 그렇지만 정책을 만들거나 집행하는 기구는 아니라서 그 폐해는 동네 그리고 강원랜드 카지노에 일부러 찾아오는 사람들에게 국한된다. 상대적으로 작은 클랜, 일종의 마이크로 클랜이라고 할 수 있다. 잠시 놀러왔다가 완전히 패가망신하게 된 사람들이 적지 않다. 그래도 그 영향력은 제한적이다. 누구에게나 영향을 미치는 것은 아니다.

한쪽에 메가 클랜이 있고, 다른 반대편에 마이크로 클랜이 있다면, 많은 정부기관은 그 중간 단위의 클랜들이라고 할 수 있다. 중앙정부의 기관들은 많은 경우 전국적인 지사를 가지고 있어서 기본적으로는 중앙조직이며 동시에 전국조직이다. 지자체와 일정하게 연관되어 있으며, 자신들과 관련된 교수 등 전문가 집단을 거느리고 있고, 납품받는 유관업체들이 있다. 정부에 대해서는 을이지만, 정부를 제외한 대부분의 관계에서는 갑이다. 연구기관을 자체적으로 가지고 있기도 하다. 사회적으로나 경제적으로나 큰 영향력을 행사하는 경우도 있고, 있으나 없으나 아무도 신경 쓰지 않으며 사실 별 상관이 없는 경우도 많다.

복지기구에는 정부 예산이 많이 들어간다. 힘이 세고, 영향력도 막강하고, 규모도 크다. 소소한 부패 사건도 종종 벌어지게 된다. 그렇다고 해도 메가 클랜 수준으로 커지지 않는 것은, 복지라는 영역 자체가 엄청난 전문성을 기반으로 한 진입장벽이 심각하게 존재하지는 않기 때문이다. 폐쇄성이 덜하게 된다. 에너지 분야는 일반적인 경우 가스나 석유, 전기 등 원별로 분야가 갈려서, 권력이 자연스럽게 분산된다. 한전이 아무리 강하다 해도, 가스공사와 일하는 전문가들은 한전 눈치 안 본다. 게다가 전문가의 경우는 인근 분야로 전공을 바꾸기가 상대적으로 용이하기 때문에 갑의 위치에 있는 상전 눈치를 덜 보게 된다.

복지나 에너지 분야와 비교하면 물 분야는 약간 묘하다. 규모로는 엄청나다고 할 정도는 아니다. 수자원공사가 이 분야에서 정부 행위가 집중되는 곳인데, 전체 직원이 4,500명 수준이다. 작은 규모는 아니지만 우리나라 전체의 물관리를 한다고 치면 너무 많다고 볼 정도는 아니다. 주택 분야에서는 토지공사와 주택공사가 따로따로 있다가 LH공사로 합치면서 거대 공기업이 되었다. 이런 거대 토건기구들에 비하면 엄청나게 크다고 할 수준까지는 아니다. 한전그룹만 해도 자회사만 7개다. 수자원공사는 대부분의 사람들이 이름이나 좀 들어봤지, 그런 거 있는 줄 없는 줄도 모른다. 본사가 어디에 있는지 물어보면 아는 사람을 정말 거의 본

적이 없다. 게다가 요즘은 4대강 이미지 세탁을 위해 '케이 워터'라는 이름으로 광고를 하니까, 더더욱 뭔지 알 수가 없다. 엄연히 국가 토건기구 중의 하나이기는 하지만 엄청나게 주목 받을 그런 곳은 아니다. 엄청난 규모인 것도 아니고, 떼돈을 버는 것도 아닌데, 물 분야는 유독 좀 폐쇄적이다.

공기업이든 공공기관이든 해당 분야의 공적 기구는 모두 약간씩은 폐쇄성을 가지고 있고 나름대로 텃세도 있다. 그게 특히 이상한 것은 아니다. 사람 사는 데가 다 거기서 거기다. 대기업이라고 철면피들만 있는 것이 아니고, 정부라고 출세만을 위해서 사는 권력지향적 인간만 있는 것이 아니다. '좋은 놈, 나쁜 놈, 이상한 놈', 여기에 '아무것도 아닌 놈'이 적당히 모이게 된다.

앞으로는 모르겠지만 지금까지 한국에서는 연령에 따른 정치적 성향이 극명하게 갈리고 있다. 그건 공무원은 물론이고 공기업 내에서도 그렇다. 자신의 신념에 따라 혹은 자신의 욕망에 따라, 보수와 진보 쪽에 각각 자문을 해주는 사람들이 적지 않다. 일부는 시민단체에 주로 자문을 해주기도 한다. 정부기관은 전부 보수적이거나 자기 보신만을 하는 사람들만 모였을까? 그렇지는 않다. 게다가 클랜의 외곽 고리라고 할 수 있는 교수들이나 외부 전문가들은 운신의 폭이 더 자유롭기 때문에, 꼭 특정 기관에 유리한 방식으로만 연구를 하지는 않는다. 보는 시선에 따라서 학자적 양심이라고 할 수도 있고, 보험용 '양다리 걸치기'로 볼 수도 있다. 내부 연구자들끼리 혹은 담당자들끼리 대화할 때는 비공개를 전제로 서로 찬반 입장을 표명하기도 하고, 자료도 교환하면서 논의를 한다. 정부기관이나 공기업 혹은 연구원 같은 데서 일상적으로 일을 할 때 협상 테이블에 앉은 남북한 대표처럼 얼음처럼 경색된 입장을 취하지는 않는다. 언론이나 학회 발표를 통해서 외부에 드러난 공식적 모습과 이른바 '인사이더'들의 실제 모습은 약간 다르다. 아주 심하게 꽉 막힌 기관장과 기획 간부들이 장악한 특별한 조직이 아니라면, 어느 정도는 서로 다른 의견들이 공존하는 조직문화가 정부 내에서도 형성된다. 5년 혹은 10년 후, 언젠가 정권은 바뀌게 된다. 너무 한쪽 성향의 전문가들로만 구성하는 것이 조직에 좋은 것도 아니다. 꼭 정치적이거나 이념적인 이유만이 아니라, 조직 자체만을 놓고 보아도 다양성을 높이는 것이 도움이 된다. 그런 점에서 한국의 수자원 관련 동네는 좀 특이하다.

'물 브라더스'는 수자원 관련 정부 일을 하는 전문가들에 대해 시민단체 일부에서 사용했던 말이다. 물 브라더스에는 좋은 의미, 나쁜 의미가 다 들어가 있었다. 2000년대 초반, 이런 농담을 할 때, 그들이 4대강의 주역이 될 줄은 아무도 몰랐었다. 어떻게 보면, 한국의 물 브라더스는 짧은 시간에 많은 것을 만들어야 했던 한국 경제 특유의 압축적 성장이 만든 후유증이라고 할 수도 있을 것이다. 오랜 기간에 걸쳐 상하수도를 정비했던 유럽과 달리, 우리는 정말로 짧은 시간에 도시 인프라를 만들어야 했다. 때로는 농업용수를 위해서, 때로는 홍수 방지를 위해서, 때로는 전기 발전을 위해서 그리고 때로는 그냥 하고 싶어서, 수많은 댐을 만들어야 했다. 이 과정에서 '물 브라더스'라는 게 생겨났다. 물과 관련된 상하수도 설비나 댐 건설 등은 크게 보면 토목의 일부지만, 한국은 물 분야가 워낙 독특하게 형성된 역사를 가지고 있어서 별도로 분류해도 좋을 정도다. 한국에서 물과 관련한 자료를 찾아보는 사람들이 가장 처음 접하게 되는 표현은 아마도 "한국은 UN이 정한 물 부족 국가"일 것이다.

진짜? 대체적인 이해를 위해서 간략하게 설명하면, 이런 독특한(!) 수문학이 물 브라더스의 작품이라고 보면 틀리지 않다. 한국은 UN이 특별히 '물 부족 국가'로 지정한 나라니까 물을 저장하기 위한 댐을 더 많이 지어야 한다, 논리는 이렇게 구성된다. '댐이든 보든, 한정된 빗물을 효율적으로 사용하기 위해서 더 많은 시설물이 필요하겠죠, 여러분?' 그렇지만 UN이 공식적으로 한국을 물 부족 국가로 지정한 적이 없다. 20년 이상 통용되는 'UN 지정 물 부족 국가설'은 아마도 한국에서 가장 오래되었고 광범위하게 퍼져 있는 '가짜 뉴스'일지도 모른다.

크게 보면, 한국의 물 분야는 민영화와 댐이라는 두 가지 요소로 분석할 수 있다. 물론 지하수도 인간이 사용하는 물 중에서 굉장히 중요한 영역이기는 하지만, 한국은 워낙 물 분야에 토건족 요소가 강해서 지하수에 많은 돈을 투입하지는 않았다.

농촌에 가면 여전히 지하수를 음용수로 사용하는 지역이 있다. 이걸 '미개'로 여기고, 상수도를 끌어오는 게 '개발'이라고 이해한다. 지하수를 어떻게 이해할 것인가, 이런 생각은 없다. 아직도 상하수도가 도입 못된 '미개한 지역', 어서 빨리 상수도를! 언젠가 상수도 보급이 100퍼센트가 되면 지하수는 더 이상 사용하지 않게 될 것, 이런 게 지하수에 대한 기본적 이해였다. 그러다 보니까 지하수 분야는 한국이 엄청나게 약하고 잘 알지도 못한다. 주요 도시의 지하 깊숙이 형성된 대수층에 대한 연구나 조사도 변변하게 된 것이 별로 없다. 우리는 지진과 관련된 지하 활성 단층에 대해서만 모르는 것이 아니라 지하 대수층 등 지하수에 관해서도 잘 모른다. 그냥 지하철 역사로 물이 흘러나오지 않게 모터로 퍼내는 현상 유지만 한다. 큰 건물의 지반을 깊숙이 다지는 과정에서 혹시라도 지하 대수층을 건드리게 되면? 아무도 모른다. 지하수 공사과정에서 건드린 지하수의 일부가 지금 서울 청계천을 따라서 한강으로 흘러나간다. 혹시라도 그렇게 하다가 지하수가 전부 빠져나가면 어떻게 될까? 아무도 책임 못 진다. 가끔 싱크홀에 대한 논란이 있기는 하지만, 실제로 제대로 된 조사나 연구를 하기는 어렵다. 당연히 근본적인 대처도 어렵다. 지하수는 돈 되는 연구 분야가 아니고, 정책적으로도 별 관심이 없는 것 같다. 한국의 물 브라더스는 주로 민영화와 댐에 관심이 있다. 다른 공기업들이 민영화에 반대하는 것과 달리, 물 브라더스는 각 지자체가 직접 관리하던 시설들을 민영화해서 자기들에게 넘겨주기를 바란다.

전기나 철도 등 다른 분야와 마찬가지로 1990년대 중후반, 특히 IMF 경제위기 이후 물 분야에서도 민영화 논의가 있었다. 기본적으로는 우리가 마시는 수도, 즉 상수도를 민간이 관리하는 형태라고 생각하면 된다. 여기에 한국적 특수성이 결합되었다. 삼성이라는 재벌기업이 관심을 보인 것이다.

IMF 경제위기 이후 삼성도 자동차 공장과 연관해 상당한 타격을 입기는 했다. 반도체의 성공 이후 삼성의 '신수종 사업', 즉 삼성이 새롭게 먹고살 거리는 늘 논란이 되곤 했다. 꼭 삼성의 자체적인 계획만을 가지고 논란이 된 것은 아니다. 전북에 삼성이 온다 안 온다, 송도에 삼성이 온다 안 온다 하는 소문이 집값과 지가를 결정하는 주요 기준이 되기도 했다. IMF 이후, 삼성이 물 산업에 들어온다는 소문이 파다하게 났다. 삼성이 정말로 수자원 관리 분야에 진출하기로 결정했을까? 그 진실은 아무도 모른다. 원래 삼성의 신수종 사업이라는 것이 정밀하고 전략적인 계산과는 좀 거리가 있다. 이것저것 막 던지다가 어느 날 총수일가가 갑자기 마음을 먹는다, 그런 스타일인 것 같다. 삼성 반도체처럼 될 때도 있고, 카메라나 자동차 혹은 헬기사업처럼 전혀 안 먹힐 때도 많다. 우리나라는 일부 농촌을 제외하면 상수도 보급이 끝난 국가다. 그래서 이미 깔린 시설만 민영화하는 것은 그렇게 실익이 높지는 않다. 그래도 민영화를 총체적으로 검토한 것은, 물은 물론이고 전기와 가스 그리고 인터넷망 등 도시 인프라 시설들을 종합적으로 관리하는 회사가 유행이 될 것이라는 의견도 있었기 때문이다. 그렇다면 삼성 등 한국의 대기업들이 들어올 만한 시장 규모는 충분히 될 수 있다. 상수도 등 물과 관련된 논의는 어떻게 결정이 났을까?

2001년 수도법이 개정되었고, 지자체에서 직접 관리하던 수돗물을 위탁할 수 있도록 제도가 바뀌었다. 그럼 진짜로 삼성 수돗물, LG 수돗물, 이렇게 대기업들이 대거 수도 사업에 진출하게 되었을까? 그렇지는 않다. 현재 26개 지자체가 수도사업을 위탁운영하는데, 수자원공사 22개, 환경관리공단이 4개를 위탁운영한다. 어, 이것도 민영화야? 지자체 입장에서는 직영이 아니니까 외부화시킨 것은 맞는데, 수자원공사든 환경관리공단이든 국가기관인 것은 마찬가지다. 현재는 지자체에서 책임지고 수돗물을 자체 공급하는 것과 공기업에 위탁관리하는 것 사이에서 어느 쪽이 더 효율적인가를 놓고 사회적으로 논쟁중이다. 거창하게 민영화와 외부화를 놓고 한바탕 난리를 쳤는데, 결과를 보면 물 브라더스의 완승이다! 법까지 바꿔가면서 뭔가 엄청난 일을 한 것 같기는 한데, 결국은 수자원공사의 사업영역만 늘어났다. 이렇게 해놓고 나중에 수자원공사만 민영화시키면 민영화가 완료되는 것 아닌가? 그렇게 될 수가 없다. 위탁 수돗물 관리를 수자원공사에서만 독점적으로 하는 것은 아니다. 게다가 댐, 바로 댐이 있다. 요즘은 사람들이 댐을 싫어하기 시작했고, 그래서 4대강 할 때에 댐을 악착같이 '보'라는 이름으로 바꾸어 불렀다. 댐과 보, 이게 또 물 브라더스의 히든카드다.

노무현 정부에서 대표적으로 잘한 것 하나만 꼽으라고 한다면, 나는 하천 정비 패러다임의 전환을 꼽고 싶다. 국가 전체적으로 보면 그 시점에 한국에서 댐은 거의 포화 상태가 되었다. 사회적 갈등이나 생태적 피해를 크게 일으키지 않고서는 더 지을 곳이 별로 남지 않았다. 하다하다 지리산 같은 국립공원이나 생태 구역에도 댐을 짓자고 할 정도였다. 한국은 UN이 정한 물 부족 국가라고 하면서, 한편으로는 점점 비가 많이 와서 대규모 홍수 대책이 필요한 국가라는 역설적인 주장을 한 사람이 동시에 하게 되었다. 가뭄도 심하고, 비도 많이 오고! 기후변화의 영향으로 점점 비가 많이 올 것이라는 데는 대체적으로 동의한다. 자, 여기까지 인정을 했다면, 이제 어떻게 해야 할까? 댐이 홍수를 전부 막아주는 것은 아니다. 물줄기를 잠시 막아서 시차를 만들어주는 것이 댐의 역할이다. 장마 때 비가 계속해서 많이 오게 되면 차오르는 물이 댐을 범람하기 전에 결국 방류를 하게 된다. 설계 규모를 넘어서는 큰 홍수가 오면 댐만 가지고는 막을 수가 없다. 여기에서 '빈도'라는 용어가 등장하게 된다. 10년에 한 번 오는 큰 비는 10년 빈도, 50년에 한 번 오는 큰 비는 50년 빈도, 이렇게 빈도를 기준으로 규모 계산을 하게 된다. 앞으로 한반도의 기후가 변해서 100년에 한 번, 150년에 한 번 정도 올 역대급 비가 점점 더 자주 내리게 되면? 새로 생기는 댐만이 아니라 이미 있는 댐들도 역대급으로 전부 보강공사를 해야 한다. 오, 물 브라더스, 앞으로 100년은 더 먹고 살겠네? 미국이나 일본에서 댐 철거하는 뉴스는 한국에 잘 소개

되지 않는 경향이 있다. 물 브라더스가 제일 싫어하는 뉴스다.

　대체로 노무현 정부 시절에 가닥이 잡힌 홍수대책의 기본 방향은 댐을 전격적으로 늘리는 것이 아니라 배수 능력과 배수 시설을 재정비하고 천변저류지를 늘리는 것이었다. 한국에서 큰 홍수가 나면 대개 댐이 부족해서 문제인 것이 아니라, 빗물 펌프가 제대로 관리되지 않았거나 펌프 규모가 너무 작기 때문인 경우가 많다. 빗물용 모터 용량을 높이고, 관련된 시설물들을 착실하게 정비하는 것은 댐을 만드는 비용과는 비교도 할 수 없을 정도로 저비용이다. 물론 물 브라더스는 이런 방식을 싫어한다. 천변저류지와 댐은 기본적으로는 기능이 같다. 어디선가 물을 막아두거나, 미리 약속된 농지 쪽으로 계획적으로 물이 흘러가게 하거나, 도시로 물이 덜 들어가게 한다. 천변저류지에 농업 피해가 발생하기는 하는데, 그 피해액을 보상하는 쪽이 새롭게 댐을 만드는 것보다는 훨씬 싸다. 물론 물 브라더스는 이 방식을 좋아하지는 않는다. 노무현 정부 때에는 시설 보강과 하천 정비 그리고 천변저류지 확대로 댐을 더 이상 늘리지 않는 방향으로 정책 기조를 잡았다. 물론 MB 때, 이런 걸 모두 뒤집고 전격적인 댐 방식으로 4대강을 만들었다. 그리고 문제가 해결되었나? 결국에는 4대강 사업의 후속으로 상류지역에 새로 천변저류지를 만들기로 하였다. 농지를 활용하는 대신 대대적인 공사를 해서 공터를 조성하는 것이 기본계획이다. 우리나라의 홍수 관리는 효율적이고 효과적인 방식으로 가는 게 아니라, 가장 돈이 많이 들고, 계속 고쳐야 하는 방식으로 가고 있다. 위대한 물 브라더스!

　'물의 문학'이라는 아주 멋진 이름을 가진 학문을 공부한 사람들이 물 브라더스다. 거대하지는 않지만 어쨌든 굉장히 공고한 클랜이다. 그들의 제1명제는 '한국은 UN이 정한 물 부족 국가이다'. 제2명제는 '지구온난화로 인해 한국에는 점점 더 많은 비가 내릴 것이다'. 그리고 제2명제의 보조명제로 '비는 더 많이 오지만 가뭄도 더 심해질 것이다'. 그래서 이 명제들의 결합으로 물 브라더스의 수문학이 내린 결론은, 4대강 공사가 필요하고 그 상류지역에도 대대적인 공사가 더 필요하다는 것이다. 이 아름다운 학문을 물 브라더스가 활용하는 데 22조 원이 들어갔다. 너무 많이 들어갔다. 돈도 돈이지만, 생태적으로도 피해가 너무 크다. 그리고 우리의 미래가 너무 많은 희생을 보았다. 2008년 글로벌 금융위기 이후, 우리는 한국 청년들의 미래를 강바닥에 쏟아 부었다. 이런 일이 있을 수 있는가, 고작 댐을 좀 더 짓기 위해서 말이다.

8
원전 마피아: 한전 밑에 원전? 원전 밑에 한전?

이 땅이 끝나는 곳에서 뭉게구름이 되어

저 푸른 하늘 벗 삼아 훨훨 날아다니리라

이 하늘 끝까지 가는 날 맑은 빗물이 되어

가만히 이 땅에 내리면 어디라도 외로울까

이 땅의 끝에서 모두 다시 만나면

우리는 또다시 둥글게 뭉게구름 되리라

- 이정선 노래, 〈뭉게구름〉 중에서

　대학 시절 동아리 생활을 했었다. 음악동아리였는데, 언제부터인지 아무도 기억을 못하지만 이정선의 노래 〈뭉게구름〉이 동아리 주제가로 사용되었다. 이 노래가 의미하는 바는 명확했다. "우리는 운동권 동아리 아니에요!" 〈선구자〉나 좀 더 민중가요에 가까운 노래들을 많이 부르던 시절, 이정선의 〈뭉게구름〉은 파격적이었다. 집회 끝나고 모여서 〈뭉게구름〉을 부르면, 확실하게 바보 취급을 당했다. "저건 또 뭐야?" 1987년, 운동과는 상관없던 국악, 카메라, 무선 햄통신, 심지어는 럭비부, 이런 데까지 집회에 나왔었다.

이 노래가 보수들이 흔히 운동권 정부라고 부른 노무현 정부에서 다시한 번 크게 울려 퍼졌다. 가수 박혜경과 장나라가 리메이크해서 부른 이노래는 한국수력원자력 CF 배경음악으로 사용되었다. 원자력이 친환경에너지라고 대놓고 광고하던 그 시절, 한수원은 영광의 클라이맥스로 향하고 있었다. 물론 원자력에너지에 대한 대중적인 상징조작은 일본에 비하면 애교 수준일지도 모른다. 일본 만화의 거장 데즈카 오사무手塚治虫가만든 〈우주소년 아톰〉은 대놓고 원자력에너지의 우수성을 전제하고 있었다. 아톰은 한 시대를 만든 애니메이션이었다. TV 만화가 귀하던 시절, 우리 모두 아톰을 보면서 어린 시절을 보내지 않았던가. 이후로도 〈게타로봇〉 등 일본 로봇만화에서는 도대체 이 로봇들이 무슨 에너지로 움직이는지, 어떤 기술로 작동하는지에 관한 고민을 멈추지 않았다. 우리에게도 〈로보트 태권브이〉가 있기는 했는데, 건물 몇 채의 크기라는 이 로봇이 어떻게 작동하는지, 무슨 힘으로 날아다닐 수 있는지는 별로 궁금해하지 않았다. 2차 세계대전을 치르면서 석유의 중요성을 절감한 일본과 달리, 우리는 두 차례에 걸친 석유파동을 겪고 나서도 에너지원의 중요성이 그다지 사회적으로 부각되지는 않았다. '기름 한 방울 안 나는 나라'라는 표현을 쓰지만 정말로 그렇게 기름을 아껴서 사용하는 나라는아니다. '마른 수건도 쥐어짠다'는 표현은 일본의 에너지 절약 정책을 비유하는 표현인데, 우리는 에너지를 대충대충 쓰는 사회가 되었다.

회사로 치면, 한수원은 한전의 자회사에 불과하다. 그나마도 자회사 분리 이전에는 그냥 한전의 한 부서였을 뿐이다. 그렇지만 원자력 산업의 대변자이자 실무부서인 한수원을 그냥 한전의 자회사라고 생각하는 사람은 없다. 음모론적으로 보면, 국민경제 전반을 맡고 있는 모피아보다는 '핵 마피아' 혹은 '원전 마피아'가 훨씬 유명하다. 만약 클랜이라는 표현을 쓴다면 원전 마피아는 진짜로 한국을 대표하는 클랜이라고 할 수 있을 것이다. 조금이라도 원전에 불리한 일이 벌어지면 반응은 즉각적이고 거대하다. 한수원 자체의 힘이라고 보기에는, 이름을 올린 전문가들이 너무 많다. 그리고 원전을 지지하는 언론의 반응도 빠르고 자세하다. 이건 뭘까? 원전 마피아라는 이름으로, 이 모든 것을 지휘하고 움직이는 거대한 세력이 있는 것일까? 영화 〈대부〉는 마피아들의 사업 영역에 새롭게 마약이 들어오면서 생겨나는 갈등을 모티브로 하고 있다. 새로운 시대에 맞추자는 사람들과, 그렇게 할 수 없다는 코르넬리우스 일가의 갈등에서 온갖 살인사건이 벌어진다. 그리고 미국 전역을 나누어 지배하고 있던 5대 가문이 모여서 전면전에 종지부를 찍게 된다. 원전 마피아도 이렇게 한국을 나누어서 통치하고 있는 어둠의 세력 중 일부일까? 현상이 그래 보이기는 하는데, 도대체 한국에서 원전을 언제부터 운영했다고, 그 사이에 벌써 마피아급의 세력이 된 것일까?

한국 최초의 원자력발전소인 고리 1호기가 가동되기 시작한 것은 1978년이다. 다른 국가기구나 장치들에 비해서 상대적으로 늦다. 이제 40년 정도 된 것인데, 그 사이에 이렇게 거대한 클랜으로? 그게 과연 가능한가? 만약 정말로 한수원이 원전 마피아의 핵심이고 몸통이라면 한수원 사장과 한전 사장을 교체하면 문제를 간단하게 풀 수 있다. 그런데 그렇게 간단한 일이 아니다. 정권 교체는 97년에도 있었다. DJ 정부와 노무현 정부를 지나면서 한수원의 위상은 더 커졌고 원전의 세계는 더 공고해졌다. 도대체 뭐가 문제일까?

한국이 원전이라는 익숙하지 않은 분야에 눈을 돌리기 시작한 것은 1973년과 1977년 2차에 걸친 석유파동 영향이 컸다. 중동의 지역분규에 이어 원유 생산국가들이 단결하면서 석유 감산이 일어났고, 이어서 세계적인 석유파동이 왔다. 나중에는 돈을 주고도 석유를 구하기 어려운 상황까지 왔다. 6개월 혹은 1년 전, 아직 채굴하지 않은 석유를 미리 구매하는 선물시장이 그때까지는 보편화되지 않았었다. 이후 한동안 중동발 오일머니가 세계 경제를 휩쓸고 다녔다. 우라늄 생산국가가 석유 생산국가와 일치하지 않기 때문에 한시적으로 석유의 대체재 역할을 할 수 있다. 기본적인 수급 구조가 서로 다르기 때문에 석유 가격이 오른다고 우라늄 가격이 같이 오르지는 않는다. 석유파동 이후 발전연료 다변화라는 정책 목표를 가지고, 원전은 한국에 전격적으로 도입된다. 짧은 시간 동안에 많은 작업을 추진하려다 보니, 국가의 역할이 아주 클 수밖에 없는 구조다. 당시 국가사업에서 실제 사업추진을 담당하던 현대건설 등 재벌회사에도 좋은 일이 될 수밖에 없었다. MB도 이 시절의 경험을 가지고 원전에 대해 "해봐서 아는데"라고 말한 적이 있다. 석유 값이 언제 폭등할지 모르는데 원전 말고 대안이 있는가? 물론 그 시대의 기술적 가능성에 국한해서 짧게 보면 그렇다. 풍력이나 태양광 등 요즘 대안에너지로 각광받고 있는 많은 에너지들에 대한 집중적인 연구가 이루어진 게 석유파동 직후였다. 그때 우리는 차세대에너지에 대한 연구나 개발은 시늉만 했고, 실제로는 그냥 원자력으로 달려갔다.

원자력에는 연료 비용과 기술적 조건 그리고 입지 선택 기준과 같은 경제적 합리성만 개입하는 것은 아니다. 우라늄은 무기로 사용하는 것이고, 원자력 발전은 평화를 위해서 사용한다는 얘기를 흔히 하는데, 이렇게 간단하지가 않다. 무기와 평화적 사용이 따로 떨어진 별개의 사안만은 아니다. 원자력 발전 이후에 발생하는 플루토늄은 원자폭탄의 제조 원료가 된다. 사회적으로 핵폭탄이라는 궁극의 무기에 대한 원전 판타지가 존재한다. 단순한 에너지 문제에 국한되는 것이 아니라, 핵폭탄에 대한 입장이 사회적으로 개입하게 된다. 기술적으로는 분리된 별개의 사안이지만 현실에서 원전과 전략 핵무기가 명확한 경계를 가지고 서로 별도의 영역에 존재하지는 않는다. 실제로 미국 에너지부의 주요 업무 중 하나가 전략 핵에 대한 관리다. 일본도 그렇고 우리도 '언젠가는 핵무기를!'이라는 사회적 판타지와 에너지원으로서의 원전이 결합한다. 만약 원전의 경제성만 놓고 우리가 사회적 논의를 했더라면 지금과는 전혀 다른 양상으로 전개되었을 것이다. 누구도 명시적으로 이야기하지는 않지만, 원전은 국가기밀시설이며 군사시설과 같은 범주에서 다루어진다. 지독할 정도의 비밀주의에 대해서도 사회적으로 관대한 분위기였다. 고준위 원전폐기물이 늘어나서 위험해져도 그만큼 원폭 보유국으로서의 잠재성이 늘어나는 것으로 받아들였다. 원자폭탄에 대한 사회적 판타지가 원전 정책에 아주 우호적인 여건을 만들어주었다. 뭔가 종합적으로 검토하고 판단한 것 같지만, 편견과 판타지 그리고 모호한 기대감 사이에서 아무도 종합적인 판단을 하지는 않았다. "그게 좋은 거 아니야?" 이런 막연함이 원자력을 둘러싸고 있다.

여기에 한국의 특수한 경제 상황이 추가된다. 원자력 같은 에너지 분야는 엄청나게 전문적인 사람들이 행정을 할 것만 같다. 느낌은 그런데 전혀 그럴 수 없는 상황이었다. 박정희 시절 석유파동이 일자 에너지를 전담할 별도의 부처인 동력자원부를 만든다. 그리고 군사 정권이 종료되면서 동력자원부는 없어지고 상공부와 통합해서 산업자원부로 전환된다. 현재 명칭은 산업통상자원부다. 기술관료들이 산업 전문관료와 통상관료와 함께 일을 하게 된 것이다. 에너지를 별도의 분야로 볼 것이냐 아니면 에너지 산업이라는 산업으로 볼 것이냐 하는 논리 중에서 산업 논리를 선택한 것이다. 그리고 부처를 통합할 때는 점령군 같은 성격이 생겨나게 마련이다. 산업을 전문적으로 담당하는 공무원들이 약간의 교육을 통해서 에너지도 다루는 형태인데, 실제 교육이 있는 것은 아니다. 그냥 발령받으면 해당 부서에서 근무하는 게 전부다. 전문성은 높지 않고, 그야말로 행정적 판단만 있다고 볼 수 있다.

흔히 '에특'이라고 불리는 회계항목이 있다. 아마 보통사람들은 죽을 때까지 한 번도 들어보지 않거나, 들어본 기억이 없는 단어일 것이다. '에너지 및 자원사업 특별회계'를 줄여서 이렇게 부른다. 돈은 대략 연간 5조 원 규모로 엄청나게 큰돈은 아닌데, 이게 '특별회계'라는 점이 중요하다. 일반회계와 특별회계라는 두 가지 예산항목 구분 중에서 특별회계를 가진 부처는 자금 운용이 조금은 더 용이해진다. 흔히 사람들이 욕하듯 '주머닛돈이 쌈짓돈'이라고 다른 용도로 사용하는 전용 수준까지는 아니지만, 그래도 일반회계보다는 계획을 짜고 운용하기가 좀 나은 편이다. 하여간 특별회계를 특권이라고 생각하는 경향이 강하고, 부처마다 자신의 특별회계를 만들고 싶어서 안달이다. 꼭 절대금액이 커서가 아니라, 연속성을 가지고 하는 일들을 준비하는 게 조금 더 편하기 때문이다.

노무현 정부에서 균형발전 한다고 할 때 많은 정부 부처에서 열광했다. 이때도 국가균형발전 특별회계, 역시 줄여서 '균특'이라고 부르는 특별 회계가 새로 생겨났다. 이 균특을 서로 자기가 주관하겠다고 행자부와 국토부, 농림부 등 관련된 부처들 사이에서 진짜 '생난리'가 한번 났다. 1995년부터 운용되기 시작한 에특이 산업부 입장에서는 얼마나 알토란 같겠는가? 석유사업, 석탄사업, 에너지이용합리화, 해외광물개발, 가스안 전관리 등 기존 기금 6개를 합쳐서 에특이라는 이름으로 합친 지 이제 20년 조금 넘는다. 그리고 전기요금 낼 때마다 부가되는 전력기금은 에 특과는 또 별도로 운용된다.

이런 상황이니, 산업 쪽에서 에너지를 절대로 놓으려고 하지 않는다. 원래는 상공부가 동력자원부를 흡수한 것인데, 이제는 동자부 쪽 사업에 상공 쪽이 얹혀가는 형국이 되었다. 통상은 외교부랑 겹쳐 있고, 중소기 업은 아예 중소벤처기업부로 별도로 독립해서 나가버렸다. 그런데 명목 만 남고 영역이 남지 않은 통상 쪽이 부처 내에서는 여전히 주류이고, 에 너지 쪽은 비주류로 남아 있다. 누가 주류이고 비주류인가를 따지는 게 엄청나게 중요한 일이라고 생각하지는 않는다. 그렇지만 전문성이 떨어 지는 일반 관료들이 지나칠 정도로 전문성이 높은 영역을 상식선에서 행 정적으로만 관리하는 것이 과연 효율적일까? 이런 구조에서 한국 특유 의 원전 마피아 현상이 생겨나게 되었다.

'옥상옥屋上屋'이라는 표현을 행정에서는 종종 쓴다. 지붕 위에 지붕이 계속 있으니, 쓸데없는 일이 거듭된다는 뜻이다. 한수원 위에는 한전이 있고, 한전 위에는 산업부가 있다. 그리고 산업부 위에는 총리도 있고, 대 통령도 있다. 한참을 올라가야 최종 명령권자까지 올라간다. 그리고 다시 총리실 산하로 원전안전관리위원회, 흔히 원안위라고 불리는 별도의 의사결정 장치가 있다. 한수원 위로도 엄청나게 많은 의사결정 기구나 상급 기관이 있는데, 대부분 '허당'들이다. 원전과 관련된 행정을 하는 사람들을 원자력만 아는 사람 그리고 원자력도 모르는 사람으로 요약할 수 있을 것이다. 진짜로 원전밖에 모르고, 원전만을 사랑하는 사람들이 일부 있고, 그나마 에너지나 자원에 대해서는 아무것도 모르는 사람, 이 두 부류의 행정직들이 결국에는 국가의 운명을 좌지우지하는 중대한 결정을 하게 된다. 덩더꿍 덩더꿍, 원전 늘리기에 정말로 몇 십 년 동안 신나게 지냈다. 그런데 원전을 몇 기 늘리자, 이런 엄청난 결정을, 결국에는 아무도 제대로 책임지지 않는 방식으로 우리는 결정을 내렸다. 한수원 사장이야, 한전 사장이야, 아니면 산업부 장관이냐? 도대체 누가 결정한 거야? 실제로 결정한 사람은 아무도 없고, 책임질 사람도 없다. 어느덧 원전은 우리의 사회 구조가 되었다. 그게 지금까지 우리가 살아온 방식이다. 에너지만 그랬고, 원자력만 그랬나? 물론 다른 분야도 좀 이상하게 했다. 하지만 원자력 분야는 그중에서도 좀 독특하게 이상했다. 관심은 많은데, 아무도 그 관심의 크기만큼 영향력을 가질 수가 없게 되어 있다. 옥상옥 밑에서 결국 실무자 몇 명이 엄청난 격무 속에 투덜대면서 너무 중요한 일들을 결정하게 되었다.

한수원이 엄청나게 이상한 회사일까? 그 안에는 아주 원자력에 광팬인 사람들만 모여 있어서 심지어 원전 줄인다고 하면 노조도 총파업에라도 들어갈 것처럼 그렇게 이상하게 행동하는 것일까? 한수원이 한전으로부터 별도의 회사로 독립한 게 이제 15년 정도밖에 안 된다. 대체로 과장급 이하들이 한수원이라는 별도의 회사로 들어온 거고, 그 위의 사람들은 한전이라는 같은 회사에 입사했다. 예전 한전은 발전과 송전 구분도 없었고, 원자력발전과 화력발전 같은 발전원별 구분도 없었다. 그냥 한전 직원으로 시험 봐서 취직한 것인데, 그 사람들이라고 특별히 원전에 대한 욕망이나 이해관계 같은 게 있을 리 없지 않은가? 그렇다고 한국이 엄청나게 옛날부터 원자력발전을 했던 나라도 아니고.

한동안 한국 사회는 원자폭탄에 대한 집단적 판타지 같은 게 있었고, 실제로 원자력을 포함한 에너지를 운용해야 하는 책임부서인 산자부의 간부들은 에너지에 대한 지식이 너무 없었다. 그러다 보니까 실무를 맡은 한수원의 일부 직원들과 관련자들에게 행정적으로 너무 많은 재량권이 생겨났다. 친구에게 용역 주고, 또 다른 친구에게 연구관리 맡기고, 그 친구는 다시 자기가 아는 친한 회사에 하청을 넘겨주고… 그런 과정을 몇 번 하다 보니까 아무도 원전의 안전성을 믿지 못하게 되었고, 심지어는 '원전 마피아'라는 말이 자연스럽게 나왔다. 원전 마피아가 있어요, 없어요? 있다고 하기도 어렵고, 없다고 하기도 어렵다. 마피아? 진짜로 있다면 부패한 몇 사람 감옥 가는 걸로 해소의 출발을 잡을 수 있다. YS가 군대의 하나회 해체할 때, 군인들 전부 연병장에 모아놓고 헬기 착륙시켜서 전격 체포했다. 그럼 그렇게 딱딱 찍어서 전격적으로 체포하면 안 돼? 누굴 체포하면 좋을까? 한수원 사장? 한전 사장? 아니면 관련된 연구소 소장들이나 본부장급들? 정부에 연구용역 보고서 제출한 교수들? 그도 아니면 불량 점검을 하게 된 하청업체 사장들? 물론 소소한 부정들은 있을 테지만, 순실이 사건과 같은 대형 사건들에 비추어보면, 그야말로 '잡범들' 수준일 가능성이 높다. 하나회 때처럼 줄줄이 엮어서 감옥 보낸다고 끝날 일이 아니다.

구조와 싸운다는 말이 있다. 많은 경우, 한국에서 클랜의 문제는 권력자나 실무자 개개인의 악행과 싸우는 것이 아니라 구조와 싸우는 것이다. 최순실 사건의 경우는 구조의 문제라기보다는 개인에 일탈에 가까웠다. 그러나 그런 극단적인 경우가 아니라면, 개인보다는 구조의 문제다. 원전 마피아의 경우가 그렇다. 뭔가 문제가 있고, 엄청나게 부패해서 자기들끼리 결정을 독식하고 성과도 자기들끼리 나누는 집단이 되었다. 그런데 막상 현미경으로 그 안을 들여다보면 또 별것 없다. 원전과의 오래된 갈등. 우리는 판타지와 싸우고, 전도된 상식과 싸우고, 크지도 않은 돈을 나누며 서로를 돕는 끈적끈적한 우정과 싸운다. 그렇다고 실체가 있나? 두 손으로 움켜쥘 수 있는 집단으로서 실체는 없지만, 전 세계 최고의 원전 밀집도를 보이는 경상도의 원전 한 기 한 기가 실체가 없는 것은 아니다. 그리고 그 안에서 매일매일 발생하는 고준위원전폐기물도 실체가 없는 것이다. 원자로는 물론이고 원자로를 둘러싼 발전소 그 자체가 처리하기 어려운 폐기물이다. 이럴 때 우리는 구조와 싸운다는 표현을 쓴다. 원전 마피아와의 싸움은, 구조와의 싸움과 비슷하다. 물론 그렇다고 해서 그 비용도 추상적인 것은 아니다. 구조는 손에 잡히지 않지만 그 결과도 손에 잡히지 않는 것은 아니다. 구조는 추상적이지만, 피해는 구체적이고 경제적이다. 사기 당했을 때 기분만 나쁜가? 돈을 잃게 되니까 사기 당하지 않으려고 정신 바짝 차리는 것 아닌가. 구조적 문제도 마찬가지다. 구조가 이상한 것이 기분만 나쁜 것이 아니라 현실적 손해가 생기는 것이기 때문에 구조적 문제의 해법을 모색하는 것이다.

2011년 3월, 후쿠시마 원전사고 직후에 일본 정부는 폐로 비용으로 100조 원 정도를 예상했다. 지금도 어림짐작인 것은 마찬가지지만 예상

폐로 비용이 210조 원 정도로 두 배 이상 높아졌다. 동경전력이 부담해야 하는 보상금은 130조 원 정도로 추정된다. 우리나라 1년 정부예산이 400조 원 조금 넘는다. 후쿠시마 규모의 사고가 나면 한국 정부가 1년 쓸 돈보다 약간 적은 돈을 쓰게 된다. 잠재적 손실 400조 원을 실체가 없다고 할 수는 없다.

원전도 다 사람이 하는 일이라 원전이든 혹은 원전을 다루는 사람이든 잘 통제할 수 있을 것 같이 생각한다. 그렇지만 그건 희망사항일 뿐이다. 과학과 기술에 대한 우리의 지식은 여전히 불완전하고 미완성이다. 대통령이 임명권이 있으니까 원전을 다루는 사람을 통제할 수 있을까? 특정한 몇 명이 지금의 상황을 만든 것이 아니라서 임명권자의 결심만 가지고 통제될 수 있는 성격의 것이 아니다. 강한 상대와 싸우는 것은 상대적으로 쉽지만, 판타지나 신화와 싸우는 것은 어렵다. 다큐 〈미스 프레지던트〉에는 박정희 신화를 평생 자신의 삶의 한 부분으로 지켜온 한 할아버지와 두 부부가 주인공으로 나온다. 태극기 집회에 참가했던 이 주인공들이 믿었던 박정희의 딸이 탄핵되는 과정을 지켜보는 과정이 다큐의 주요 흐름이다. 고통스럽다. 신화와 마주서는 것은 맞고 틀리고, 옳고 그름의 문제가 아니다. 구조와 싸우는 것은 실체 없는 그림자와 싸우는 것과 같은 일이다.

이 문제를 풀기 위해 딱 하나의 정답이 있는 것은 아니다. 확실한 것은 독일을 비롯해 대체로 우리가 선진국이라고 부르는 나라들은 이런 문제가 아예 없거나, 있었더라도 지금은 어느 정도 풀어가고 있다는 사실이다. 한국에서 딱 하나의 솔루션을 제시하라면, 나는 박정희 시절에 그랬던 것처럼 지금의 에너지 분야를 별도의 부처로 독립시키는 쪽을 선택할 것이다. 그리고 발전원 사이의 기술적 균형을 찾는 편이, 지금처럼 에너지를 산업의 눈으로 본다고 하면서 한수원 위에 수많은 옥상옥이 있는 쪽보다는 효율적일 것이다. 매우 체계적으로 전략적인 결정을 하는 것 같지만, 결국은 아무도 책임지지 않는 구조다. 모두가 조금씩 착해지거나, 모두가 조금씩 더 똑똑해지면 많은 일이 풀린다. 그렇지만 시간이 오래 걸리고, 가끔 다시는 뒤로 돌아갈 수 없는 '비가역성의 함정'에 빠지기도 한다. 클랜의 일은, 클랜의 논리로 푸는 것이 가장 빠를 수 있다.

—

9
교육계 유토피아 대신 학생 유토피아를

—

처음 파리에서 대학원에 등록하는 순간이 있었다. 오래되었어도 잊히지 않는다. 대학을 졸업할 때 조금 있으면 등록금이 백만 원을 넘어갈 거라는 얘기가 있었다. 처음 유학 갔을 때에는 정말 아무것도 모르고 배낭 하나 매고 갔다. 프랑스 대사관에서 본 자료집에는 그냥 서류면접으로 들어가는 걸로 되어 있었는데, 막상 가보니까 입학시험이 있었다. 진짜로 겨우겨우 입학시험에 붙었다. 꼴찌로라도 붙기만을 바랐는데, 막상 붙고 나니 진짜로 기뻤다. 시험 치르는 순간과 합격 통보가 온 순간들은 시간이 흐르면서 기억이 가물가물한데, 등록금 내고 등록하는 그 순간만큼은 시간이 지날수록 오히려 더 기억이 강렬해진다.

그 시절에는 나는 불어도 짧았고, 아직 이메일도 없던 시절이라 인터넷은 더더욱 없었다. 우편으로 받은 짧은 종이 한 쪽에는 등록기간과 6만 원 약간 넘는 돈이 적혀 있었는데, 이게 정확히 뭘 의미하는지는 짧은 내

불어 실력으로 잘 몰랐다. 대학원 등록이라서 상식적으로 나는 백만 원 정도 되는 돈을 준비했었다. 과사무실에서 나에게 준 등록용지에는 도서관 이용료, 학교 내에서의 의료실 이용료, 수영장 사용 부담금, 하여간 수십 개의 학교 시설에 대한 이용 비용 같은 것이 적혀 있었다. 그때 1년 등록금으로 내가 낸 돈이 6만 원 약간 넘는데, 나는 이게 진짜 등록금인지 계약금인지 선뜻 판단이 안 섰다. 등록금이라고 하기에는 너무 쌌다. 그래도 그걸 물어볼 정도로 불어를 잘하지도 못해서 그냥 돌아왔다. 그리고 언제 진짜 등록금을 내라고 통지서가 올지도 몰라서 그 돈을 그냥 보관했다. 우여곡절 끝에 대학원을 1년에 마쳤고, 박사과정 입학금을 내고 나서야 나는 그 6만 원이 1년간의 등록금이라는 것을 알았다. 그날 집에 오자마자 서울 가는 비행기표를 예약했고, 그 돈으로 한국에 놀러 왔다.

이론적으로는 알고 있었지만 1년에 6만 원 약간 넘는 돈이 진짜로 등록금이라는 것이 잘 실감이 되지 않았다. 그렇게 몇 년이 흘렀다. 나도 프랑스에 익숙해졌다. 그리고 박사논문을 제출하고 졸업하는 마지막 학기가 왔다. 지금 생각해보면 나도 너무 프랑스에 익숙해져버렸다는 생각이 든다. 이번에는 1년 등록금이 12만 원 약간 넘게 나왔다. 진짜 싼 금액이었다. 그렇지만 생각했던 것보다 너무 많이 나와서 나는 행정실에서 막 뭐라고 했다.

"아니, 가난한 아시아 유학생이 무슨 돈이 있다고 이 거금을 내라고 하시는 거예요? 이거 다 내면 다음 달 지하철 패스 등록할 돈도 없어요."

행정실 설명은 논문심사할 때 한 명당 100만 원 정도를 정부가 보조하는데, 거기에 맞춰서 학생들은 만 원을 내게 되어 있다는 것이다. 그리고 박사논문 등록하고 관리하는 데 드는 약간의 비용에 대해서도 학생이 부담하게 되어 있었다. 상식적으로 이렇게 하는 게 맞는데, 나는 그건 잘 모르겠고, 돈이 없다고 막 버텼다. 너무 프랑스식으로 살다 보니까 12만 원 넘는 돈을 대학에 낸다는 게 그렇게 억울하게 느껴질 수가 없었다. 결국 2만 원 정도를 깎아준 것 같다.

몇 년 후에 잠시 파리를 다시 방문한 적이 있다. 파리 근교인 베르사유 대학에 볼 일이 있어서 갔는데, 학생회에서 등록금 인하하라고 커다랗게 플래카드를 걸어놓고 있었다. 20만 원 정도 되는 것 같았는데, 그걸 보면서 "어휴, 그새 등록금이 이렇게 올랐나?", 그런 생각이 들었다. 그 플래카드에는 총장한테 정신 좀 차리라고 적혀 있었는데, 그 총장이 내 학위 논문 통과할 때 심사위원장을 했던 분이었다. 정의롭다고 소문이 났던 사람인데, 총장이 되어서는 학생들과 그렇게 좋은 관계를 갖는 건 아닌 듯싶었다.

독일은 대학 등록금이 많이 올라서 한때 100만 원을 넘어간다는 소문이 돌기도 했다. 그때 스위스가 연간 50만 원 정도 한 것 같았다. 유럽의 감성으로 대학교 등록금이 50만 원 넘어가는 것은 정말 살인적으로 비싼 것이다. 저걸 어떻게 감당하나, 그런 생각이 들었다. 결국 독일은 주별로 대학 등록금을 무료로 전환하기 시작하더니, 국가 전체가 대학 무상 교육을 실시하게 되었다. 독일은 대학생에 대한 사회적 지원이 너무 많아 졸업하지 않고 계속 대학생으로 남는 게 사회적 문제로 간주된 적도 있었다. 보수 정권이 길어지자, 아예 대학 등록금을 무상으로 전환하였다. 프랑스의 대학이 국유화되면서 지금과 같이 몇 만 원 수준의 등록금으로 내리는 변화를 만든 사람들도 드골 같은, 전형적인 프랑스 우파들이다.

유럽 대학이 등록금만 싼 건 아니다. 학생식당에서 먹는 밥이 아주 맛있거나 그렇지는 않지만 절반 정도의 돈을 국가가 보조하기 때문에 절반 값 정도로 먹게 된다. 도서관도 진짜 괜찮은데, 특히 도서관 사이의 네트워크가 좋아서 금방 나온 영미권 신간이 아니면 어지간한 건 다 구할 수 있다. 18세기, 19세기에 나온 경제학 고전들을 그렇게 읽었다. 지금 와서 생각해보면 내가 경험한 것은 '학생 유토피아'였던 것 같다. 학교 내에서는 뭐든지 쌌고, 뭐든지 좋았다. 68혁명 때 학생들이 교육부 장관을 빠뜨렸다는 바로 그 실내 수영장은 올림픽을 치렀던 곳이다. 관리비 수준의 돈만 내고 이용할 수 있었다. 68혁명 이후 프랑스를 필두로 유럽이 지금의 국립대학 체계를 만든 것은 그들의 1인당 국민소득이 1만 5천 불을 넘어가던 시절이었다. 프랑스는 1973년에 1인당 국민소득 2만 불을 기록한다. 우리는 그 기간이 DJ에서 노무현 정부 시절이다. 국민소득 기준으로 유럽은 1만 불에서 2만 불 사이에 복지구가의 틀을 어느 정도 잡고, 특히 교육제도를 대대적으로 정비하였다. 무상에 가까운 비용으로 대학에 다니고, 혜택도 상당히 많이 준다. 그리고 국가적으로 대학 진학률이 30퍼센트에서 40퍼센트 사이가 된다. 고등교육인 대학을 가든 대학을 가지 않든, 기본적으로는 학생들이 학교에서 유토피아를 경험할 수 있게 시스템이 디자인되었다. '프랑스식 교육'으로 대표되는 국공립 어린이집 프로그램도 세계 최고 수준이다. 우리는 1만 불에서 2만 불 사이, 우리의 학생들에게 지옥을 만들었다. 유럽과 정반대의 지점, 그게 한국 교육 아닌가? 그리고 그 기간에 교사와 교수, 교육행정가 그리고 기업화된 사교육, 이런 교육계 종사자들이 행복한 교육계 유토피아를 만들었다.

한국에서 좌우가 모두 동의하는 단 하나의 명제를 찾으라고 한다면

'한국 교육 이대로 안 된다'일 것이다. 물론 기초적 진단까지만 동일하고, 해법까지 한 방향으로 수렴하지는 않는다. 세계에 유례없이 한국에만 있는 현상들이 있다. 영어유치원이 그렇다. 법적으로는 그냥 사설 학원이고, 유아 영어학원이 정확한 제도적 위상이다. 대만도 비슷한 흐름이 잠시 생겼다가 유아 정신병이 사회적 문제로 떠오르면서 초등학교 입학 이전에 영어 과외 시키는 것을 법으로 금지하면서 정지했다. 우리나라에는 이런 문제가 없는가? 물론 있지만, 그냥 서로 입 다물고 있는 중이다. 엄밀하게 말하면, 아동학대. 정상적인 발육이 어려울 정도로 영유아에게 과도한 교육을 시키는 것은 인권 침해이면서 동시에 발달 장애를 불러일으키는 심각한 학대다. UN 아동권리협약의 정신에 따르면 영어유치원은 아동학대 기관이고, 거기에 아이를 보내는 부모는 학대 부모이고, 그걸 방치하는 국가는 아동학대 국가이다. 물론 우린 그냥 방치한다.

초등교육이나 중등교육 단계에서는 이제 조기 유학을 간다. 그렇다고 해서 그들이 가는 곳이 무슨 엄청난 귀족학교 같은 것도 아니다. 대부분은 그냥 공립학교 간다. 우리나라 공교육을 믿지 못해서 외국의 공교육으로 가는 것인데, 사실 교육복지의 눈으로 보면, 남의 나라 복지에 우리나라 국민들이 얹혀가는 것이다. 창피한 일이다.

보편화되다시피 한 사교육은 이제 수출까지 된다. 한국 교민들이 가는 대로 강남식 학원이 현지에서 생겨난다. 최근 영국의 보수당은 사교육을 교육정책의 틀에서 접목시키는 방안을 진지하게 검토하기 시작했다. 혹시라도 사교육이 늘어나면 정부에서 교육재정을 줄일 여지가 있는지를 검토한다. 한국의 사교육에 대한 웃지 못할 오해인데, 이런 정책적 흐름 때문에 영국에서 한국 교육에 대한 관심이 높아진다는 것이 즐겁지만은 않다. 사교육 학원이 주식회사로 수준으로 거대해진 것도 한국에서만 가능했던 일이다. 다른 나라 학원들은 아직 이 수준에 도달하지 못한다. 외국 학원들이 스타트업과 벤처 사이에 있다면, 한국의 학원들은 이미 코스닥 상장은 예전에 끝나고, 전략적으로 코스피에 들어갈지 말지를 고민하는 중이다. 스타트업과 중견기업 사이의 차이, 그게 한국 사교육과 외국 사교육의 차이 아닌가?

그렇다면 대학은? 불행히도 한국의 고등교육은 자국 내에서 한 사이클이 완성되지 않는다. 당연하다는 듯 외국 유학을 전제로 최종 단계를 디자인한다. 패전 후 자신의 학문세계를 재정비한 일본은 최소한 학자만큼은 자국 안에서 배출되는 자기완결성을 가지고 있다. 최고위 과정을 자기네 국가 내에서 완성시키지 못하는 대학이 무슨 학문을 이야기할 수 있겠는가? 지금 한국의 고등교육은 외국 시스템의 서브 기관처럼 작동하고 있으며, 이게 너무 당연한 것처럼 되어버렸다. 그러니 결국 모국 혹은 본토에 갔다 와야 교육이 완료되는 식민지 교육이라고 해도 할 말이 없지 않은가? 고등교육이 이렇게 디자인되어 있으니, 아예 초등학교 때부터 조기 유학을 시켜야겠다고 결심하는 부모들이 등장하는 것 아니겠는가? 어차피 대학 단계에서 유학을 갈 거라면 차라리 일찍 외국으로 보내는 것이 더 싸다는 이상한 비용계산을 하게 된다. 그리고 어차피 그런 거라면 어린이집 단계에서부터 영어유치원에 보내자는 부모들이 등장하게 된다. 어린이집에서 대학원 박사과정까지, 한국에서 교육은 총체적으로 불신의 대상일뿐더러, 자본주의라는 경제 시스템 자체의 재생산을 위협할 정도로 고비용 구조가 되어버렸다. 경제 주체의 교육을 강화하는 것이 교육 시스템인데, 교육 때문에 이제 미래의 경제 주체를 낳지 않는 추세가 생겼다. 시스템의 위기다.

이제는 출생하는 아이들의 교육 비용이 너무 비싸져서 출산율이 내려가는 결정적 요소가 되었다. 사교육이 전면화된 2000년대 초반 이후로, 한국에서 중산층 축소 현상이 벌어지기 시작했다. 격차사회의 등장과 사교육이 무관하지는 않다. 그리고 선진국과는 정반대의 패턴으로, 개인당 문화지출비 비율이 줄어들기 시작한다. 문화 항목 중 카메라 구입비와 애완동물 관리비가 약간 늘었고, 도서구입비나 연극관람비 등 대부분의 문화지출들이 줄었다. 그나마 스마트폰 보급 확대와 함께 카메라 구입비도 급격하게 줄어드는 중이다. 전체적으로 보면 우리는 주택과 사교육에 너무 많은 돈을 지출하고 있고, 지식이나 문화로 지출하는 돈은 오히려 줄어드는 경향이다. 많은 나라가 국민경제의 미래라고 생각하는 지식경제와 문화경제와 우리는 정반대의 방향으로 가고 있다.

한 자녀당 출산 비용에서부터 시작해서 대학 등록금까지 전부 다 하면 2억 원 가까운 지출이 발생한다. 두 명이면 4억 원이다. 2017년 기준으로 한국의 4인 가족 중위소득이 450만 원 정도 된다. 연봉으로 치면 5,000만 원 남짓이다. 부부가 30년간 일한다고 잡고 계산을 해보자. 우리의 임금 구조는 젊었을 때는 좀 낮고, 나이를 먹을수록 늘어나는 구조다. 이 정도 수준에서 30년간 일을 하면 4인 가족 부모가 평생 15억 원 정도의 노동소득을 얻는다. 아이 둘에 4억 원을 빼고, 주거 비용으로 평생 5억 원을 쓴다고 가정하면, 6억 원이 남는다. 이 6억 원을 부부가 30년간 쓴다고 하면, 한 달에 200만 원이 채 안 된다. 빡빡하다. 만약 물려받은 재산이 없다면 이걸로 경조사도 하고, 문화생활도 하고, 밥도 먹고, 술도 마시게 된다. 그리고 심지어는 이걸 모아서 노후생활도 준비해야 한다.

선진국이라고 중산층 소득이 이것보다 엄청나게 높을까? 많은 국가에서, 이 정도 소득이 있으면 중산층이다. 공공임대주택에 사는 경우가 아니라면 외국의 중산층도 주거비로 이 정도는 쓰게 된다. 신혼 초기에는 월세로 살았다고 치고, 30~40대 중반쯤 주택을 구매했다고 가정하면 선진국에 살아도 5억 원 정도의 평생 주거 비용은 들어가게 된다. 임대료가 시세의 20~30퍼센트인 공공임대주택이 공급되기는 하지만, 중산층이 임대주택에 별로 살고 싶어 하지 않는 것은 스웨덴 같은 특별한 경우를 제외하면 외국도 마찬가지다. 결국 한국 중산층과 외국 중산층의 지출 구조에서 가장 크게 차이 나는 항목은 보육비와 교육비다. 충분한 육아 수당이 지급되고, 공교육이 정상적으로 작동하고, 사교육이 우리처럼 창궐하지 않는다면? 그리고 무상으로, 또는 연간 수십만 원 수준의 저렴한 비용으로 대학교육을 받는다면? 두 아이에게 2억씩 4억 원, 사교육과 대학등록금에 들어가는 이런 돈은 선진국 중산층은 지불하지 않는 돈이다. 미국이나 일본처럼 대학이 상업화되어 있는 일부 국가만 죽어라고 대학 학비를 내고 있다.

교육을 하나의 경제 시스템으로 생각할 수 있을까? 이게 약간 애매하다. 라면을 가지고 생각해보자. 생산자가 얼마 없는 독과점 시장이기는 하지만, 분명히 만드는 사람이 있고 파는 사람이 있다. 작아도 하나의 시스템이다. 그럼 교육은? 공급과 소비라는 기계적 시선으로 보면 용역, 즉 서비스의 생산과 소비라고 볼 수도 있다. 생산자는 교육자 혹은 교육기관이고 소비자는 부모 혹은 학생? 그럼 값싸게 만드는 게 최고이고, 소비자는 더욱 더 싼 가격을 부르는 게 최고 아닌가? 정상적인 근대 교육이라면 대부분의 교육자는 국가에 용역을 납품하는 것이고, 그걸 총괄하는 국가는 거대한 모놉소니, 수요독점자이다. 그리고 국민은 국가에 세금을 내고, 무상으로 교육이라는 제품을 제공받는다. 이것이 근대 교육 시스템이다. 공민교육이라는 게, 일반적인 시장에서의 거래와는 다르다. 비싼 돈 내면 더 질 좋은 교육 서비스를 받을 수 있다고 하는 생각은, 공민교육을 이해하지 못해서 벌어지는 오해다. 우리나라 사립대학 중 국가지원금 없이 운영되는 대학이 있을까? 없다. 사교육이든 사립대학이든, 기본적으로는 공민교육 체계의 보완재 같은 것이지, 대체제가 될 수 없다. 좀 이상하게 느껴져도 근대 교육 시스템이 원래 그렇다. 교육은 국가가 시민에게 무상으로 제공하는 서비스이고, 거래는 국가와 학교 사이에서 벌어진다. 학교를 정부 안에 내부화하면 그게 국립학교 혹은 국립대학 시스템이고, 외부화시키면 사립 고등학교와 사립대학이 된다. 일반적인 수요와 공급의 법칙이 교육에서는 딱 들어맞지 않는다. 납품단가와 품질관리, 이런 내부화 논리에 더 가깝다. 그래서 최종소비자들에게 남겨진 선택의 여지가 그렇게 많지는 않다. 비싼 등록금을 낸다고 반드시 좋은 대학이라는 보장은 없다. 좋은 나라에서 좋은 교육행정이 뒷받침되는 대학이 좋은 대학이다. 특히나 중세에 신에게서부터 인간이 독립하기 위해서 신학대학으로부터 발전한 대학은 존재론적으로 더욱 특수하다.

우리는 자기 점수에 따라서 대학에 가고, 대학의 소재지에 별 영향을 받지 않는다. 그런데 프랑스 등 유럽의 많은 국가들은 최소한 학부, 때로는 석사과정까지 일단은 자기가 사는 동네에서 다니게 된다. 그렇게 대학 선택의 자유가 없어서야! 물론 불편하기는 한데, 그 대신 기본적으로는 대학교육이 무상이다. 미국이나 일본을 제외한 많은 국가에서는 대학교육 때문에 부모의 삶이 어려워진다는 이야기가 나오지는 않는다. 그리고 많은 경우, 대학에 입학하면 자녀는 부모를 떠난다. 삶을 포함한 문화가 경제와 함께 하나의 시스템을 만든다. 언제 자식이 부모의 품을 떠날 것인가? 경제적이면서도 문화적인 선택이다. 우리의 경우는, 교육을 경제 시스템 논리만으로 분석하기는 어렵다. 국가와 함께 부모들도 많은 돈을 댄다. 그럼 그 돈은 어디에서 들어오나? 교육과 관련된 돈은, 자체적으로 생산한 돈이 아니라 결국은 정부에서 나온 돈이거나 부모의 호주머니에서 나온 돈이다. 돈의 흐름만 놓고 보면 교육은 그 자체로 돈을 버는 분야가 아니라, 다른 곳의 돈이 들어와서 생겨나는 2차 경제라고 할 수 있다. 이 기이한 시스템이 현대 교육체계다. 왜 자본주의에서 무상 대학교육을? 더 많은 돈을 내야 더 질 좋은 서비스를 받는 것 아닌가? 자본주의를 잘하기 위해서 그렇게 만든 것이다. 진보적 흐름이 이런 시스템을 만든 게 아니라, 자본주의의 위기를 극복하려다 보니 대학교육까지 국가에서 내부화하게 된 것이다. 가끔 무상교육이 좌파의 포퓰리즘이라고 하는 사람들이 한국에 있는데, 유럽에서는 이 흐름을 좌파들이 아니라 우파들이 만든 것이라는 점을 이해 못해서 그런 말을 하는 것 아닌가 싶다.

우리의 교육 시스템에 문제가 있다는 데에는 모두가 동의할 수 있을 것이다. 그렇다면 누가 잘못한 것인가? 누가 책임을 져야 하는가? 억지로 한 순간을 찾자면 헌법재판소가 전두환 때 시행된 과외금지에 대한 부분 위헌 판결을 내린 2000년 4월 27일 이라고 할 수 있다.

"8. 법 제3조와 같은 형태의 사교육에 대한 규율은, 사적인 교육의 영역에서 부모와 자녀의 기본권에 대한 중대한 침해라는 개인적인 차원을 넘어서 국가를 문화적으로 빈곤하게 만들며, 국가 간의 경쟁에서 살아남기 힘든 오늘날의 무한경쟁 시대에서 문화의 빈곤은 궁극적으로는 사회적·경제적인 후진성으로 이어질 수밖에 없다. 따라서 법 제3조가 실현하려는 입법목적의 실현효과에 대하여 의문의 여지가 있고, 반면에 법 제3조에 의하여 발생하는 기본권제한의 효과 및 문화국가실현에 대한 불리한 효과가 현저하므로, 법 제3조는 제한을 통하여 얻는 공익적 성과와 제한이 초래하는 효과가 합리적인 비례관계를 현저하게 일탈하여 법익의 균형성을 갖추지 못하고 있다."

– 98헌가16, 98헌마 429에 대한 헌법재판소의 전원회의 판결문, 2000년 4월 17일

시대가 변하면 지식도 변하고 판단도 변한다. 헌재의 주문 8조는 사교육을 금지하면 "국가를 문화적으로 빈곤"하게 만들고, 결국 "사회적·경제적인 후진성"을 만든다고 얘기하고 있다. 2018년의 상식으로 이 문제를 다시 살펴보면 2000년과 같은 '얼척' 없는 판단을 내리지는 않을 것이다. 지금 어느 누가 사교육 금지가 국가를 문화적으로 빈곤하게 만든다고 판단할 것인가? 그야말로, 지금은 21세기 아닌가? 어쨌든 이렇게 황당한 주문을 남긴 당시의 헌재도 과외금지 자체는 정당하다고 보았다.

"6.가. 사교육의 영역에 관한 한, 우리 사회가 불행하게도 이미 자정능력이나 자기조절능력을 현저히 상실했고, 이로 말미암아 국가가 부득이 개입하지 않을 수 없는 실정이므로, 위와 같이 사회가 자율성을 상실한 예외적인 상황에서는 고액과외교습을 방지하여 사교육에서의 과열경쟁으로 인한 학부모의 경제적 부담을 덜어주고 나아가 국민이 되도록 균등한 정도의 사교육을 받도록 하려는 법 제3조의 입법목적은 입법자가 '잠정

적으로' 추구할 수 있는 정당한 공익이라고 하겠다."

이 6-가의 조항 때문에 2000년 헌재 판결을 부분 위헌이라고 본다. 이 판결 덕분에 심야과외금지 같은 것이 위헌 시비를 넘어설 수 있게 되었다. 이미 그 시절에도 사교육에 관해서 우리가 자정능력이나 자기조절능력을 상실한 상황이므로, 과외금지는 방향 자체는 정당하다고 했다. 그렇지만 제약조건 없이 모든 것을 원칙적으로 금지하는 것이 소위 '비례의 원칙'을 위반해서 과잉 조치를 했다는 것이다. 판결 그대로 해석하면 과외금지는 어쨌든 필요하지만, 그냥 '전부 다 금지', 이런 식으로 하는 건 안 되고 기준과 절차를 정해서 해야 한다, 그런 내용이다. 헌재가 '어여들 걱정 마시고 사교육들 받으세요', 그렇게 판결한 것은 아니다. 그런데 현실은 그렇게 돌아갔다. '멘붕'에 빠진 행정부는 그냥 손을 놓아버렸다. 그리고 사교육 천국이 펼쳐지게 되었다. 시대에 맞지 않는 부분 위헌 판결을 내린 헌재가 잘못한 것인가 아니면 조항 수정과 같은 결정에 대한 수정 조치를 취하지 않은 교육부가 잘못한 것인가? 둘 다 나빠요?

행정이라는 관점에서 보면, 교육은 수많은 행정관료와 교육 공무원인 교사들에 의해 이루어진다. 그럼 누가 잘못한 것인가? 장학사와 같은 형태로 교사와 공무원이 연결되기는 하지만, 기본적으로는 분리된 구조다. 그리고 많은 결정은 실제로 교육부나 시도 교육청에서 내려진다.

시스템으로만 보면 교육은 중앙정부가 많은 것을 장악하고 있는 정부 내의 일반적인 클랜 구조와는 좀 다르다. '교육 마피아'라는 표현을 사용하기는 하는데, 일반적인 중앙정부 내의 마피아에 비하면 훨씬 마이크로 단위이고, 있다고 해도 훨씬 소규모다. 단위 학교에서 교장이 가지고 있는 우월적 특권에 대해서 이야기할 때 가끔 교육 마피아라는 표현을 쓴다. 물론 교장을 어떻게 선출하고, 어떻게 견제할 것인가 하는 학내 민주주의와 효율성도 중요한 문제이기는 하다. 사범대 출신인가 교대 출신인가, 혹은 사범대 출신인가 일반학과 출신인가, 이런 출신과 계통이 학교 내에서는 여전히 중요한 역할을 한다. 교사들도 사람이라 선후배로 연결되고 이런저런 끈으로 연결된다. 그렇지만 교장을 둘러싼 학교 단위의 부패 때문에 우리나라의 공교육이 붕괴되고, 그러다 보니 지금 같은 황당한 교육 시스템이 만들어졌다고 하는 건 좀 비약이다. 문제의 한 요소인 것은 맞지만, 전국 단위의 교육 행정을 좌지우지한다고 하기에는 좀 왜소해 보인다.

한때 교육부 내에 진주 출신들이 많아 '진주 마피아'라는 말이 잠시 있기는 했는데, 특정 학교, 특정 학과에서 국부적인 권력 현상이 생겨나는 것은 다른 부처도 마찬가지다. 특정 장관 때 몇 명이 승진했다는 걸로 이 거대한 무기력증을 설명하기는 어렵다. 게다가 고등교육은 교육부, 초등과 중등교육 실무는 지방 교육청으로 권한이 분산되어 있다. 중앙정부가 많은 것을 직접 결정하고 시행하는 다른 경제 분야나 정부 부처에 비하면, 조금은 더 분산되어 있다. 지금의 여소야대 국면은 2014년 진보 교육감들이 대거 당선되면서 그 흐름이 만들어졌다. 청와대에서 장차관 그리고 실장으로 내려가는 보통의 행정 부처와는 구조 자체가 좀 다르다. '검사 동일체 원칙'이라는 말도 안 되는 이야기를 조직의 기본이라고 하는 검사들과는 진짜로 많이 다르다. 중앙은 중앙이고, 지방은 지방이다. 업무도 겹치지 않게 되어 있고, 지휘계통도 전혀 별개다. 이들을 아우르는 클랜 현상? 상상하기 어렵다.

시민단체가 교육계에 없는 것은 아니다. 교사들의 조직 자체가 전교조와 교총으로 정치 성향에 따라서 확연하게 나뉘어 있고, 심지어는 학부모들 조직도 정치 성향에 따라 확 갈린다. 중앙조직만 그런 것이 아니라 지역의 풀뿌리 조직들도 많은 경우 명확한 정치색을 갖는다. 그렇지만 경제 분야나 에너지 분야처럼 주요 관료들이 꼭 보수 정치에 줄 대고 있는 것과 비할 바는 아니다. 전교조 때문에 나라가 망했다고 믿는 사람들이, 전교조가 그렇게 교육 분야 전체를 장악하고 있다고 하는 것은, 그야말로 이미지가 만들어낸 상상이고 믿음이다. 전교조가 그렇게 힘이 좋았다면 최소한 '참교육' 비슷하게는 되어 있어야 할 것 아닌가? 그리고 다른 시민단체나 사회단체가 늙어가는 것처럼 전교조도 점점 늙어가는 중이다. 청년층으로 갈수록 노조 가입률이 낮아지는 것과 같이 젊은 교사들의 전교조 가입률이 점점 떨어지는 중이다. 그렇다면 보수 쪽은? 거기도 마찬가지다. 현장 장악력이 많이 낮아졌다. MB 정부 서울 교육감이었던 공정택 시절이 보수 쪽 교육단체의 전성기였다. 그러나 이제는 여기도 전교조와 마찬가지로 늙어가는 중이고, 엄청나게 큰 힘을 쓰지는 못한다.

시민단체나 교육단체가 엄청나게 힘을 쓰지 못한다면 공무원들이? 공무원들이 은퇴하고 갈 수 있는 산하기관을 '팜'이라고 한다면, 교육 공무원의 팜이 다른 부처에 비해서 엄청나게 많은 것은 아니다. 교육과 관련된 산하 기관이나 연구소 같은 게 아예 없는 것은 아니지만, 산업계 전체가 현실적으로 공무원 재취업 대상인 산업부나 기재부와 비교할 수준은 아니다. 법조계는 수많은 로펌들이 팜으로 기다리고 있다. 이런 주요 부처들과 비교하면 교육 공무원들이 별도로 관리하는 엄청난 팜이 있는 것도 아니고, 그 안에서 매번 돈이 오고 갈 구조도 아니다. 교육정책이 실패해서 사람들이 공교육을 불신하게 되면 상대적으로 이익을 받는 곳은 대치동 학원이나 인강 업체 같은 사교육 기업들이다. 새로운 정책이 도입되면 헌법 소원 하겠다고 엄청난 압력을 가한다. 그러나 대기업들이 정부 부처에 대민업무를 직접 하지는 않는다. 그리고 퇴직한 교육부 직원들이 사교육 업체에 간부로 가는 것도 아니다. 형식적으로 공무원과 사교육 업체는 독립되어 있고, 실제로도 그렇다. 돈을 다루는 많은 경제 공무원들이 유관기관들과 아주 긴밀하게 밀착된 반면, 교육 쪽은 그렇지 않다. 물론 사교육 시장에 삼성이나 현대 같은 재벌사가 진출했다면 이 양상이 좀 달랐을 수는 있지만, 아직은 아니다. 학원과 교육부가 엄청나게 결탁한 것도 아니고, 그렇다고 교육 공무원들이 유사한 이념이나 신념을 가지고 있는 것도 아니다. 일반적인 클랜과는 좀 다르다. 그래서 편의상 '교육 마피아'라는 표현을 쓸 수는 있지만, 모피아나 토건족 혹은 원전 마피아가 작동하는 방식과는 좀 다르다. 한수원에 원전을 반대하는 사람은 거의 없지만, 교육부나 교육청 공무원들이 모두 사교육을 찬성하는 것은 아니다.

지금 우리 교육의 모습이 18~19세기의 유럽 귀족 교육과 비슷하다. 귀족의 자제들을 가르치는 귀족학교의 교사들은 최고의 대우를 받는다. 귀족들의 미래를 하층민에게 맡길 수 없으니까 귀족은 귀족들이 가르쳤다. 우리의 경우는 귀족이 교육을 한다는 것은 비슷한데, 학생들도 귀족인 것은 아니다. 평균적으로, 학생들은 정규직 교사인 자기 담임선생님만큼의 인생을 살고 싶어 한다. 자기 선생님을 존경하는 것은 좋은 일이지만, 그 지위를 동경하는 것이 그렇게 정상적인 일로 보이지는 않는다. 정교사로 교육을 담당하는 사람, 전문 강사로 사교육에 출강하는 인기

강사들은 이제 한국 사회에서 최상류 대접을 받는다. 물론 그동안 이 사람들의 월급이나 복지 수준이 엄청나게 올라가서 그렇게 된 것은 아니다. 다른 분야의 임금 상승이 지체되거나 비정규직화가 급격하게 진행되면서, 상대적으로 교사나 교육 공무원의 처우가 비교우위에 놓이게 된 것이다. 물론 이들 사이에도 어둠은 존재한다. 학교의 비정규직 교사, 학원의 막내 강사, 이른바 '새끼 강사' 그리고 대학 시간 강사의 삶은 아주 어렵다. 그 안에서도 계급적 위계만큼은 확실하다.

이런 상황을 요약해서 정리하면, 우리가 만든 교육 시스템은 '교육계 유토피아'라고 부를 수 있을 것이다. 공교육이든 사교육이든 교육자 그리고 교육과 관련된 행정을 하는 사람들에게는 진짜로 유토피아다. 중고등학교 학생들 장래희망 1위는 교사다. 삼성전자, 한전, 이런 데를 다 제치고 이제는 교사가 청소년 선호도 1등이다. 삼성전자 같은 대기업은 언제 해고당할지 모르고, 한전은 나주로 이사 간 지 오래다.

프랑스의 고등사범과 비교한다면 딱 하나의 차이만 있다. 귀족의 자제들을 귀족이 가르치던 것과 달리, 지금 우리나라의 일반계 고등학교에서는 평범한 국민 자제를 단지 특목고에 가지 않았다는 이유만으로 '2등 국민들' 취급하며 학생들을 가르치게 된다. 일반계 고등학교는 한 반 학생 수가 30명 안팎이다. 그중에서 자신을 가르치는 교사와 같은 위치에 갈 수 있는 학생이 몇 명일까? 평균적인 일반계 학교라면 한두 명 될까 말까다. 그렇다면 교육정책을 심의할 수 있는, 말 그대로 심의관급 공무원이 될 수 있는 학생은? 몇 반 합해야 한 명 있을까 말까일 것이다. 전형적인 귀족학교였던 파리 고등사범을 비롯해서 많은 귀족학교에서 교사가 학생들에게 자신보다 잘되라는 입장에서 교육을 하지, 너희가 아무리

공부해봐야 나만 한 위치에 올 수는 없다, 이런 입장에서 교육을 하지는 않는다. 이런 교육은 성립되지 않는다. 그냥 기능적으로 교육이라고 부르지, 진짜로는 아무것도 아니다. 이런 상황이니까 교육부 국장이 "민중은 개·돼지"라고 부르는 일이 벌어지는 것 아닌가? 헌법재판소가 과외금지를 위헌 판결한 2000년 이후 지난 17년, 우리는 교육관료와 교사의 유토피아를 만들었지, 중고등학교나 대학에 다니는 학생들의 유토피아를 만들지는 못했다.

자, 이제 어떻게 할 것인가? 가끔 대선 공약에 나오는 것처럼 교육부를 없애면 문제가 풀릴까? 그래 보이지는 않는다. 교육부나 지방 교육청의 특정 공무원들이 똘똘 뭉쳐서 자신들의 이권을 지나치게 지키려고 했기 때문에 우리 교육에 구조적 문제가 생긴 것은 아니다. 교사들의 월급을 확 낮추거나, 교사 전체를 비정규직으로 전환해 '귀족 교사'라는 이야기가 아예 안 나오도록 하면 될까? 사회의 나머지 분야를 더 안정적으로 바꾸는 게 빠르지, 교육 공무원들 처우만 낮추는 것은 합리적이지도 않고, 행정적으로 시행 가능하지도 않다.

제일 쉽고 빠른 길은 전두환 때처럼 단번에 사교육을 금지시키고 행정적으로 후속처리를 하는 것이다. 정책으로서의 효과는 그게 제일 확실하다. 그러나 이 길은 전체적인 사회적 합의가 필요한데, 그런 합의를 우리가 할 수 있을 정도면 지금 이 상황까지 오지도 않았을 것이다. 기술적으로는 최적 방안이지만, 정말로 우리가 많은 대화를 하고 깊은 타협을 하기 전에는 좀 어렵다.

이게 어렵다면? 교육 행정의 최우선 순위를 공교육의 정상화 정도가 아니라 최상급으로 만들겠다는 목표를 세울 수는 없을까? 국가가 공교육에서 최선의 교육을 시킬 수 있는 여건을 만들어내면 국민들의 선택도 바뀔 수 있다. 공교육 내에서 공부시켜도 큰 문제가 없고 그게 오히려 더 우수하다면, 누가 굳이 특목고를 선택하고 이를 위해서 죽어라고 사교육을 시키겠는가? 가장 기본적인 것에 길이 있다고 생각한다. 잘 생각해보자. 지금 공교육을 중심에 놓는 우리 교육의 틀은 1만 불 시대에 기본이 형성되었고, 이걸 흐트러뜨리는 특목고 체계는 1만 불과 2만 불 시대에 만들어졌다. 그리고 2만 불이 넘어서면서 이 특목고 현상을 더욱 더 강화시키겠다는 일부의 집념으로 국제중학교와 도입과 함께 중학교에까지 경쟁 체계가 도입되었다. 국민소득 2만 불과 함께 초등학생들까지 사교육을 하게 되었다. 3만 불에 가까워지면서 이제는 만 5세 미만의 영유아까지 사교육 열풍에 휩싸이게 되었다. 고3 때 제한적으로 하던 사교육이 국민소득이 늘면서 어리면 어릴수록 더 많이 돈을 지불해야 하는 상황이 되었다. 사교육이 공교육의 보조가 아니라, 공교육이 사교육을 보조하는 현상, 이건 많이 이상하다. 그렇다고 우리가 교육 예산을 덜 썼느냐? 쓸 만큼 썼는데, 부모들의 삶은 더 어려워졌다. 이제 우리는 국민소득 3만 불 직전에 있고, 잠시 후 이 벽도 넘어설 것이다. 경제적으로는 이제 세계 최고 수준의 교육을 우리 공교육이 제공할 수 있는 단계가 되었다.

교육계의 클랜 현상은 다른 분야와 양상이 좀 다르다. 정치적이거나 이념적인 대치, 철학의 갈등 같은 것은 밖으로 보이는 현상이고, 실제로는 그들만의 유토피아를 만든 것이 본질이다. 정책이 궁극적으로 추구하는 목표가 잘못되었다. 최고 수준의 선생님들이 최고 수준의 교육을 한다는 것, 이런 건 외형적이고 형식적인 목표다. 학생들이 학교에서 자신들이 스스로 유토피아에 있다고 느끼게 되는 것, 그게 진짜 목표가 되어야 한다. 학교는 감옥이 아니다.

특목고에 대해서 잠시 생각해보자. '수월성 교육'이라는 정책적 개념을 썼지만, 이건 '차별적 교육'이라는 말의 다른 표현에 불과하다. 좌우를 막론하고, 외고를 비롯한 특목고를 유지할 이유가 없다는 데에는 광범위한 합의가 존재한다. 사회적으로 처리해야 할 것은, 이미 존재하는 학교가 다시 과거로 돌아갈 때, 졸업생들의 반대 정도다. 남은 논쟁거리는 과기고 정도다. 과학고의 도입 취지는 우수한 실험장비 등 좋은 교육 여건을 갖추어서 우수한 과학 인재를 육성하는 것이었다. 우리가 국민소득 1만 불이 되기 전에 이런 말들은 사회적 공감대를 얻었다. 그리고 과학 분야의 영재교육이 전성기를 맞은 것은 국민소득 2만 불 즈음, 사교육의 전성기를 맞으면서 그 붐을 같이 탔다. 차별교육과 분리교육, 그 맨 앞에 과학 영재에 대한 교육이 서 있었다. 이제는 우리도 국민소득 3만 불이다. 더 이상 가난하지 않다. 예전에는 돈이 없어서 일반고에서는 그런 값비싼 실험장비 같은 것을 갖추기가 어려웠지만, 이제는 다르다. 일반고에서도 그 정도 실험실은 충분히 갖출 수 있도록 지원할 충분한 경제 규모가 된다. 게다가 스템STEM: Science, Technology, Engineering, Mathematics 교육이 지금 전 세계적으로 붐이다. 장비가 충분히 지원되지 않으니까 컴퓨터만 있으면 할 수 있는 코딩만 따로 떼어서 난리가 났다. 좀 기형적이다. 코딩만 잘하면 되는가? 그렇다면 코딩 전문 인력을 충분히 확보한 인도가 세계 경제의 앞 순위로 쭉쭉 올라갔을 것이다. 지금 세계 최고 수준의 산업 성과를 내고 있는 독일이 코딩만 잘해서 경제가 좋은가? 기초과학부터 응용 엔지니어링까지, 일정한 지식 시스템을 갖추어야 할 수 있다. 어차피 기본 교육은 일반고나 특목고나 마찬가지다. 더 비싼 시설을 필요로 하는 인재가 있다면, 당연히 그들이 공교육의 표준 교육 틀 내에서 그런 공부를 할 수 있도록 지원을 늘리면 된다. 어차피 고등학교 학생 수가 줄어들 것 아닌가? 그게 과학연구의 스필오버 이펙트spill-over effect 이론과 다를 게 뭐가 있는가? 과학 인재들이 주변에 있으면 다른 친구들도 좋은 영향을 받는다. 돈을 더 들이지 않을 이유는 없다. 과학 분야만 이런 게 아니다. 대안학교에 혁신적인 교육 프로그램들이 존재한다. 대안학교의 우수한 프로그램들을 왜 꼭 학교를 그만두고 대안학교에 가서만 배워야 하는가? '다른 방식으로 똑똑한 학생들'을 위한 대안교육 프로그램을 일반 고등학교에서 운용하지 못할 이유가 없다. 대량생산과 대량소비를 만든 포디즘 시대에 생긴 표준화가 우리 교육의 기본 틀이 되었다. 포디즘이 해체되기 시작한 지 30년이 넘는데, 우리가 탈포디즘 시대에 적합한 교육을 몰라서 안 한 것은 아니다. 표준화를 벗어나기 위해서는 돈이 든다. 그래서 알면서도 못 했다. 지금은 우리에게는 돈이 있다. 이젠 공교육이 그렇게 유연하게 최고급 교육 서비스를 제공할 만한 상황이 되었다. 이제부터는 못 하는 것이 아니라 안 하는 것이다.

출생 인구는 앞으로도 상당 부분 줄어들 가능성이 높다. 그리고 격차 사회로 인하여 개개인의 소득이 눈에 띄게 단기간에 오르기는 쉽지 않다. 상대적으로 높아진 교사들의 경제적 지위 때문에 점점 더 많은 사람들이 직업으로서 교사를 희망하게 될 것이다. 기계적 균형이라면 교사의 숫자를 줄어든 학생에 맞춰서 줄이고, 평균임금의 추세에 따라서 교사의 연봉도 점차적으로 삭감하는 게 맞을 것이다. 그렇지만 그렇게 기계적으로 균형을 맞춘다고 해서 학생들이 학교에서 더 행복해지고, 더 편안해지지는 않는다.

교사 대 학생 비율을 높이고, 학교 안에서의 교육을 더 세분화할 수 있다. 그리고 조금 더 상상을 해보자. 68혁명 이후, 프랑스는 대학생들과 고등학생들의 불만을 받아들여서 사립대학들을 국립대학으로 전환했다. 많은 나라들이 그 모델을 따라갔다. 그렇게 했던 나라들이 지금 1인당 국민소득 최상위 국가들이다. 이런 전환을 우리가 상상하지 못할 이유는 없다. 지금 우리 교육의 문제는 교사들의 월급이 많은 것이 아니라, 우리 교육 시스템의 자기완결성이 떨어지는 것이다. 초등학교 때부터 조기 유학과 사교육에 의존하기 시작하고, 중등교육은 전적으로 사교육에 의존하고, 고등교육은 다시 외국에 의존한다. 사람들이 화를 내는 것은 교사들의 월급이 높아서가 아니라 정부가 독점적으로 제공하는 교육 서비스의 품질이 너무 낮다고 생각하기 때문이 아닌가?

당장 사교육을 금지시키기는 것은 사회적으로 쉽지 않다. 어쨌든 일정 기간, 공교육과 사교육이 대학 입시라는 좁은 문을 놓고 경쟁하는 관계를 유지하게 될 것이다. 학교에서 더 교육의 질을 높이는 성과를 낸 교사들에게 더 많은 인센티브를 부여하는 것은 지금 제도에서도 가능하다. 고시 보고 들어온 공무원들이 해외 연수를 2년씩 가는 것에 비하면 교사들의 처우가 지금 최고로 좋은 것은 아니다. 제도 설계는 하기 나름이다. 학생들의 사교육 의존 비율 같은 것을 목표수치로 설정하고, 사교육 비율이 줄어든 학교의 교사들에게 6개월에서 1년 정도 해외 연수를 갈 수 있게 해주는 것이 어려운 일은 아니다. 그리고 중장기적으로 교사들의 수준이 높아지면 우리 교육도 좋아진다. 물론 돈은 들지만, 전체적인 이득은 이쪽이 훨씬 클 것이다. 당장 부모들의 사교육비 지출이 줄어든다.

대학 개혁도 같은 방향으로 생각하면 해법을 찾을 수 있을 것이다. 자기 학교 졸업생의 대학원이나 박사과정 해외 유학 비율 같은 것을 정부의 대학 지원 행정의 지표로 사용하면 된다. 교육의 자기완결성에 기여하는 대학교에 더 많은 지원을 하는 방식에 대해서 반대할 수 있을까? 고등교육의 최고 과정의 자기완결성이 떨어지니까 그 학교 졸업생들이 외국으로 나가는 것 아닌가? 졸업생들이 지나치게 많이 외국으로 유학 가는 대학은 지원을 덜 주거나 줄일 수 있다. 대학에서 무책임하게 교육을 하니까 결국에는 외국으로 떠나는 것 아닌가?

각 교육 과정에서 연수나 교환학생 프로그램을 적극적으로 활용하는 대신, 졸업장을 받기 위해서 유학을 떠나는 것은 줄이는 방향으로 가는 게 앞으로 우리 교육의 목표가 되어야 한다고 생각한다. 그게 선진국이다. 공교육에서 적당히 가르치고 나머지는 외국에서 보완하라고 하는 것, 공교육이라는 거대한 모놉소니가 추구할 방향은 아니다. 정부로부터 충분한 대우를 받는 대학이 마치 식민지 교육처럼, 고급 과정은 외국에서 하고 오라는 방식을 가지고 더 높은 경제 단계로 가기는 어렵다. 우리 모두의 자녀 한 명 한 명이 아주 일반적인 보통의 학교에서 정말로 의미 있는 인재로, 마치 귀족 교육 시절의 귀족처럼 대우받는 것, 그게 우리가 가야 할 길이다. 교육계 당사자들이 유토피아인 지금과 같은 상황에서, 학생들이 학교에서 유토피아에 있었다고 그 시절을 그리워하는 구조로 가야 한다. 한때 독일이 대학생들에 대한 대우가 너무 좋아서, 졸업하지 않는 대학생들이 늘었다. 큰 일이라고 했다. 그래서 큰 일이 났는가? 그 이후, 독일은 통일도 하고, 경제도 좋아졌다. 심지어 대학등록금을 완전 무상으로 바꾸면서 대학생 대우를 더 좋게 했다. 이 기간 동안 독일은 산업 경쟁력 부동의 세계 1위가 되었다. 학생 유토피아, 그게 경제의 힘이다.

—

10
박사들의 클랜: 내 연구비는 내가 정해!

—

오랫동안 고등학교에서는 문과와 이과를 구분했다. 과연 원래부터 문과형 인간이 따로 있고, 이과형 인간이 따로 있는 것인지는 참 알기 어렵다. 사람이 제도를 만드는 것이 아니라, 제도가 사람을 만든다는 생각을 하지 않을 수 없다. 예전에는 이공계가 너무 대접을 못 받는다는 이야기가 많았는데, 요즘은 인문계 출신들이 너무 취직이 안 되어서 그런 이야기가 좀 들어갔다.

나이 먹은 이공계 박사들 사이에는 박정희 시절이 지금보다 나았다는 노스탤지어가 있다. 아주 틀린 말도 아닌 것 같다. 박정희 시절, 미 우주항공국 나사에서 근무하던 재일교포 엔지니어 한 명을 한국으로 데리고 왔다. 그는 국적도 한국이 아니었다. 그는 1982년 구미 전자기술연구소와 서울대학교 사이에 원거리 컴퓨터 네트워크 통신에 성공한다. 세계두 번째, 아시아 최초로 인터넷 실험이 성공한 순간이다. 그렇게 한국에 인터넷 실험이 시작되고, 그의 제자들이 나중에 IT 신화의 실질적인 역할을 하게 된다. 이제는 신화가 된 전길남 박사 이야기다. 이렇게 특정 인사를 국가가 전격적으로 초정하는 게 장기적으로 국가에 도움이 되는지는 이제는 좀 생각해볼 필요가 있기는 하다. 그렇지만 개도국은커녕 저개발국가 시절에 나름대로 유효한 전략이었다고 할 수는 있다. 지금 같으면 벌어지기 어려운 일이다. IT 신화의 맹아들이 이미 박정희 시절에 뿌려진 것은 사실이다. 박정희 때는 육사 나오면 5급 사무관으로 특채하는 이른바 '유신 사무관'도 있었지만, 카이스트 석사들을 대상으로 한 카이스트 특채도 있었다. 지금도 이공계 박사들에 대한 특채가 있기는 하지만, 6급 연구사 제도도 여전히 존재한다. 유신 시절에는 카이스트 석사 학위만으로도 사무관이 되었지만, 지금은 그런 거 없다. 이공계 박사들이 자리가 없어서 6급 연구사로 지원하는 경우도 비일비재하다. 같은 박사지만 문과와 이공계라는 차이점 때문에 문과 출신 5급 사무관은 '사무'를 보고, 이공계 출신 6급 연구사는 '연구'를 한다. 드문 경우지만 일정한 경력이 있는 문과 계열 박사들은 과장급인 4급으로 바로 특채가 되는 제도도 존재한다. 이런 제도나 관행만 보고 있으면, 박정희 시절에는 그래도 이공계에 대한 대우가 지금보다는 나았다는 생각이 들 수 있다. 그러나 어쩌랴! 이제는 그 시절로 다시 돌아가지 못한다. 그리고 세계무역기구WTO에 가입한 이후, 유신경제처럼 통치자가 알아서 많은 것을 판단하는 그 시스템으로 돌아갈 수는 없다. 만약 대통령이나 정치인이 특정한 사람을 찍어서 밀어주라고 한다면? 그게 바로 황우석 사건이다. 황우석 사건은 왜 생겼는가, 그리고 그런 사건은 왜 지금도 생겨나고 있는가? 그걸 살펴보는 게 지금의 이공계 현황을 이해하는 가장 빠른 방법일 것이다.

 큰 눈으로 보면, 우리나라는 물론이고 전 세계 과학기술계에 4차 산업 혁명이라는 개념보다 실질적이고 현실적으로 가장 큰 변화를 가지고 온 사건은 WTO 체제의 출범이다. 이 거대한 변화가 우리나라에만 영향을 미친 것은 아니지만, 우리에게 미치는 그 충격과 변화가 가장 컸다. 농업도 큰 영향을 받았지만 길게 보면 과학기술계에 미치는 영향이 더 컸다고 할 수 있다. 그리고 농업이나 산업은 어떤 영향이 생길지 미리 생각을 할 수 있었는데, 과학기술계에 생길 변화에 대해서는 잘 몰랐다. 선진국들도 한국 경제의 내부 구조를 잘 몰랐으니까, 이런 것을 일러줄 수도 없었을 것이다. WTO를 관세협정 정도로 생각하는 사람들이 종종 있는데, 그것보다는 훨씬 더 크고 근본적인 사건이다. 그리고 실제 협상에 이르기까지, 많은 협상가들의 1차 목표는 선진국들이 시행하던 수출보조금을 없애는 일이었다. 선진국이든 개도국이든, 대부분의 국가가 수출보조금을 어떤 식으로든 기업에게 주고 있었다. 국가가 수출 1백만 불을 기념해서 포상을 하는 등 박정희의 유신경제가 조금 더 심했지만, 그 시절에 수출을 최고의 가치에 두었던 것은 우리만 그런 것은 아니었다. WTO 협상의 전반부는 수출보조금을 금지하기 위한 각종 장치, 그리고 후반부는 그로 인해 생겨날 폐해를 최소화하기 위하여 농업이나 위생검역 혹은 지역경제 정부보조금에 예외를 둘 분야와 방식을 정하는 것이었다.

 수출보조금이 금지되면서 선진국들이 눈을 돌린 것이 바로 연구개발 Research and Development, 즉 R&D였다. 수출보조금을 안 주면 자기네 기업이 경쟁에서 뒤처질 것 같으니까 수출보조금과 비슷한 효과를 낼 수 있는 것을 찾았다. 그게 바로 R&D 지원이었다. 수출할 때 보조금을 주나, 그

전단계인 제품 개발할 때 돈을 주나, 수출하는 기업들이 돈을 받아가는 것은 유사하다. 그리고 이건 WTO 체제에서 금지되어 있지 않다. 정부가 과학과 기술이 가지고 있는 공익적 효과와 보편적 혜택을 생각해서 과학 분야에 투자를 했다? 이건 신화이고 미신이다. 어차피 수출보조금으로 쓰던 돈을 과학기술 분야로 그냥 돌리면 되는 거니까, 과학기술의 공익성, 이런 건 그냥 명분으로 만들어낸 신화와도 같다.

황우석 사건 때 '원천기술'이라는, 거의 사용하지도 않는 용어를 들이대면서 황우석 연구의 중요성을 강변한 사람들이 있었다. 기초기술과 '베이직 엔지니어링'과 같은 연구 앞 단계의 작업들이 중요하기는 한데, 수출보조금에서 시작된 전격적인 R&D 정책은 애당초 기초연구 분야에 아무런 관심이 없었다. 연구와 상업화의 전 과정에서 가장 종단부, 즉 수출이 벌어지는 그 순간이 원래부터 관심의 대상이었다. 과학기술에서 수출만 중요한 것인가? 수출품이라고 해서 마지막에 수출하는 업체 혼자 그 제품을 만드는 것은 아니다. 물론 현실적으로 조립 공정을 담당하는 대기업들이 그 수출 업무를 혼자 다 하는 것 같지만, 실제는 그렇지 않다. 그렇지만 그 종단에 돈을 흘려 넣으면 자연스럽게 협력업체를 따라서 전체적으로 돈이 흘러 들어가게 된다. 이렇게 수출보조금 디자인 하던 방식으로 R&D 디자인을 하다 보니 수출 실적이 좋은 대기업들 그리고 제품 마지막 단계인 최종업체에 주로 돈이 가게 되었다. 그런데 이게 생산의 상류 쪽으로는 돈이 가지 않는 정도가 아니라, 마지막에 돈을 쥔 업체가 나머지 협력업체를 종속시키기에 딱 좋은 구조가 되었다. 작지만 기술력 좋은 전문기업이 그 돈을 쥐었으면 또 다른 효과가 발생할 수도 있었을 것이다. 그렇지만 우리의 현실상, 로비 잘하고 대관업무 잘하는 대기업이 주로 그 돈줄을 쥐게 된다. 대기업과 중소기업의 임금 격차 등 기업 서열에 따른 양극화가 더 심해진 것은 보너스다.

수출보조금에는 화물선 선적이나 신용장 개설 같은 누구도 의심할 필요 없는 명확한 기준이 있다. 신용장 있냐, 있으면 얼마냐? 명확하다. 그렇지만 연구개발비는 좀 다르다. 뭘 해야 할지도 모를뿐더러, 성과를 판단하기는 더더욱 어렵다. 일반적인 연구는 등재지 논문 게재 성과로 계측하는데, 사실 이것도 대학이나 학계의 성과를 포괄적으로 평가하기에는 한계가 아주 많은 지수다. 이런 걸로 연구개발 성과를 평가하기는 더더욱 어렵다. 초기 연구에서 제품화까지 기간이 오래 걸린다. 게다가 많은 기술이 결합되기 때문에 단일 요소로 분해해서 계측하거나 수량화 지표로 전환하기 어렵다. 특허건수 같은 것을 기준으로 사용하기는 하지만, 역시 대표 지수라고 보기는 어렵다. 수출 분야에 비하면 연구 분야는 성과평가의 표준화가 정말로 불가능할 정도로 난해하다. 나중에 결과를 보면서 엄청난 기술이 세상을 바꾸었다고 하지만, 그거야 사후 해석일 뿐이다. 그리고 워낙 신화적 요소가 많아서 그런 사후적 해석도 반드시 맞는다는 보장은 없다. 그래서 과학정책을 효과적으로 추진하는 것은 그 사회의 총체적 지식과 노하우의 결과라고 할 수 있다.

1990년대 갑작스럽게 WTO 출범을 맞은 한국 정부가 수출보조금에서 전환된 연구개발 자금을 관리할 수준이 되었을까? 그래도 "우린 잘 몰라요", 이렇게 솔직하게 모르는 것을 모른다고 하고, 시간을 갖고 사회적 논의를 하면서 우선순위와 방법론들을 찾아나갔으면 정말로 좋은 기회가 되었을지도 모른다. 그렇게 안 했다. 돈은 크고, 뭐가 중요한지는 잘 모르겠고, 방법도 모르는 정부가 어떻게 했겠는가? 박정희 시절에 하던 것처럼 쉽고 간단한 원칙으로, 순전히 돈을 편하게 쓰겠다는 일념으로 만든 바보 같은 정책 기조가 '선택과 집중' 전략이다. 말은 멋진데, 공무원들이 일 좀 쉽게 하겠다는 말 이상은 아니다. 몇 개 연구사업에 돈을 다 몰아주겠다, 이런 이야기를 행정 용어로 표현한 것이 선택과 집중이다. 마치 무슨 구국의 결단을 한 것처럼, "우린 이것만 할래요", 그렇게 선택을 한다. 누가? 아무도 알 수 없는 일이다. 이렇게 바보 같은 전략을 밀다 보면, 당연히 해야 하는 연구 혹은 이전부터 하던 연구인데 부당하게 지원에서 배제되는 과제가 생긴다. 그때 하는 말이 '백화점식 사업 지양'이라는 모욕감 넘치는 말이다. 중점과제와 백화점식 사업, 이런 것이 객관적이고 장기적인 시각으로 결정되는 게 아니라 진짜로, 그냥 행정 편의에 의해서 설정된다. 이것저것 다 해봐야 어차피 제대로 안 될 거니까 차라리 될 만한 것 몇 개만 하겠다, 이런 뻔뻔스러운 이야기가 IMF 경제위기 이후 DJ 정부와 노무현 정부를 관통한 R&D의 행정 키워드다. 정부의 연구개발 관리 능력은 변한 게 없는데, 개별 연구는 점점 장기화, 규모화의 길을 걷게 되었다. 말이 좋아 '집중과 선택'이지, 사전에 정해놓은 몇 가지만 크게 하겠다, 극단적일 정도의 밀실 행정이다. 황우석이 그 속에서 태어났고, 미래의 황우석이 계속해서 태어나고 있다. 이렇게 노골적이고 무식하게 연구개발 행정을 추진하는 것은, WTO 가입 이후 여섯 번 정권이 바뀌는 동안 바뀐 적이 없다.

여기에 추가되어 결정적으로 연구 기반을 붕괴시킨 사건이 발생한다. IMF 경제위기 때 정부 산하 연구원들 관리가 개별 부처에서 총리실로 일원화된다. 어떻게 연구를 더 잘 할 수 있게 지원을 할 것인가가 아니라 어떻게 돈을 덜 쓰게 관리할 것인가, 이런 게 통합의 목표였다. 솔직히

IMF 경제위기의 책임은 모피아 등 고위급 경제관료나 문어발식 확장을 하던 대기업들이 져야 할 일 아닌가? 과학이나 기술 연구를 하고, 기초연구를 하는 현장의 국책 연구원들이 무슨 죄가 있겠는가? 기본적으로는 보고서와 연구를 활용할 실무부처와 함께 움직이는 게 맞지만, 경비 절감이라는 이유로 소속 부처에서 연구소들을 떼어내 총리실 관리로 일원화시켰다. 연구 분야의 성격이 전혀 다른 연구원들인데, 인건비나 돈을 얼마나 썼고 얼마나 연구 성과를 냈는지 단기적인 시각으로 서로 비교당하는 처지가 되었다. 마침 사회적으로도 비정규직이 일반화되면서, 연구 분야에 제일 먼저 그리고 제일 강력하게 비정규직화가 진행되었다. 아무도 관심 없는 사이에 이런 이상한 방식으로 몇 년 지나니까 이제 한국의 R&D는 대학원의 조교들과 연구원의 초빙연구원급 비정규직들이 박봉에 밤을 새워 하는 일이 되었다. 연구원들 사이의 위계가 너무 강력해졌고, 권한은 짧은 시간에 수직화되었다. 비정규직 보호법을 만들면서 그나마 박사는 아예 제외시켜버렸다. 박사들은 2년 일해도 정규직 전환이 되지 않는다. 평생 일해도 상사들에게 고분고분하게 머리 숙이고 지내지 않으면 실무 연구진들은 2년마다 한 번씩 책상을 비우고 나가야 한다. 당연히 생사여탈권을 가진 인사권자와 기획실장 등 간부급에게 권한이 집중된다. 총리실로 연구원 관리가 일원화되기 이전에는 각 부처들이 성과를 내야 하니까 실제로 연구를 진행하는 연구원들을 좀 챙겼다. 이제는 누가 진짜로 실험하고 자료 정리하고 보고서 쓰는지, 알 게 뭐냐.

이런 더러운 분위기가 무르익은 와중에 2007년 1월, 한국의 연구자들에게는 더욱 결정적인 타격이 발생하게 된다. 공공기관의 운영에 관한 법률, 소위 '공운법'이 만들어지면서 우리나라 공무원, 특히 경제공무원들이 R&D는 물론이고 연구라는 것을 어떻게 생각하고 있는지가 적나라하게 드러나는 사건이 벌어진다. 법은 '기타 공공기관'이라는 분류로 정부 출연 연구기관을 밀어 넣었다. 기타? 이 분류에는 카지노 하는 강원랜드, 대표적인 금융 공기업인 한국수출입은행 그리고 주택관리공단이 들어 있다. 연구는 별도 항목이 아니라 기존의 분류에 잘 안 들어가는 카지노 같은 것들과 같은 항목으로 관리되기 시작했다. 카지노와 R&D가 같은 거라는데, 이런 나라에서 무슨 연구개발과 지식경제를 하겠는가? 이 분류의 기관들은 품질개선을 위한 경영혁신과 고객만족도로 평가를 받는다. 연구소에서 무슨 경영혁신을 하고, 누구한테 고객만족도 평가를 받겠는가?

이런 흐름 속에서 급부상한 단어가 프로젝트 매니저Project Manager, 즉 PM이다. 물론 모든 프로젝트에는 프로젝트 관리자가 있는데, 과학 분야에서 이야기하는 PM은 급과 성격이 다르다. 작게는 수억 많게는 수백억 원을 관리하는 PM은 교수 중에서 나오기도 하고, 국책 연구원의 실장급 혹은 팀장급 연구원 중에서 나오기도 한다. 이제는 연구보다, 수백억짜리 사업을 몇 년간 안정적으로 끌고 갈 연구자가 더 중요해졌다. 그러면서 이 PM을 중심으로 관련 분야 전체가 몇 개의 '클랜'으로 나누어진다. PM 한 명이 클랜 한 명이라고 보면 된다. 혹은 이 하나하나의 클랜을 '박사들의 클랜'이라고 불러도 좋을 것 같다. 왜 R&D에 대해서 정부가 지금처럼 강력하게 지원을 하게 되었는지, 그 목표가 무엇인지, 그런 것은 이미 사라진 지 오래다. 지금은 PM들의 왕국이다. 굳이 차이가 있다면 청와대 과학비서관에 직접 줄을 대고 있는 초강력 PM과 해당 부처의 국실장에 줄을 대고 있는 평범한 PM 정도 아닐까? 그럼 누가 PM이 되는가? 쉽게 설명하면 황우석 같은 사람이 PM이 된다. 나머지 연구진은 '서브'라고 불리고, PM과 서브 사이에는 조선 왕조 500년간 이어온 바로 그 주종관계가 형성된다. PM과 같은 기관에 있는 '솔거노비'와 서브 쪽에 소속된 '외거노비', 어차피 실무 연구진은 노예다. 인권? 그런 거 없다. 그 야말로 월화수목금금금 일하는 노비 상태다. 4차 산업혁명? 지금 한국의 이공계는 물론 연구 진영 전체에 필요한 것은, 노비 면천이나 노예 해방 같은 중세 시대의 과업이다. 돈은 이래저래 많이 흘러 들어오는 것 같지만, 현실에서는 실제 연구하는 박사들과 연구진들을 노비로 만드는 구조만 더 강화된다.

5년에 한 번 정권이 바뀐다. 그리고 경제정책 등 정책 기조가 좀 바뀐다. 그런데 R&D 정책은 IMF 이후로 크게 바뀐 적이 없다. 사람도 거의 안 바꾼다. 새로운 정권이 들어오면 이 PM급 연구진들이 분야별로 국가 기본계획 같은 것을 세운다. 가끔은 청와대 눈 밖에 난 사람이 밀리기도 하지만, 그 자리를 결국 '올드 보이'들이 채우니까 그 얼굴이 그 얼굴이다. 정권 초에 그렇게 모여서 앞으로 5년간 누가 새로운 PM을 할 것인가, 그런 게 정해진다. 대통령이 바뀌고, 장관이 바뀌고, 청와대 과학비서관이 바뀌어도 PM들은 거의 바뀌지 않는다. 기술 로드맵은 기술 분야에서 가장 핵심적인 작업인데, 자기들끼리 모여서 자기가 하는 연구를 로드맵의 핵심 과제로 집어넣는다. 그러고 나면 국가 선정 핵심 3대 과제니, 10대 과제니, 행정적 모양내기가 시작된다. 앞 정권에서 잘못된 결정을 한 게 있더라도, 다음 정권에서 이름만 바꾸어서 그냥 계승한다. 전 세계가 단기적으로는 하이브리드, 장기적으로는 전기차로 간다는데, 우리만 미국의 아들 부시를 따라서 수소차로 가기로 기술 로드맵을 짰다. 그리고 망할 때까지 끝까지 간다. 결국 전체를 모아놓고 보면, 자기가 하는 일을 국가 과제로 정하고, 그 연구를 자기가 하는 형상이다. 이게 황우석 사건이다. 다른 분야에는 황우석 사태가 없을까? 수두룩하기는 한데, 별로 인기가 없어서 묻어두고 넘어가는 것이다. 황우석, 인기가 너무 하늘을 찔렀다. 그보다 PM의 인기가 떨어지는 분야는 망할 때까지 끝까지 밀고가다 어느 날 슬쩍 내려놓는다. 실제 피해는 정부 예산과 해당 산업 분야가 엉뚱한 일을 하게 되면서 경쟁력 저하로 나타나지만, 이런 걸 신경 쓰는 사람은 거의 없다. 워낙 폐쇄적인 분야인 데다 PM 혹은 PM급 연구원들의 권한이 너무 막강해, 실무 연구진이 이견을 낸다는 것은 상상하기도 어렵다. 워낙 좁은 분야라 양심선언도 잘 안 나온다.

한국에 있는 모든 PM의 삶을 다 일반화시킬 수는 없다. 그들도 과학자이거나 엔지니어이며, 학자다. 그들도 다 박사논문 쓰고 학자로서의 삶을 살겠다고 다짐한 사람들이다. 돈 따오고 관리하는 관리자와 진짜로 연구하는 사람으로 나누어놓았을 뿐이다. 회사에 승진이 있듯이, 박사들 세계도 직업의 세계라서 승진이 있다. 그 최정상에 분야별 PM이 우뚝 선다. R&D 분야의 '선택과 집중 전략'의 최종 승자들이다. 구조가 만든 피해자이면서 동시에 가해자다. 한국의 정상급 PM, 쉽게 말하면 황우석급 PM의 삶은 생각보다 단순한 경우가 많다. 주말에는 골프 라운딩과 교회 등 종교생활 일정을 소화한다. 주중에는 2회 정도 룸살롱급 회식을, 최소 1회 정도는 각종 포럼에서 조찬 모임을 갖는다. 그리고 이 일이 매주 무한히 반복된다. 가끔 국회의원들이나 고위 공무원들과 해외 순방 나간다. 국정감사 기간에는 혹시라도 있을지 모르는 질의에 답변하기 위해서 진짜로 자리에 대기한다. 국회에서 사고 나면 큰일이다. 그러고도 시간이 남아서 연구를 하면 정말 성실한 연구자다. 그들에게 한국 사회는 연구자로서의 역할이 아니라 성실한 관리자로서의 역할을 맡긴 것이다. 그리고 괴물이 되어간다. 황우석 사건에서 본 것처럼 진짜 연구는 비정규직인 보조 연구자나 조교들이 한다. 그리고 일정 수준 이상의 연구자가 스스로 PM 자리를 잡지 못하면, 능력 없다고 주위에서 배제되고 도태된다. 다른 선택이 없다. 젊어서는 유능했던 연구자라도 자신의 적성과는 상관없이 행정적 관리자가 되는 수밖에 없다. 문과 계통은 좀 다를까? 기본 메커니즘은 다 같지만, 기술개발에 비하면 다루는 돈의 크기가 작아서 이런 것을 소박하게 할 뿐이다. 이런 방식으로 연구가 제대로 될까? 물론 잘 안 된다. 그래서 서로 조금씩 봐주면서 은폐하는 수밖에 없다. 사고 나면 모두가 피곤해진다. 우리는 지금 위선의 왕국을 만들고 있다.

지금까지 이렇게 왔다. 노무현 때는 잘되고, MB나 박근혜 때는 잘 안되고? 그런 거 없다. IT(정보기술), BT(바이오기술), ET(환경기술)를 내세운 이른바 '3T' 정책이 '창조경제'로 이름만 바꾸었다가, 지금은 그 자리에 '4차 산업혁명'이란 간판이 붙어 있고 'ICBM'(사물인터넷IoT, 클라우드Cloud, 빅데이터Big data, 모바일Mobile)이라는 용어를 과제 제안서에 쓰는 게 유행이다. 바뀐 거? 1도 없다. YS 시절에 21세기를 맞아 '비전 21' 보고서를 분야별로 만든 적이 있다. 그때나 지금이나 R&D 분야에서 정부 보고서 포맷은 크게 바뀐 게 없다. 그동안 기업들은 워드도 썼고, 삼성은 훈민정음이라는 자기들이 만든 프로그램을 썼다. 정부보고서는 그때나 지금이나 아래아 한글을 쓴다. 전산 환경은 많이 바뀌었지만 아래아 한글 기본 문서 포맷이 크게 바뀌지 않은 것처럼, YS 시절이나 지금이나 R&D 정책이 만들어지는 방식은 거의 같다. 전형적인 밀실 행정으로 위에서 결정한다. 그렇게 일단 선정을 해놓고 거기에 맞춰서 따라오라고 하는 방식이다. 누가 뭐라고 하면 '선택과 집중 전략'이라고 말하면 그만이다. 그렇지만 형식이 바뀌지 않은 사이에, 몇몇 PM급 박사들이 연구 방향을 정하고, 자기가 받아갈 연구비를 정하고, 그 프로젝트를 자기가 관리한다. 그렇게 '박사들의 클랜' 현상이 더욱 공고해졌다. 그리고 현장에서 그걸 진짜로 연구하는 실무자들의 삶은 더더욱 황폐해졌다. 이 시기의 사회적 특징을 잘 간추린 공지영의 책 제목, 〈1등만 기억하는 더러운 사회〉, 딱 그대로다. 그리고 그 1등이 연구 1등, 능력 1등이 아니라는 점이 비극의 출발점이다.

물론 누군가 의도하지는 않았지만 그동안에 연구소 사이의 서열과 선호도에 대한 급격한 변화가 생기기는 했다. 행정수도 이전과 혁신도시 건설 등 토건사업이 진행되었다. 서울이나 수도권에 남은 곳이 '왕' 먹게 되었고, 서울과의 거리에 따라서 선호도가 급격하게 재편되었다. 물론 과학 연구에 대한 국가적 우선순위와는 아무런 상관없는 변화다. 특별히 정책 설계자가 의도한 것은 아니지만, 서울에 남은 주요 대학의 PM급 교수의 영향력이 더 커졌다. 지방에 내려간 행정관리자의 권한이 상대적으로 좀 축소되었다. 모두가 금요일 오전 서울에서 회의하고 싶어 한다. 그러면 목요일 저녁에 집에 와서 금요일 오전에 회의 나갔다가 즐거운 주말을…. 이 회의를 주관할 수 있는 사람의 권한이 더 커지는 것은 당연하지 않겠는가? 게다가 지방에 있는 공무원이 수시로 현장으로 돌아다니기는 어렵다.

자, 이러한 '박사들의 클랜' 문제를 어떻게 풀어야 할 것인가? 꼭 정부 말고도 기업도 연구기금을 조성하고 사회적으로 의미 있는 펀드들이 다양하게 존재하는 외국과는 달리, 아직 우리에게는 사회적으로 정부 말고는 변변한 자금원이 없다. 그리고 불행히도 정부는 아직 큰 연구과제를 제대로 평가하고 추진할 능력을 가지고 있지는 않다. 황우석급으로 국민들의 시선을 끈 사건이 없을 뿐이지, 횡령과 사기 혹은 무능 사이를 위태롭게 줄타기하는 연구과제는 엄청나게 많다. 돈은 커졌는데 평가는 어렵고, 관리를 위해서 더욱더 '메가 프로젝트'로 바꾸니까 위험성은 더 커진다. 정부가 바뀌면 좀 변할까? 대통령 바뀐다고 구조가 바뀌지는 않는다.

원칙부터 따져 보자. R&D 분야는 1995년 WTO 발효 이후에 본격적으로 시작된 분야라서 신생 분야라는 점을 잊으면 안 된다. 80년대 이후 사회 각 분야에서 민주주의라는 목표를 가지고 나름대로 자기 역사를 만들었는데, 과학기술 분야는 신생 분야라서 아직 민주화 이전 단계라고 보면 크게 다르지 않다. 맞든 틀리든, 경제 민주화라는 말에도 우리가 어느 정도 익숙해졌는데, 과학과 기술에서 민주주의라는 얘기를 거의 한 적이 없다. 이 분야는 민주화가 먼저다. 그리고 인권에 대한 얘기가 아주 초보적인 분야다. 민주화와 인권, 이 두 가지를 가지고 보면 어느 정도 맞는다. 실제 일을 하고, 혁신을 설계하고, 창조를 만들어내는 실무자들의 사회적 지위도 너무 낮다. 비정규직의 인권, 여성 인권, 이런 대부분의 문제들이 그대로 방치되어 있는 현장이 대학이고, 연구실이고, 실험실이다. 그리고 연구 책임자에 대해서 소소한 '어필'을 할 수 있는 여지가 너무 없다. 군대식 조직, 물량 투입에 의한 대량생산에 적합한 조직으로 탈포디즘의 지식경제 시대를 대처한다는 것이 기본적으로 말이 안 되는 일이다. 그리고 채용 등 인사 행정도 너무 불투명하다. 냉정하게 말하면, 미국 유학 간 선배를 따라 다시 유학 간 동문 후배를 채용하는 게 과학자 등 학자들의 관행처럼 되었다. 그 뒤를 국내 박사들이 '초빙 연구원'으로 솔거노비 노릇을 하는 게 현실 아닌가? 노비 해방, 아니 노비 면천부터 하고 과학기술을 얘기하는 게 맞을 것 같다. 21세기 하고도 20년째를 바라보는 시점이다. 박사들끼리 모여서, 너는 성골, 나는 진골, 쟤는 육두품, 이런 신라 시대 골품제 얘기를 하고 있는 것이 정상적인 상황은 아니다.

연구원 채용에 대한 지금까지의 관행에 반성적 접근이 필요하다. 우수한 것, 이것에 대해서 사회적으로 다시 한 번 생각해봐야 할 것 같다. 박사급 연구원 신규 채용시 최소한 국내 박사를 절반 정도로 하는 변화가 절실하다. 그리고 10년 정도의 장기과제로 본다면, 해외 박사의 채용을 제한하는 방식으로 가는 게 우리에게 유리하다. 반드시 해외 박사의 전문적 지식이 필요한 경우에 국한해서 예외적으로 해외 박사를 채용하는 게 낫다. 그래야 대학 등 국내 연구기반이 제대로 구축된다. 급하게 국가를 만드느라 우수 인력을 해외에서 충원하는 방식으로 갔지만, 이걸 언제까지 기형적으로 끌고 가기는 어렵다. 국내 연구기반 확충을 위해서 우리 시스템이 만들어낸 인재를 사용하는 것이 기본이 되어야 하고, 예외적이며 보완적인 형태로 유학 박사를 채용하는 것이 맞다. 지금의 관행은 그냥 관행일 뿐이다. 국내 박사는 2등 시민, 해외 박사는 1등 시민, 이런 신분제 박사 관행을 고착시킬 수는 없는 것 아닌가? 그리고 일정 수준의 성과를 수년간 지속적으로 낸 비정규직 박사를 내부 연구 인력으로 전환하는 프로그램이 필요할 것이다. 일은 지금 있는 사람에게 죽어라고 시키고, 자리가 생기면 자기 후배나 후배 친구, 그도 아니면 상사 후배나 후배 친구, 이렇게 전혀 엉뚱한 사람을 뽑는 지금의 관행은 고려든 조선이든, 망해갈 때 나타나는 현상이다. 이 짓을 앞으로도 수십 년간

할 수는 없다.

　장기적으로 본다면, 행정 편의를 위해서 강화시켜놓은 '선택과 집중' 전략을 완화하는 것이 낫다. 뭐가 중요하고 뭐가 필요한지 알지도 못하는 사람들이 신문 보고 인터넷 보고 "맞아, 맞아, 이렇게 하는 게 좋겠어", 이런 식으로 짜놓은 계획이 현실에서 제대로 작동할 리가 없다. 힘들어도 과제를 분산시키고, 더 많은 가능성을 열어놓는 것이 좋다. 그중에서 시장에서 경쟁할 수 있는 것들은 결국 시장의 선택을 받게 된다. 너무 초반부터 연구과제를 규모화시켜 놓으면 관리하기도 어려울뿐더러, 실패했을 때 아무도 책임지지 못하는 일이 벌어진다. 과제를 좀 더 소규모로 나누고, 흔히 '주니어'라고 부르는 신입급 박사들도 작은 규모에서나마 과제를 책임지는 형태로 가는 게 낫다. 부동산이 한때 대마불사를 외쳤다. 지금은 소형 아파트가 알짜라고 난리다. 박사들의 R&D도 지금 대마불사의 시대를 가고 있다. 말은 그럴 듯해도 행정 편의와 정권 홍보 이상의 의미는 없다.

　국가 차원의 기술 로드맵을 만들고 확정 짓는 순간이 있다. 사실 로드맵이라는 것 자체가 일종의 작업가설이라서 그게 기준이 되기는 어려운데, 돈을 나누어주어야 하니까 연구자들에게는 헌법보다도 더 중요한 작업이 된다. PM 중심으로 형성되는 클랜 현상을 완화하기 위해서는, 기술 로드맵 작성에 참여하는 전문가와 실제로 연구를 진행하는 연구자를 가혹하다 싶을 정도로 분리시켜야 한다. 주식시장도 그렇게 한다. 내부 정보로 주식거래하면 형사처벌이다. 정부의 다양한 과학기술위원회에 참여하는 전문가를 비롯해 로드맵을 만들고 기본 정책을 결정하는 데 참여하는 전문가들에게 어떠한 형태로든 정부의 연구용역에 참여하지 않는다는 서약서를 받는 것이 효과적이다. 연구자의 견해는 보고서나 논문을 통해서 간접적으로 판단에 영향을 미쳐야지, 지금처럼 자기가 직접 회의에 들어와서 결과를 만들고, 그걸 가지고 다시 자기가 연구비를 받는 것은 구조적으로 이상하다. 이러한 분리의 연장선에서 직계 제자들과 같은 특수 관계자들도 같은 방식으로 배척해야 한다. 결국 이런 랩 단계에서 생겨난 비민주적 관계가 정부 연구과제 자체를 거대한 클랜들의 잔칫상으로 만들게 된다.

기업에 주던 막대한 수출보조금이 WTO 출범과 함께 갑자기 연구개발비라고 기업에 가다 보니까, 왜 해야 하는지는 물론이고 어떻게 해야 하는지도 잘 모르고 돈이 갔다. 그렇게 20년을 지내다 보니, 박사들끼리 동맹과 연합을 맺고, 서로 밀어주고 도와주는 클랜 현상이 강해졌다. 그 한 명 한 명이 떼돈을 벌거나 엄청난 권력을 행사하는 것은 아니다. 그렇지만 국민경제의 경쟁력을 위해서 사용되어야 하는 돈이 전혀 상관없는 곳으로 간다. 정부가 공적으로 자금을 대서 스스로 기술을 확보하고 이걸 기업에 지원하는 것을 '기술 이전'이라고 부른다. 지금은 대기업에서 중소기업으로, 기술 선진국에서 기술 후진국으로 공익을 확보하기 위해서 기술을 전수하는 것을 이런 이름으로 부른다. 우리도 기술이 가지고 있는 경쟁력 요소와 공익적 요소 그리고 윤리적 요소, 이런 것들을 종합적으로 생각하는 단계로 넘어가면 좋겠다. 연구는 비즈니스가 아니다. 지금은 비즈니스, 그것도 완전경쟁이 아니라 6공화국식 골품제에 기반한 비즈니스처럼 운용된다. 이건 아니다.

유신 정권 때 육사 출신 군인들에게 힘이 너무 많이 갔다. 그러다 보니까 이른바 '정치 군인' 현상이 생겨서, 현장에 있는 야전 사령관들이 불만이 많았다. 지금의 R&D 구조도 그와 같다. 정치인들과 친하게 지내고, 대관 업무 잘하는 연구 책임자들에게 힘과 돈이 너무 많이 간다. 그리고 사소해 보이는 연구사업단에 소속된 솔거노비, 외거노비 들의 한탄이 하늘에 닿을 듯한 상황이다. 돈을 계속 받아오려니 조작에 가까운 일도 하게 되는 것 아닌가? 이 구조를 그대로 두는 한, 황우석 사건은 터지고, 터지고, 또 터진다. 서로 친한 사람들끼리 감싸주면서 '황금박쥐'가 생겨난 것 아닌가? 이름만 바뀌었지, 지금도 그런 일은 비일비재하다. 구조가 같은 데, 상황이 개선되었을 리가 없지 않은가?

여담이지만, 한국의 주요 정치인들이 과학 주제에는 유독 눈뜬장님에 가까웠다. 황우석을 처음 만난 대통령 노무현은 너무 기뻐서 "전기에 감전된 것 같다"는 말을 남겼다. 당시 경기도지사 손학규 역시 무슨 일을 더 도와줄게 없겠냐고, 호들갑을 엄청 떨었다. 주요 연구시설을 경기도에서 유치하기 위해서 난리가 났었다. 알려지거나 알려지지 않았거나, 대부분의 지도자급 인사들이 황우석을 도와주지 못해서 난리였다. 그 정도 위치에서 황우석에게 속지 않은 정치인은 우리나라에서 딱 한 명, 이명박이었다. 당시 서울시장 이명박은 황우석을 만나고 나서 이상한 사람이라는 뒷말을 남겼다. 냉정하게 말하면, 이명박 외에는 황우석에게 넘어가지 않은 정치인은 없었다. 사기꾼이 사기꾼을 알아보는 것인가? 지금도 그 박사들의 클랜이 어쩔 수 없이 사기를 치는 구조는 유효하고, 우리의 지도자들은 여전히 과학과 기술에 대해서 심각할 정도로 문맹이다. 잘하는 것에 앞서, 속지 않을 것에 대한 고민을 더 많이 해야 한다. 쓰는 돈이 너무 많기 때문이다.

네 돈이라면 이렇게 쓰겠니?

3장

—

1
우리가 실패하는 일은 없지!

—

정부에서 일하던 시절 들은 이야기 중에서 잊히지 않는 이야기가 하나 있다.

"우리가 잘 못하는 일은 있어도, 실패하는 일은 없지!"

말장난 같지만 한국 행정의 엄연한 현실을 얘기해주는 말이다. 진짜 일리 있는 이야기다. 후임자가 앞 사람이 했던 일을 '실패'라고 말하기는 어렵다. 큰일을 잘못했다고 하면 누군가는 책임을 져야 하는데, 이건 차라리 아무 일도 안 하는 것보다 못한 결과를 만들어낼 위험이 있다. 앞 사람이 하던 일이 아주 잘되지는 않았다고 하는 건 문제가 없어도, 그 일이 실패라고 하기는 아주 어렵다. 물론 공무원들도 바보는 아니다. 뻔히 보면 문제가 있는데, 그걸 알아차리지 못하지는 않는다. 그렇지만 이걸 행정적으로 어떻게 처리할 것인가? 여기에 고민이 있다. 가장 부드러운 방법은 "성과가 별로 없었다"고 보고하고, 은근슬쩍 없던 일 혹은 못 본

일로 처리하는 것이다. 더 잘했으면 얼마나 좋았겠나, 이런 아쉬움을 남기고 담당자가 바뀌면서 후속 조치 없이 사라지는 일들은 엄청나게 많다. 그리고 그렇게 중단된 사업은 기억 너머로 사라진다. 아무도 뭐라고 하지 않는다. 바둑은 복기가 생명이라고 한다. 한국 행정에 복기라고는 없다. 책임질 사람이 발생하면 안 되기 때문에, 국가도 복기는 전혀 하지 않는다. 조선 시대 행정의 달인이라고 할 수 있는 유성룡은 임진왜란을 겪고 나서 지난 일을 깊이 반성하였다. 그는 '내가 징계해서 후환을 경계한다'는 의미의 《징비록懲毖錄》을 쓰고 다시는 같은 일이 벌어지지 않기를 희망했다. 물론 그 후 얼마 지나지 않아 병자호란이 벌어졌고, 인조가 삼전도에서 '삼궤구고두三跪九叩頭', 세 번 무릎을 꿇고 아홉 번 머리를 숙이는 비극적 일이 벌어지게 되었다. 그것도 옛날 일이다. 한국의 공무원들이 영의정을 지낸 유성룡의 전통을 승계하지는 않은 것 같다. 《징비록》 같은 거창한 책 아니더라도 짧은 반성문도 쓰지 않는다. 퇴임한 고위 공직자가 뭔가 잘못한 것을 반성하는 책을 쓰는 경우는 이제 한국에 없다. 그들은 모두 재임 중에 맹활약한 이야기를 한다. 그들의 재임 시절이 정말로 그렇게 화려하고 영웅담투성이일까? 국가는 때때로 실패한다. 그러나 한국에서 공무원이 실패하는 일은 없다!

계속 한자리에서 일하는 공무원의 느긋함이 청와대를 비롯한 정권을 만든 핵심 인사들에게는 없다. 그들의 시간은 짧다. 실패하면 바로 쫓겨난다. 대통령 임기 5년을 끝까지 가는 정권 실세도 거의 없다. 중간에 실각하거나, 외국으로 떠난다. 미국 대통령 클린턴Bill Clinton은 본인도 상당한 악동 기질이 있지만 그의 동료들도 보통은 아니었나 보다. 4년씩 두 번, 8년간의 임기를 마치고, 공화당의 부시George W. Bush에게 백악관을 넘겨주어야 하는 순간이 왔다. 백악관을 비우면서 '클린턴 보이'들은 조지 W. 부시의 이름을 쓸 때 골탕 먹으라고 키보드의 W 자를 뜯어내버렸다. 나중에 백악관이 발표한 빌 클린턴 전 행정부 직원들의 백악관 기물파손 목록에 의하면 W 자가 뜯겨져나간 키보드가 정확히 100개였다. 그리고 다시 8년이 지나서 민주당의 오바마Barack Obama가 새롭게 백악관에 들어 오게 되었다. 부시 행정부는, 자신들은 컴퓨터 키보드에 손을 대지는 않겠다고 발표했다. 아버지 부시를 선거에서 이기고 백악관에 들어간 클린턴 사람들이 그 아들에게 정권을 내주면서 얼마나 부들부들했을지, 그야 말로 '분노의 W'가 아닐 수 없다. 박근혜 정부는 다음 정권에 청와대를 넘기면서 키보드의 W 자 정도가 아니라 하드 자체를 포맷해버렸다. 보이는 대로 다 폐쇄하고 잠가버렸다. 박근혜 쪽 사람들이 다른 건 몰라도, 스케일 하나 만큼은 최고다. W 자? 우리는 아예 하드를 날려버린다니까!

하던 일을 계속해야만 하는 공무원 집단과 절대로 다음 정권에 뭔가 괜찮은 것을 넘겨주고 싶지 않은 정권 핵심들, 어쨌든 두 집단이 협력해서 행정부를 구성하게 된다. 그 사이에 정서적 갈등이 생기기 마련이다. 클린턴 보이들의 W 자는 정말로 애교다. 요즘 식 표현으로는 늘 공무원이었던 '늘공'과 어쩌다 공무원인 '어공', 그 사이에서 "실패는 없었다"는 명제를 놓고 갈등이 극한으로 치닫게 된다. 노무현 시절의 '대못', MB 때의 '전봇대' 그리고 박근혜 정부의 "쳐부술 원수이자 암덩어리", 은유적 표현이라고 하기에는 섬뜩할 정도로 감정의 날이 서 있다. 이전 정권에서 했던 정책에 문제가 없더라도 다 치워버리고 싶은 것이 우리의 정치 현실이다. 조금이라도 문제가 있는 정책을 다른 쪽에서 남겨두겠는가? 할 수만 있다면 좌측통행, 우측통행, 이런 기본적인 것들도 정권 바뀔 때마다 바꾸려고 할 것이다. 매번 무엇인가를 바꾸는데, 그렇게 하면서 점점 더 좋아지는 것일까? 혹시 시계추와 같이 그저 좌우로 흔들리고 있는 것은 아닐까? IMF 경제위기를 비롯해서, 공식적으로 잘못된 정책은 우리나라에는 없다. 공무원이 뒷돈을 받아서 부당하게 권한을 행사한 경우를 제외하면, 정책적 실패는 한국에 존재하지 않는다. 그냥 공무원들이 하는 얘기만 그런 게 아니라 공식적으로도 그렇다.

포항제철이 팔렸다. 잘한 것인지 아닌지, 뒤돌아보면서 생각하는 절차는 없다. 그리고 외환은행이 론스타에게 팔렸다. 그리고 이 행위에 대해서 누군가 책임을 져야 하는 일이 벌어지면 안 되니까 결국에는 대통령의 친구가 외환은행을 다시 인수해갔다. 더 작은 은행이 더 크고 우수한 은행을 합병하는 기이한 일이 벌어졌다. 그 와중에 쌍용자동차는 국민회사 모델 등 기술적 대안에 대한 논의도 없이 다시 외국회사에 팔렸다. 이후에 대대적으로 '쌍차 사태'라고 불리는 큰 사회 문제가 발생했다. 한국 영화의 40~50퍼센트가 촬영되고 있던 남양주 영화촬영센터는 최순실 사태가 터지기 직전, 건설회사에 팔렸다. 당시 영화진흥위원회는 최순실 사람들로 장악된 상태였다. 한때 건설자금과 관련되어 유행처럼 번지던 PF, 프로젝트 파이낸싱이 결국 문제가 되어 저축은행 사태가 났다. 이런 사건들에 책임지는 사람은 없다. 어떤 것은 그래도 언론을 통해 일부 논쟁이 되기도 했지만, 어떤 일은 더 큰 정치적 사건에 묻혀 그런 게 있었나 싶게 넘어갔다. 그리고 이런 일들의 특징은 여러 정권에 걸쳐 있다는 것이다. 정권이 바뀌어도 다시 조사하거나 검토하지 않고 넘어간 일들이다. 공무원도 실패했다고 인정하고 싶지 않고, 청와대도 별로 관여하고 싶지 않은 일들이 존재한다.

행정이론상, 정권이 바뀌어도 계속되는 정책은 좋고 우수한 정책이다. 유럽 공립대학의 경우, 보수 정권에서 나중에 민간 사립대학으로 전환한다고 몇 번이나 공약을 내걸었었다. 그렇지만 크게 바뀐 것은 없다. 복지 정책 중에 그런 것이 많다. 어린이집을 무료로 다니게 하는 것은 박근혜 정권에서 시행된 정책이다. 이런 건 정권이 바뀌어도 더 강화되면 강화되었지, 완화되지 않는다. 좋고 우수한 정책이 그렇다. 그러나 우수하고 좋은 정책만 정권이 바뀐다고 바뀌지 않는 것은 아니다. 너무 황당하고 이상한 정책들도 바뀌지 않는다. 너무 여러 정권에 걸쳐 진행된 일이라서 시작과 끝이 불분명한 일들도 변하지 않는다. 상대편을 공격하려면 자기편도 공격을 하거나 최소한 비판이라도 해야 하는 경우가 있다. 이런 것은 '우수한' 것이 아니라 '우스운' 것이지만, 쉽게 바꾸기 어렵다. 공무원이 전임자가 잘못했다고 말하기 어려운 것처럼, 자신들의 이전 정권도 관여된 일의 흠을 드러내고 싶어 하지 않는다. 대표적인 것이 새만금 사업이다. 노태우 시절에 정치적인 이유로 등장하였는데, 아직도 여전히 진행 중이다. 일곱 개의 정권에 걸쳐진 사업이다. 왜 하는지 불투명하고, 효과도 명확하지 않지만, 이걸 세울 힘은 이제 한국 사회에는 없다. 지나간 일에 대해서 사과하는 것은 쉽지 않다. 용기와 자신감이 필요하다. 대부분의 경우는 지나간 일에 대해서 사과하기보다는, 새로운 잘못으로 예전의 잘못을 덮으려 한다. 개인이 이런 일을 하면 무모하다고 한다. 그러나 그런 일을 정권 차원에서는 일상적으로 저지르게 된다. 힘이란 것이 그런 속성을 가지고 있다.

　이런 여러 가지 이유로 국가의 사기는 정권이 바뀌어도 계속된다. 자기 돈이라면 절대로 하지 않을 일을 오늘도 하고, 내일도 하고, 모레도

할 것이다. 국가가 아주 대놓고 사기 친다고 해서 공무원들이 떼돈을 벌까? 과거에는 금전적 결탁으로 인한 부정이 비일비재하게 벌어졌지만, 이제 그런 일은 많이 줄었다. 감옥 갈 각오하고 덤벼드는 정말로 아주 일부를 제외하면, 이런 이상한 결정에 관련된 공무원들이나 고급 관료들이 엄청나게 돈을 버는 것도 아니다. 그렇지만 이런 행정 행위의 결과로 정부 곳간에서 빠져나가는 돈은 엄청나다. 구멍가게에서도 벌어지지 않는 일이, 국가의 수십조 원 단위의 사업에서는 종종 벌어진다.

2016년 겨울, 광화문을 메웠던 사람들의 열기로 정권은 바뀌었다. 그렇지만 그 힘이 정권을 바꾸는 것으로 끝난다면, 너무 아쉬운 일이다. 정권을 바꾸는 변화를 뛰어넘어, 우리의 삶을 진짜로 바꿀 수는 없을까? 조금은 더 근본적인 변화를 꿈꿀 수는 없을까? 그걸 위해서 이런 질문을 생각해보았다. "네 돈이라면 이렇게 쓰겠니?" 이 질문은 우리를 조금 더 나은 상태로 인도해줄 것이라고 생각한다.

—

2

진정한 포스트모더니즘 정책, 자원외교

—

MBC 〈PD수첩〉이 한창 좋았을 때 CP가 바로 다큐멘터리 영화 〈공범자들〉을 연출한 최승호 PD였다. 한동안 해직 언론인이었던 그가 다시 MBC 사장으로 복귀했다. 그가 해직당한 일은 기억을 해도, 그가 얼마나 탐사 방송에서 맹활약했는지 기억할 사람은 많지 않을 것 같다. 2005년 황우석 사건 때도 그가 담당 CP였다. 그러나 그보다 더 중요한 방송이 있다. 역시 그가 담당 CP로 있던 2006년 4월 18일, 한국 방송 역사에 남을 법한 기념비적인 방송이 송출된다. 676회차 방송이다.

'군산 앞바다에 300조 원의 석유가?'

당시 실제로 군산 앞바다에 석유 시추선이 떴고, 관련된 개발회사의 주식이 급등하고 있었다. 군산 앞바다에 정말로 석유가 있는지 없는지, 지금도 아무도 모른다. 그렇지만 〈PD수첩〉이 취재한 바에 의하면, 시추선이 정말로 뜨기는 했는데, 진짜로 시추를 한 것은 아니고 하는 시늉만

냈다. 겉으로만 보면 1970년대 중반, 포항 앞바다에서 석유가 발견되었다는 서글픈 사기사건과 비슷했다. 그렇지만 이 밋밋해 보일 수도 있는 방송 한 편이 바로 그다음 날부터 대한민국을 발칵 뒤집어놓았다. 이 석유 시추선에 투자한 사람 중 한 명이 바로 주수도였다. 방송이 나가고, 큰 변화가 생겼다. 그리고 거대한 주수도의 왕국이 무너졌다. 이렇게 어이없게 속아? 사람들은 생각보다 쉽게 속는다.

2006년, 노무현 정부 때는 국제 유가가 유례없는 상한가를 기록하고 있었다. 석유 가격과 금값은 자체적으로 수요와 공급 상태에도 영향을 받지만, 국제적인 경기와 달러 가치와 연동되어 움직이는 경우가 많다. 경기가 좋으면 사람들이 석유를 더 많이 쓰게 되고, 아직 채굴하지 않은 6개월 혹은 1년 후의 석유 값이 오른다. 자원 선물시장에 투기가 시작된다. 그리고 달러가 불안해도 '안전자산'인 석유와 금으로 수요가 몰린다. 이런 국제적 흐름들이 모여서 석유 가격이 비정상적이라고 할 정도로 상승한 때가 노무현 정부 중후반이다. 주수도에게 돈을 맡긴 고객들도 특별히 석유 시추에 대해서 알고 있었을 리가 없지 않은가? 그렇지만 석유 시장과 자원 시장에 대해 잘 모르는 사람들도 '앞으로는 석유가 대세야', 이렇게 막연한 생각을 가질 수 있는 사회적 여건이 조성되어 있었다. 주수도의 석유 채굴만 있었던 것도 아니다. 중국 등 북방 외교가 한참인 틈을 타서, 중국발 석유 개발에 관련된 온갖 사기성 프로젝트에 대한 제안들이 여의도에서 광화문까지 한창이었다. 일반인들이 고유가라고 비싼 휘발유 값에 불평을 하고 있는 동안, 원유와 관련된 사기성 사업 아이템들이 넘쳐나고 있었다.

주수도의 고객들이 군산 앞바다로 몰려갈 때, 참여정부 내부에서 '자원외교'라는 단어가 급부상하게 된다. 그리고 '자주 개발'이라는 희한한 지표 하나가 최상위 국정지표로 급부상하기 시작한다. 노무현 대통령의 2007년 신년 연설문이 그 당시의 분위기를 보여준다.

> 참여정부는 자원정책의 패러다임을 '안정적 도입'에서 '자주 개발'로 확대하고, 대통령이 직접 뛰었습니다. 17개국을 대상으로 자원 정상외교를 펼쳐 우리가 투자한 석유·가스 자원의 확보량을 52억 배럴에서 140억 배럴로 2.7배 확대시켰습니다. 해외자원개발 예산도 2002년 2,800억 원에서 올해 9,200억 원으로 3배 이상 확대했습니다.
>
> – 2007년, 대통령 신년 연설문 중에서

차분히 앉아서 생각해보면 누구나 상식적으로 자원외교의 문제성에 대해서 금방 알 수 있다. 여기저기 외교라는 말을 막 갖다 붙이기는 하지만, 국제적으로는 자원과 외교는 붙여서는 안 되는 용어다. 결국에는 외교라는 미명하에 남의 나라 자원을 확보하겠다는 의미를 가지고 있는데, 상대방이 좋아할 리가 없지 않은가? 속으로는 냉정하게 실리를 따져 보더라도 말 자체는 '입안에 혀'처럼, '버터 바른 듯'이 해야 하는 게 외교다. 거기에 대놓고, "우리가 당신네 자원 가져가고 싶어요"라고 말하는 것은 외교 축에도 못 든다. 만약에 세계적인 제국주의 역사가 없었다면 좀 더 중립적으로 느껴질 수도 있을 수 있지만, 이미 자원 각축전으로 두 번이나 세계대전을 치른 게 엄연한 현실이다. 우리나라는 이제 남은 자원이 별로 없어서 그럴 리는 없지만, 다른 나라 외교관이 우리나라에 와서 "자원외교 하러 왔습니다"라고 말한다면 어떤 기분이 들겠는가? 불운

했던 구한말이나 일제강점기가 연상되어 별로 기분 좋지 않을 것이다. 친일, 친러, 친중, 이렇게 나뉘어서 외국 기업들이 서로 우리나라 이권을 가져가려고 한 개항 이후의 어렵던 시절이 생각나서, 누가 그걸 좋아하겠나? 마찬가지로, 자원을 수출하려고 하는 국가들도 꼭 집어서 '자원외교'라고 하는 이야기를 근사하게 생각하지는 않는다. 요즘 자원을 수출하려는 많은 국가들도 식민지 경험을 가지고 있다. 일부러라도 상대방을 기분 좋게 해주는 게 기본인데, 뭐 하러 일부러 기분 안 좋을 것이 빤한 이야기를 하겠는가? 자원이 국가운영의 핵심 역할을 하는 나라 중 하나가 캐나다이다. 보통 '엔알캔'이라고 부르는 캐나다 천연자원부Natural Resource Canada가 별도의 부처로 있을 정도로 캐나다의 정책에서 자원이 차지하는 비중이 크다. 그런 캐나다에서도 자원외교라는 표현을 대놓고 쓰지는 않는다. 서양식 예법과 에티켓에 여전히 어색함을 느끼는 일본이 자원외교라는 말을 사용한다. 좀 촌스러운 일본식 행정 용어다. 우리가 쓰는 자원외교라는 표현도 사실 일본식 외교에서 가지고 온 것인데, 국제적으로 보편적이지는 않다. 물론 모든 나라가 자원이 중요한 것은 마찬가지인데, 자원 전략, 자원 정책, 이런 식으로 돌려서 표현하지 그냥 자원외교라고 직접적으로 말하면 좀 무식한 것이다. 그런 일본도, 정부가 민간기업의 자원 확보에 대해서 편의를 봐주는 정도지, 우리처럼 공기업이 직접 나서서 무지막지하게 돈을 들이지는 않는다. 한때 이탈리아가 공기업을 통해서 공격적으로 해외 자원 개발에 나섰던 적이 있기는 하다. 그렇지만 결국엔 재정적자가 누적되면서 1995년에 민영화했다. 자원외교라는 표현이 현실 외교에서는 불리한 표현이기도 하지만, 정부가 직접 나서서 석유 자원 등 자원 개발에 뛰어든다는 것은 세계적 추세와도 맞지 않는다. 다만 중국은 자원 분야에 민간기업이 별로 없어서 정부가 직접 나선다. 이런 점에서 용어는 일본을, 행정은 중국을 따라한 것이라고 볼 수 있다.

자원외교라는 표현도 상식적으로 이상하지만, 원유의 '자주 개발' 혹은 '자주 개발률'이라는 단어는 더 이상하다. 국제 원유 시장의 구조를 조금만 알면 성립하기 어려운 단어다. 자원마다 시장 구조가 조금씩 다른데, 천연가스 같은 경우는 여전히 국가 간 장기계약이 중요하다. 그렇지만 석유는 거의 완벽하게 시장 유통 위주로 되어 있고, 선물거래도 가장 활성화되어 있다. 선물시장이 발달하면 투기가 단기적으로는 늘어나는 경향이 있지만, 워낙 규모가 커져서 특정 작전 세력이 좌지우지하기 어렵다. 표준화된 제품을 편의점에 가서 사듯이 시장에서 살 수 있는 자원이 바로 원유다. 오죽하면 가끔 산유국 정치인들이 UN 같은 곳에서 원유가 콜라보다 싸다고 불만을 토로하겠나. 물론 전쟁 등으로 위기가 생길 수 있기는 한데, 그 정도 상황이 되면 어차피 외국에서 확보한 원유를 가지고 올 해상 수송로 역시 안전하다고 볼 수 없을 것이다. 보통 때는 별 필요 없고, 정말로 위기가 되면 가져올 방법이 없기 때문에 역시 필요가 없는 것이 해외 유전이다. 물론 개별 기업이 사업성 차원에서 접근할 수는 있지만, 국가가 원유 확보를 위해서 직접 뛰어들 필요는 없다는 것이 세계적 상식이다. 그 유전을 우리 자금으로 얼마나 개발했는가를 의미하는 자주 개발률은 자국 민간회사들의 해외 진출 현황을 살펴보기 위해서 보조적으로 쓸 수는 있어도, 국정 지표로는 성립되지 않는 개념이다. 국가 간 10년 이상의 장기계약 위주로 움직이거나 독과점 현상이 벌어지는 자원에 대해서는 국가의 역할을 이야기할 수 있다. 그렇지만 석유는 그렇게까지 해서 물량 확보를 해야 하는 자원은 아니다. 간단히 말하면, 석유는 돈으로 해결할 수 있는 자원이다. 그래도 전쟁 등 위기가 생기면? 어차피 전쟁 나면 돈으로도 안 되지만, 계약으로도 안 된다. 중남미에 좌파 정부가 들어서면서 해외 기업들의 지분을 국유화한다는 논란이 벌어졌었다. 21세기 들어서면서 개도국의 자원 민족주의가 부상하면서, 선진국 정부가 직접 개입하는 것이 더더욱 위험하다고 생각하는 게 세계적 흐름이다. 그걸 정부가 돈을 써서, 그것도 석유 매입을 주로 하던 공기업을 통해서 개발한다는 것은, 경제적으로나 기술적으로나 성립되지 않는 이야기다. 작은 규모로, 시범적이고 경험적으로 해보는 것은 이해할 수 있다. 그렇지만 이걸 대대적인 국정 과제로 정하는 것은, 좀 과장해서 말하면 주수도의 목포 앞 유전 개발과 크게 다르지 않은 사업이다. 평상시면 차분하게 판단할 사람들이지만 고유가라고 하는 특수한 상황 속에서 판단력을 잃었던 것 같다. 석유와 나머지 자원을 좀 분리해서 접근하는 게 기본인데, 석유를 중심으로 나머지 자원까지 다 끼워넣은 게 자원외교의 기본 논리가 되었다. 그런데 이 이상한 흐름을 MB가 시작한 것인가? 그게 아니라는 데에 사태의 어려움이 있다.

자원외교라는 이름으로 엄청난 돈을 퍼부은 것은 MB 시절이지만, 그 길로 가는 주요한 결정 단계들이 그 전에 이미 존재한다. 2004년 '제2차 해외자원개발기본계획'에서 단순히 해외 지분만 매입하는 것도 해외자원개발사업으로 인정해주는 변화가 생겼다. 그리고 2007년 '제3차 해외자원개발기본계획'에서 결정적으로 '자원 공기업 대형화 방침'이 결정된다. 물론 이 방침을 가지고 예비타당성평가도 건너뛰고 정말로 돈을 퍼부은 것은 2007년 12월 대선에서 당선된 MB다. 정부가 500억 원 이상의 대형 사업에 돈을 지출하기 위해서는 흔히 '예타'라고 부르는 경제적 타당성에 대한 평가를 먼저 해야 한다. 이걸 은근슬쩍 생략하는 것은 원래부터 MB의 특기다. 서울시장 시절에 은평 뉴타운 때도 임대주택이 일부 끼어 있다는 이유로, 뉴타운을 서민들에게 임대주택을 공급하는 공익성 사업으로 둔갑시켜서 피해나갔다. MB가 중점 추진했던 4대강도 예타를 빠져나간 것처럼, 해외자원개발도 장관 명령 가지고 피해나갔다. 대통령이나 시장이 목숨 걸고 강행하려는 일을 예타에서 막지 못하면 나중에는 막기가 진짜 어려워진다. 사전 절차 중에 제일 중요한 것이 예타이기도 하지만, 이후에는 이미 돈이 들어갔다는 이유로, 그냥 계속하자는 여론이 더 높아지게 된다. MB 쪽에서는 전임 정부에서 수립한 기본계획을 이어받아 집행만 한 것이라고 주장할 수는 있다. 물론 그냥 형식 논리다. 그렇게 그냥 넘겨받아서 기계적으로 집행만 한 것 치고는 진짜로 너무 많이 했다.

2015년 11월의 감사원 보고서가 밝힌 사업 추진 결과는 충격적일 정도로 참담하다. 물론 그사이에 혹시라도 오고갔을지 모르는 개인 간의 돈거래나 부패 같은 것은 생략하고 공식적인 자금 흐름만 보고 내린 결론이다. 우리는 4대강의 22조 원이라는 돈에 워낙 익숙해져서, 규모가 큰 사업은 그 정도라고 생각하는 경향이 생겼다. 4대강 사업은 미니 사업이라고 할 정도로 자원외교의 규모는 크다. 간단하게 돈만 한번 보자.

석유공사, 한국가스공사, 한국광물자원공사는 해외자원개발에 감사받을 때까지 35.8조 원을 썼다. 그리고 그 대부분인 31조 원이 2000년대 중반 이후로 지출되었다. 많이 쓰기도 했지만 계획 없이 쓰기도 했다. 2008~2014년에는 예상보다 9.7조 원을 더 썼다. 몇 백억, 몇 천억도 난리가 날 판인데, MB 정권 이후로 계획한 것보다 10조 원가량이 더 들어갔다. 그리고 2015년 후에는 예상한 회수액보다 14.4조 원이 덜 들어왔다. 중간에 어디선가 돈을 빼갔다고 의심하지 않기도 어렵다. 여기서 끝이 아니다. 이 세 개 회사가 계획하고 있는 투자액이 앞으로도 46.6조 원이라는 거다. 물론 매출 수익에 의한 재투자 31.1조원이 포함되어 있으니까 정부에서 돈이 나가는 순투자 증감분은 15.5조 원이다. 이 정도 돈이면, 그냥 석유는 시장에서 사고, 해상 수송을 호위할 항공모함을 포함한 대형 선단을 구성하는 게 차라리 나을 것 같다.

두 정권을 지나면서 자원외교라는 희한한 이름으로 정부 돈을 물처럼 그냥 갔다 쓰는 이런 어처구니없는 흐름을 멈추거나 완화시킬 기회가 한 번은 있었다고 알고 있다. 2007년 초반, 자원외교에 대한 지나친 관심을 좀 돌려세우려는 목소리가 청와대 일각에서도 있었다. 당시 청와대 정책실장은 변양균이었다. 만약 자원 공기업의 해외 활동을 대형화하자는 청와대의 결정이 나지 않았다면 지금같이 어마어마하게 큰 규모로 돈을 쓰지는 않았을 것 같다. 어쨌든 당시 청와대에 있던 몇 사람은 자주 개발률이라는 개념이 무의미한 얘기라는 것을 알고는 있었다. 역사의 흐름이라는 것이, 참으로 기기묘묘한 경우가 있다. 그해 7월에 신정아 사건이라는 청와대 정책실장이 연루된 전대미문의 연애 사건이 터졌다. 노무현 정권의 정책 라인은 그때쯤 완전히 마비되었다. 그리고 이미 진행되는 흐름을 돌릴 수 있는 힘은 아무 곳에도 없었다. 그렇게 정권이 끝났고, 새로 들어온 MB 정권은 자원외교를 국정 현안 중의 현안으로 놓았다. 가끔 그 시절의 청와대를 머릿속에서 떠올리며 혼자서 질문해본다. 만약 신정아 사건이 6개월만 뒤에 터졌으면 어떻게 되었을까? 자원외교로 77조

원이 넘게 들어가는데, 그중에 60조 원 정도는 아낄 수 있지 않았을까?

자원외교는 국가로서도 불행한 사건이 되었고, 몇몇 개인에게도 불행한 사건이 되었다. 자원외교 관련 비리로 법원에서 구속영장 실질심사를 기다리던 성완종은 북한산 형제봉 앞에서 목숨을 끊었다. 수사는 더 진행되지 않았다. 국회에서 자원외교 관련 국정조사를 벌였지만, 당시 여당 반대로 주요 증인들이 채택되지 않았고 실효성 있는 조사가 진행되지도 않았다. 이미 31조 원 정도가 들어갔고, 앞으로도 46.6조 원이 더 들어가야 하는 일이다. 감사원 감사는 3개 자원 관련 공기업에 한정되어 있지만, 실제로 자원외교와 관련해서 허무하게 돈을 쓴 곳은 이 공기업들만은 아니다. 석탄을 수입하는 발전사들도 크고 작게 현지에서 탄광과 관련된 국제 사업을 하도록 독려 받았고, 실제로 사업을 벌이기도 했다. 주요 공기업뿐 아니라 유관기관과 민간회사까지 범위를 넓히면 이상하게 쓴 돈의 크기는 더 커질 것이다. 사람들이 잠시 한 눈 파는 사이 어마어마한 사건이 한 번 벌어진 것이다.

나중에 조희팔 사건의 규모에 눌리기는 했지만 한때 단군 이래 최대의 사기사건이라고 사람들이 말하던 주수도 사건의 피해액을 법원은 1조 8,000억 원으로 추정했다. 구형은 무기였지만 그가 실제로 받은 형량은 12년이다. 조희팔, 주수도를 희대의 사기꾼이라고 하지만, 국가가 조직적으로 저지르는 사기에 비하면 규모가 터무니없이 작고 수법도 미숙하다. 정말로 기가 막힌 사기는 그런 게 있었는지 아무도 모르고 지나간다. 토지 문서를 관리하는 공무원이 일제 때 이후로 관리자 없는 헐값의 땅을 자기 명의로 돌려서 엄청난 돈을 벌었다는 등, 몇 개의 사기에 대한 전설 같은 얘기들이 전해 내려온다. 전혀 발각되지 않고 지나가는 수많은 사기사건에 비하면, 그래도 누군가 문제가 있다고 지적하고, 감사원에서 주시하는 자원외교는 A급 사기사건이라고 하기는 어렵다. 그렇지만 그 규모만으로 본다면, 국가의 사기는 일반 경제 사기와는 비교하기 어려울 정도로 압도적이다. 도대체 누가 왜? 만약 자기 돈이라면 이렇게 바보 같이 낭비할 사람이 있겠는가?

냉정하게 경제적인 관점으로만 본다면, 수십조 원씩 해외 원유채굴에 돈을 집어넣을 것이라면, 차라리 전문적인 국제 자원 선물시장 딜러들을 몇십 명 훈련시켜서 그 돈으로 자원 펀드를 만드는 게 더 실속 있는 일이다. 자원을 좀 더 안정적으로 확보할 수 있고, 크지는 않더라도 운용 수익을 남길 수도 있다. 외국에서 목숨 걸고 석유를 확보해야 할 필요가 있을 것이라고 생각하는 것은 여전히 남아 있는 냉전시대의 산물이다. 노르웨이에서는 석유 스와핑 등 우리는 예상하기 어려운 펀딩 방식을 자원 관리와 시장화에 활용한다. 그렇다면 석유 저장소는 반드시 노르웨이에? 노르웨이와는 아무 상관도 없을 것 같은 우리나라 거제도에도 같이 참여하자는 제안이 올 정도다. 원유의 자주 개발률 같은 지표는, 진짜로 이상하고 성립하기 어려운 지수다. 이런 게 국정과제가 되면서, 결국 초대형 사기사건이 한 번 벌어진 것 아닌가? 자원외교는 종료가 없는 사업이다. 이미 들어갔거나 들어가기로 예상된 돈이 70조 원이 넘지만, 어떤 식으로든 이 난리를 세우지 않으면 그 추세로 계속 돈이 들어간다. 토건과 관련된 돈이 결국에는 우리나라 어디인가에서 돌고 있는 것과 달리, 자원외교로 나가버린 돈의 대부분은 우리나라 경제로 다시 돌아오지 않는다. "그래도 어떤 식으로든 그 돈은 다 가난한 사람들이 먹고사는 돈으로 들어가", 무리하게 전개된 토건을 지지하는 공무원이나 경제학자들이 일상적으로 하는 변명이다. 해외자원개발은 그런 효과도 거의 없다.

《장미의 이름》은 기호학자이자 철학자인 움베르토 에코의 대표작 소설 제목이다. 소설은 중세 수도원을 배경으로 하는 연쇄살인 사건에 대한 얘기이고, 철학자 베이컨의 제자로 설정된 수도사가 주인공이다. 포스트모던을 대표하는 소설이다. 내용이 아주 재밌고 흥미롭다. 이 후에 나온 몇 개의 소설이나 영화가 〈장미의 이름〉을 모방했거나 표절했다는 얘기가 나올 정도다. 소설을 재밌게 다 읽은 사람들이 책을 덮으며 문득 표지를 보면서 이런 질문을 가끔 하게 된다. 그런데 장미의 이름이 무슨 뜻이지? 소설에는 장미에 관한 얘기가 나오지는 않는다. 중세에 벌어진 장미전쟁, 음모론 가득한 장미기사단 등 기독교와 장미가 얽힌 이야기들은 많다. 그래서 장미는 중세와 기독교 그리고 음모라는 상징적 이미지를 가지고 있기는 하다.《장미의 이름》의 소설적 구조나 형식에서 포스트모던이라고 할 건 별로 없는데, 제목과 내용의 관계가 파격적이다. 연관될 것 같은 상징만 있지, 실제로 내용과 제목은 아무런 상관이 없다. 자원외교라는 화려한 수식어 아래 벌어진 일들을 검토하고 나서 움베르토 에코의《장미의 이름》이 생각났다. 자원외교에는 자원과 외교가 있을 것 같은데, 실제로 그런 건 이 단어를 읽은 사람들의 마음속 이미지로만 있는 것 아닌가? 자원외교는 몇 개의 정권에 걸쳐져 있는, 문명국에서 벌어지기 어려운 거대한 사기극에 불과하다. 그리고 그 규모가 어마무시하다. 박정희 때 시작되어 노무현 정권에서 확대되고 MB 정권에서 본격적으로 시행된 사업. 이것은 중세적이지도 않고, 근대적이지도 않다. 현대적인 것은 더더욱 아니다. 만약 굳이 분류하자면, 이것은 포스트모던하다고 할 수 있다. 정권과 공기업이 1990년대의 세계화 이후 한 가장 포스트모던한 바보짓 아닌가? 움베르토 에코를 조금 더 읽고 싶은 사람들에게 그의 에세이집 《세상의 바보들에게 웃으면서 화내는 법》을 권해드린다. 근대와 현대를 지나, 포스트모던 시대의 사기 행각에 대한 에코의 통렬한 글쓰기를 볼 수 있을 것이다.

—

3
단군 이래 최대의 삽질, 4대강

—

대부분의 사기극에는 원형이 존재한다. 하늘 아래 새로운 것은 없다는 말처럼, 사기도 원래 존재하던 사기가 변형되거나 새로운 조합으로 만들어진다. 물론 예전에 존재했던 것이라고 하더라도 속을 사람은 또 속는다. 특히 우리나라 행정에서는 외국 사례를 워낙 많이 찾기 때문에 다른 나라에서 전혀 하지 않은 일을 사기의 재료로 사용하기는 쉽지 않다. 자원외교는 일본과 이탈리아 사례들이 결합되었다. 4대강의 경우는 좀 독특하다. 이건 원형이 북한에서 왔다. 70년대 중후반까지 북한이 한국보다 국민소득이 더 높았다. 그 시절에 북한 군부가 북한을 동서로 관통하는 대운하를 구상한 적이 있었다. 한반도 대운하의 원형이 여기에서 왔고, 이게 다시 굴절되고 변형되면서 4대강 사업이 되었다.

현대건설에 있던 시절, 실무 차원에서 몇 번이나 경제성이 없어서 힘들다고 했던 한반도 대운하에 대한 검토 지시가 나에게 왔다. 조령을 통과하는 운하는 어떻게 해도 손해만 보는 노선이었다. 철도와 도로 등 육상운송이 이미 자리 잡은 상황에서 운하의 경제성을 확보하는 것은 아주 어려운 일이다. 다른 대안이 없을 때, 운하의 경제성이 생겨난다. 러일 전쟁 때 일본과 영국은 동맹 관계였다. 동맹국을 치러가는 러시아에 수에즈 운하를 영국이 허용할 리가 없었고, 어쩔 수 없이 러시아 해군은 아프리카 끝단인 희망봉까지 갔다. 이 정도 절박함이면 운하의 경제성이 생길 수 있다.

우리보다 더 절박하게 운하가 필요한 쪽은 북한이다. 우리가 북쪽으로 나가는 길이 막혀서 섬 같은 처지가 되었다면, 북한 해군은 남해를 통과할 수가 없으니까 동쪽과 서쪽, 두 개의 해군을 유지해야 하는 상황이 되었다. 양쪽의 배들이 서로 통할 수가 없다. 그래서 북한은 우리보다 먼저 대운하 같은 계획을 세웠다. 1980년 10월 6차 노동당 전당대회에서 결정된 '4대 자연대개조 사업'의 일환으로 기존의 대동강 종합개발계획(1961년)에 추가하여 서해갑문이 추진되었다, 김일성의 큰 설계였는데, 실제로는 평양 인근의 수로만 정비하고 더 큰 사업은 엄두도 내지 못했다. 북한의 동서관통운하는 상상 속의 그림이 되었다[우석훈, 《직선들의 대한민국》(웅진지식하우스, 2008년) 참고]. 인류학자 권헌익이 '극장국가'라고 칭했던 북한의 군부가 동서관통운하를 얼마나 간절하게 원했겠는가? 그런 그들도 못 했다. 이 듣기만 해도 무시무시한 절대권력 북한 군부의 동서관통운하도 실패했다. 그들이라고 그냥 바보들만 모여 있었겠는가? 안 되는 것은 안 되는 것이다. 과연 21세기 대한민국, 김일성 시대의 북한만큼이라도 국가가 하는 일이 합리적으로 돌아갔을까?

그리고 내가 더 이것은 위험한 사업이라고 본 이유는 돈보다도 식수원의 안정성 때문에 그렇다. 한국은 사람들이 지표수를 마시는 나라인데, 혹시라도 식수원에 문제가 생기는 일을 하면 아무리 대기업이라도 수습하기 아주 어렵다. 전례가 있다. 한국의 기업이 환경에 관심을 가지게 된 결정적인 계기가 1991년의 낙동강 페놀오염 사건이다. 노태우 대통령 때였는데, 군사 정권이라고 하지만 MB 시절보다는 청와대가 덜 이상했다. 이 사건으로 결국 두산그룹의 회장이 물러났고, 환경부 장차관이 전부 경질되었다. 이후로 한국의 기업들이 환경 관련 조직들을 대대적으로 정비하게 된다. 혹시라도 상수원에 문제가 생겨서 나중에 오너들이 경영에서 손을 떼야 하는 일이 벌어진다면 책임질 수 있는가? 몇 번 더 한반도 대운하에 대한 검토 건이 내 책상까지 오기는 했는데, 경제적으로나 기술적으로나 불가능한 일이라는 게 내 결론이었다. 결국은 내 책상을 넘어가지는 못했다. 우리에겐 북한 해군만큼의 운하에 대한 절박함이 없다. 그리고 혹시라도 식수원에 민간기업이 문제를 일으키는 일이 발생한다면? 제2의 페놀 사태다. 실무자는 물론 사장과 오너까지 감옥에 가거나 사회적 지탄을 받을 수 있다. 실익은 불투명하고, 위험은 너무 높은 일로 보였다. 6개월쯤 뒤에 나는 정부기관으로 자리를 옮겨 가게 되었다.

2007년 12월 대선은 MB의 압승으로 끝났고, 그가 내건 대표 공약이 한반도 대운하였다. 한국에는 정치적인 방식으로는 더 이상 한반도 대운하를 세울 힘이 남아 있지 않는 듯이 보였다. 2008년 촛불집회가 절정으로 올라가는 순간, 정권의 위기를 느낀 MB는 대국민 사과와 함께 한반도 대운하 사업을 추진하지 않겠다고 약속했다. 그리고 4대강으로 논의 국면이 바뀌었다.

4대강 정비사업은 한반도 대운하의 1단계 사업 정도이고, 나중에 언제든지 정치적 상황이 변하면 재추진할 수 있게 설계되었다. 시민들의 힘이 빠지기를 기다리면서 사전 작업만 해놓은 일종의 한반도 대운하 기초사업이라고 할 수 있다. 여기에 광주 시장 등 광주 지역 정치인들이 "나도요!" 하고 손을 들고 나서면서 영산강까지 끼어들게 되었다. 홍수나 가뭄 관리는 그야말로 핑계거리로 끼워 넣은 얘기다. 홍수 관리는 노무현 정부에서 이미 천변저류지 확대 등 댐 방식이 아닌 연안 정비사업 방식으로 어느 정도는 기본 계획이 잡혀서, 한국도 다음 단계로 넘어가는 중이었다. 느닷없이 댐이나 보를 통한 홍수 관리라는 것은 정책 흐름상 말이 안 되는 얘기다. 가뭄 관리? 지금 만들어진 4대강 보에는 가뭄 관리 기능이 애당초 없다. 처음부터 운하용이라서 설계가 그렇게 되어 있지 않다. 식수원 오염 문제로 취수원을 바꾸느니 마느니 하는 얘기가 나오는 지금, 우리의 행정은 노태우 시절보다도 후진적이다.

댐을 줄여나가는 세계적인 추세이나, 식수원 보호 차원에서, 지금의 4대강에 대한 기술적 논쟁은 사실 할 게 별로 없다. 남은 것은 재자연화의 구체적 방법 정도 아니겠는가? 미국에서 주로 사용하는 폭파 방식을 쓸 것인지, 좀 더 비용이 들더라도 순차적으로 보와 시설물들을 하나씩 철거하는 방식을 쓸 것인지, 그야말로 안전과 비용에 관한 과학적인 시뮬레이션만이 필요한 상황이다.

MB의 4대강 사업을 제일 쉽게 요약하자면 '단군 이래 최대의 삽질'이라고 할 수 있을 것이다. 지금부터 새만금에 더 들어갈 돈이 추가적으로 20조 원 약간 넘는 걸로 알려져 있다. 시간이 지나면 4대강 사업은 단군이래로 가장 컸던 삽질의 자리를 새만금 사업에 물려주게 될 가능성이 높다. 그리고 지하도시 만든다고 혹은 해저도로 만든다고, 또 어떤 삽질이 최고의 자리로 올지는 아직 모른다. 그렇지만 별 필요도 없는 일을 한 최고 삽질의 자리는 현재로서는 단연 4대강 사업일 것이다. 게다가 사업 우선순위에 의해서 생겨난 추가적인 피해가 있다. 2008년 글로벌 금융위기 이후, 이 사업이 청년들을 위한 일자리 사업으로 포장되었다. 긴박한 경제위기, 우리는 그때 청년들의 미래를 강바닥에 처박았다. 최소 22조 원이 그렇게 강바닥 밑으로 가라앉았다. 만약 그 돈을 청년들의 삶을 개선하는 데에 썼다면 우리의 모습도 지금과는 상당히 달랐을 것이다. 이 정도는 상식을 가지고 경제를 생각하는 사람은 누구나 금방 알 수 있는 일이다. 왜 이런 일이 벌어지게 되었는지, 그런 걸 진짜로 한 번 고민해보면 좋을 것 같다. 한반도 대운하나 4대강 사업이 기술적으로 어렵고 경제적으로 판단하기 어려운 그런 사건은 아니다. 돈의 규모가 커서 그렇지, 사업 자체는 의외로 단순하다. 작은 삽질도 삽질이고, 큰 삽질도 삽질이다. 삽질을 크게 한다고 해서 기술이 발전하고, 큰 삽질이 우리를 선진국으로 인도하는 것은 아니다. 그러나 행정적이고 사회적인 절차는 그렇게 단순하지는 않다. 이건 구조와 절차의 문제다. 유사한 일이 반복될 수밖에 없는 구조 그리고 그걸 막을 수 없는 절차, 이런 것에 대한 고민이 필요하다.

　국가가 황당한 일을 벌일 때 1차적으로 제어하는 장치가 예비타당성 검토다. MB는 4대강 사업을 추진하면서 규정을 바꾸어서 홍수 예방 등 자연재해와 관련된 일은 '예타'를 하지 않아도 되게 바꾸었다. 그리고 감사원은? 이게 딜레마다. 감사원이 인지해서 적극적으로 움직일 수 있는 구조가 아니다. 감사원장이 대통령에게 보고하고, 대통령의 눈치를 안 볼 수가 없다. 예산집행상 국회의 눈치를 조금이라도 덜 보기 위해서 정부가 아니라 공기업인 수자원공사의 채무로 상당액의 예산을 집행했다. 공식적으로는 8조 원 정도 된다. 수자원공사에도 자체 감사가 있다. 만약 강직한 사람이 있었다면 사업 전체의 방향을 틀지는 못하더라도, 누수는 최소화할 수 있었을지도 모른다. 4대강 사업 추진하던 시절에 수자원공사 감사하던 사람이 나중에 수자원공사 사장이 되었다. 감사하지 않아서 공을 세워 승진한 것인데, 해야 할 일을 하지 않은 것이 일을 잘한 것이 되는 구조다. 누가 누구를 감시할 것인가? 만약에 우리가 스위스처럼 국민투표를 국민들이 스스로 발동할 수 있는 국민투표제를 가지고 있다면 4대강 사업은 당연히 국민투표까지 올라갔을 것이다. 그리고 초반에 정지시킬 수 있었을 것이다. 그러나 우리의 9차 개정 헌법은 국민투표 부의권을 대통령에게만 독점적으로 부여하고 있다. 외국이라면 가능했던 일이, 한국이라서 가능하지 않은 대표적 사례다.

도저히 정부의 사업 강행을 막기 어렵다고 느껴졌을 때, 지역별 주민투표를 고민한 적이 있었다. 국민투표는 현행 헌법 체계에서는 어쩔 도리가 없지만, 주민투표는 이미 제도적으로 도입이 되어 있다. 4대강 구간별로 나누어 지역별 주민투표를 하면 어떨까? 그래서 현장 활동가들과 진짜로 검토를 해봤다. 4대강 주민투표는 논리적으로나 행정적으로는 가능한 일이다. 그렇지만 현실적으로는 불가능하다는 것이 그때 우리가 내린 결론이었다. 전국적으로는 한반도 대운하에 반대하는 여론이 월등히 높았고, 4대강 역시 반대 쪽 여론이 더 높았다. 전국 단위 투표인 국민투표로 가면 4대강을 세울 수 있는 사회적 조건은 형성되어 있었다. 그런데 이걸 4대강 구간별로 다시 나누어서 하는 지역별 주민투표로 하면? 대구 정도가 찬반이 비슷비슷해서 그래도 해볼 만하고, 나머지 지역은 주민투표 하나마나 질 것이라는 게 각 지역 활동가들의 의견이었다. 전국과 지역 여론이 다르게 형성되는 것은, 어제 오늘 일은 아니다. 보통 서울이나 수도권이 국가적 개발사업에 대한 반대 여론이 높고, 해당 지역으로 가면 찬성 여론이 훨씬 높다. 여기에 여당과 야당에 대한 정치 성향이 사안에 따라서 약간씩 영향을 준다. 4대강의 경우, 대구 정도가 뤌 해볼 만했지, 나머지 지역은 찬성 쪽이 월등히 높다. 대도시 지역과 가까울수록 환경 이슈에 대한 지지도가 높게 나온다. 그리고 멀어질수록, 즉 읍면 등 농업지역일수록 개발 쪽에 대한 선호도가 높게 나온다. 이러한 이유를 설명하기 위해서는 여러 가지 가설들이 필요할 것이다. 그렇지만 전체적으로 도시 지역, 특히 대도시 지역과 그렇지 않은 곳에서 개발 사안에 대한 민감도와 수용성이 좀 다르다.

4대강 사업이 매우 빠른 속도로 진행될 수 있는 배경에는 감사 시스템과 국회 경제 등 제도적으로 아직은 미흡하다는 것이 한 가지 이유일 것이다. 그리고 사회적으로도, 해당 지역에서 찬성 여론이 월등히 높았다는 사회적 배경도 관련되어 있다. 나에게도 야당 쪽에서 자문이 많이 왔다. 영산강의 수질 오염은 다른 방식으로 접근해야 한다고 설명하였는데, 전라도 쪽에서도 사업에 대한 기대감이 워낙 높다는 설명을 들었다. 여기에 '공유지의 비극'으로 설명할 수 있는 '예산 따오기'도 관여한다. '우리 모두의 돈'은, 결국 아무의 돈도 아니다. 4대강 공사와 관리를 과연 민간회사에서 했으면 그렇게 했을까? 엄청난 부수적 이권을 약속하지 않는 이상, 국민들의 반대를 무릅쓰고 이 사업을 강행할 민간회사는 없었을 것이라고 생각한다. 1991년 낙동강 페놀오염 사건과 비교하면, 지역에서의 논의 양상이 확실히 다르다. 차이점은, 짧은 시간에 집중해서 오염될 것인가, 긴 시간을 놓고 천천히 오염시킬 것인가, 식수원으로 보면 그 속도의 차이만이 있다. 4대강 사업은 '임기 내'라는 시간을 놓고 전광석화처럼 진행되었지만, 오염은 시간을 가지고 천천히 온다. 식수원은 천천히 오염되더라도 결국 그렇게 생겨난 강 주변 땅에 아파트를 짓는 이권 사업은 전광석화처럼 국회 통과 등 행정 절차를 마무리 지었다. 전혀 생태적이지 않은 이 4대강 사업은 '에코델타시티'라는, 또 다른 아파트 대단지 사업으로 연결된다. 사업 손해분을 아파트로 만회하겠다는, 사업의 수익성 문제를 보여주는 또 다른 증거다.

시간을 되돌려서 이 사건을 보면, 역사의 아이러니 같은 생각이 든다. 4대강 사업으로 MB는 김일성도 못 했던 대단한 카리스마로 한반도 남단의 주요 강을 완벽하게 망쳤다. 그러나 그가 진짜로 망친 것은, 한국의 보수 진영이 아닐까 싶다. 역사의 아이러니다. 사업으로서 4대강 건설은 성공했지만, 시간을 두고 강이 오염되는 것처럼, 한국의 보수도 밑바닥부터 붕괴하게 되었다.

청와대에 임명장 줄 때 쓰는 큰 홀이 있다고 한다. 나도 거기는 못 들어가 봤다. MB 초에 그 자리에 갔던 사람들이 해준 얘기가, 그 벽에 한반도 대운하 조감도가 커다랗게 걸려 있다는 것이다. 한쪽 벽에 붙은 대통령의 속마음을 보면서 많은 보수 쪽 사람들이 대운하에 반대하면 큰일 나겠다는 생각을 했을 것이다. 생물학자이자 생태학자로 한국을 대표하는 최재천 교수가 동료에게 들었다고 해준 얘기다. "형님, 4대강 반대하시면 큰일 납니다." 보수 중에도 한반도 대운하나 4대강을 반대한 사람은 많다. 그들이 움직일 공간이 4대강과 함께 사라져버렸다. 그뿐이 아니다. 환경 전문가로 평생을 살았던 사람들도 이 시절 많이들 전향을 했다.

MB 초기, 한국에서 보수 정권이 5년 혹은 10년이 아니라 영구집권을 꿈꾸던 시절이다. 환경부 등 4대강을 견제할 기관들이 4대강 찬성파들로 채워졌다.

농업과 관련된 학회장을 줄줄이 했던 친한 지인이 후보 시절의 MB 농업특보가 되었다. 경실련에서 오랫동안 농업 관련된 시민운동을 했던 윤석원, 그는 고심 끝에 MB 농업특보를 맡았다. 노무현 정권 때 이상하게 추진되었던 '6헥타르 정책' 등 대농 위주의 농업 개편방안과 반대 방향인 소농과 가족농 위주의 농업정책이 그렇게 MB 공약이 되었다. 우리는 전부 그가 MB 정권의 초대 농림부 장관이 되는 줄 알았다. 그렇지만 그는 한반도 대운하에 찬성하지 않았다. MB 초반 장관 인선이 매우 어려웠다. MB와 그의 측근들은 대운하에 반대하는 사람들을 국무회의에 참석시키고 싶지는 않았던 것 같다. 보수 쪽에도 경제나 환경 분야에 괜찮은 사람들이 당연히 있지 않겠는가? 그런 사람들의 상당수는 대운하와 4대강을 찬성하지 않았다. 지금은 국민의 당에 있는 자칭 타칭 보수이며 박근혜의 초등학교 친구인 이상돈이 대표적으로 보수적 환경주의자라고 할 수 있다. 박근혜 정부를 만든 1등 공신 중 한 명일 텐데, 그는 대운하와 한반도 대운하를 반대했다. 그런 사람이 정부에 참여할 길이 없어졌다.

4대강 사업은 한국의 강물에만 충격을 준 것이 아니라, 진보와 보수의 지형도에도 큰 충격을 주었다. 괜찮은 보수는, '괜찮다'는 말의 정의상 상식적인 선에서 4대강을 반대했다. MB 정권은 출발부터 강직하고 괜찮은 보수가 아니라 대통령에 맞서 특별히 자기 의견을 갖지 않는 사람들로 채워졌다. 진보 쪽에서도 많은 사람들이 4대강에 찬성하면서 배 바꿔 탔다. 대통령의 의견에 찬성하거나 아니면 찬성하는 쪽으로 마음을 정한

'예스맨'으로 채워진 MB 정권은 극심한 인력난에 시달렸다. 그렇게 5년의 집권 기간을 4대강만 하다가 보냈고, 재집권에는 성공했지만 더 이상 한국의 보수는 이전과 같은 강력한 힘을 내지는 못했다. 흐지부지 하다가 정권이 넘어갔다.

　MB 농업특보였던 윤석원 대신 MB 정권 초대 농림부 장관으로 간 사람이 정운천이다. 노무현 시절, 대농과 수출농, 상업농 중심으로 추진한 농업 정책의 수혜를 가장 많이 받은 '키위' 정운천, 그는 정권이 바뀌면서 입장을 한 번 바꾼 사람이다. 그가 농림부 장관으로 있을 때 결국에는 광우병 사태가 터지면서, 거대한 촛불 시위가 벌어진다. 지나간 일에 대한 가정은 쓸 데 없는 짓일지도 모르지만, 가끔 정운천 대신 윤석원이 그 자리에 있었다면 어떤 일이 벌어졌을까, 생각을 해보게 된다. 축산 수입 문제나 광우병 문제에 대해서 나름 잘 알고 있던 윤석원이 장관이었다면 미국과의 쇠고기 협상 자체가 조금은 다른 방향으로 갔을 것 같다. 오랫동안 환경 분야의 전문가로 있던 사람들이 MB 정권을 맞으면서 대운하에 대한 찬성 의견을 냈다. 일부는 차관이 되고, 일부는 청와대로 들어갔고, 일부는 4대강 추진사업단의 간부가 되었다. 4대강 사업이 뭔지 이해하지 못하는 바보나 알고도 양심과 반대로 행동하는 기회주의자로 채워진 MB 정권은 거의 대부분의 경제 지표에서 부정적 기록을 갱신하고 또 갱신했다. 당연하지 않겠는가? 4대강 사업과 함께 경제 지표는 점점 더 나쁜 길로 갔다. 그리고 한국의 보수는 재집권을 당분간 기대하기 어려울 정도로 어려워졌다. 4대강은 "이제는 더 이상 식수원으로 쓸 수 없다"는 기술적 판정만을 기다리는 중이다. 보수도 오랫동안, 야당 시절의 민주당이 '불임정당' 소리 듣던 것처럼, 그렇게 대안과 전망이 없는 시절을 보내게 될 것이다. 그리고 청년의 미래를 강바닥에 박아버린 한국 사회는, 그리 오래지 않아 합계출산율 1 밑으로 내려가는 기념비적인 사건을 보게 될 것이다. 상식과 원칙을 구조 앞에서 눈감은 사회가 집단적으로 어떻게 되는가, 그런 게 내가 생각하는 4대강의 의미다. 우리 모두에게 던져진 질문이다.

"4대강이 추진되던 시절, 나는 그때 무슨 생각을 하였던가?"

4대강은 단군 이래 최대의 삽질 사건이며, 우리 모두에게는 아픈 성찰의 시간이 될 것이다. 성찰하지 않으면? 대통령이 바뀐 것을 제외하면 사회경제적 제도와 구조가 거의 같기 때문에, 4대강과 똑같은 사건은 생기고 또 생길 가능성이 크다. 우리는 사람에 들어가는 돈을 아깝게 생각하지 말고, 시멘트에 들어가는 돈을 의심스럽게 보아야 한다. 자기 돈이라면 그렇게 할 것이다. 자기 자식에 들어가는 돈을 아깝다고 하는 부모가 거의 없지 않은가? 그러나 국가라는 구조 속에서, 우리는 정반대로 한다. 4대강 사건의 교훈은, 사람과 시멘트, 누가 먼저인가에 대한 경제철학적 질문과도 같다.

—

4
너는 존재 자체가 사기야, 선분양과 분양권

—

조직적인 사기사건에는 설계자가 있다. 이탈리아 이민자인 찰스 폰지 Charles Ponzi 는 1920년대 초 미국에서 우편쿠폰이라는 특수 상품을 거래하면서 45일에 원금의 50퍼센트, 90일에 원금의 100퍼센트를 준다고 약속했다. 물론 이런 엄청난 수익률은 적어도 자본주의 경제에서 정상적으로는 유지하기가 불가능하다. 그러나 이 높은 수익률 보장은 1920년대 미국 전역을 뒤흔들었다. 폰지가 썼던 방식은 간단하다. 뒤의 사람의 돈을 받아서 앞의 사람에게 주는 방식이다. 규모가 커지면 커질수록 유지가 더 어려워진다. 결국에는 붕괴한다. 이런 형태의 사기를 찰스 폰지의 이름을 따서 '폰지 사기'라고 부른다. 불법 피라미드가 보통 이런 폰지 사기 구조를 가지고 있다. 방식은 간단하지만 사람들은 속고 또 속는다. 이런 폰지형 사기에는 반드시 설계자가 있다. 일반적인 생산이나 판매와는 전혀 다른 폰지 메커니즘은 본능적이거나 상식적인 경제활동과는 다르다. 약간만 생각하면 이 방식이 언젠가 붕괴한다는 것을 누구나 쉽게 알 수 있다. 열심히 일을 한다, 맛있게 만든다, 좋은 물건을 만든다… 이런 일반적인 경제활동과 폰지 사기는 근본이 다르다. 그렇기 때문에 설계자가 존재할 수밖에 없다. 당연한 이야기다. 그렇지만 국가가 하는 사기에는 설계자가 없을 수도 있다. 피해자도 있고 가해자도 있지만, 시스템의 설계자가 없는 경우가 존재할 수 있다. 분명히 황당한 일인데, 너무 오랫동안 관행적으로 진행되었고 약간씩 수정되면서 정착된 제도, 이런 데서는 설계자를 찾을 수 없는 경우가 종종 있다.

분양이라는 단어에 대해서 한번 생각해보자. 너무나 편안한 우리말인 것 같다. 강아지 분양, 고양이 분양, 새로 태어난 반려동물을 나누어줄 때 사용한다. 그리고 아파트를 분양받는다고 표현한다. 아파트 분양? 이제는 너무나 자연스러워서 원래 있던 말인 것 같다. 그러나 없던 말이다. 아파트라는 말도 없었고, 분양이라는 단어도 이렇게 사용되지는 않았다. 두 단어가 합쳐져서 사용된 것은 박정희 시대의 일이다. 그럼 외국에는? 일본을 제외하면 거의 사용하지 않는 말이다. 이런 말은 프랑스어에 없고, 영어에도 없다. 아주 제한적으로 미국에서 '건설 전 판매preconstruction sales'라는 말이 쓰인다. 그러나 이 표현에도 '나누어주다'라는 마치 베풀어주는 듯한 의미가 담긴 단어가 아니라, '판매'라고 딱 못 박아놓고 있다. 파는 사람이 뭔가 베푸는 듯한 이 단어는 원래 일본식 용어다. 전형적인 일본 토건경제의 산물이다. 중국도 그런 말은 안 쓴다. 일본과 한국을 제외한 대부분의 국가에서 주택을 사고파는 것은 '매매'라고 부른다. 다른 모든 상품과 마찬가지다. 돈 받고 집을 파는 행위를 분양이라고 부르는 나라는 일본과 한국밖에 없다. 그리고 최근에는 일본도, 한국과 같은 방식으로 집을 짓지 않는다. 이제는 이런 이상한 정책과 단어를 가지고 있는 거의 유일한 국가가 한국이다. 우리만 이러고 있다.

요즘은 서울에서 북촌과 서촌이라는 말을 쓴다. 북촌이라는 말은 원래 있기는 했는데, 조선조에는 지금과 같은 동네 모습은 아니었다. 서촌이라는 말은 아예 말 자체가 없었다. 누하동이나 누상동 등 작은 마을 우물을 따라서 각각의 개성을 가진 동네였다. 서촌이라는 말은 부동산 기획 차원에서 만들어진 말이다. 지금은 대표적인 한옥 마을이 된 북촌에 사람들이 지금처럼 살기 시작한 것은 1920년대의 일이다. 우리나라 최초의 부동산 개발회사인 건양사의 정세권이 1920~1930년대, 일본인에 앞서 이 지역 한옥들을 사들인 후 근대식 한옥으로 재건축한 것이 북촌 한옥마을의 출발이다[김경민, 《건축왕, 경성을 만들다》(이마, 2017년) 참고]. 이 시절에는 당연히 분양이라는 말도 없었고, 지금 우리가 생각하는 것처럼 건설사가 소비자들에게 돈을 미리 받고 짓는 것은 생각도 할 수 없었다. '집장사'라는 말은 우리나라에서 그렇게 좋은 표현은 아니었던 것 같다. 어쨌든 집장사가 땅을 사들이고, 거기에 집을 짓고, 이걸 사람들에게 파는 것이 일제강점기에 보편적이었다. 북촌이 집장사의 손에 의해서 근대 서울의 모습을 가지게 되었다. 그렇게 정세권이 북촌 일대에 지은 집이 300채 정도다. 당시로 치면 엄청나게 큰 대단지라고 할 수 있다.

그럼 해방 후에는? 지금은 철거된 마포 아파트는 여러 가지 의미로 현대식 아파트의 출발점으로 볼 수 있다. 1962년 박정희 국가재건최고회의 의장이 준공식에 참석해서 "본 아파트가 혁명 한국의 상징이 되기를 바란다"고 직접 축사를 하였다. 그 전에도 아파트 형태의 주택은 있었지만 단지형이고 국가 주도형으로 만들어진 아파트의 시작이 마포 아파트이기 때문에 여러 가지로 의미를 가지고 있다. 그렇다면 국가재건회의가 관심을 가지고 집행한 이 아파트는 어떻게 지어졌을까? 5·16 쿠데타 바로 다음 해에 군인들이 대한주택공사를 만들었고, 처음으로 만든 아파트다. 그 이전과 마찬가지로, 대한주택공사가 아파트를 짓고, 그러고 나서 팔았다. 나중에는 웃돈이 붙으면서 인기 아파트가 되었지만, 초기에는 판매율이 10% 정도밖에 안 되었다. 한국에서도 주택은 물론이고 아파트도 일단 만들어놓고, 그걸 직접 확인하고 사람들이 사는 게 정상적인 나라였다.

우리가 지금 보고 있는 것과 같은 선분양 위주의 분양제는 1973년 유신 이후로 형성된 특수한 정치사회 분위기의 산물이라고 할 수 있다. 정권은 독재의 명분으로 경제가 빠른 속도로 좋아지는 것을 보여주고 싶어 했다. 그리고 개인이든 기업이든, 군사 정권에 대해서 위축되어 있었다. 1975년 말 주택건설촉진법을 도입하면서 '공동주택 분양가격 승인규제'라는 제도를 만들었다. 쉽게 말하면 정부가 지었든 민간이 지었든 공동주택, 즉 아파트를 팔 때 가격은 군인들 승인을 받으라는 이야기다. 그 의도는 공동주택을 많이 만들고 무엇보다도 싸게 만들라는 얘기다. 흔히 주공이라고 줄여서 부르던 주택공사는 최초의 단지형 아파트인 마포 아파트처럼 아예 수익이 나지 않고 밑지고 개인들에게 팔아도 되는 재정적 여력이 있다. 그렇지만 민간회사들도 그렇게 하기는 어렵다. 당연한 이야기 아닌가? 민간회사들이 저가로 아파트를 공급할 때 발생하는 손실을 보완해주기 위해서 '선분양'이라는 기상천외의 제도가 유신 시절 군사 정권에 의해서 만들어졌다. 건설사가 돈이 없어도 아파트 세울 부지만 확보하고 모델하우스 보여주고 바로 소비자들에게 파는 이 이상한 제도가 외국처럼 부분적이며 보완적인 것이 아니라 아파트를 짓는 기본 시스템으로 자리를 잡은 것은 이때부터다. 물론 정부가 주택 시장의 공급에 거의 개입하지 않고 완전히 민간에서 알아서 하는 미국 같은 경우, 아주 '핫한' 지역에서 일부 선분양, 정확히는 선판매를 하기도 한다. 그렇지만 이건 위험과 불편을 감수하고라도 사두면 반드시 돈이 될 것이라는 판단이 있을 때 가능한 일이다. 고위험 투자행위의 전형적 패턴이다. 1975년, 유신 정권은 아파트 사는 것을 누구나 참여할 수 있는 고위험 투자행위 같은 것으로 만들었다. 이 시스템에서는 3년만 참으면 누구나 큰돈을 벌 수 있다. 집을 사는 것이, 돈을 모으고 저축을 하고 자신이 살 집을 구매하는 것과는 아무런 상관이 없는, 좋든 싫든 누구나 하게 되는 투기행위처럼 디자인되었다.

강남 지역에 주로 지어졌던 아파트를 중심으로 복부인이 생겨난 것은 이 시스템에서는 당연한 일이다. 이 시절에 가장 유명했던 복부인에게 '빨간 바지'라는 별명이 붙었다. 4~5년 후면 신군부의 수장 아내로서, 영부인의 위치까지 가는 전두환의 아내 이순자가 권력형 복부인이라는 의미의 '빨간 바지' 혹은 '연희동 빨간 바지'라는 별명을 가지고 있었다. 미리 돈을 내고 인내의 시간을 갖게 하자, 그 대가로 사람들에게 더 저렴한 집을 공급하자, 이런 군인들의 상상은 현실에서는 벌어지지 않았다. '프리미엄'이라는, 경제학 교과서에는 절대로 나오지 않는 특별지대라는 부동산 현실을 만들게 되었다. 정치는 정치고, 경제는 경제다. 그 교훈을 우리는 너무나 뼈아프게 배우게 되었다. 여기서 끝인가? 물론 끝이 아니다. 후속 조치가 줄줄이 등장한다.

바라밤, 밤바라밤! '집 없는 서민을 위한 유신 정권', 이 특별 사기극의 클라이맥스는 1977년 '국민주택청약부금'이라는 이름의 청약저축이 도입되는 시점이라고 할 수 있다. 그 이전에는 아파트를 살 수 있는 사람이 '부양가족이 있는 무주택 세대주'로 단순했다. 신청을 받고 추첨했다. 누구나 추첨 받고 싶어 했다. 청약저축이 시작되면서, 이제 누가 아파트를 살 수 있는 것인가, 우선순위와 추첨 등이 결합되면서 제도가 점점 더 복잡해지기 시작했다. 청약예금이 본격화되면서, 아파트는 정말로 상품의 '매매'가 아닌, 국가가 주는 수혜가 되었다. 분양, 정말로 아파트는 군인들이 국민에게 나누어주는 축복과 같은 것이 되었다. 그리고 이걸 위해서는 청약저축을 들어야 한다. 지금 우리가 말하는 분양제에는 1) 선분양, 2) 청약저축에 의한 자격제, 이 두 가지 의미가 동시에 들어가 있다.

그럼 아파트 살 때 정부가 국민들을 심사해서 자격을 부여하는 나라가 얼마나 있는가? 구매할 때 이런 조건을 따지는 나라는 홍콩과 싱가포르다. 영국 등 많은 나라도 소득수준 등을 보기는 하지만 이건 임대주택, 즉 월세주택에 입주할 때 그렇다. 일본도 옛날에 정부에서 공공기관을 통해 분양식으로 집을 지었다는 전설 같은 이야기가 남아 있을 뿐이다. 예전에는 주택공단과 택지개발공단이 있었는데, 1990년대 버블공황 이후로 도시 기반에 관한 일만 수행하게 되었다. 지금은 이런 기구들을 모두 통합해서 도시재생기구라는 이름의 공공기관이 되었다. LH 기구 통합할 때 일본의 도시재생기구 사례를 참조했는데, 사업은 참조하지 않고 '통합'만 참고했다. 일본 정부는 직접 아파트를 짓지 않기 때문에 이제는 도시 인프라 정비와 공공임대주택 관리사업만 한다. 우리가 상상하는 그런 분양제 자체가 일본에는 더 이상 남아 있지 않고, 그 시절의 추억을 가진 건축업자들이 '분양'이라는 단어를 사용할 뿐이다. 공공에서 임대하는 방식이 아니라 진짜로 아파트를 분양도 하고 사고팔기도 하는 식으로 공공주택을 운용하는 나라도 있다. 스웨덴이 대표적으로 월세 형식이 아니라 소유 형식으로 공공주택을 시행하는 나라인데, 여기는 크고 작은 다양한 형태의 협동조합이 중간에 개입되어 있다. 협동조합? 시민들은 공공의 일을 위해서 협동조합에 조합원으로 가입하고, 이를 통해 집을 짓는 데 참여한 조합원들이 소유권을 갖는다. 두 개의 큰 협동조합이 절반 정도를 차지하고, 나머지 절반은 정말로 지역의 작은 협동조합들이 만들었다. 이런 작은 규모의 협동조합 주택이 10퍼센트를 약간 넘는다. 국가가 청약주택 형식으로 국민들을 일일이 심사하고, 공공과 민간 가리지 않고 주택 소유권을 부여하는 경우는 박정희의 유신 정권 아니면 상상하기 어렵다. 협동조합이 시민들을 대상으로 조합원을 모아서 작은 공동체를 만들어가는 과정이 스웨덴에서 공공주택이 만들어지는 과정이다. 현대와 삼성, 이 시기에 재벌들의 자신감도 보통이 아니었다. "밖에서 벌어 안을 살찌운다", 수출의 한가운데 섰던 정주영의 자신감이 폭발하던 시기다. 유신 시대가 아니었으면 민간 아파트들을 정부의 틀 안에 꾸겨 넣는 이런 국가 주도의 분양제는 민간의 극심한 반발에 의해서 성립되기 어려웠을 것이다. 재벌의 힘도 강했지만, 군인의 힘은 더 강했다. 이런 특수한 상황이 아니라면 1975년에서 1978년 사이에 기본 틀이 형성된 우리의 매우 특수한 분양제는 설명이 어렵다. '개발독재'라는 간단한 이름으로 부르지만, 그 디테일은 생각보다 분석이 어렵다.

그 시절에 금융실명제가 있었겠나, 부동산실명제가 있었겠나? 이 돈이 사실 누구 것이고, 이 땅이 진짜로는 누구 것인지 아무도 모르던 시절이었다. 굳이 그런 명의신탁이 아니더라도 '딱지'라고 불리는 입주권 거래가 난무했고, 강남 개발과 함께 돈 놓고 돈 먹기가 순식간에 펼쳐졌다. 이 배를 탈 것이냐 안 탈 것이냐, 모든 한국인은 존재론적인 선택의 순간에 한 번 서게 된다. 여기 탄 사람은 예외 없이 돈을 벌고 중산층이 되었다. 여기에 타지 못한 사람들은 쉽고 간편한 중산층 대열 합류 기회에서 배척되게 되었다. 부동산 신화가 이렇게 탄생한다.

일단 형성이 된 제도는— 아니 사기는—노태우 시대의 '100만 호 건설', 즉 지금은 흔히 1기 신도시라고 불리는 일산과 분당 개발이라는 거대한 빅뱅을 만난다. 선분양과 청약제, 이 두 가지만으로도 한국의 아파트 분양은 외국인으로서는 도저히 이해할 수 없는 거대한 복마전이 되었다. 그러나 그게 끝이 아니다. 기기묘묘한 '사기 캐릭'들이 계속 들러붙게 된다. 요즘 어린이들이 보는 〈헬로 카봇〉이라는 로봇 만화에는 팬타스톰, 마이티가드, 로드세이버 같은 합체 로봇들이 나온다. 산타페, 아반떼, 벨로스터 같은 하나하나가 주인공급 캐릭터들이 합체하면서 또 다른 거대 로봇 캐릭터를 형성하게 된다. 지금 우리가 보는 아파트 분양 제도가 딱 변신로봇 마이티가드 같은 사기 캐릭들의 집합체다. 주인공급 사기 캐릭터들이 하나씩 등장을 하다가 결국에는 합체하여 거대한 '분양'이라는 역대급 정도가 아니라 초인류 아니 초우주급 사기 캐릭이 완성된다. 어디서부터 어디가 사기고, 어디서부터 어디까지가 정책인지 구분하기 어려운 상황이 되었다.

선분양제와 청약저축제에 의해서 세 번째로 등장하는 요소는 전세라는 특수한 임대 제도이다. 전세의 유래 자체는 정확하지 않지만 조선 말기 서울 지역에 일부 존재했던 것은 확인된다. 그렇지만 이 제도가 지금 우리에게 그냥 계승된 것은 아니다. 조선총독부는 이 이상한 제도를 싫어했다. 최초의 현대식 전세의 출발은 확인이 어렵다. 전세가 임대 제도로서 법적 테두리 안으로 들어온 것은 전두환 시절인 1981년 3월이다. 주택임대차보호법이 이때 만들어져 관행적으로 6개월이었던 전세 계약 기간을 1년까지 보장해주게 된다. 그리고 1983년 임대료 인상에 상한을 두게 되고, 소액인 보증금에 대해서는 먼저 지급하게 하는 우선변제권도 도입된다. 집주인이 몰래 집을 팔아버리고 도망갈 때 보호받을 수 있는 안전장치가 이때 도입된다. 정당성 없는 정권이지만 '집 없는 서민'이라는 이름에 대한 법적 보호장치를 만들기는 했다. 대표적인 군사 정권의 친서민 정책인데, 지금 한국의 보수는 경제 정책에서 그 시절의 군사 정권만도 못한 경우가 많다.

전세가 좋은 것이라는 주장과 그렇지 않다는 주장은 지금까지도 평행선을 달린다. 만약 전세제가 없었으면 국가가 지금보다는 더욱 적극적으로 가난한 사람들의 주거권 문제를 해결하려 나섰을 것이다. 국가가 어떻게 생각하든 전세제는 아파트 분양, 특히 1기 신도시 같은 대규모 단지형 분양과 아주 찰떡궁합으로 잘 들어맞았다. 맞아도 너무 기가 막히게 잘 들어맞았다. IMF 경제위기 이전까지 한국 경제의 특징 중 하나였던 높은 이자율이 전세가 존재할 수 있는 이유라고 분석을 한다. 한 가지 결정적인 잘못은, 전세라는 독특한 방식에 오랫동안 세금이 없었던 점이다. '전세 주고 전세 가고', 이런 편법적 관행이 일상화된 것은, 여기에는 세금이 없어서 그렇다. 임대 소득에는 세금이 따라야 하는데, 공짜로 이사를 가는 일이 법률적으로 가능해진 구멍이 생겼다.

싼 이자와 세금 제외라는 특수 상황이 만들어낸 전세는 2000년대 들어와 이자율이 내려가면서 위기를 한 번 맞는다. 이자율이 올라가면서 전세가 월세로 전환되면서 표준적인 임대 형태로 바뀌는가? '전세 끼고 집 산다'는 아주 독특한 한국식 투기 양식이 '갭투자'라는 새로운 이름을 가지게 된다. 세계 주택사에 전무후무한 투기 메커니즘이 자리를 잡는다. 갭투자는, 전성 시대는 아마도 '초이노믹스'라고 우겼댔던 최경환 작품이라고 보아도 좋을 것 같다. MB도 이 정도로 하지는 않았다. MB 정권 초기에는 집주인이 전세 올 사람을 찾지 못하는 소위 '역전세난'이 대세였다. 집값과 전세가의 차액을 '갭'이라고 부른다. MB 중후반부터 집값이 올라가지 않으니까 전세가만 집값에 육박하도록 올랐다. 이 상태에서 박근혜 경제팀은 죽어라고 집값을 올렸다. 이론적으로는 집 한 채 가격으로 '전세 끼고' 집 7~8채씩 살 수는 있다. 이론으로만 있던 이런 일이 갭투자라는 이름으로 박근혜 시절에 대대적으로 유행을 했다. 집값이 언젠가는 오를 것이라는 믿음이 다시 확산되었다. 정부도 '빚내서 집 사라'는 신호를 계속 보냈다. 19세기 경제학자인 제번스William Stanley Jevons가 태양 흑점 가설을 제시하면서 '자기실현 명제'의 원형을 보여준 적이 있다. 태양 흑점이 폭발하면 불경기가 올 것이라는 말이 있다. 진짜로 태양의 흑점이 폭발하는 해에 사람들은 큰 투자나 지출을 꺼린다. 그래서 진짜로 태양 흑점이 오면 불경기가 된다. 이런 것처럼 갭투자는 그 자체로 자기실현 명제가 되었다. 필요와 상관없이 사람들은 집을 사고, 또 샀고, 집을 계속 사니까 집값은 계속 올라갔다. 가난한 사람들은 물론 심지어 대학생들도 갭투자에 나섰다. 그렇게 집을 살 대기 수요가 많아지니까 집값이 올라가고, 그걸 보면서 "거 봐라", 더 많은 사람들이 갭투자로 나섰다. 군사 정부의 복부인 이후 처음으로 평범한 주부들이 다시 부동산 시장으로 돌아왔다. 대규모 단지형 분양과 전세 제도는 정말로 기가 막히게 잘 들어맞는 조합이 되었다. 그리고 한국의 집은, 이제는 아무리 중산층이라도 부모가 사주지 않으면 선뜻 사기 어려운 안드로메다 저 편의 상품이 되었다. 사람들은 '헬조선'이라는 표현을 쓰기 시작한다.

자, 조선총독부의 정책에 대해서 다시 한 번 생각해보자. 조선총독부가 전세를 환영하지 않은 것은 조선 사람들이 미워서거나 괴롭히고 싶어서였을까? 일본에 전세제가 없기 때문에 생소하기도 하지만, 이 제도를 방치했을 때 생겨나는 문제점에 대해서 한번쯤은 생각해보았기 때문이 아닐까? 일본에는 전세 제도가 없다. 일본 사람들이 우리보다 더 도덕적이거나 덜 탐욕적이거나, 그런 것은 아니다. 길게 보면 투기를 촉진하는 제도이기 때문에 그런 것이 아니었을까?

이렇게 거대한 합체 로봇처럼 변해버린 한국의 분양제에 5단 합체로봇, 마지막 팬타스톰으로 대변신하는 요소는 재건축이다. 모든 사람은 자기 집이 낡으면 자기 돈으로 고친다. 그리고 그렇게 낡아가는 것을 장부상에 반영하는 것을 감가상각이라고 부른다. 상식이다. 감가상각을 반영한 낡은 건물은 싸고, 아직 감가상각이 진행되지 않은 새 건물은 비싸다. 1996년 이전에 지어진 아파트는 20년만 지나면 재건축을 할 수 있다. 이런 아파트는 지어진 후 15년까지는 가격이 계속 내려가다가 그 이후로는 오히려 올라간다. 재건축이 가까워지면 대단지 아파트들은 가격이 올라서 감가상각의 원칙을 거스른다. '남의 돈으로 자기 집 고치기'가 가능한 것은, 일반 분양이라는 아주 독특한 요소가 결합했기 때문이다. 집 고치는 김에 아파트 몇 개를 더 짓고, 남의 돈으로 자기 집을 고치는 것이다. 손해 보는 사람이 없지 않느냐고? 민간이 하는 재건축은 공공이 하는 재개발과 달리, 공공 인프라에 대한 기여는 없다. 그리고 스카이라인이나 한강 전경 등 모두의 공유재에 훼손을 끼치게 된다. 한 동 한 동, 한 번 한 번의 일반 분양에 따른 추가 입주는 별것 아닌 것처럼 보인다. 그렇지만 대단지로 구성된 곳이나 재건축이 가능한 경우가 많아서 결국에는 재건축 밀집지역이 형성된다. 결국 밀도가 높아진다. 그리고 도로 등 기반 시설을 정부가 세금을 들여서 다시 놓게 된다. 강남과 잠실에 추진하는 지하도로 논의가 대표적인 사례다. 결국에는 도시계획 단계에서 설정했던 설계 용량을 초과하게 된다. 이런 식으로 밀도가 높아지면 잘 만들어진 계획도시들도 견디지 못하고 결국에는 도로 등 기본 인프라를 추가로 공급해야 한다. 당연하겠지만, 이렇게 계획 용량 외에 추가로 공급하는 인프라의 비용은 비싸다. 이 비싸진 인프라 비용에 재건축과 아무런 상관도 없는 국민들의 돈이 들어간다. 잘난 척은 강남의 재건축 업주들이 하고, 실질적인 돈은 서울 시민만이 아니라 전국의 국민들이 대는 구조다. 직접적이든 간적접이든 공적인 것을 끌어다 쓰면서 진행되지 않는 재건축은 없다. 건물을 부수고 지을 때 발생하는 폐기물 처리의 공적 비용이 여기에 추가된다. 재건축으로 아무도 손해 보는 사람이 없지 않느냐? 아무런 상관도 없는 국민들의 세금이 결국 뒷감당을 위해서 사용된다. 건축주와 당사자를 제외한 우리 모두가 손해 본다.

원래부터 재건축이 지금과 같은 방식으로 디자인된 것은 아니다. 재건축이라는 아주 특수한 제도가 처음으로 생겨난 것은 1987년, 전두환 때 주택건설촉진법에 관련 조항이 들어가면서부터다. 이때는 노후된 건물의 안전을 위해 아주 제한적으로 법률이 허용하는 정도였다. 1993년 YS가 집권하면서 20년이 안 된 주택도 재건축을 할 수 있게 제도를 열어젖혔다. 이때까지도 재건축의 주요 대상은 여러 채의 단독주택이나 여러

동으로 된 다세대주택이었다. 아파트는 원래도 높았으니까, 더 높여서 지을 여지가 별로 없었다. 새로 지으면서 생겨나는 초과분을 일반 분양이라고 부르기는 했는데, 워낙 양이 적어 이걸 가지고 크게 왈가왈부할 정도까지는 아니었다. 1994년의 재건축 규모를 보면, 단독주택 1,069세대, 연립주택 1,689세대 그리고 아파트 1,457세대이다[양윤재, 양승호, 〈재건축 사업의 문제점과 제도적 개선방안의 모색〉, 《환경논총》(1996년) 참고]. 같은 해에 재건축의 용적률이 250퍼센트에서 400퍼센트로 크게 완화되면서, 재건축이 아파트 쪽으로 확 넘어오게 된다. 그리고 1995년 다 지은 다음에 분양할 수 있던 일반 분양을 진짜로 새로 지은 다른 아파트처럼 선분양할 수 있게 제도를 바꾸었다. 이즈음 용적률만이 아니라 건폐율도 완화시켜주었고, 동 간 거리도 건물 높이의 1배에서 0.8배로 줄여 좀 더 바싹 붙여서 고층 아파트를 지을 수 있게 해주었다. 전두환 때에는 어지간하면 재건축 하지 말라는 것이었다면, YS 때에는 어지간하면 재건축하라는 식으로 제도 디자인이 변형된다. 이때부터 대단지 아파트들에 재건축 러시가 생겨나게 된다. 아파트가 안전검사에서 불합격 판정을 받으면, '안전검사 불합격, 축하!'라고 대형 현수막이 아파트 앞에 내걸리게 된다. 자기 집이 안전하지 않다는데 박수치고 잔치 벌이는 일이 정상적인가? 자기 집 고치는 일에 '일반 분양'이라는 매우 독특한 요소가 결합된 이후 30년간 재건축은 진화에 진화를 거듭한다. 그사이 한국의 아파트는 한국 자본주의만의 특수 요소가 되어버렸다.

괴물의 진화는 여기서 끝나지 않는다. '종상향'이라는 괴물은 서울시장 박원순을 숙주로 하여 탄생한다. 가락 시영아파트 재개발 때 일반 거주지역 분류 중 2종에서 3종으로 올리는 종상향이라는 편법을 막 서울

시장이 된 박원순이 허가했다. 가락 시영아파트가 있던 지역이 좀 더 살기에 불편한 지역인 3종으로 분류되면서 30층 이하만 가능했던 재건축이 35층으로 높아졌다. 대규모 단지 재건축으로는 가락 시영이 처음이었다. 한 번 해주었는데, 누군 되고 누군 안 되냐, 이 논란을 피해가기가 어렵게 되었다. 재건축 아파트의 역사를 새로 썼다고 자축하는 잠실 주공 5단지 역시 박원순 시장 아래서 종상향을 획득하는 '쾌거'를 만들어냈다. 대단하시다! 3종 일반 주거지역에서 준주거지역으로, 한 단계 높은 단계로 올라갔다. 동시에 아파트 높이는 35층에서 50층으로, 그야말로 돈벼락! "은마는 달리고 싶다"던 바로 그 은마아파트의 48층 재건축 계획의 핵심도 바로 이 종상향이다. 3종 일반 주거지역에서 준주거지역으로 올려달라는 게 핵심이다. 될까, 안 될까? 이 기준이, 사실 귀에 걸면 귀걸이고 코에 걸면 코걸이다. 가락 시영도 했고, 잠실 주공5단지도 했는데, 왜 우리는 안 돼? 안 된다고 답할 명분이 강력하지 않다. 어차피 갈대밭이나 논밭에 지었던 아파트들이다. 처음부터 중심지였던 데가 어디 있겠는가? 명확한 기준을 세우는 게 물리적으로 불가능하다. 매번 어떤 결과가 나올지, 당연히 주요 재건축 단지들이 촉각을 곤두세우고 지켜보지 않겠나? 앞으로 매번 누군 되고, 누군 안 되고, 이 논란이 생겨날 수밖에 없다.

재건축보다 조금 낮은 규모로 리모델링이라고 부르는 아파트 정비 방식이 있다. 원래는 좋은 거다. 자기가 자기 돈 내고 자기 아파트를 고치는 것이라 정상적인 방식이고, 장기적으로는 권장할 방식이다. 경제적으로도 정의롭고, 기술적으로도 타당하다. 대규모 건설폐기물 문제도 덜 발생하고, 거주 인구가 느는 것도 아니라서 주변 인프라에 많은 문제를 일으키지 않는다. 송파구 일대에서 재건축 대신 추진하던 리모델링 붐이 어느덧 그보다 뒤에 만들어진 분당 쪽으로 넘어갔다. 그런데 자기 돈 내고 자기 집을 고치려고 생각하니까, 돈도 없고 기분도 나쁘다는 생각이 들었나 보다. 이번에는 손학규가 숙주가 되었다. 2011년, 분당 보궐선거에 출마한 손학규는 도저히 지역 주민들의 요구를 뿌리치지 못했다. 집을 고치면서 위로 몇 층 더 지어 예의 그 일반 분양을 가능하게 하는 '수직증축'이 손학규를 곤란하게 만들었다. 기술적으로나 경제적으로나 말도 안 되는 이야기인데, 결국에는 손학규가 이것을 공약으로 채택하였다. 그리고 결국에는 정치인들이 국회에서 밀어붙여서 제도로 자리를 잡게 되었다. 괴물이 괴물을 낳고, 그 괴물이 또 다른 괴물을 낳은 형국이다. 항상 토건이라면 앞장서던 국토부도 이건 너무 위험해서 안 된다고 끝까지 반대했다. 그러나 정치의 힘을 당해내지는 못했다. 아직 괴물들이 다 나온 건 아니다. 건축 당시 설계도 자체가 존재하지 않아서 기술적으로 수직증축이 불가능한 아파트들이 대부분이다. 힘들 게 고민할 것 없이 아예 옆에다 그냥 아파트를 새로 지으면 안 돼? 이건 '별동신축'이라고 부른다. 이 황당한 리모델링 방식 역시 선거 때 정치인들에게 제시되는 단골 공약 후보 중 하나다.

이 모든 일들이 모여서 지금 한국의 분양제라는, 아주 이상한 국가 주도의 시장을 형성하고 있다. 선분양, 후분양, 이런 얘기는 진짜로 빙산의 일각이다. 사기인 것은 분명한데, 어디서부터 사기고 어디서부터 사기가 아닌지 판명하기도 어려울 정도로 긴 시간을 거쳐서 고착된 구조적 사기다. 별 수 없다. 이건 군인이 한 거고, 이건 민간인이 한 거고, 이건 건설사가 한 거고, 이건 국민들이 한 거고, 그렇게 뒤엉켜 있다. 하나하나 풀어나가고, 각 단계마다 정상화시키는 고단한 길을 걸어야 한다. 그렇지만 이런 '분양제' 구조를 가지고 선진국이 된다? 어림도 없는 소리다. 이건 과거의 일이고, 지금부터 잘하면 되지 않느냐? 그렇지가 않다. 지금이라도 고치지 않으면 앞으로 최소 40년간, 지금과 같은 생난리가 동일한 방식으로 반복될 것이다.

도급 순위 10위권 내 건설사에 아는 경제부 기자를 통해서 최근에 짓는 한국 아파트의 설계수명에 대해서 문의했다. 기본적으로는 40~50년 정도를 설계수명으로 건설한다고 한다. 예전에 지은 아파트는 그야말로 개발도상국 혹은 중진국 수준이라서 대충 지었다고 치자. 그럼 재건축 이후에 다시 짓는 아파트도 그렇게 지을 것인가? 물론 튼튼하게 짓는다고 말하지만, 설계수명 자체가 그렇게 길지 않다. 이 정도면 한 세대인 30년 후에는 다시 재건축 이야기가 나올 수밖에 없다. 사실 설계부터 그렇게 하는 것 아닌가? 재건축으로 높이 지은 아파트를 그다음에 다시 재건축할 방법이 현행 제도상으로는 없다. 지금 극단적으로 높이와 밀도를 높여놓았기 때문에, 두 번째 재건축은 경제적으로는 불가능하다. 그때에는 어떻게 할 것인가? 방법이 없다. 근본적으로 지금 우리의 재건축은 미래의 비용을 현재의 재건축 조합원이 미리 당겨 받는 것과 같다. 기술적으로는 지금도 100년 정도 버티는 건물을 짓는 것이 불가능하지 않다. 그리고 생각처럼 비용이 많이 비싸지지도 않는다. '장수명 아파트 인증'이라는 제도가 도입되어 있기는 하지만, 그야말로 권고라서 아무도 신경 쓰지 않는다. 지금의 '권고'를 '의무'로 바꾸는 것이 선진국이 되는 길이다. 건설사는 가능하면 일찍 망가지는 아파트를 짓고, 소비자는 오히려 이걸 더 좋아하는 상황, 생태적이지도 않고, 경제적이지도 않고, 문화적이지도 않다. 그냥 머니 게임이다. 게다가 아주 입지가 좋은 일부 아파트 단지를 제외하면 전국의 모든 아파트가 재건축이 될 수 있는 것도 아니다. 그리고 재건축으로 잔뜩 층고를 올려놓은 아파트를 다시 재건축할 수 있는 것도 아니다. 지금부터는 무조건 튼튼하게 그리고 오래가게 짓는 것이 기술적으로는 답이다. 논리적으로는 그렇지만, 정서상으로 이걸 원하는 사람이 별로 없다. 그래서 한쪽에서는 아파트 부실시공과 하자보수가, 다른 쪽에서는 경제적으로 방법이 없는 아파트 노후화 문제가 나온다. 빈집과 슬럼화 그리고 비용 증가에 따른 아파트 상속 포기, 이런 일본의 문제가 우리의 미래가 될 가능성이 높다.

상식으로 돌아와 보자. 프랑스 지리학자인 발레리 줄레조가 《아파트 공화국》에서 서구의 아파트와 우리나라 아파트 문화에 대해서 집중적으로 분석한 적이 있다. 그녀가 제시한 중요한 개념이 '도심의 박물관화'이다. 박물관? "파리는 불타고 있는가?", 히틀러가 파리 수복 직전에 신경질적으로 독일의 파리 사령부에 계속해서 내렸던 명령이다. 19세기 중반 나폴레옹 3세 시절, 파리도 대대적인 도시 정비를 하면서 골목길 등 기본 구조가 많이 바뀌게 된다. 그렇지만 빅토르 위고가 쓴 《레미제라블》의 시대 배경이 되는 파리 혁명 당시의 건물들을 대대적으로 철거하지는 않았다. 그 나폴레옹 3세도 결국은 몰락하게 된다. 이후 1871년 파리 코뮌 때 프러시아 군대에게 3만 명의 파리 시민이 죽게 되는 '피의 1주일'이 벌어지게 된다. 시가전이 치열하게 펼쳐졌던 파리 시내의 건물들 대부분이 아직도 남아 있다. 히틀러의 명령에도 불구하고 독일군이 차마 불태우지 못한 파리의 전경이 바로 19세기 중반에 형성된 것이다. 당시 도시 계획을 주도한 오스만은 찬반 논의에도 불구하고 많은 근대 도시들의

'베이식'을 형성하게 된다. 2차 세계대전을 거쳐 21세기에 지금 우리가 보고 있는 파리의 모습은 19세기 중반이 기본 틀이고, 많은 건물들도 그 시절에 지어진 건물이다. 좋고 나쁘고의 가치 판단과는 별개로, 미학적이고 문화적인 의미에서 프랑스 파리, 영국 런던, 독일 본 심지어는 일본 동경까지도 시내는 거대한 박물관처럼 진화하는 중이다. 지금 우리가 보는 파리의 전경은 세계를 뒤덮는 거대한 전쟁과 같은 참사가 발생하지 않는 한, 아마 200년 후에도 지금과 많이 다르지는 않을 것이다. 건물은 고쳐가면서 쓰고, 지역은 정비하면서 보존하는 것이다. 그게 성숙한 도시이고, 선진국의 도시다. 꼭 왕궁과 박물관만 보존하는 게 아니다. 잘사는 동네든, 못사는 동네든, 귀족의 건물이든 하녀들이 거주하던 방이든, 그 자체로 박물관처럼 구조화되는 것, 그게 현대 지리학에서 말하는 '도심의 박물관화'라는 개념이다. 우리를 제외한 대부분의 선진국 도시들이 이 길을 걸어간다. 2000년 하고도 다시 20년이 지나려고 하는 지금, 30년도 채 안 되어서 다 부수고 새로 지은 아파트가, 그것도 한국 최고의 건설사들이 만들었다고 하는 건물이, 잘해야 50년 버틸 수 있다고 하는 게 말이 되는가? 이것도 말이 안 되지만, 그걸 당연하다고 받아들이는 공무원과 정치 지도자들은 다른 선진국에는 한 번도 가본 적이 없는 눈뜬장님들인가? 기술적으로 이상하고, 사회적으로 이상하고, 문화적으로는 더 이상하다. 그리고 경제적으로는 도대체 말이 안 된다. 19세기 건물들이 아직도 파리의 대표적인 주거공간으로 사용되는데, 21세기에 우리는 그걸 할 수가 없다고?

이런 파리의 상황과 비교해서 극단적으로 얘기한다면 21세기에 우리의 중심부라고 하는 강남의 문화적 가치는 0원이다. 만약 우리에게 히틀러의 독일 군인들처럼 누군가 강남을 불태우라고 하는 명령을 받은 상황이라고 생각해보자. 군인들의 투박하고 거친 눈으로 볼 때에도 강남이 자신의 목숨을 걸면서까지 지키고 보존해야 할 곳으로 보일까? 우리가 지난 수십 년 동안 만든 '강남의 것' 중에 역사적이고 문화적으로 지켜야 할 곳을 한 번 꼽아 보자. 한전 본사는 시간이 지나면 한국은행 건물만큼이나 문화적 가치가 높을 곳이지만, 이것도 진작 부수기로 결정이 내려진 상태다. 기껏해야 호텔 조금 더 늘리겠다고 가장 팬이 많은 LG와 두산이 홈구장으로 쓰는 야구장도 공식적으로 '재건축(!)'을 하기로 결정을 했다. MB 시절 이후, 몇 번이나 쇼핑몰로 바뀔 위기에서 겨우겨우 살아난 88올림픽 메인 스타디움을 제외하면 잠실 올림픽 경기장 어느 곳도 재건축을 피해가기는 어렵다. 어차피 부술 건물, 사명감을 가지고 보존해야 한다고 생각할 외국 군인이 있을까? 어차피 쟤네가 부술 것 아냐? 그냥 둬도 어차피 자기들끼리 결국은 다 부수고 다시 지을 텐데! 문화적 가치가 있는 곳은 잘해봐야 신라 시대에 지은 봉원사, 조선 시대에 만든 선릉과 헌릉 그리고 전두환 때 지은 88 올림픽 메인 스타디움, 딱 요 정도 아닌가? 지금 강남의 문화적 가치는 사실상 0원이고, 유일하게 경제적으로 가치가 있는 것은 오를 대로 오른 택지 지분뿐이다. 물론 아파트를 지은 땅은 불에 타지 않는다. 폭파하거나 폭격해도 경제적 가치가 떨어지지는 않는다. 지금 우리가 운용하는 도시 시스템의 최정상에 있다고 하는 강남의 문화적 가치는 0원, 이 역설을 어떻게 이해할 것인가? 그럼 한국 제2도시인 부산의 핫플레이스라고 하는 해운대의 문화적 가치는 얼마일까? 자연적 가치가 있을 뿐, 역사 문화적 가치는 0원일 것이다.

우리는 운이 좋거나 돈이 많은 사람이 좀 더 쉽게 돈을 벌 수 있는 방식으로 도시를 발전시켜 왔다. 그 과정에서 사람은 물론이고 건물의 문화적 가치마저도 무시당하고 결국은 땅에 모든 가치가 귀속되는 메커니즘을 만들었다. 우리가 아무리 열심히 일하고, 아무리 긴 시간이 지나도 강남의 문화적 가치는 증가하지 않는다. 분양과 재건축이라는 정말 이상한 방식을 선택하면서, 결국 열심히 노력해도 문화적으로 아무런 가치가 생겨나지 않는 이상한 도시를 만들었다.

지식경제 등 최근의 경제 성장 담론에 대한 이론적 배경이 되는 '내생성장론'은 경제 성장과 함께 발생하는 '누적 효과'가 경제가 장기적으로 침체에 빠지지 않게 해주는 핵심 요소라고 얘기한다. 선진국 도시들은 시간이 지나면서 문화적 누적 효과가 생기는 반면, 분양에서 재건축으로 이어지는 강남 모델에서는 아무리 시간이 지나도 문화적 누적 효과는 발생하지 않는다. 늘 새롭고, 언제나 새롭고, 앞으로도 새로운 것이다. 미안하지만 새로운 것은 문화재로서의 가치가 전혀 없다. 땅으로부터 발생하는 지대의 부당한 획득 외에 강남 모델이 경제적으로 가지는 시사점은 당연히 없고, 문화적으로 누적되는 가치도 없다. 시간이 지나도 아무것도 누적되지 않는다. 반면 분양에서 재건축에 이를 때까지, 재산의 역진적 재분배 효과는 확실하다. 뭔가 한 것 같지만 결국 남는 것은 아무것도 없고, 가난한 사람들만 더 힘들어지는 게 지금의 강남 모델이다.

영화 〈사도〉에서 아버지인 영조가 아들인 사도에게 말한다. "너는 존재 자체가 역모야." 그 말을 빌린다면, "분양제는 존재 자체가 사기야", 이렇게 말할 수 있을 것이다. 분양제의 원형이 되었다고 하는 일본도 더 이상 이런 방식으로 집을 짓지는 않는다. 분양에서 재건축까지, 이렇게 이상한 방식으로 국민의 기본 주거 모델을 운용하는 나라는 없다. 부의 분배 측면에서도 해롭지만, 문화 등 누적 효과가 너무나 없어서 다른 선진국 도시들과 경쟁이 불가능할 정도다. 그리고 누적되는 요소가 없으니까 국민경제에 대한 장기적 파급 효과도 제로다. 시멘트와 에너지만 잔뜩 투입되고, 시스템에 누적되는 것은 없다. 반생태적이며, 반문화적이며, 경제 정의와는 정반대의 기능을 한다. 이제는 어디서부터 어디까지가 사기고, 어디서부터 어디까지가 정상적인 것인지 분간하기가 어려울 정도다. 그리고 너무 많은 요소들이 강하게 결합되어 있어서, 어디서부터 손을 대고, 어디까지 손을 대야 할지 아무도 모르게 되어버렸다.

그래도 문제는 풀라고 있는 법이라는 믿음을 가질 필요가 있다. 어디서부터 이 문제가 꼬였을까? 한국 현대사에 몇 가지 분기점이 있기는 한데, 분양제의 경우는 1972년 10월 17일을 중요 기점으로 잡을 수 있을 것이다. 이날 저녁 수도방위사령부 소속의 탱크와 장갑차가 중앙청 앞에 멈춰 섰다. 그리고 그날 밤 유신이 선포되었다. 제8대 국회가 즉각 해산되었다. 다음 날 바로 계엄령이 내려졌고, 계엄사령부는 포고령을 통하여 집회와 시위를 금지하고 대학은 휴학시켜버렸다. 결국 개헌을 통해 대통령 직선제 대신에 몇 사람이 체육관에 모여서 간접 투표하는 간선제로 바뀌었다. 이때 해산된 국회를 대신해서 운용된 것이 비상국무회의였다. 헌정은 중단되었고, 이때 비상국무회의를 이끌던 총리가 바로 김종필이다. 이런 쿠데타 국면에서 비상국무회의가 250만 호 주택건설 10개년 계획을 의결하였다. 그리고 그해 12월 주택건설촉진법이 만들어진다. 물론 국회가 해산된 상태다. 해산된 국회는 다음 해인 1973년 2월 27일 다시 선거를 치러 3월에나 구성이 된다. 탱크로 국회를 해산하고 국회가 없는 동안에 주택건설 10개년 계획이 만들어지고, 이를 뒷받침할 소위

주촉법이 제정된다. 이 10개년 계획의 기본 틀 아래에서 정부가 공공주택은 물론 민간주택까지 통제하는 상황에서 선분양제와 청약저축을 통한 분양권 제도가 설계된다. 그야말로 유신이 아파트의 기본 설계를 담당한 것이다. 이제는 박정희의 유신도 끝났고, 길고 길었던 군사 정권도 끝났고, IMF 경제위기 등 큰 경제위기도 두 번이나 왔다. 그렇지만 유신 시절에 만들어진 아파트 분양제의 기본 골격은 아직까지 바뀐 적이 없다.

탱크를 동원해서 대통령의 선거와 임기를 사실상 없앤 친위 쿠데타가 국민들에게 그 대가로 제시한 것이 주택건설 10개년 계획이다. '집 없는 서민'에게 집을 주겠다는 것, 이게 한국 주택 정책의 핵심 철학이다. 그리고 그걸 위해서는 100만 호든, 200만 호든, 죽어라고 지어주겠다, 이게 군인들이 했던 약속이다. 딸의 집권기를 거쳐서 다시 새로운 민주당 정부가 들어서기까지 45년, '집 없는 서민'에 대한 약속은 바뀐 적이 없다. 누가 정말로 집 없는 서민인지, 청약저축을 통한 가점제 등 디자인을 좀 더 정교하게 하는 것이 바뀌었을 뿐, 큰 틀은 그대로이다. 1972년 10월 17일 광화문에 탱크가 들어온 그날을 많은 사람들이 싫어했다. 그리고 진짜로 많은 것이 바뀌었다. 이제 대통령을 체육관에서 뽑는 방식으로 돌아가지는 못한다. 그렇지만 아파트와 관련된 기본 틀은 바뀌지 않았다.

간단히 생각해보자. 한국의 인구가 4천만 조금 넘는데, 국민의 절반 정도는 집이 없다. 그리고 한 집에서 평균 3명 약간 넘게 산다. 아주 단순하게 생각해보면 700만 가구 정도가 집이 없는 것이다. 연간 10만 호 정도가 이들에게 공급되면 정말 많이 공급되는 것이다. 정말로 정책이 성공적으로 진행된다고 치더라도 700만 가구에 모두 아파트가 공급되는 시간은 70년이다. 물론 실제로는 다주택자와 중산층들에게 주로 혜택이 가지, 정말로 '집 없는 서민층'에게 주택이 잘 가지도 않는다. 성공해도 70년, 성공하지 못하면 영원히, 이게 '집 없는 서민' 정책 틀이 가지고 있는 근본적 한계다. 이걸 우리가 모르냐? 모르긴 왜 모르냐, 이 간단한 산수를… 그냥 모르는 척하고, 하던 대로 45년간 이 틀을 끌고 온 거다. '집 없는 서민', 딱 다섯 글자지만 정치적으로는 잘 통한다. 그러나 경제적으로는 무의미하다. 그리고 장기적으로 보면 해롭다. 집이 없는 서민이라고 포괄적으로 통칭하지만, 결국은 중산층 하단부에 있는 무주택 중산층의 아주 일부가 특별지대에 접근할 수 있도록 해주는 것에 불과하다. 유신 정권의 이 조치로 우리는 주택 문제를 풀었을까?

1955년, 전쟁이 끝난 직후에 인구 총조사가 있었다. 폐허 위에 재건이 한참이던 시절, 국민의 79.5%는 자기 집에 살았다. 차가와 셋방을 더 해서 약 17% 정도의 국민만 남의 집에 살았다. 유신이 한창이던 75년 인구 총조사에서 자기 집에 사는 사람의 비율은 63%로 내려간다. 유신이 끝난 1980년, 자기 집에 사는 사람들은 58%로 내려간다. IMF 경제위기 한가운데, DJ와 함께 민주당 정부가 들어섰을 때 자가 비율은 54% 정도 된다. 가장 최근에 한 2015년 인구 총조사에서는 56% 정도의 인구가 자기 집에 산다. 그냥 수치만 냉정하게 보자. 1955년 80% 가까운 국민들이 자기 집에 살다가 박정희 집권과 함께 점점 더 많은 국민들이 자기 집에서 살지 않게 된 거다. 72년 유신이 시작되고, 본격적으로 주택건설 10개년 계획을 시행하기 전인 1975년 63%가 자기 집에 살다가, 선분양과 분양제가 전격적으로 도입된 이후인 1980년 자기 집 비율이 58%로 내려간다. 그러고는 지금까지 25년 정도, 자기 집에 사는 국민은 55%에서 약간 내려갔다가 다시 올라갔다, 그렇게 마치 자연율처럼 자기 집 비율은

55% 내외가 유지된다. 55년과 비교하면 죽어라고 경제 발전을 했더니 국민 25% 내외가 자기 집에 살다가 이제는 남의 집에서 월세나 전세를 살게 된 것이다. 남의 집에서 살기 위해서 우리가 경제 발전을 한 것일까? 결과는 그렇다. 청약저축 등 분양제를 도입한 이후로도 7~8%의 국민이 오히려 집이 없게 되었다. 서민들이 자기 집을 가지게 해준다는 약속은 평균적이고 구조적으로, 단 한 번도 지켜진 적이 없었다. 시스템의 시각으로 본다면, 1972년 비상국무회의가 주택 공급 10개년 계획을 의결한 이후, 오히려 집 없는 국민의 비중이 늘어났다. 그리고 지금까지 전혀 개선된 것이 없다. 75년의 63%에는 단 한 번도 비슷하게라도 근접해 보지 못했다. 그동안 건설사는 국가 정책을 좌지우지할 정도로 커졌고, 부자 국민들은 점점 더 부자가 되었다. 그렇지만 집 없는 국민은 오히려 늘었다. 1972년 이후, 우리는 도대체 뭘 한 거냐? 의도는 좋았지만 공공

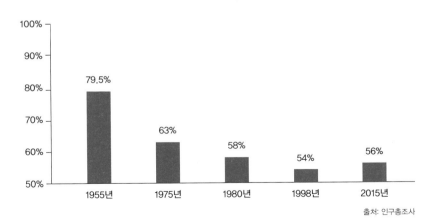

인구 총조사 자가비율 추이

출처: 인구총조사

자금이나 한정된 토지 등 여러 가지 제약에 의해서 이런 일이 벌어진 것일까? 이런 게 전형적인 사기 구조다. 모르고도 속고, 알고도 속고, 관심 없어서도 속은 사기 사건의 구조를 가지고 있다.

스웨덴이나 프랑스, 이런 데는 사민주의 정도로 볼 수 있는 좌파 정권이 힘도 세지만, 집권도 꽤 오랫동안 했다. 한국의 민주당에 비하면 훨씬 더 왼쪽에 있는, 명실상부 진짜 좌파 정권이다. 만약 청약저축 같은 것을 도입하고 분양권을 만들어서 국가가 직접 주택보급률을 높이는 것이 진짜로 '민중'들에게 도움이 된다면 그런 나라가 왜 안 하겠느냐? 몰라서? 그럴 리가 있는가? 일본 정도가 제한적으로 좀 해보다가, 이거 아니다 싶어 그만둔 제도다. 우리는 똑똑하고, 다른 나라는 덜 똑똑하거나 덜 민중적이라서 그런 게 아니다.

자, 이제는 로봇과 로봇들이 결합해서 거대한 슈퍼로봇으로 한 차원 승격된 것 같은 우리의 주택 시장, 어디에서부터 손을 봐야 할 것인가? 선분양제, 전세 제도, 재건축 등 많은 것들을 재설계해야 하는 것은 당연하다. 그렇지만 그 원칙을 딱 하나만 제시한다면, 나는 1972년 임시국무회의 시점으로 돌아가서 다시 한 번 생각해볼 필요가 있다고 생각한다. 과연 더 많은 집을 짓고, 이렇게 지어진 집을 청약저축을 가입한 무주택 서민에게 우선적으로 분양하는 것이 효과적일까? 역사적으로는 이건, 아무런 효과도 없고, 오히려 문제를 악화시키는 결과만 만들었다. 크게 본다면, 여당이나 야당이나, 주택 제도에서는 별 차이가 없었다. 최소한 주택 시장으로만 국한해서 본다면, 아직도 우리는 유신의 악몽에서 벗어나지 못했다. 나는 청약저축을 비롯해서 분양제 자체를 없애야 한다고 생각한다. 그리고 LH 공사와 같은 국가 기구는 상업용 아파트 건설에서는 철수해야 한다. 다른 나라는 다 그렇게 한다. 국가는 임대주택과 협동조합 주택에 관한 지원자 역할을 잘하면 된다. 그렇게 하면 아파트 지을 때마다 사람들이 줄을 길게 늘어설 것 아니냐? 선진국 모든 건설사가 다 알아서 처리하는 이 문제를 40년이 지난 지금도 해결 못 한다는 게 말이 되는가? 그건 민간에서 알아서 할 일이다. 아파트든 주택이든 건설사가 알아서 지어서 판매하면, 그걸 소비자들이 구매하면 된다. 정부는 이 과정에서 결탁이나 과장이 없이 공정하게 움직일 수 있도록 관리만 하면 된다.

정부가 진짜로 해야 할 일은 하나다. 집이 없는 서민에게 집 한 채씩 주겠다는 독재 시절의 군인들이 했던 일이 아니라, 집이 없어도 살아가는 게 전혀 불편하지 않은 세상을 만드는 것이다. 만약 1972년, 국회를 강제로 해산시키고 만들어진 임시 국무회의에서 김종필이 "집 없어도 살기에 편한 세상을 만들겠습니다", 이렇게 결정을 했다면, 아마 우리의 역사, 특히 도시의 역사는 지금과는 많이 달랐을 것이다. 정부가 임대주택을 주도하는 프랑스 요소, 집을 가지고 싶은 사람에게는 크고 작은 규모의 협동조합을 통한 간접 지원 방식의 스웨덴 요소, 이런 흐름이 정치적 좌우 성향과는 상관없이 유럽 국가들이 주거 복지와 주거 공공성을 위해서 한 일이다. 지금부터 우리도 그렇게 하면 된다. 자기 집은 자기 돈으로 고치게 하고, 정부는 공적인 틀에서 집 없는 사람들의 삶을 적극적으로 돌보면 된다. 오래된 집을 허무는 대신 보존을 위해서 집을 고칠 때, 그 문화적 가치를 위해서 정부가 집 고치는 돈을 보조할 수 있다. 프랑스 등 유럽이 그렇게 한다. 다른 모든 OECD 국가들이 가는 보편적이고 일반적인 방향이 있는데, 우리는 OECD에 가입한 지 20년이 넘었어도 주택 문제에 대해서는 여전히 임시국무회의 종합계획 틀에서 한 치도 못 벗어나고 있다. 이제 그만 유신으로부터 걸어 나올 때도 되지 않았는가? 청약저축을 없애고 나면 나머지 해법은 논리적이고 기술적인 문제다. 어차피 민간인인 건설사가 정부 흉내 내서 분양 같은 소리 하지 않게, 자기가 알아서 집을 만들고 자기가 파는 방법에 대해서 고민하면 된다. 그리고 국가는 지나치게 독점이나 과점으로 시장이 흘러가지 않도록 관리하는 위치로 돌아가야 한다. 한 채라도 임대를 주는 경우에는 거기에 맞춰서 세금을 내도록 제도를 정비하는 게 그렇게 어려운 일인가? 임대소득에 대해서 정상적으로 조세 체계만 작동시켜도 무리한 갭투자 같은 것이 지금처럼 창궐하지 않을 것이다. 가끔 임대에 세금을 걷으면 세입자에게 세금이 전가된다고, 마치 자신들이 서민의 보호자인 것처럼 말하는 사람들이 있다. 세금은 탄성치라고 불리는 계수에 의해서 주인과 세입자 사이에서 전가율이 결정되기 때문에 다 세입자에게 가는 것도 아니다. 시장 조건에 따라서 다르다. 게다가 그런 논리라면 상품 가격에 붙이는 부가가치세는 아예 도입해서는 안 된다는 말이다. 우리는 집주인과 건물주에게 너무 관대한 경제를 만들었다.

우리나라에 도시계획이나 주택 전문가가 없어서 지금의 사태가 여기까지 온 것은 아니다. 분양제라는 큰 틀을 놓고 나머지 부속품을 설계하면 누가 해도 지금 틀에서 크게 벗어나기 어렵다. 게다가 그 핵심인 주택청약을 그대로 유지하는 조건으로 디자인하면, 좌파나 우파나 결국 비슷비슷한 결과만 나온다. 시스템 구조가 워낙 그렇다. 비유를 하자면, 이건 인간들의 피를 빨아먹고 사는 드라큘라 백작의 심장에 결국은 말뚝을 꽂아야 하는 것과 마찬가지다. 청약저축을 통해서 대부분의 국민들이 분양

시장에 돈을 바친다. 그리고 그 돈을 가지고 토건 국가가 굴러간다. 새로운 피가 더 필요하니까, 다시 또 새로운 제도를 만든다. 흡혈귀로 은유한 한국의 주택 제도의 심장이 바로 주택청약이다. 주택청약이 생긴 이후로, 자가 소유비율이 오히려 줄었다. 이제는 주택청약을 폐지할 때가 되었다. 다른 나라랑 상식적으로 비슷한 형태로 갈 때가 되었다. 언제까지 이 짓을 할 수는 없지 않은가? 지금 상태로 가면? 주택보급률은 120%든 130%든, 국가가 돈 들이는 만큼 올라갈 것이다. 그렇지만 개인들의 주택 자기 소유 비율은 지금과 비슷한 55% 수준에서 거의 올라가지 않을 것이다. 그리고 이 시스템에 들어오고 싶지 않은 청년들은 집 없이, 자기 자신만을 위해서 살아갈 것이다. 종국에는 합계출산율이 1 이하로 내려갈 것이다. 지금이 돌이킬 수 없이 늦기 전에 변화를 위한 마지막 순간이다.

"그리고 한국은 드라큘라 백작이 나라가 되었고, 흡혈귀에게 아이를 뺏기고 싶지 않은 청년들은 더 이상 아이를 낳지 않았다."

지금처럼 가면, 훗날 누군가 한국의 아파트 흡혈귀전을 이렇게 쓰게 될 것이다. 태어나자마자 아이들에게 청약저축을 들어주는 사람과 그럴 수 없는 국민으로 나뉜 한국, 이건 흡혈귀가 지배하는 나라다. 언제까지 이렇게 살 것인가? 45년이 넘게 우리가 했던 논쟁은 결국 '착한 흡혈귀'와 '드라큘라 백작의 진정성'이라는 두 개념으로 요약할 수 있다. 흡혈귀에 착한 게 어디 있고, 진정성이 어디 있느냐? 청약저축에 가산점 디자인을 어떻게 할 것인가 하는 논의는, 착한 흡혈귀와 진정성 있는 흡혈귀 얘기와 구조적으로 완전히 똑같다.

—

5
영원히 죽지 않는 기업의 탄생, 버스 준공영제

—

"1단계를 맡는 민간자본은 이미 시민의 발목을 잡고 이윤을 창출하고 있다…. RATP는 9호선에 8억 원을 투자하고 2명이 230억 원의 배당을 받았다. 그런데 이번 2, 3단계 공개입찰로 외국 자본은 또 기회를 얻게 됐다. 9호선 민영화로 심각한 국부 유출이 이어지고 있고, 외국 자본은 9호선 안전에 재투자하지 않아 공공성 훼손이 심각하다."
- 2017년 7월 4일, 공공운수노조, 서울 메트로 9호선 노조 등의 기자회견 중에서

서울 지하철 9호선은 신분당선과 함께 유독 말이 많은 노선이다. 9호선은 독자적 요금 인상을 시도하려다가 한바탕 난리가 났었고, 신분당선은 노인 요금 철회로 다시 말이 많아졌다. MB 시절에 민간자본에 위탁한 것이라서 아주 독특한 요금제를 가지게 되었다. 9호선에서 다른 노선으로 넘어가기 위해서는 같은 지하철인데도 환승을 해야 한다. 지금은

어느 정도 정리가 되어 있기는 하지만, 한때는 버스와의 환승 때에도 추가로 요금을 내야 할 정도로 복잡했었다. 국철과 민간 지하철이 혼재되어 숫자나 기호로 표기를 할 수 없게 된 동경 지하철 정도로 복잡한 것은 아니지만, 어쨌든 생소한 노선이기는 하다.

9호선의 차량기지와 차량을 보유하고 있는 회사는 RATP의 자회사이다. 그리고 현재 9호선 운영을 맡고 있기도 하다. 9호선 운영과 관련하여, 노조와 언론에서는 이 회사가 민간회사라고 엄청나게 비난을 한다. 도대체 이게 무슨 일일까? 이명박 서울시장 시절에 벌어진 일들은 지금 와서 보면 미스터리에 가까운 게 많다. RATP는 우리 입장으로 보면 민간회사이기는 한데, 실제로는 프랑스 대통령 직속으로 운영되는 대표적인 교통 분야의 국영회사이기도 하다. 파리교통공사 정도로 번역할 수 있을 것이다. 귤이 위수를 건너면 탱자가 된다는 말이 있다. 이 경우가 딱 그렇다. 프랑스의 교통 국영회사가 한국에 오면 민간회사가 된다.

RATP, 파리교통공사가 이름은 우리에게 낯설지만 처음 우리가 이 회사를 접한 것은 아니다. 박정희 시절인 1971년에 국철이 처음 개통되었는데, 이때 기술적인 운용 시스템을 지원한 곳이 바로 파리교통공사였다. 서울 지하철 체계 자체가 프랑스식이다. 박정희 시절에 정부 기술체계에서 프랑스와 많은 교류가 있었던 것을 고려하면 자연스러운 일이기도 하다. 대통령이 자기 딸을 외국으로 유학 보낼 때, 가장 편하고 믿을 만한 곳으로 보내지 않겠는가? 지하철 공사를 한창 진행하던 1974년, 박근혜는 프랑스 그르노블로 유학을 떠난다. 80년대 종이 기차표를 자기식 기차표로 바꿀 때에도 프랑스 방식을 가지고 왔다. 긴 시간을 지나, 파리교통공사가 원래 지신들이 디자인한 서울 지하철로 돌아오게 되었다.

MB 시절의 아이러니다.

파리에는 있고 우리나라에는 없는 대표적인 것이 정기권이다. 여행자들은 1주일 정기권도 사용하지만, 보통은 월간 정기권이 일반적이다. 한 달간 파리 시내 전역의 버스와 지하철은 물론, 센강 유람선인 바토무슈도 탈 수 있다. 선착장과 가까운 곳에 사는 사람들은 출퇴근 때 이걸 사용하기도 한다. 심지어는 몽마르트 언덕에 올라가는 케이블카도 탈 수 있다. 이 모든 걸 관장하는 회사가 파리교통공사다. 우리 정부나 공공기관이 이렇게 편한 걸 몰라서 못 하는 것은 아니다. 지하철과 버스의 관리 체계가 완전히 달라서 정기권을 발행하기가 어렵다. 물론 하자고 하면 절대로 못 할 것은 아니지만, 복잡하고 귀찮으니까 안 한다. 타는 사람 입장에서는 편하고 할인폭도 크지만, 지하철이나 버스를 담당하는 기관들에는 이런 걸 꼭 만들어야 할 경제적 이유가 없다. 그래도 그 와중에 가능해진 것은 환승이다. 버스와 지하철을 표 하나로 갈아타는 것도 엄청나게 어려운 일을 한 것이다. 그건 맞는 일이다. 그러나 그 와중에, 소소하지만 누구도 고치기 어려운 문제점 하나가 생겨났다. 처음에는 작은 오류로 보였지만, 점점 더 문제점이 커져간다. 그리고 앞으로 더 커져갈 것이다. 자, 이 문제에 대해서 잠시 생각해보자.

2001년 6월, 헌법재판소에서 흥미롭고도 중요한 판결 하나를 내렸다. 백화점에서 운용하는 무료 셔틀버스를 금지시켜 달라고 버스회사들이 헌법 재판을 걸었는데, 헌재는 결국 버스회사 손을 들어주었다. 백화점 셔틀에 쇼핑객은 물론 동선이 같은 일반인들도 타는 일이 벌어졌는데, 백화점 입장에서야 이게 큰 문제가 되지는 않는다. 그렇지만 손님이 줄어든다고, 버스회사가 재벌들이 주로 운영하는 백화점들과 크게 한 판

붙은 것이다. 그리고 결국 버스회사가 이겼다. 헌재까지 가는 이 재판, 정말로 버스회사들이 힘이 좋았다. 백화점 따위야, 비교도 되지 않을 정도다. '미시'라는 새로운 단어를 만들어내며 소비 트렌드를 이끌어나가던 전성기의 한국 백화점들도 버스회사를 법정에서 당해내지 못했다. 이 시기에 서울시장은 고건이었다. 행정의 달인이라는 소리를 들을 정도로, 고건의 행정은 예술에 버금갈 정도로 아름다웠다. 결국에는 대통령 탄핵이라는 위기 국면에서 대통령 권한대행까지 하게 된다. 그는 1980년에 교통부 장관도 했고, 1988년에 정부가 임명하는 임명직 서울시장도 했다. 그랬던 그가 1998년 서울 민선시장에 당선되었다. 서울시의 버스 문제에 대해서 고건 만큼 잘 아는 사람은 아직까지도 없을 것이다. 백화점 셔틀 버스를 금지한 헌재의 결정은 당시 서울시장이던 고건의 버스 개혁도 같이 좌절시켰다. 경영위기에 빠진 버스회사에 대한 대대적인 구조조정이 필요했고, 버스 노선을 좀 더 공적으로 운영할 수 있는 방법을 고건은 모색하고 있었다. 그렇지만 헌재가 버스회사의 손을 들어주면서, 버스회사의 힘이 더 강해졌다. 재벌들이 운영하던 백화점 셔틀버스도 금지시키는 분위기인데, 그보다 더한 구조조정을 하기는 어려웠을 것이다.

고건의 버스 개혁이 좌절된 후, 서울시장에 MB가 들어온다. 그리고 지금까지 딜레마로 남게 된, 바로 그 사건이 벌어진다. 대통령으로서의 MB도 화끈했지만, 대통령이 되기 위해 준비하던 서울시장 시절에는 더 화끈했다.

브라질의 쿠리치바는 생태도시로 유명해진 도시다. 그리고 빈민들이 살기 편한 도시이기도 하다. 세계적인 모델 도시다. 도시에 지하철을 놓을 것인가, 기존의 버스를 정비할 것인가, 이건 오래된 논쟁이다. 특수 지역인 히로시마를 제외하면 대부분 지하철파들이 이겼다. 버스파가 이긴 첫 도시가 쿠리치바였다. 원폭 투하의 아픔을 겪은 히로시마에는 지하철이 없다. 그래서 히로시마를 방문하는 사람들은 좋든 싫든, 지상으로 지나는 버스나 트램을 타고 도심을 지나면서 원폭 투하의 절망을 담고 있는 히로시마 원폭돔을 보게 된다. 히로시마에 지하철이 없는 것은 지하수가 많은 지역이라서 그렇다고 한다. 지하철이 꼭 있어야만 도시가 발전하는가? 히로시마를 보면 반드시 그렇게만 말하기는 어렵다. 쿠리치바는 히로시마와는 다른 이유로 지하철이 없다. 지하철을 놓는 대신, 지하철처럼 버스가 갈 수 있게 해주고, 그렇게 줄인 돈으로 버스 비용을 줄인다는 게 생태적이며 빈민들이 살기 편한 도시, 쿠리치바가 내렸던 결정이다. 버스중앙차선제는 버스가 지하철처럼 가게 하자는 발상에서 나온 쿠리치바의 대표 작품이다. 지하철처럼 버스가 막히지 않게 갈 수 있게 해주면 되는 거 아니야? 생태적으로나 경제적으로나 좋은 제도라고 평가 받는다.

MB가 서울에 가지고 오려고 한 제도가 바로 이 쿠리치바의 교통 방식이다. 이 시절에, 나는 진짜로 철학적 질문을 하게 되었다.

"나쁜 놈이 하면 좋은 일도 나쁜 짓이 되는가?"

2004년 7월, 서울에 버스중앙차선제가 도입된다. 그리고 버스와 지하철 사이의 환승제가 도입된다. 쿠리치바에서는 버스중앙차선제가 시행되면서 버스 요금이 내려갔는데, 서울에서는 오히려 버스 기본요금과 지하철 요금이 올라갔다. 물론 환승하는 경우에는 비용이 내려가지만, 기본요금 자체는 올라가는 방식으로 사업이 진행되었다. 뭐야? 이건 왜 올라가? 전형적인 조삼모사 행정이다. 여기서 조금 내려주고, 저기서 조금

올려주고, 그렇게 했다. 물론 TV에는 버스와 지하철을 갈아타면서 교통비가 내려갔다고 하는 사람들의 인터뷰만 나왔다. 기본요금 자체가 올라갔다는 얘기를 하는 경우는 거의 없었다. 청계천과 함께 MB에게는 '일하는 사람'이라는 이미지가 공고해졌다. 그리고 그 힘으로 2007년 12월, MB는 대통령이 되었다. 그리고 서울에는 MB가 버리고 간 골칫덩어리들이 남았다.

버스중앙차선제와 함께 서울에는 버스 준공영제라는 새로운 제도가 들어왔다. 새로운 노선 체계를 정비하면서 버스회사에 보조금을 지급하는 당근을 MB가 내놓았다. 당시 기준으로 2조 원에서 3조 원 정도면 버스 공영제가 가능했다고 추정을 한다. 아마 MB가 이렇게 정리를 해놓았으면, 아마 MB가 경영만이 아니라 행정 면에서도 고건을 능가하는 '슈퍼 행정의 신' 소리를 들었을지도 모른다. 그렇지만 그렇게 정상적으로 하면 MB 스타일이 아니다. 부실시공 하듯이, 대충 해놓고 갔다. 그 결과가 버스 준공영제라는 아주 희한한 제도다. 그냥 쓸 수도 없고, 버릴 수도 없는, 어쩌면 영원히 계속될지도 모르는 미궁 속에 우리가 갇혔다.

한국에서 버스회사는 대부분 가족 회사다. 버스만 그런 게 아니라 배도 그렇다. 세월호 때 청해진 회사와 함께 우리 모두가 보지 않았는가? 경기도의 대표적 버스회사인 경남여객은 경기지사인 남경필의 아버지 회사였다. 지금은 그의 동생 회사다. 가족과는 상관없어 보이는 회사도 실제로는 가족 출자회사의 자회사인 경우가 많다.

이런 회사들이 영원히 정부 보조금을 받으면서 일정 수준의 이익을 보장받을 수 있게 하는 게 버스 준공영제의 실제 내용이다. 더 열심히 한다고 해서 시에서 더 많은 돈을 주는 것도 아니니까, 대충 문제만 생기지 않을 정도로 하고 특별히 투자하지 않을수록 사주의 실익이 높아진다. 가장 큰 문제는 경영 혁신 등 새로운 시도를 할 필요가 없다는 점이다. 당연히 버스 운전사 등 노동자의 처우도 형편없다. 뭐 이런 게 다 있어? MB가 시작한 버스 준공영제는 급하게 하다 보니까 이런 문제들이 만들어졌다. 기왕 하는 김에 파리의 RATP와 같은 공영제로 가는 게 맞는데, 그렇게 하면 MB가 아니다. 대충 해놓고, 누가 치우기도 어렵고, 고치기도 어렵게, 그게 우리가 본 MB 스타일 아닌가? 서울의 버스가 딱 그렇게 되어 버렸다. 고건 때 같으면 공영제 도입이 그렇게 어려운 문제가 아니었는데, 시 지원금으로 충분히 배를 불린 버스회사들에 다른 변화를 시도하기가 아주 어렵게 되었다.

우리에게만 이렇게 복잡한 문제가 생기게 된 기원은 버스 노선의 재산권에서 시작되었다. 도로는 완전히 공적인 공간이다. 아주 특수한 민자 도로를 제외하면 도로는 도시계획에 의해서 세금으로 만들어진다. 그런데 그 도로를 지나는 노선은 지금까지 한국에서 사유 재산처럼 간주되어 왔다. 순전히 개인의 소유다. 버스만 그런 게 아니다. 바다의 노선도, 그 지역을 지나는 해운사의 개인 노선처럼 간주된다. 세월호의 경우도 그랬다. 인천과 제주를 오가는 세월호의 청해진이 문을 닫은 이후, 그 노선은 지금도 비어 있다. 원래 필요 없던 노선이었나?

버스 중앙차선을 신설하면서 기존의 버스 노선들은 없던 것과 마찬가지가 되었다. 번호 체계가 3자리에서 4자리로 바뀌었고, 노선도 사실상 백지에 그리는 것처럼 다시 그리게 되었다. 이 시점에서 당연히 공공의 재산인 버스 노선권을 국가가 환수할 수 있었다. 그리고 새로운 노선에 대해서 주기적으로 심사하면 기술적으로는 아무 문제가 없다. 그렇지만

MB 시절, 노선을 바꾸면서 새로 생긴 노선을 기존의 버스회사들이 적당히 나누어가졌다. 새로운 재산권이 생겨난 것이고, 여기에 추가적으로 버스회사의 손실분은 보상해주기로 하였다. 만약 회사에서 하는 일이면, 일정 수준 경영 악화가 생겨난 버스회사는 퇴출시키고 다른 방법을 찾는 단서 조항 같은 게 붙었을 것이다. 그러나 MB가 버스회사들에 그렇게 박하게 할 스타일인가? 이윤이 보장되는 대신, 경영 부실에 대한 책임은 묻지 않는, 아주 이상한 방식의 계약을 했다. 그리고 이걸 준공영제라고 불렀다. 버스회사는 이후로, 힘이 더 좋아졌다. 그리고 시가 버스회사에 주는 보조금은 지속적으로 늘어나게 된다.

2001년에는 버스회사들이 백화점에게 시비를 걸었다. 그리고 이겼다. 지금은 정부나 지자체에서, 알아서 버스회사 눈치를 본다. 공영제 얘기 꺼냈다가 언제 버스회사와 헌재에서 맞붙을지 모르니까, 다 알면서도 입 다무는 형국이다. MB 때 버스 노선을 전면 재조정하면서 해결했으면 좀 더 쉬웠을 일인데, 버스회사들의 주머니가 나름 두둑해진 지금, 진짜로 말 꺼내기가 쉽지 않다. 사설 어린이집은 버스로 등교하지만 국공립 어린이집 버스 등교도 버스회사들 눈치 보느라고 얘기도 제대로 못 꺼낸다. 그냥 구청이나 교육청에서 일괄해서 스쿨버스 운영하면 되는 건데, 공무원들이 버스회사 무서워서 추진하지 못한다. 초등학교 저학년들도 스쿨버스가 필요하지만, 이걸 지자체나 교육청에서 대대적으로 얘기하기가 어렵다. 버스회사들 힘이 너무 좋아졌다.

공영제면 공영제고 민영제면 민영제인 게 상식인데, '준'이라는 이상한 단어를 붙여서 이도 저도 못 가는 형국이다. 그 상황에서 공적인 기구도 아닌 버스회사에 보조금 지급이 점점 더 늘어난다. MB가 갔던 길을 따라가는 데에는, 여야도 없고, 좌우도 없다. 서울시가 준공영제를 했으니까, 다른 데도 그냥 서울시 모델을 따라간다. DJ의 고향, 신안군 정도가 버스 공영제를 처음 실시했다. 지금은 제주 서귀포와 세종도시교통공사 등 공영제를 실시하는 곳이 조금씩 늘고 있다.

만약에 다시 태어난다면 누구 아들로 태어나는 게 좋을까? 이건희 아들도 지금은 감옥에 가 있다. 그보다는 소문날 일도 별로 없고, 성가시지도 않은 버스회사 사장 아들로 태어나는 게 더 나을지도 모른다. 국가가 망하기 전에는 큰 위기 없고, 크게 시비 붙을 사람도 없다. 이상하다는 것은 누구나 알고 있는데, 'MB의 길'을 따라 걷는 것 외에는 아직 뾰족한 방법이 없다. 이러다가 대중교통에 대한 중요성이 강조되면서 서울만이 아닌 전국 단위로 버스 준공영제가 시행되게 생겼다. 부산, 대구, 인천, 광주, 대전, 이런 대도시들이 격렬한 논란에도 불구하고 MB가 갔던 길을 따라 갔다. 정치적 차이도 별로 없다. '빨리빨리', 대충 행정을 하는 도시들이 그냥 MB식으로 했다.

제도적으로는 우리와 비슷하게 민간 버스회사들 사이에서 정책적으로 헤매다가 버스 공영제의 길을 걸어간 런던식 방법이 있기는 하다. 우리에게 사유재산처럼 보이는 버스 노선이 기본적으로는 공공의 재산이다. 도로는 특수한 민자노선을 제외하면 도시계획에 의해서 세금으로 만들어진 공공재다. 이 노선에 대해서 여러 회사가 입찰하게 하는 게 런던이 택한 방식이다. 우리나라에서 방송을 위한 전파 관리를 하는 것도 비슷한 논리다. 전파를 사용하는 방송국도 정부에서 빌려 쓰는 거지, 전파 자체를 자신의 소유로 인식하지는 않는다. 버스 노선이 개인 소유라는 게, 지금과 같은 대명천지에 말이 안 되는 얘기 아닌가? 가난하던 시절에 어쩔 수 없이 대중교통을 빨리 늘리려다 보니까 지금처럼 된 것일 뿐이다.

버스는 무엇이고, 우리는 어떻게 이 문제에 접근해야 하는가, 전국적인 고민이 필요한 때이다. 기본적으로는 그렇지만, 대중교통으로서의 버스 문제를 처리할 때마다, 'MB의 길'이냐, 또 다른 길이냐, 철학적이면서도 행정적인 질문을 하게 된다.

지금은 남경필이 이 질문 앞에 서 있다. 그에게는, 참 가혹한 질문일 수도 있다. 서울을 오가는 경기도 광역버스 문제가 대두된 게 한두 해가 아니다. 지난 선거 때 후보 남경필은 버스 공영제 문제를 외면했다. 그러나 재임 기간 내에 도저히 외면할 수 없을 정도로 이 문제가 심각해지면서, 경기도에서도 버스 준공영제가 현실의 문제가 되었다. 그리고 경기도는 결국 광역버스에 대해서 우선적으로 준공영제를 하기로 결정을 했다. 진짜로 남경필 개인에게는 존재론적인 질문이 되었다. 버스 준공영제에 참여하는 회사는, 나중에 엄청나게 큰 제도적 개혁이 있지 않는 이상, 재산권도 인정받고, 이윤도 인정받는, 영생불멸의 혜택을 받게 된다. 경기지사로서 아버지의 회사, 이제는 동생의 회사에 그 특혜를 주어야 하는 곤혹스러운 위치에 남경필이 서 있다. 아버지의 아들로서 살아갈 것이냐, 경기도 아니 대한민국을 대표하는 정치인으로 살아야 할 것이냐, 이런 존재론적인 질문이 그에게 던져졌다. 버스 준공영제는 영원히 망하지 않는 회사, 소위 '영생 기업'을 만들어낸다.

그냥 아무도 못 본 듯이 넘어가면 좋을 텐데, 성남시장인 이재명이 이걸 가만히 보고 있을 스타일은 아니다. 기왕 하는 거면, 경기도는 제대로 '완전' 공영제로 가자, 이재명이 외친다. 어떻게 선택해야 할 것인가? 남경필이 만난 문제를, 광주, 인천, 부산 등 많은 도시도 이 문제를 안고 있다. 그리고 점점 더 많은 지자체와 도시에서 버스 문제를 놓고 한 번쯤은 'MB의 길'을 갈 것인가, 말 것인가, 심각하게 고민해야 한다.

2004년, MB가 버스 노선 정리한다고 할 때, 이게 이렇게 두고두고 심각한 문제를 일으킬 것이라고 생각한 사람은 얼마 없었을 것 같다. MB는 서울시장 딱 4년 하고 떠나갔다. 시장 임기 2년 만에 했던 일이, 서울은 물론이고 전국의 모든 버스를 풀 수 없는 딜레마로 집어넣었다. 짧지만 이렇게 굵은 사기가 한국 역사에 또 있었나 싶다.

대중교통 문제에 대한 해법을 논의할 때마다 전국 곳곳에서 'MB의 길'과 그것이 아닌 길을 놓고 논란이 계속해서 생길 것이다. 독과점 문제에 대한 개입 이론의 전략과 비슷하다. 풀자고 하면 못 풀 일은 아니다. 현재의 법규는 버스 노선에 대해서 기간을 정하지 않은 일반 면허 형태로 되어 있다. 국회에서 이 법규를 고쳐서 한정 면허로 바꾸고, 순차적으로 정부 지분들을 늘려나가면 된다. 못 하는 게 아니라 안 하는 것이다.

6
관광지의 비극, 500개의 관트리피케이션

—

"국민들이 체감하는 실질적인 성과를 거둘 수 있도록 주민 등 지역사회와 함께 하겠습니다. 항상 다양한 의견을 충분히 듣고 소통하여 국민 여러분의 바람을 충분히 반영할 것입니다. 주민들의 삶의 문제를 가장 먼저 고민하는 '따뜻한 재생'을 최우선 가치로 삼겠습니다. 사업 과정에서 영세 상인과 저소득 임차인들이 삶의 터전에서 내몰리지 않도록 하겠습니다."

- 2017년 7월 31일, 정동영 의원실 주최, 국민이 행복한 도시재생을 위한 정책 토론회, 국토교통부 김현미 장관 축사 중에서

'사악한 결과effet pervers'라는 개념이 80년대에 한참 유행했었다. 약간은 보수적인 성향의 프랑스 사회학자 레이몽 부동이 유행시킨 단어다. 많은 시스템은 설계자가 의도했던 대로만 결과가 나타나지는 않는다. 때로는 의도하지 않았지만 매우 부정적이며 나쁜 결과가 발생하기도 한다.

용어가 엄청난 것은 아닌데, 자본주의의 근본 메커니즘에 관한 얘기라서 세계적인 반향이 있었다. 계획 경제와 달리 자본주의 경제 시스템은 결과가 의도대로 작동되지 않는다는 특징을 가지고 있다. 생산자는 자신이 만든 제품이 시장에서 팔릴지 안 팔릴지, 그 운명을 모르고 만든다. 그게 시장 경제다. 그렇다면 계획 경제는? 물론 아무리 계획을 잘 세운다고 해도, 미세한 모든 것을 맞출 수는 없다. 정말 필요한 물건은 만들지 않았고, 이미 만들어놓은 것은 아무도 쓰고 싶지 않은 바보 같은 일이 계획 경제에서도 발생할 수 있다. 실제로 동구권이 붕괴하기 직전에 경제 시스템은 극단적으로 이상하게 돌아갔다. 잘 설계한다고, 그 자체로 결과도 좋을 것이라는 보장은 없다. 나쁜 놈이 하면 나쁜 일이 되는가? 반드시 그럴 것이라고 단언하기는 어렵다. 복지라는 개념 자체가 비스마르크 시절에 귀족 체제 유지를 위해서 만들어진 것은 유명한 얘기다. 마찬가지로 좋은 놈이 하면 반드시 좋은 일이 되는가? 이렇게 말하기도 어렵다. 정치적으로는 우리 편 남의 편을 구분하고, 좋은 놈, 나쁜 놈을 구분하려고 한다. 그렇지만 경제적으로 반드시 그렇게 나누어질 것이라고 말하기는 어렵다. 최근 정치나 사회에서 사람들이 '진정성'이라는 단어를 쓰기도 한다. 사람에게는 진정성이 존재할 수도 있지만, 경제나 정책에 진정성의 영역은 거의 존재하지 않는다. 착한 사람이 해도 나쁜 일은 나쁜 결과를 낳는다. 그리고 깊게 고민해보지 않은 일은, 반드시 돌이키기 어려운 결과를 수반하게 된다.

설계자나 행위자가 의도하지 않은 결과가 발생하는 대표적인 현상이 '젠트리피케이션gentrification'이다. 그리고 한국 자본주의의 모순이 가장 첨예하게 충돌하는 최전선이기도 하다. 귀족 바로 밑의 상류층을 영국에서는 '젠트리'라고 불렀다. 중간계급 정도로 번역되는데, 요즘 흔히 사용하는 중산층보다는 좀 더 경제적으로 부유한 사람들을 지칭한다. 귀족은 아니지만 동네에서 힘 좀 쓰는 유지 정도의 의미다. 우리 식으로 이해하면 가난하던 동네가 중산층의 동네로 바뀐다는 정도의 의미로 보아도 좋다. 어떤 이유로든 동네가 좋아지면 집값과 가게 임대료가 올라가게 된다. 그러면 원래 거기에 살던 사람이 이 치솟는 임대료를 감당할 수 없게 된다. 결국 원래 살던 사람들이 내몰리고 그보다는 부유한 사람들이 들어와서 살게 되는 현상을 포괄적으로 젠트리피케이션이라고 부른다. 최근에는 청년들과 문화예술인들의 창업이나 문화 활동과 관련해서 많이 생겨났다. 소위 '뜨는 동네'의 비극이다. 이 젠트리피케이션을 동사형으로 바꾼 단어가 새로 등장하였다. gentrify, 젠트리피케이션 현상이 벌어지다라는 의미이고, 이런 현상을 만들어내는 사람을 젠트리파이어gentrifi-er라고 부른다. 자신이 변화의 주체이며 동시에 희생자가 되는 비극적인 일이다. 가난한 예술가들이 창의력을 발휘해서 동네를 좀 살기 좋거나 번듯한 곳으로 바꾸어놓으면, 결국에는 대기업 계열이나 프랜차이즈 계열의 가게들이 밀고 들어온다. 그리고 원래의 젠트리파이어들도 결국 그 동네에서 지내기 어려워서 떠나게 된다. 그리고 시간이 좀 더 흐르면, 상권이 죽어서 나중에 들어온 비싼 가게들도 떠나게 된다. 사람들은 편안하게 '뜨는 동네' 혹은 '지는 동네'라고 표현하지만, 당사자들에게는 피눈물이 나는 용어다. 한국 자영업자의 비극적 구조와 결합하면서 더 슬픈 사연들을 만들어낸다.

홍대 앞에 화가와 작곡가들이 몰려들던 시절이 있었다. 그리고 서서히 '뜨는 동네'가 되었다. 정부는 여기를 '걷고 싶은 거리'로 조성하고 싶어

했다. 여러 사람이 별 보완책 없이 그냥 지구 지정만 하면 결국에는 '굽고 싶은 거리'가 될 것이라고 반대하였다. 시간이 흐르고, 결국 예술가들은 홍대 앞에서 조금 더 임대료가 싼 옆 동네로 이사 갔고, 그들을 따라 계속해서 부근 지역의 임대료가 높아지게 되었다. 원래의 홍대 앞 '걷고 싶은 거리'는 예상했던 대로, 진짜로 고기집만 가득한 '굽고 싶은 거리'가 되었다. 판박이처럼 유사한 현상이 전국적으로 생겨났다. 그중에는 진짜로 자그마한 공방과 화랑 그리고 소품 가득한 카페가 자연스럽게 젠트리파이어가 된 곳도 있고, 자본과 결탁한 부동산 기획이 들어가 은밀한 작전을 통해 만들어진 곳도 있다. 떴든, 띄웠든, 사람들이 주목한 곳에 원래 살던 사람들 그리고 그 현상을 만들어낸 젠트리파이어들이 밀려나게 되었다.

넓게 보면, 젠트리피케이션은 '관광지의 비극'이라고 표현할 수 있을 것이다. 관광이 갖는 여러 가지 함의들이 있는데, 우리나라에서는 충분히 논의되지 않고 '그냥 좋은 거' 정도로만 이해한다. 그렇지만 관광이 특정 지역에서 너무 커지면 여러 가지 부작용들이 생겨난다. 요즘 '오버투어리즘', 즉 과잉관광이라고 말하는 것이 이런 부작용 중의 하나다. 모든 주거민들이 관광으로 이익을 보는 것은 아니다. 너무 아무것도 없는 지역에서는 관광지로 조성되는 것이 기본 인프라를 늘려주는 효과가 있지만, 그 효과는 잠깐이고 나중에는 부작용들이 더 많아질 수도 있다. 초기에는 교통 혼잡과 일상생활의 피해 정도로 나타나지만 결국에는 임대료가 올라 임차인들의 삶이 피폐해진다. 게다가 에어비앤비 등 숙박지 공유 프로그램들이 늘어나면서 주거용 주택도 관광용 주택으로 변경되고, 남은 주택 총량이 줄면서 월세가 급등하는 현상도 나타났다. 이탈리

아나 스페인 등 유럽의 주요 관광국가에서는 관광 정책을 변경해달라고 집단적 시위가 일어날 정도다. 월세를 내는 빈곤층만 그 지역을 떠나는 것도 아니다. 교통 혼잡도 등 일상 조건이 바뀌면 정주 조건이 열악해진다. 어느 정도 집값이 오를 만큼 올랐다고 생각하면 열악해진 정주 조건을 견디지 못하고 그 지역에 오래 살았던 토박이 중산층들도 결국에는 더 조용하고 쾌적한 지역을 찾아서 이사를 가게 된다.

　이론적으로는 관광이라는 행위와 환경 분야에서의 오염물 발생을 다르게 처리할 이유는 별로 없다. 부하burden라는 관점에서는 관광 부하나 환경 부하나 누군가의 비용을 필요로 한다는 점은 같다. 그리고 자기가 하지 않은 행위로 고통을 받는다는 외부성이라는 특징도 같다. 불편은 모두에게 나누어지지만, 이익은 모두에게 나누어지지 않는다. 공동체가 공유하는 목초지와 개인 목초지가 있을 때, 아주 특별하고 각별한 노력이 없으면 공유 목초지가 먼저 황폐해진다. 이를 '공유지의 비극Tragedy of the Commons'이라고 부른다. 피해 받는 관광이 정확하게 이것과 같은 메커니즘으로 이루어진다. 관광을 하면 외화도 벌고, 지역 소득도 늘어나지 않느냐? 공해를 많이 발생시키면서 제품을 만들면 단가가 내려가서 수출도 잘 되고, 경제도 약간은 활성화된다. 그렇지만 미세먼지의 경우처럼, 너무 심해지면 사람들이 살 수가 없다. 관광과 미세먼지 등 오염물 발생이 기본적으로는 유사한 방식으로 작동한다.

　특정 지역에서 관광이 활성화되면 좋아지는 것은 땅주인과 건물주들이다. 특히 그 지역에서 살지 않는 외지 땅주인들에게는 진짜로 신나는 일이다. 관광 제주의 길이 과연 제주도민들에게 어느 정도 도움이 되었을까? 제주는 전통적으로 외지인 토지 보유 비율이 높은 지역이다. 최근에는 여기에 중국인들까지 가세하였다. 과연 제주가 좋아지는 길로 가고 있을까? 제주 곶자왈은 전통적인 공유지 개념에 딱 들어맞는 마을의 공유지였다. 실제로도 그렇게 마을 공동의 자산으로 운용되었다. 그렇지만 한국 자본주의와 만나면서 마을의 공유지는 주인 없는 땅이 되었고, 결국 골프장이 들어가도 좋을 곳이 되었다. 공동의 자산을 땅주인과 집주인 등 특정인들이 재산효과를 누리는 것, 그런 관광지의 비극이 발생하게 된다.

젠트리피케이션이 최근 한국에서 더욱 극렬하게 발생하는 또 다른 이유는, 우리의 제도가 건물주에게 지나치게 유리한 방식으로 형성되어 있기 때문이다. 군사 정권 시절인 노태우 때 토지공개념을 강화하려는 시도가 있기는 했다. 그러나 상당수 좌절하였다. 주택과 토지에 대한 제도는 정말 최소 수준이다. 우리의 제도 수준이 충분하냐고 질문하면, 아무도 그렇다고 말하지는 못할 것이다. 관행에 더 많이 의존하는 전월세는 아직 제도 정비가 충분치 않고, 특히 상가의 경우는 이제 정비 초기라고 봐도 좋을 정도다. 용산 참사가 벌어진 경제적 요소 중의 하나가 권리금 문제다. 권리금? 독특하고도 전근대적인 건물 관련 제도들이 정비되지 못한 상태로 우리는 21세기로 넘어왔다. 전국 어디를 가나 고기집과 호프집 그리고 노래방으로 이어지는 유사한 건물과 상가 구조가 형성된 데에는, 건물에 대한 관리규정이 지나치게 건물주의 수익성 중심으로 구성되었기 때문이다. 지역 문화나 개성 등 장기적인 지역 자산이 아니라, 건물주의 임대료 수익 극대화에 모든 것이 맞추어져 있다. 한때 미국 자본주의의 특징을 '주주 자본주의'라고 부르기도 하였는데, 그런 의미라면 우리는 '건물주 자본주의'일 것이다. 누가, 무엇을, 이런 주체와 내용에 가치를 부여하는 경우는 우리에게 거의 없다. 다만 그때 유행하는 것 그래서 단기적으로 높은 임대료를 어느 업종이 가장 잘 보장해줄 수 있느냐, 이런 식으로 전국의 유행 흐름이 움직였다. 한때 베트남 국수가 유행하다가, 그 자리에 일본 라면집이 들어왔다가 다시 우동집으로 바뀐다. 그리고 나중에는 파스타집으로 바뀌었다. 그 파스타집이 다시 카페로 바뀌었다. 내년에는 뭐가 또 유행할지 모른다. 이 과정에서 사람들은 그냥 유행에 따라 밥 먹는 메뉴만 바꾸면 되지만, 그사이에 한 가정이 몰락하고, 재기하기 어려워지는 불행이 생겨난다. 어차피 잘 하는 사람은 잘 되고, 못 하는 사람이 망하는 것 아니야? 원론적으로는 그렇다. 그러나 많은 사람들이 누군가 망하는 것에 대해서 너무나 무감각하고 무심하게 생각하는 동안, 국제적으로도 유례가 없을 정도로 야만적인 건물주 자본주의가 생겨났다. 다른 나라도 이렇게 할까? 우리가 참고하는 OECD 국가 중에, 이런 나라는 없다. 누구나 돈을 벌면 건물부터 사고, 그런 사람이 사회적 영웅으로 대접받고, 또 청소년들의 장래 희망 2위가 건물주가 되는 그런 나라가 이 대명천지에 한국 외에 또 있겠는가?

최근 우리의 상가임대차보호법이 점차적으로 강화되고는 있다. 물론 안 하는 것보다는 낫다. 그러나 속도가 너무 느리고, 강도도 너무 약하다. 법적으로 충분히 대비가 되어 있다면 지금처럼 전국적으로 젠트리피케이션 현상이 퍼지고, 사방에서 아우성이 나겠는가? 네덜란드의 임차권리법과 비교하면 그 차이점이 명확하다. 우리는 여전히 임대를 '보호'라는 관점으로 접근하지만, 네덜란드 등 많은 나라는 임대를 '권리right to rent'라는 시각으로 접근한다. 보호를 해주겠다는 것과, 빌리는 것 자체가 권리라고 생각하는 것은 좀 다르지 않은가? 네덜란드에서는 처음 2년간은 양쪽이 서로 상대방을 알아가는 일종의 숙의 기간이다. 그 2년이 지나고 건물주가 별 불만이 없으면, 자동적으로 5년간 임대계약이 연장된다. 그리고 그 5년이 끝나도 자동연장 된다. 그 후에는 임차인이 임대인을 내쫓을 방법은 사실상 없다. 너무 임대인에게 유리한 것 아니냐고? 그 기간 정도에 문제가 없었으면 임차인이 문제없다는 것이 되었다고 보는 것이다. 임차인이 문제가 없는데, 건물주가 자기 맘대로 내보낼 수 있게 하는 것도 이상한 제도 아닌가? 네덜란드가 우리보다 훨씬 잘 산다. 잘 사니까 이런 제도를 만든 게 아니라, 이런 제도들이 있으니까 잘 사는 것 아닌가? 아직도 우리는 건물과 관련된 제도 정비 측면에서 비교적 초기 단계다. 이런 구멍들을 줄여나가는 것이 성숙한 자본주의인데, 아직도 우리는 건물과 관련된 많은 제도들에 뻥뻥 구멍이 나 있다. 그러니까 '건물주 자본주의'라고 불려도 할 말 없는 것 아닌가?

신정부에서 원래 기존에 실시되던 도시 정비 사업들을 아주 화끈하게 키우기로 하였다. 대선 과정에서 사람들이 공약들을 이것저것 다 세세하게 살피지는 않는다. 설마 이것을 그대로 할까 싶었는데, 크게 제재나 비판 받지 않고 그대로 시행하게 되었다. 형식으로 보면 지자체에서 소규모로 하던 일을 그냥 조금 더 키워서 하는 것이다. 하나하나 문제가 있는 것도 있고 없는 것도 있다. 그러나 전체 규모로 보면, 엄청나게 키웠다. 전국적으로 5년간 500개의 사업을 추진하게 된다. 예산은 매년 10조 원씩 5년간 50조 원을 사용한다. 원래 하던 일들의 규모를 아주 키워서, 이 지역 저 지역, 이런 불평이 나오지 않도록 공평하게 매년 100개의 사업을 뿌려주는 일이다. 중앙정부의 지원에 맞춰서 해당 지자체도 매칭 펀드를 내도록 하는데, 국세나 지방세나, 어차피 세금인 것은 마찬가지다.

원래 하던 일을 규모만 키워서 더 빨리 하자고 하는 건데, 이게 과연 문제가 될까? 이번에는 형식이 문제가 아니라 규모가 문제의 핵심이다. 기계적으로 나누면 사업마다 1,000억 원 정도가 들어간다. 엄청난 규모의 사업은 아니다. 재개발의 눈으로 본다면 '미니 재개발' 정도인데, 이게 전국적으로 50조 원 정도의 규모가 되면 이제 얘기가 다르다.

참여정부 시절, 2005~2006년에 아파트 가격 폭등이 발생한 부동산 폭등 사건이 있었다. 그리고 그때 결국 종합부동산세를 도입하게 된다. 부동산 폭등으로 민심이 크게 돌아서면서 '경제 대통령'을 표방한 MB에게 정권이 넘어간다. 그때 아파트와 관련된 정책들은 많이 분석들을 하지만, 그 시절에 시행된 다른 토건 사업들과의 연관 관계에 대해서는 따로 생각을 안 하는 경향이 있다. 그러나 흔히 부동자금이라고 불리는, 당시 아파트에 들어온 돈은, 정부가 전국에 뿌린 돈들과 아주 무관하지 않다. 그때도 국가가 지방에 돈 뿌리는 명목은 균형발전이었다. 초기에는 지역 클러스터라는 이름으로, 중후반기에는 '한국형 뉴딜'이라는 이름으로 뿌렸다. 균형발전특별회계, 즉 균특이 만들어졌고, 특구, 혁신도시, 농촌기반 조성 등 각종 명목으로 전국적으로 토건 사업을 진행했다. 이 돈들이 돌고 돌아 풍부한 유동성이 되었고, 산업과 기술에 들어가기보다는 그냥 클라이맥스를 향해가던 강남에서 파주까지 펼쳐진 주상복합과 아파트로 신나게 흘러 들어갔다. 지금까지의 흐름으로 보면 토건에 진짜로 눈감은 정권은 아직까지 한국에는 없었다. 보수 정권은 주로 아파트 집값을 올리는데, 진보 정권은 지역 균형발전이라는 이름으로 지방 토건에 좀 더 강조점을 둔다. 이쪽으로 흘러 들어가든, 저쪽으로 흘러 들어가든, 부동자금에 눈이 있는 것도 아니고 철학이 있는 것도 아니다. 돈은 그냥 돈일 뿐이고, 부동산으로 들어가려고 하는 부동자금은 그냥 투기성 자금이다. 그게 서울에서 나왔는지 지방에서 나왔는지, 그런 건 가리지 않는다. 한때는 토지로 갔다가 한때는 아파트로 갔다가, 그때그때 상황 봐가면서 좀 더 수익성이 나은 곳으로 갈 뿐이다.

한쪽에서는 아파트 가격을 조정한다고 하고, 또 다른 한쪽으로는 도시재생이라는 이름으로, 바로 건너편에 1,000억 원을 푸는 일이 벌어진다. 만약 어떤 개인이 이렇게 행위하면 정신 분열증이라고 부르지 않겠는가? 한쪽에서는 조이고, 한쪽에서는 흘려보내고, 지금 그런 일이 벌어진다. 거시경제로 본다면, 결국에는 지방에서부터 다시 토건이 시작되어 투기가 시작되고, 결국에는 강남 등 주요 아파트 투기 지역까지, 부동산 부동자금이 결국에는 승리하는 한 사이클이 돌게 된다. 처음에는 낙후지역 개선 등 균형발전과 관련된 온갖 미사여구를 붙여서 '정의로운' 일이라고 포장을 한다. 그리고 결국에는 아파트 가격 폭등으로 더 이상 물러날 곳이 없이 위기로 몰리다가 정권을 넘겨준 일, 그게 2000년대 초반 '한국형 뉴딜'이라는 이름으로 우리가 경험한 일이다. 그 뉴딜과 지금의 도시재생은 많이 다른가? 돈의 흐름만 보면 완전히 판박이처럼 같은 일이 그냥 다시 진행되는 것이다. 우리가 하는 일은 '착한 일'이고, 저들이 하는 일은 '나쁜 일'? 토건에서 그런 건 없다. 그냥 토건은 토건이고, 토건이 아닌 것은 아닌 것이다. 50조 원이라도 좋은 일에 쓰면 되지 않느냐? 원론적으로 맞지만, 시멘트에 들어가고, 토지보상비 나가고, 그 토지보상금이 유동자금으로 다시 투기로 들어오고, 그 돈을 정부가 대어주고, 메커니즘은 같다. 4대강 22조 원이 나라를 망하게 했다면, 도시재생 50조 원은 나라를 두 번 망하게 할 돈이다. 4대강의 대부분의 실익이 공사 컨소시엄에 참여한 대기업과 지방 토호들에게 갔다면, 도시재생도 마찬가지다. 현실적으로 대부분의 경제적 편익은 건물주에게 간다. 사업 내용이 나빠서가 아니라, 규모 때문에 그 폐해가 더 커진다.

어떻게 할 것인가? 네덜란드, 영국, 독일 등 도시재생에 성공한 나라들이 걸었던 길을 걸으면 된다. 보통의 뉴타운 사업이 그렇듯이, 도시재생도 15년에서 20년에 걸쳐서 천천히 이루어진다. 우리처럼 5년에 50조 원, 500개, 이렇게 할 일이 아니다. 이런 건 세계은행에서 차관 받으면서 초기 경제 부흥하던 시절의 방법이다. 이미 많은 부분이 포화되고 넘치는 상황에서 하는 그런 사업 방식은 아니다. 60~70년대 군사 정권에서 억지로 민심을 끌어안아야 하는 상황에서 하는 긴급 민심잡기 사업방식을 지금 2010년대에? 이런 건 좀 아니다. 내용이 이상한 게 아니라, 방식과 규모가 OECD 국가 방식이 아니다.

개별 사업의 규모가 지금보다 커지고 더 많은 예산이 들어가야 한다고 하더라도 하나씩 하나씩, 지역에서 충분히 논의해서 해도 늦지 않다. 지금처럼 해서는, 지역에서 주민들의 충분하게 고민하지 못하고 중앙정부가 주는 눈먼 돈을 우리 동네만 못 받는다, 이런 개발 논리로 서둘러서 하게 된다. 그리고 그 논의는 결국 지역의 건물주와 건설사들이 주도하게 된다. 지역 주민과 시민단체는 들러리만 서게 된다. 아니라고? 그렇지 않은 지역이 가끔 있을 수도 있겠지만, 100개 사업지에서 안 그럴 곳이 10개도 안 될 것이다. 될 만한 곳에는 '알박기' 하러 부동자금들이 들어가고, 그런 사람들이 결국 사업을 주도한다. 그걸 견제할 정도로 지역적으로 충분하게 시민사회가 형성되어 있지 않은 것이 지금 우리의 냉정한 현실이다. 읍면동은 물론이고 군이나 시단위에 제대로 된 시민단체 없는 지역들이 많다. 속도를 더 늦추고, 더 많이 논의를 하는 것이 선진국 방식이다. 선진국들이 공사하고 뜯어고치는 것을 할 줄 몰라서 정비사업에 15년씩이나 쓰는 것이 아니다. 사람들의 의견을 모으고, 부작용을 최소화시키려다 보면 그 정도 기간이 걸린다. 공적인 돈이 결국 건물주의 경제적 편익으로 돌변하고, 실제로 살던 사람들은 오히려 쫓겨나게 되는 부작용을 줄이기 위해서는 오랫동안 논의하고 천천히 진행하는 게 더 유리하다. 그냥 공사만 벌여서 도시가 다시 생생해지고 건강해진다면, 우리보다 먼저 토건의 길을 걸어간 일본에서 왜 지방 소멸이라는 개념이 나오겠는가? 그냥 기반 시설만 정비하거나 몇 개 건물을 만들었다고 그 지역경제가 총체적으로 새로운 힘을 얻는 것은 아니다. 그렇게 간단한 것이면 왜 우리 시대의 가장 큰 경제적 질문이 지역경제의 위기라는 데에 유럽을 비롯한 전 세계가 동의하겠는가? 우리나라처럼 쭉 100개 사업 정도 전국에 뿌리면 간단하게 해결될 일을 프랑스나 독일이 몰라서 안 하는 것일까?

우리는 5년에 한 번씩 정권이 바뀐다. 그리고 10년에 한 번은 크게 바뀌었다. 좋은 정권이란 무엇일까? 땅값이 올라가는 정권은 좋은 정권이 아니다. 그리고 인건비 상승률보다 부동산 상승률이 더 높은 정권은 나쁘고 무능한 정권이다. 전 국민이 다 집을 가지고 있는 것도 아니고, 모두가 건물주도 아니다. 건물을 가지는 것이 다른 모든 경제행위와 비교해서 월등하게 기대수익률이 높은 경제, 이걸 위해서 우리가 국가를 만들고, 국민경제를 운용하는 것은 아니다. 이 꼴을 보려고 열심히 세금 내는 것은 더더욱 아니다.

50조 원짜리 도시재생 사업의 500개 아이템, 하나하나는 별거 아닐지 모르지만 동시에 추진되는 이 50조 원은, 결국 이 정권이 지난 10년 전에 겪었던 실패를 똑같이 반복하게 만들 위험이 농후하다. 50조를 지방에 토지매입을 포함한 건설사업비로 흘려보내면 결국 전국적으로 땅값은 올라가게 된다. 그리고 그 돈이 다시 집값을 올리는 전형적인 부동자금 메커니즘이 발동된다. 결국에는 좋은 정권도 아니고, 유능한 정권도 아니라는 평가를 받게 될 가능성이 높다. 생각해보자. 촛불 집회로 만들어진 정권이 결국에는 알박기한 투기꾼과 우연히 '로또' 맞은 건물주들에게만 좋은 일을 하고, 결국에는 정권 위기로 가는 것이 옳은 일이냐? 속도도 늦추고, 관련 제도도 정비하고, 규모도 줄여야 한다. 하기로 한 것이니까 빨리 하자, 이러다가 정권 망한다. 지난번에도 그랬다. 토지와 건물을 통한 부의 부등가 교환은 자본주의 고유의 문제이기도 하지만, 이걸 지나치게 방치한 것이 한국 자본주의 고유 속성이기도 하다. 대충 접근하면 그 폭탄이 결국 결정적 문제를 일으키게 된다. '착한', '따뜻한', '진정성 있는', 이런 수사어가 정책의 내용을 바꾸지는 않고, 결과를 바꾸지도 않는다. 사업은 그런 수사에 의해서 움직이는 것이 아니라 돈과 이윤 그리고 정책에 의해서만 움직인다. 돈은 장관이 누군지, 대통령이 누군지, 상관하지 않는다. 정부가 직접 시행한 사업에서 벌어지는 젠트리피케이션 현상을 요즘은 '관트리피케이션'이라고 부른다. 50조 원을 들인 도시재생은 지금 형태대로 진행되면, 500개의 관트리피케이션을 만들어낼 것이다. 그리고 지역에서 아주 고민을 많이 한 10개 미만의 사업이 관트리리케이션 위험을 벗어날 것이다. 결국 정부는 50조 원을 들여서 50조 원짜리 젠트피아이어가 스스로 되는 것이다. 이 지역마다 벌어질 피눈물을 나중에 어떻게 할 것인가?

도시공학에서 지역별로 용도와 기본 시설들을 규정하는 것을 조닝zon-ing이라고 부른다. 지역을 구분해서 용도를 설정하고 사전 계획을 미리 세우는 지구단위계획이 대표적이다. 지금까지의 조닝은 난개발을 방지하는 것에 초점이 맞추어져 있다. 학교나 병원 혹은 도로와 같은 기초 시설물 없이 너무 아파트나 주택만 생겨나서 생활 자체가 불가능할 정도로 사람만 들어가게 되는 것을 방지하는 것이 지구단위계획이 가장 중점을 두고 신경 쓰는 요소다. 그러나 임대와 관련해서는 특별하게 조닝 과정에서 지금까지는 별로 신경 쓰지 않았다. 정부가 주도하는 지역 사업에 대해서는 조금 더 세밀한 조닝이 가능하다. 지금까지 나온 젠트리피케이션에 대한 대책 중에서 가장 강력한 것이 지역 건물주와 임대료 상승에 관한 상생협약 같은 것을 맺는 것이다. 법적 강제력이 없어서 중장기적인 실효성에 대해서는 불확실하다. 젠트리피케이션 대책에서는 임대료 상승 억제만 중요한 것이 아니라 기존 업종의 고유성과 다양성을 지키는 것도 중요하다. 조닝에 이런 것들을 반영하는 형태가 기술적으로 불가능하지는 않다. 문화 분야에 몇 퍼센트, 이런 식으로 하한선을 정하고, 음식점의 비율에도 상한선을 둘 수 있다. 그리고 프랜차이즈 가게도 전체적으로 상한을 정하고, 그 안에서 다시 세부 비율을 책정할 수 있다. 일정 규모 이상의 건물에서는 건물별 세부 비율을 정할 수 있을 것이다. 이런 업종 비율을 조닝 과정에 포함시키면, 원래 있던 가게들을 전부 내쫓고 대기업이 하는 프랜차이즈 업소로 일방적으로 바꾸어나가는 일을 줄일 수 있다. 임대료 폭등만 중요한 게 아니라, 업종 간 균형을 맞추고 고유의 색채를 유지하는 것도 이제는 고민해보아야 할 시점이 아닌가? 도시재생은 특정 지역이 정부 프로그램에 신청하고 들어오는 것이라서, 이런 조닝 기준들을 조건으로 내거는 것이 그렇게 어려운 일은 아니다. 잘 생각해보자. 도시재생 자체가 원래는 자신들이 돈을 들여서 해야 하는 일에 국가가 나서서 국민들의 세금을 주는 일이다. 그 혜택을 건물주가 일방적으로 행사할 수 있게 그냥 방치하는 것은 국가가 할 도리는 아니다. 조금 더 세밀하고, 조금 더 섬세하게 접근할수록, 관트리피케이션의 피해자가 줄어들게 된다. 그리고 사업의 긍정적 효과도 더 오래 지속될 수 있을 것이다.

사업 하나하나의 지원 규모는 늘리더라도 속도는 15년에서 20년 정도로 늘리고, 시민들이 더 많이 그리고 더 적극적으로 참여하는 과정을 더 늘려야 한다. 20년 정도 걸려야 완성되는 사업 정도는 되어야 단기 투자를 노리는 부동자금의 알박기를 줄일 수 있다. 그리고 사업 시행 전에 의무적으로 지켜야 하는 조항들을 섬세하게 만들수록 이후의 성과가 지역 주민들에게 조금 더 오래 머물 수 있다. 선의로 시작한 일이라고 선의의 결과를 생긴다는 보장은 없다. 무작정 '따뜻한 재생'을 내세우고 들어간다면, 정말로 도심으로 4대강 사업 두 개가 흘러가는 것과 같은 최악의 결과를 낳을 수 있다. 건물주가 두 손 들고 환영하는 정책이 아니라, 그 지역에서 월세 살고 월세로 사업하는 세입자들이 반가워하는 정책이 필요한 시대가 되었다. 지금은 21세기다.

안녕하세요, 감사합니다, 이 두 가지만 잘해도 기본은…

4장

—

1

설계의 시대에서 관리의 시대로

—

구약 성경에는 '목이 곧다'는 표현이 종종 나온다. 이스라엘 백성들이 바빌로니아 왕국에 끌려가게 되어서 고난의 시간을 보내는 이유가 목이 곧아서 그렇다. 출애굽 이후 모세가 십계명을 받으러 간 사이에 그들은 황금 송아지를 만들고 우상을 섬긴다. 그것도 '목이 곧다'고 표현하고, 이후 수십 년간 그들은 광야를 헤매게 된다. 목이 곧은 게, 그렇게까지 잘 못된 일이고 죽을 일일까? 하여간 여호와는 그런 신이다. 질투가 많고, 다른 신을 섬기는 것을 그냥 두고 보지는 않는다. 그래서 그 후의 종교를 유일신 사상이라고 부른다. '목이 곧은 것', 히브리 전통에서는 죽을 만큼 큰 결격 사유다. 목이 곧고 뻣뻣하다는 이유로 그렇게 심하게 고생하는 얘기는 구약 성경 외에는 잘 못 본 것 같다.

우리가 지켜야 할 것들을 규율로 만든 것을 윤리, 에틱ethic이라고 부른다. 윤리는 철학적으로 정의하기 어렵고, 모두가 합의하기도 어렵다. 모두 철학이 다르고, 문화적 취향도 다르다. 그리고 종교도 다르다. '국민윤리'라는 표현을 쓰지만, 국가 안의 국민이 모두 같은 윤리를 가질 수는 없다. 국가라고 모든 국민에게 같은 윤리를 강요할 수 있을까? 국민윤리를 아예 지키지 않는 정도가 아니라, 무정부주의, 아나키즘처럼 윤리 자체가 다를 수도 있다. 일제에 저항한 사람들 중에는, 민족주의라서 그럴 수도 있지만, 박열의 경우처럼 아나키스트라서 그랬을 수도 있다. 강력한 국가주의자들의 눈에는 아나키즘이 아주 불결하고 범죄 같아 보일 수 있다. 그러나 비윤리적인 것이 아니라, 윤리가 다른 것이다.

윤리에 대해서 모두가 동의하는 것은 불가능하고, 반드시 그럴 필요도 없다. 윤리, '에틱'을 좀 더 작게 만든 것을 에티켓etiquette이라고 부른다. 윤리에 비하면 이런 에티켓은 훨씬 작고, 최소한이다. 작게 만들어서 모두가 같이 지키자고 하는 것이 에티켓이며, 우리가 같이 한 사회에서 살기 위해서는 이 정도는 서로 지켜주자는 얘기다. 물론 조선조로 들어가면 이 작은 에티켓도 예법의 수준으로 아주 높게 격상되어서, 제대로 안 지키면 자기만이 아니라 집안이 줄초상 나기도 했다.

에티켓 중의 에티켓, 정말로 사람이 살면서 지켜야 할 최소한의 예법 딱 두 가지만을 꼽는다면, 인사와 감사를 얘기할 수 있을 것이다. 누군가를 만났을 때 "안녕하세요"라고 말하고, 누군가에게 도움을 받았을 때 "고맙습니다"라고 말하는 것, 이건 사람 사는 사회에서 같이 살기 위해서 지켜야 할 최소한의 에티켓이다. 좌우나 심지어는 극단적인 아나키스트라도, 극단적인 고립주의자 아니면, 안녕하세요, 고맙습니다, 그 정도의 말도 못 하겠다고 하지는 않는다. 이 정도가 정말 최소한이다. 눈에 거슬리지 않게 옷을 입거나, 지나치게 험악하게 말을 하지 않거나, 혹은 친구들과 잘 지내거나, 그건 그다음 일이다. 물론 이것도 쉽지 않다. 어색한 관계에서는 안녕하시냐는 말이 잘 안 나오기도 하고, 고맙기는 한데, 어떻게 해야 그 마음을 잘 전달할까 고민하다가 때를 놓치기도 한다. 정말로 사랑하는 사람에게도 "사랑한다"라는 말을 잘 꺼내지 못하는 우리가, 고맙다는 말을 그렇게 정갈하게 꺼내지 못하는 것은, 어쩌면 너무 당연한 일인지도 모른다. 윤리적인 인간이 되기는 어렵지만, 에티켓만 지켜도 최소한의 윤리를 갖춘 것과 기계적으로 유사하게 될 수 있다. 너무 기능적이기는 하지만, 같이 살아가기 위한 최소한이다. 그런 게 에티켓의 의미다.

국가의 윤리, 국가의 에티켓, 이런 얘기는 우리는 잘 안 한다. 국가의 권력 핵심은 보통 통치자와 설계자로 나누어진다. 통치자와 설계자가 동일한 경우도 있지만, 많은 경우 설계자는 통치자와는 또 별도다. 조선조의 기본을 세운 정도전이 대표적인 설계자 아닌가? "나는 유신 잔당이 아니라 유신 본당이다"는 말을 남긴 JP는 군사 정권의 설계자다. 자, JP 이후에 어떤 사람이 생각나는가? 모피아로 불리는 몇 사람이나 그 반대편에서 경제 민주화나 토지공개념 같은 것의 기본 작업을 한 사람들이 있기는 하다. 그러나 일반적으로는 이런 설계자들은 사람들이 잘 모른다. 1997년 IMF 경제위기 이후, 정권마다 설계자급이 있기는 하지만, 분야별로 여러 명의 설계자가 있어서, 그중 한 명이 대중들에게 특별히 더 부각되지는 않는다. 시간이 지나면 설계자의 이름은 사라지고 통치자의 이름만 남게 된다. 이게 민주주의의 발전일까? 그런 건 아니고, 그냥 한국의 시스템이 안정되었고, 이제는 설계의 여지가 더욱 줄어들었다는 것을 의미할 뿐이다. MB 정부, 박근혜 정부, 이 시기에는 특기할 만한 설계자가 두드러지지는 않았다. 그렇다고 해서 그 시기에 민주주의가 더 발전하고, 시스템 통치가 공고화되었다고 하기는 어렵다. 그저, 설계자가 개입할 여지가 더 줄어들었을 뿐이다. 아마 시간이 지나면 박근혜 정부에서 사람들은 최순실의 이름을 기억할 것이고, 박기춘이나 우병우 이름 정도를 기억할 것 같다. 여기에 최경환까지 기억하면, 정말로 근현대사에 밝은 사람이라고 할 것이다. 이게 민주주의의 발전이나 국가의 안정화 때문이 아니라, 시간이 지나면서 시스템에 변할 수 있는 여지가 줄어들면서 생겨난 자연스러운 현상이다. 그러나 이게 반드시 좋은 일일까? 변동의 여지가 없다는 면에서는 좋은 일이지만, '국가의 사기'가 더더욱 공고화된다는 점에서는 꼭 좋은 일은 아니다. 시스템이 커지면 좋은 것이든 나쁜 것이든, 새로운 변화가 어려워진다.

한국, 이제 공성의 시대는 확실히 지나갔고, 수성의 시대로 접어든 지도 이미 20년은 넘어간 것 같다. 성이라는 비유를 쓴다면, 한국은 성을 공격해서 스스로의 영역을 만드는 시기는 이미 지나갔고, 이제는 만들어진 성을 지키는 시대다. 여전히 역동적으로 뭔가 하면서 계속해서 변하고 있는 것 같지만, 영역을 새로 만드는 시기는 벌써 끝났고, 그 안에서 성의 경영권을 누가 가질 것인가라는 내부적 갈등만 격해지는 시대다. 삼성의 용어를 사용한다면 '관리의 삼성'이 아니라 이제 '관리의 한국'이 된 것이다. 이런 관리의 시대에 고전적 설계자는 더 이상 등장하기 어렵다. 그보다는 통치자와의 거리가 가까운, 소위 '문고리'들이 좀 더 전면에 나서게 된다. '십상시' 현상이 괜히 나오는 것이 아니다. 이건 진보, 보수의 문제가 아니라, 제도 설계보다 일상적인 관리가 더 중요해진 시스템에서 생겨나는 자연스러운 변화다. 그리고 문고리들의 역할이 더 커지면, 뭘 잘 할 것인가가 더 중요한 문제가 아니라, 얼마나 덜 못할까, 이게 중요한 시대로 변한다. 이게 수비의 시대 아니겠는가?

에티켓의 눈으로 보면, 개인들은 안녕하세요, 감사합니다, 이 두 가지 말만 잘 해도 삶의 기본은 한다. 국가도 마찬가지다. 좌파든 우파든, 인사와 감사만 잘 해도 기본은 한다. 좋은 사람을 잘 뽑는 인사, 돌아가는 일이 이상하지 않도록 제때 정확하게 감사를 하는 것, 이게 국가 관리의 기본 중의 기본이다. 그렇지만 이게 국가 차원에서는 결코 쉽지 않다. 넓게 보면, 감사도 인사의 한 분야로 볼 수도 있다. 감사원을 비롯해서 각 회사나 기관의 감사를 누구를 임명하느냐, 이것도 결국은 인사의 문제이기도 하다. 그러나 감사가 누구인 것과는 상관없이 정상적이고 일상적으로 감사 시스템이 돌아가게 하는 것, 기본적으로는 시스템 설계와 운용의 문제다. 감사가 누구냐에 따라서 감사 장치가 돌아가기도 하고 안 돌아가기도 한다면, 이런 시스템은 설계 오류다.

인사를 잘 하는 정권, 이걸 목표로 시스템을 설계하기는 어렵다. 어떤 사람을 어디에 배치해야 하는가, 여기에 대해서는 정량적인 기준은 물론이고 정성적인 기준도 만들기 어렵다. 어떤 사람은 안 된다, 그런 방식만이 객관적 기준이다. 오락 삼국지를 할 때에는 유비, 관우, 장비, 조자룡, 어떤 캐릭터와 어떤 아이템을 선택할지 미리 안다. 그러나 현실의 국가는 그렇지 않다. 그러나 감사는 좀 다르다. 어떤 것이 더 좋은 시스템인지, 미리 알 수 있다. 잘못이 생기기 전에 그걸 줄이는 것이 최선이고, 막지는 못했어도 너무 늦기 전에 잘못된 부분을 찾아내서 시정할 수 있는 것이 차선이다. 박근혜의 불행은 이 시정 장치를 전혀 가지고 있지 않았다는 점 아닌가? 실수는 누구나 한다. 그러나 고치지 못하는 것은 실수를 넘는, 더 큰 불행의 시작이다.

우리가 흔히 자본주의라고 부르는 이 독특한 경제 시스템은 시간이 지나면서 커지는 것이 기본 특징이다. 한없이 커지다가 나중에는 어떻게 될 것인가? 이건 아직 우리가 전면적으로 경험해보지 못한 일이다. 그렇지만 그 궁극의 상황에 갈 때까지, 시스템은 점점 커져가고, 시스템 내부에 앞 단계에서 넘어온 비효율성이나 너무 커진 시스템이 전혀 제어하지 못하는 블랙 스팟, 맹점 같은 게 생겨난다. 선진국이 되면 성장 속도가 늦어진다. 제어되지 않는 비효율성들을 줄여 나가면서 조금 더 효율적으로 만드는 노력을 계속하지 않으면, 결국에는 시스템에 치명적 오류가 발생할 위기가 더 많아진다.

인사와 감사, 이런 건 국가 수준에서도 기본적인 에티켓이다. 그리고 이런 정도의 기본적인 문제라도 우리는 큰 문제 없이 돌아갈 수 있도록 정비할 수 있는 시기가 이제야 온 것인지도 모른다. 지금까지는? 인사나 감사 같은 이런 고상한 문제가 아니라 "사람 때리지 마라", 이 정도를 겨우 국가가 지켜야 할 에티켓으로 생각하는 상황이었다. 국가가 사람들 안 때리는 단계, 우리가 여기까지 오는 데 시간이 너무 많이 걸렸다. 이제는 사기 치지 않는 국가를 고민해야 할 단계다. 때리지 않는 것, 이건 윤리도 아니고 에티켓도 아니고 아무것도 아니다. 그냥 불법을 저지르지 않을 최소한의 기준이다. 국가가 국민을 때리지 않는 단계는 이미 지났고, 이제 사기 치지 않는 단계를 지나는 중이다. 이걸 무사히 넘어서면 그다음 단계는? 아마도 성숙한 자본주의가 기다리고 있을 것이다.

2
환경영향평가와 예타, 고장난 1차 브레이크들

—

한국 경제에 토건이 있다면, 미국 경제에는 군산복합체가 있다. 고고도 미사일 사드는 미국의 군산복합체가 한국에 영향을 준 사건이다. 그리고 우리가 잘 제어하기 어려운 북한이라는 변수가 여기에 개입한다. 사드 배치 지역 근거리에 사는 지역 주민부터 미국과 중국 그리고 북한과 일본이 모두 이 문제가 어떻게 될지 지켜보고 있다. 4대강은 규모는 큰 사업이라도 우리 안에서 벌어지는 일이다. 되거나 말거나, 하거나 말거나, 다른 나라에서는 신경 쓰지도 않는다. 그러나 사드는 다르다. 규모는 작아도, 작게는 동북아, 멀게는 북태평양을 포함한 동아시아 전체의 지형에 영향을 미친다. 2020년대의 동북아 흐름이 신냉전으로 갈 것인지, 아니면 또 다른 경제적 화해 분위기로 갈 것인지, 미치는 영향이 적지 않다.

많은 사람이 지켜보는 이 현장에 사드 기기를 운영하면서 방출될 전자파를 측정하기 위해 몇 명의 엔지니어들이 왔다. 이 절차가 바로 환경영향평가다. 규모를 줄여서 간단하게 하는 약식 환경영향평가를 할 것이냐, 좀 더 기간을 가지고 제대로 된 전략 환경영향평가를 할 것이냐, 격론이 붙었다. 군사 전략적인 논쟁 한 가운데 환경영향평가라는 것이 불쑥 끼어들었다. 아마도 한국에서 환경영향평가라는 절차 하나에 이렇게 많은 사람들이 "도대체 이게 뭐여?", 관심을 가진 것은 처음일 것 같다.

사드와 관련해서 환경영향평가가 논란이 된 것은 성주가 처음은 아니다. 괌에 배치된 사드는 민가가 아닌 곳에 배치되었지만, 주변에 과일박쥐와 같은 생물종들이 서식한다. 한국에서 논란이 된 전자파만이 아니라 기지 운용 과정에서 야간에 발생하는 불빛 등에 대한 나름 세밀한 평가가 이루어졌다. 초안 보고서 작성 이후에 주민 청문회를 거치는 과정에서 2년 정도가 소요되었다. 괌의 환경영향평가 보고서의 경우에는 사드 운용 과정에서 발생하는 위험성을 줄이기 위한 단서 조항들이 달려 있는데, 이 때문에 괌의 사드 배치도 '영구 배치'로 아직 결정된 것은 아니다. 2~3년의 논의 과정과 환경영향평가 보고서의 의견들을 군인들이 싹 무시하지 못하는 것은, 단순한 이유다. 미국이라서 그렇다. 그리고 우리가 엔지니어 몇 명이 뭔가 측정하는 척하고, 몇 시간의 현장 조사로 환경영향평가 절차를 끝낸 이유도 같다. 한국이라서 그렇다.

사드가 전략적인 측면만이 아니라 국민경제 그리고 지역 시민사회나 주변 생태계에 영향을 미치는 것은 미국이나 한국이나 다를 바가 없다. 괌이나 성주나, 주변 영향에 대한 중요성이 떨어지지는 않는다. 그러나 행정적인 절차의 엄밀성과 개방성은 많이 다르다. 미국 군인들이라고, 사람도 별로 살지 않는 괌의 외딴 지역에 설치하는 사드에 그렇게 행정적으로 공을 들이고 싶었겠는가? 한국 군인이라고 특별하게 절차를 무시하고 싶은 욕망이 더 강했겠는가? 사드 문제에 대해서 두드러지는 것은, 두 나라의 행정 절차가 기본을 갖추느냐, 그렇지 않느냐의 차이다.

정부나 대기업이 좀 황당한 일들을 추진할 때 1차 브레이크 역할을 하는 절차적 요소들이 몇 가지 있다. 사람들은 잘 모르지만 교통영향평가 같은 것도 하게 되어 있고, 젠더에 관한 영향평가 같은 것들도 새로운 사전 평가 요소로 부각하는 중이다. 그렇지만 이런 것은 여전히 장식이고, 실제로 사업을 세울 수 있는 브레이크 역할을 하는 데 가장 중요한 역할을 하는 것은 여전히 환경영향평가와 예비타당성평가, 예타다.

한국에서 환경영향평가가 갖는 가장 큰 힘은, 환경부가 엄청나게 힘이 세서는 아니다. 4대강 사업의 경우처럼, 대통령이 신경 쓰는 사업을 그냥 찬성해줄 사람으로 장관 등 주요 간부들을 채워버리면 그만이다. 자연의 특징상, '4계절 평가'라는 기준이 너무 무서워서 그렇다. 딱 한 번이라도 봄, 여름, 가을, 겨울에 무슨 일이 일어나야 하는지 보아야 하지 않겠는가? 아무리 약식으로 하고, 아무리 살살 해도 꼬박 1년은 걸린다. 그게 진짜 무서운 거다. '자, 출발!', 이렇게 출발해도 발진하자마자 손 놓고 모두가 1년은 기다려야 한다. 교통영향평가는 다르다. 아무리 규모가 커도, 데스크에서 과거 자료 가지고 할 수 있다. 실측을 하더라도 잠깐이다. 교통 부하에 4계절이 큰 영향을 미치지 않는다. 설령 큰 변화가 오더라도, 나중에 도로를 더 놓거나, 광역철도 같은 것을 만들 때 반영을 하겠다, 이렇게 몇 줄만 추가하면 그만인 경우가 많다. 문제가 생길 것은 알지만, "그건 나중에 고칠게", 이렇게 하고 넘어갈 여지가 많다.

환경영향평가는, 되든 안 되든, 일단은 4계절을 지켜봐야 한다. 물론 과학적이고 엄밀하기 위해서는 그 4계절을 몇 번 정도 보는 게 당연하겠지만, 절차상 기본은 4계절이다. 여기에서부터 운이 요소로 작용한다. 사업이 마침 여름이나 겨울에 시작하면 12개월을 9개월로 단축할 수 있다. 봄이나 가을은, 춘추기라서 같다고 간주하고 넘어갈 수 있기 때문이다. 봄, 가을, 하나만 데이터가 있어도 된다. 물론 식물의 생태나 농사에 대한 영향 같은 것을 생각하면 황당한 얘기다. 봄에 씨 뿌리는 것과 가을에 추수하는 게 같아? 물론 그렇기는 한데, 봄이나 가을은 조건이 같다고 하고, 대충 하나는 빼고 넘어가는 게 관행이다. 여름이나 가을을 데이터에서 뺄 수는 없으니까, 봄이나 가을에 평가를 시작하면 '폭망'이다. 어쩔 수 없이 4계절을 다 관찰해야 한다.

물론 이건 기본에 관한 얘기고, 청와대에서 힘으로 그냥 밀어붙일 때는 이런 기본 요건도 별 상관하지 않는다. 4대강 때에는 4계절이 아니라 그냥 한 계절만 했다. 물고기가 어떻게 되는지, 어떤 변화가 있을지, 그냥 지켜보는 것으로는 잘 모른다. 그나마도 한 계절만 했는데, 도대체 뭘 알았겠는가? 이렇게 주어진 절차를 대충 넘어가는 데에는 사업자 출신인 MB가 진짜로 신의 반열에 오른 사람이다. 서울시장으로 은평 뉴타운 할 때에도 예비타당성평가, 예타를 그냥 뛰어넘었다. 뉴타운에는 아주 일부 추가되는 임대주택이 포함되어 있었고, 은평 뉴타운을 임대주택 사업으로 이해할 수 있다는 게 이유였다. 그게 말이 돼? 예타는 상대적으로 강력한 기준이기는 한데, 도망갈 수 있는 여지들이 너무 많아졌다. 그나마 4대강 때, 환경영향평가는 하는 시늉이라도 냈지만, 예산회계법에 규정된 예타도 도망가버렸다. 홍수가 나서 사람이 죽을 수도 있는데, 이건 사람을 살리는 일이라는 것이 이유다. 실제로는 예타 규정을 바꾸었다. 브레이크 자체는 좋은 브레이크인데, 밟을지 말지, 청와대나 여당이 기분 내키는 대로 할 수 있는 단서 조항들이 너무 많이 따라붙었다.

제주도가 광역단체로는 처음으로 제주특별광역단체가 되었다. '특별'이라고 붙이면 뭐가 좀 특별해질까? 물론 당연히 특별해진다. 중앙정부의 간섭을 받지 않는 것 중에 가장 큰 게 바로 환경영향평가다. 특별자치도가 하는 일들에 대한 환경영향평가는 중앙정부인 환경부 장관이 아니라 제주 도지사가 하는 게 특별자치도에서 실제로는 가장 큰 변화다. 내 맘대로 할 거야, 그런 의미가 있다. 특별자치도가 되면, 당연히 지역의 결정대로 하게 된다. '육지 것들'이 골프장을 짓든 말든, 도에서 하는 일에 관여하지 못하게 된다. 물론 자치의 의미와 변화가 큰 것이고, 그런 흐름이 중요한 것은 맞는 얘기다. 그렇지만 현실적으로 많은 사람들은 특별자치가 환경영향평가 할 때 더 이상 지긋지긋한 환경부 장관 눈치를 보지 않고 도지사하고만 얘기를 해도 된다는 것으로 이해했다. 지역 사업자들은 대통령이 임명하는 장관은 맘대로 하기가 좀 어렵지만, 스스로 뽑는 도지사는 그보다는 훨씬 더 다루기가 편하다고 이해했다. 제주도의 행정 체계를 바꿀 정도로 환경영향평가가 막강하기는 하다. 부작용도 있다. 보호종 철새나 두루미 같은 게 있는 지역에서는 갈대밭에 불을 지르기도 하고, 농약을 풀기도 한다.

그럼 환경영향평가가 절대적인가? 현실에서는 예타가 환경영향평가보다 더 강하다. 이유는 딱 하나다. 예타 보고서는 정부에서 만드는 것이고, 환경영향평가는 민간에서 만드는 것이다. 결과 심사만 정부에서 한다. 정부기관에서 보고서를 작성하니까, 예타는 사업자 입장에서 평가 보고서를 쓰는 사람을 찾아가서 뇌물을 주거나, 잘 좀 봐달라고 하기가 아주 어렵다. 까딱 잘못하면 진짜 큰 범법이 된다. 환경영향평가는 좀 다르다.

지금의 제도에서 환경영향평가 보고서는 엔지니어링 회사나 컨설팅 회사 등 용역회사 같은 데에서 주로 한다. 현대 그룹사 시절에는 현대건설 같은 데에서 사업을 하고, 그 환경영형평가는 현대 엔지니어링 같은 그룹 내의 회사가 하기도 했다. 그리고 조사와 보고서 작성에 필요한 돈은, 사업하는 사람이 댄다. 자기가 사업하면서, "누가 제 보고서 좀 써줄래요?", 이렇게 입찰 공고를 한다. 그리고 제일 적은 돈으로 하겠다고 한 데 혹은 제일 친한 데가 그 보고서 입찰에 성공한다. 돈은, 사업자가 낸다. 정확한 갑을 관계인데, 세상에 어느 누가 이 과정에 제대로 조사하겠다고 비싼 돈을 써내고, 진짜로 제대로 조사를 하겠느냐? 돈 주는 사람은 사업자인데? 이게 말이 돼? 물론 이상한 것인데, 이게 21세기 한국의 현실이다.

환경영향평가가 우리나라에 도입된 것은 박정희 시절인 1977년이고, 실제로 시행된 것은 전두환 때인 1981년이다. 그 시절, 딱 한국이 저개발 국가이던 시절이다. 당시 국민소득이 북한보다도 낮았다. 국가는 가난했고, 국민도 가난했다. 그러니까 돈 좀 있는 기업들에, "니들이 돈 좀 대고, 알아서 좀 해봐", 이렇게 제도 운영이 시작되었다. 그래도 당시로서는 선진적 제도였다. 한국의 보수들이 그린벨트가 중요하다고 하던 시절이었다. 그리고 40년이 지났다. OECD에 가입한 지도 20년이 넘었다. 엄청난 부자 국가까지는 아니라도 정부 사업이 10조 원 넘어가는 것도 아무것도 아닌 시대가 되었다. 슈퍼 리치급은 아니더라도 개별 사업 평가하는 데 들어가는 돈마저 아까울 정도의 국가는 아니다. 그런데 왜 아직도 우리는 이래? 좋은 브레이크를 장착하는 것을, 지금까지의 정부가 싫어해서 그렇다. 하고 싶은 일 맘대로 하고 싶은데, 뭐가 이렇게 브레이크가 많아? MB가 한국을 접수하고, 그런 생각을 제일 먼저 하지 않았겠는가?

정책에 대한 브레이크는 훨씬 더 복잡하고 미묘하다. 그러나 그보다 하위 단계인 사업 단계에서의 황당한 일을 제어하기 위한 브레이크들은 형식적으로는 우리도 어느 정도 갖추고 있다. 그렇지만 업그레이드가 제대로 안 되었고, 새로운 시대에 맞춘 규정들에 대한 정비가 좀 불량한 상태다.

자동차 튜닝 중에서 동력계 튜닝을 하고 나면 꼭 후속으로 하는 게 브레이크 튜닝이다. 엔진 힘이 세졌는데, 브레이크가 옛날 그대로면 좀 불안하지 않겠나? 잘 달리면, 잘 서는 것도 잘 해야 안전하다. 브레이크 패드를 잡는 피스톤을 '팟pot'이라고도 부른다. 자동차회사에서 만드는 순정 브레이크는 보통은 1p, 피스톤이 하나인데, 이걸 3개, 4개, 심지어는 6개까지 늘리는 게 브레이크 튜닝의 핵심이다. 4p, 6p, 이런 것들이 요즘 유행이다. 지금 우리의 1차 브레이크 장치는 70년대 후반에 만든 1p, 그것도 브레이크 패드가 열을 제대로 방출하지 못하는 진짜 옛날 연식이다. 이런 걸 정상적으로 정비하는 것이, 국가의 사기를 현장에서 줄이기 위해서 절차상으로 가장 쉽게 할 수 있는 일이다.

신정부에서 공약으로 내건 것이 '환경영향평가 공탁제'다. 기업은 돈만 내고, 환경영향평가는 정부가 관리하겠다는 의미다. 그 정도만 해도 지금보다는 나아지기는 한다. 그렇지만 기왕에 제도에 손을 보는 것, 예타처럼 그냥 정부 예산으로 환경영향평가 하는 것이 훨씬 더 브레이크로서의 기능 향상에 유리하다. 민간에서 낼 돈을 왜 정부가 내? 그 논리 하나를 넘지 못해서 40년이 넘도록 지금과 같은 이상한 브레이크를 달고 우리가 세계무대를 질주했다. 그러나 개별 사업 평가비가 들어가 봐야 몇 억 원대 정도인데, 그중에 이상한 거 하나만 제대로 막아도 몇 십조가 이익이다. 비용대비 가성비가 수백 배인데, 이런 돈까지 아껴야 할 한국의 경제 규모는 아니다. 기왕에 업그레이드하는 거, 공탁제보다 '공공 평가' 형태로 가는 게 낫다. 차라리 사업 평가는 세금으로 하고, 개별 사업자에게 절차와 규정을 정확하게 지키도록 하는 편이 장기적으로는 더 경제적이다. 그래야 국민들이 더 편해진다.

비슷한 논리로 보면, 예타도 조금은 더 정비가 필요하다. 예타 발동 요건에 이리저리 피해갈 여지가 너무 많아서, 좀 더 단순화해서 어지간한 규모의 사업들에는 예비타당성 검토들을 한 번씩 받도록 할 필요가 있다. 그게 서로를 위해서 좋다. 나중에 문제가 될 것, 시작하기 전에 충분히 서로 고민하는 것이 낫다. 그리고 가끔, 지금의 예타 전문기구의 규모에 비해서 검토해야 할 사업이 너무 많으니까, 검토할 사업들을 좀 줄여주는 게 더 효율적이라고 주장하는 사람이 있다. 한국의 1차 브레이크 중 가장 강력한 브레이크가 자주 밟으면 닳으니까 가끔만 브레이크를 밟으라고 하는 얘기와 같다. 브레이크 용량이 문제면, 기구를 늘리고 전문가를 확충하는 게 맞지, 전문가 수가 부족하다고 조금만 하자, 이런 게 말이 되는가?

환경영향평가와 예타만 제대로 업그레이드, 정비, 보수, 이 정도만 해도 4대강 같은 일들은 애초에 벌어질 수가 없는 일이었다. 물론 사업에 해당하는 브레이크들을 정비한다고 해도, 그보다 높은 단계에서 정치적으로 결정되는 정책policy 이나 조치measures 와 같은 일들을 제어할 수는 없다. 그건 다른 단계의 노력이 필요하다. 그래도 진짜로 돈이 많이 들어가는 건 대부분 사업 단계다. 70년대에 만들어진 브레이크로 21세기를 달리는 것, 이건 좀 아니다.

사드 배치에 대한 찬반 논의의 격렬함과 방향성에 대한 것은 정책에 대한 논의다. 그렇지만 현장에서 몇 시간 소음 측정하는 척하고 돌아가서, "우린 다 검토했어요" 하는 것은 브레이크 장치 수준의 논의다. 전문가는 정치적 여건을 가지고 판단하는 것이 아니라 기술적인 측면에서 충실하게 데이터를 모으고, 정확히 판단하기만 하면 된다. 그걸 서로 믿을 수 없으니 단순한 기술적 절차에서도 난리가 난다. 청와대 맘대로 할 수 있는 빈틈이, 우리의 브레이크에는 너무 많다. MB를 비롯해서 많은 통치자들은 자신이 국가를 운영하는 정부의 '오너'라고 생각했을 것이다. 정확히 따지면 오너가 아니라 4년 장기 렌트에 불과하다. 차가 망가지든 말든, 렌터카 주인이 그렇게 신경을 쓸까? 국민의 나라지만, 그 운전사는 국민의 나라라고 생각하지 않았을지도 모른다. 그저 4년 빌려 타고 가는 것, 차에 무리가 가든 말든, 신나게 드라이브를 즐겼던 것 아닐까? MB가 4대강 등 자기 하고 싶은 일들을 하면서 그렇게 해놓은 것이다. 그러나 실제로 국가와 국민경제에 대한 오너들은 바로 국민들 아닌가? 이제라도 브레이크 점검이라도 해야 할 것이다.

모든 국민이 환경이나 경제성 평가의 전문가가 될 필요는 없다. 자기 차 브레이크가 1p인지, 4p인지, 6p인지 몰라도 운전하는 데 아무 상관 없는 것과 마찬가지다. 브레이크 패드가 어떤 상태인지, 브레이크 라이닝이 얼마나 되었는지, 모든 운전자가 잘 알아야 하는 것은 아니다. 그렇지만 주기적으로 정비를 받아야 한다는 것만큼은 알아야 하고, 또 실제로 정비를 해야 한다. 하나하나의 기능적 요소를 다 알지는 못해도 적절한 운행 주기마다 필요한 부품들이 교체되어야 한다는 것만큼은 알고 있어야만 한다. 제도에 구조적 결함이 있고, 주기적 정비를 하기는커녕, 주기적으로 브레이크 패드에 일부러 구멍을 내는 것, 그런 게 지금까지의 MB를 비롯한 많은 한국의 통치자들이 한 일이다. 그러니까 국민들이 4대강 등 사업마다 때로는 환경 전문가가 되고, 가끔은 경제성 평가 전문가가 된다. 그래도 우리는 4대강을 결국은 못 막았고, 후속 조치를 결정하지 못하고 그냥 방치하게 되었다. 1차 브레이크가 엉성한 차를 질주하며 모는 MB식 일하는 대통령, 이 짓을 언제까지나 할 수는 없다. 이제는 기본 장치들을 돌아볼 때가 되었다. 사드 환경영향평가의 현장 조사의 어처구니없는 일의 의미는, 사드가 옳은 것이냐, 옳지 않은 것이냐, 그런 거대한 논란만이 아니다. 우리의 1차 브레이크가 얼마나 형편 무인지경인 상태인가, 그걸 우리 모두가 목격했다. 그냥 있을 수는 없다.

—

3
고맙다고 말하는 사람이 감사?

—

우리나라의 많은 경제적 문제들은 구조적이든 개별적이든 기술적 해법을 찾을 수 있다. 물론 해법이 있다는 것과 실제로 그렇게 한다는 것은 좀 다른 일이다. 그런데 논리적으로나 기술적으로 해법을 찾기 어려운 일에 대해서 잠시 생각해보자. 제도 개선으로 풀기 어려운 일이다.

4대강 사업은 공기업인 한국수자원공사에 8조 원 정도의 채무를 남겨놓았다. 정부 돈과 회사 돈을 마구 섞어서 무리하게 22조 원 이상이 들어간 사업을 추진하면서 생긴 상처다. 4대강 공사가 한창이던 시절에 감사실장 자리에 있던 사람이 있다. 그리고 나중에 그 사람이 승진해서 지금 수자원공사 사장이 되었다. 국가의 일과 공기업의 일은 겹치는 영역도 있고, 겹치지 않는 영역도 있다. 국가도 망해서는 안 되는 것처럼, 공기업도 그 자체로 망하면 안 된다. 민간기업과 달리 공기업의 모든 성과가 반드시 이윤 극대화로 드러나는 것은 아니다. 그렇지만 망할 정도로 수익

339

성이 떨어져서도 안 된다. 적절한 수익 혹은 적당한 손실, 그 선을 타는 것이 공기업 경영의 핵심이다. 부산 아시안 게임 이후로 운영이 어려워진 사이클 경기장에서 경륜 사업을 벌였다. 이번에는 장사가 너무 잘되어서 문제가 되었다. 부산 시민들이 사행성 경륜에 돈을 털어 넣는데, 이게 과연 경영을 잘 하는 것일까? 지나치게 돈을 많이 벌면, 과연 정부가 이런 기업을 직접 운영하는 것이 옳은 것인지, 다시 한 번 검토를 해봐야 한다. 반대로 지나치게 손해가 많이 나면, 그 분야를 공기업을 통해서 운영하는 것이 효율적인 것인가, 역시 다시 한 번 근본적으로 평가를 해봐야 한다. 한국수자원공사는 4대강을 통해서 너무 많은 부채를 졌고, 결국 국토부가 상당 부분의 국채를 감당하게 되었다.

이런 일이 벌어질 때, 내부에서 브레이크 역할로 마련한 시스템이 감사 제도다. 공기업 등 공공기관 감사는 임원급 대우라서, 승용차도 나오고, 임원급 임금을 받는다. 주로 외부, 특히 정치권에서 '낙하산'으로 많이 내려오고, 가끔은 내부 승진도 한다. 그렇지만 내부 승진이라도 아무나 올라가는 것은 아니고, 소위 '줄' 잘 타는 사람들이 올라간다. 대통령과 산을 같이 다녔다고 감사 된 사람도 보았고, 대통령과 같은 교회에서 알고 지냈다는 인연으로 감사 된 사람도 보았다. 그래서 사회적으로 감사에 대한 눈초리가 좋지는 않다. 그러나 구조적으로 엄청나게 중요한 기능을 한다는 것만은 사실이다.

지금까지는 낙하산 인사 문제를 해소하기 위해, 감사에 대한 개혁은 내부 승진 등 전문 역량을 가진 사람이 오는 것이 맞다는 것이 일반적인 논의 흐름이었다. 4대강을 맡은 수자원공사의 감사실장 같은 경우는, 이 흐름에 대해서 근본적인 질문 하나를 던진다. 과연 내부에서 승진하면

'낙하산'과 달리 적절한 내부 브레이크 역할을 할 수 있을까? 조직의 많은 자리들은 성과를 내면 그걸로 공을 인정받아서 연봉도 올라가게 되고 승진도 하게 된다. 그렇지만 지금 우리의 감사와 감사 조직들은 정작 중요한 순간에 브레이크 역할을 하지 않아야 비로소 공을 세우게 된다. "일 좀 하지 말란 말이야!" 감사들은 실제로 이런 딜레마 안으로 들어가게 된다. 한국에서 '견제와 감시'라는 표현은 그야말로 서류상으로만 존재한다. 회사가 감사에게 "고맙습니다"라고 말하는 상황, 이건 정상적이지 않다. 문제가 생겼을 때 외부에서는 1차적으로 내부 고발자의 목소리를 기다릴 수밖에 없다. 그렇지만 내부 고발자가 뭔가 얘기해야 겨우 문제 해결의 출발점을 찾게 되는 것은 정상적이지 않다. 그 전에 감사 장치가 제대로 작동을 해야 한다. 과연 우리의 감사 장치는 제대로 돌아가고 있는가?

IMF 경제위기로 한보철강은 문 닫았고, 대우는 결정적 위기를 맞았고, 동화은행 등 여러 개의 은행들이 문을 닫거나 다른 은행에 인수되었다. 당시 한국의 기업들은 너무나 폐쇄적이었고, 그 안에서 벌어지는 일들을 아무도 몰랐다. 그래도 그건 민간의 영역 아니냐? 물론 그렇기는 한데, 덩치 큰 기업이나 은행이 망하면 국민 경제에 미치는 영향이 너무 크다. 그런 것들이 모여서 결국 IMF 경제위기가 터져 나온 것 아닌가? 그 후에 이러면 안 된다고 몇 가지 제도 개선들이 생겨났다. 그 일환으로 전격적으로 도입된 것이 사외이사 제도다. 제도의 취지는, 기업의 투명성과 기본적 상식을 어느 정도는 확보해서 다시는 IMF 경제위기 같은 것이 발생해서는 안 된다는 것이다. 감사와 함께 기업을 견제하기 위한 주요 장치로 사회가 합의한 것이 바로 사외이사 제도다. 그리고 20년이 지났다.

어떻게 되었을까?

공기업의 사외이사는 기본적으로는 '나눠 먹기'가 어느 정도는 관행으로 정착을 하였다. 세 자리가 있으면, 한 자리는 청와대 몫, 한 자리는 장관 몫 그리고 나머지 한 자리는 여당 몫이다. 임용에 특별히 까다로운 조건이 있지는 않아서, 위에서 정하면 정한 대로 그렇게 진행된다. 전문성? 그런 게 있기를 바랄 뿐이다. 상식? 아무리 상식적인 인사라도, 현행의 구조에서는 옴짝달싹 못 한다. 추천한 사람이 있기 때문에 일종의 '인보증', 사람을 통한 보증이 작동하는 원리다. 누군가에게 고맙고 미안한 상황이니까, 자신의 권한을 제대로 행사하기가 어렵다. 정부나 정부기관의 폭주를 막기에는 너무나 미약하고 구조적인 한계를 가진 상태로 공기업 사외이사제가 움직인다. 그렇게 할 바에야 차라리 없애는 게 낫지 않느냐? 물론 공기업의 경우는 없는 것보다는 낫다. 그렇지만 한계는 명확하다. 좋은 게 좋다, 그렇게 넘어가는 것을 '부드러운 행정'이라고 평가한다. 과정은 부드럽지만, 사회에도 부드러운 일은 아니다. 사외이사 제도라도 있으니까 공기업에서 안건별로 토론이라도 좀 하고, 중요한 일들을 이사회에 올리지 않고 슬쩍 넘어가는 게 줄어들었다는 점이 거의 유일한 기여라고 볼 수 있다.

그렇다면 대기업 등 민간기업의 사외이사는? 공공부문 사외이사가 보은과 나눠먹기 성격이 강하다면, 대기업 사외이사는 기업 입장에서 보면 훨씬 더 효율적으로 활용되고 있다. 물론 기업의 눈으로 볼 때에만 그렇다. 기업의 개방성을 높이고, 일방적인 경영을 견제하는 것이 원래 사외이사제의 도입 취지였다. 미국식 사외이사는 전문가들의 참여를 높여서 기업의 전문성을 높이는 방향으로 운용된다. 독일 기업은 노동자들이 경영위원회에 참여하는 방식인데, 미국과는 취지가 좀 다르다. 노동자들이 직접 이사회에 참여한다. 그리고 이런 노동자들의 의견을 수렴하는 과정에서 지역 시민사회의 의견도 어느 정도는 반영된다. 나름 성공적이라는 평가를 받고 있다. 그렇지만 이제 우리나라에서 대기업의 사외이사 제도는 '전관예우'를 통한 방패막이로 활용된다. 국세청이나 공정위 출신 대환영이고, 이런 공무원 세계에 영향력이 있는 정부 일 많이 하는 교수들, '어서 옵쇼'이다. 견제가 아니라 나쁜 일 견제를 당국으로부터 막아주는데 대기업 사외이사가 활용된다. 전적으로 기업에서 알아서 사외이사를 뽑으니까, 충성할 것 같고, 말 잘 들을 것 같고, 사고 치지 않을 것 같은 사람들로 그 자리가 채워진다. 차라리 없느니만 못할 정도다. 공식적으로 그리고 저렴하게 대관 로비 창구와 비슷하다. 그런데 그 폐해가 이 정도로 끝이 날까? 아니다. 잔혹하고도 냉정한 한국의 기업 세계에서, 사외이사의 활용 방식은 상상초월이다.

우리가 상상하기에 엄청나게 큰 대기업에는 누군가 늘상 앉아서 일이 제대로 되나 안 되나, 감시하는 그런 사람이 있을 것 같다. 예전에는 있었다. 그러나 지금은 없다. 상법에는 감사를 분명히 두게 되어 있다. 그리고 규모가 큰 기업에서는 감사 보다 강화된—혹은 강화된 것처럼 보이는—감사위원회를 둘 수 있다. 문제는 이 작은 규정 하나에서 발생한다. 한국 최고의 기업이라는 삼성전자와 현대자동차의 감사 시스템을 잠시 살펴보자. 두 회사 모두 감사 대신 감사위원회를 두고 있다. 대기업답게 뭔가 좀 체계적으로 되어 있는? 삼성전자는 감사위원이 세 명, 현대자동차는 네 명이다. 문제는, 이 감사위원이 전원 사외이사로 구성되어 있다는 점이다. 그러면 외부인사라서 더 공정하고 객관적? 교수, 특히 국공립

대학의 교수들이 학기 중에 해외시찰 간 문제가 국감에서 거론될 정도다. 많은 경우 엄연히 자기 직업이 있는 사람이 겸직으로 사외이사를 하게 되는데, 이 사람들이 회사 감사 업무에 할애할 수 있는 시간에는 많은 제약이 있다. 외부에서 잠시 회사에 오는 외부 전문가가 이사도 하고 감사도 한다. 감사위원회라서 뭔가 그럴 듯한 게 있는 것 같지만, 사실은 아무것도 없다. 어차피 감사야 결제만 하는 거니까, 그 뒤에 강력한 조직이 있으면 되는 것 아니야? 거대한 삼성전자에서 감사 업무에 특화된 사람은 세 명이다. 비상근인 사외이사 세 명과 이들을 뒷받침하는 감사팀 세 명이 전부다. 다른 데도 사정은 크게 다르지 않다. 서류상으로는 뭔가 있는 것 같지만, 진짜로 아무것도 없다. 삼성전자보다 훨씬 작은 정부기관의 감사실도 이것보다는 크다. 감사 두기 싫은데, 상법에서 뭔가 두라고 하니까 억지로 두고 있는 것 아닌가? IMF 이후에 감사 시스템을 강화한다고 감사위원회로 바꾼 건데, 결국은 누군가 회사 안에서 출근하고 있던 예전보다 더 허실하게 바뀌어져버렸다. 사외이사가 바로 감사? 현실은 그렇다. 그뿐이 아니다. 삼성전자와 현대자동차도 이렇게 하니까, 원래 있던 감사를 전부 감사위원회로 바꾸는 게 요즘 트렌드다. 나쁜 건 모방이 빠르다. 은행에는 상근 감사 있잖아? 물론 있기는 한데, 규정상 강제해서 있는 것은 아니고 관습적으로 두고 있는 것이다. 거기도 비상근 감사체계로 바꾸고 싶으면 언제든지 그렇게 할 수 있다. 회사에서 뽑아줘서 고맙다고 말하는 사람들이 지금 우리의 대기업들이 채택하고 있는 감사 시스템을 책임지고 있다. 여기에서 무슨 감사를 하겠나?

공기업이나 대기업의 감사를 공금 횡령하거나 돈세탁하는 금전적 감사 같은 것이라는 느낌이 들 수도 있다. 그러나 현대 경영학에서 진짜 핵심 사항은 흔히 '오디팅auditing'이라고 부르는 감사 업무다. ISO-9000(품질경영), ISO-14000(환경경영) 혹은 ISO-37001(윤리경영)과 같은 국제 표준 경영시스템은 우리나라 기업들도 종종 인증을 받는다. 이런 표준적 경영 시스템의 핵심이 바로 오디팅이다. 세무감사만 중요한 것이 아니라, 일상적으로 품질이나 환경 혹은 윤리와 같은 새로운 경영 기법에서 가장 중요한 것은 문제가 발생했을 때, 이걸 역추적 할 수 있는 시스템이다. 회사 안에서 문제가 전혀 발생하지 않게 할 수는 없지만, 발생한 문제가 재발하지 않도록 오류 발생을 최소화시키는 것이 현대 경영 기법이다. 그리고 일상 감사와 업무 감사를 통해서 '체크 앤 밸런스' 장치를 움직여나가게 된다. 감사 장치를 비상근으로 돌리는 것은, 현대 경영 기법에도 전혀 맞지 않는다. 사장이나 오너 맘대로 하고 싶으니까 이렇게 감사를 있으나마나 한 장치로 한국 기업들이 축소시키는 것 아닌가?

대기업들이 상근 감사 없이 자기들끼리 대충대충 넘어가는 것은 사회적으로도 안 좋고, 자기들 경영 성과를 위해서도 안 좋다. 불행히도 이렇게 피해나갈 수 있도록 지금 법이 구성되어 있다. 공기업이든 사기업이든, 감사를 강화하기 위해서는 어떤 조치들이 필요할까? 일상적인 경영 전반에 걸쳐 체크 시스템이 돌아갈 수 있도록 다시 상근 감사제 도입이 필요하고, 그를 뒷받침할 수 있도록 감사 조직 전체를 지금보다는 몇 배로 강화할 필요가 있다. 사람만 늘린다고 일이 돌아가는 것은 아니라서, 그 시스템이 돌아갈 수 있도록 권한도 같이 강화해야 한다. 우리가 상상할 수 있는 범위에서 가장 쉽고 간편하게 감사의 권한을 확보할 수 있는 것은 대표 해임권을 부여하는 일이다. 정말로 큰 문제가 조직 내에 생겼을 때, 이를 총괄해서 책임지는 사람이 바로 대표 아닌가? 감사가 대표를 해임할 수 있는 권한이 있으면 강력한 견제권이 생긴다. 물론 전문 경영진 체계에서 새로운 대표는 이사회에서 다시 의결하면 된다. 다만 감사에게 배척당한 대표를 일정 기간 동안 대표로 재임명할 수 없다는 규정을 추가하면 '없는 듯 무시'하는 존재로 감사제도가 전락하지는 않을 것이다. 대표 해임권은 엄청나게 큰 일일 때 행사하는 권한이고, 좀 더 일상적이고 소소하지만 결코 무시할 수 없는 부정에 대한 감사권을 강화하는 방법도 생각해볼 수 있다. 아동폭력과 같은 범죄에 대해서는 현재 신고의무제가 도입되어 있다. 아동폭력을 접하게 된 교사나 의사에게 의무적으로 신고하게 한 것이 신고의무제다. 이미 한국 사회의 다른 분야는 그런 방향으로 바뀌고 있는데, 회사 내의 범죄에 대해서만큼 자기들끼리 알아서 처리하든, 숨기든, 그렇게 방치하는 것은 좀 이상하다. 경제 범죄에 대해서도 점점 더 가중처벌이 높아지는 것 역시 우리 시대의 흐름이다. 지금까지 한국은 화이트 컬러 범죄에 대해서 너무 관대했었다. 이런 흐름에 비추어보면 우리는 감사 시스템을 적절히 강화시키는 데에 실패했다. 감사가 접하게 된 경영상의 경제 범죄에 대해서 신고의무제를 적용하면, 감사가 적당히 눈감아주는 것을 제도적으로 보완할 수 있다. 수백 억, 수천 억이 수시로 오고 가는 경영 현장에서의 경제 범죄가 아동폭력보다 덜 중요하다고 말하기는 어렵지 않은가?

감사와 함께 내부 브레이크로 이 사회가 대기업에 장착시킨 사외이사제 역시 이제는 전면적인 변화가 필요해 보인다. IMF 경제위기로 나라가 엎어질 뻔한 상황에서 도입한 안전장치치고는 의도한 제도 설계와는 지금 너무 먼 곳에 와 있다. 어떤 일이 있어도 전관예우와 방패막이로 전락한 지금의 대기업 관행만큼은 고쳐야 한다. 공식적으로 그리고 공개적으로 관련 부처에 로비할 수 있게 해주는 것 이상은 아니다. 사외이사 세 자리를 기준으로 본다면 1) 노동자, 2) 지역 주민, 3) 소비자 쪽에 할당되는 것이 원래 취지에 부합한다고 할 수 있을 것이다. 그냥 자기들 입맛에 맞는 사람 뽑을 것이 아니라 관련 단체가 추천위원회를 만들어서 지정하는 것이 길게 보면 더 좋을 수 있다. 노동자들의 의견이 중요한 것은 당연하다. 그리고 특히 제조업 분야는 지역 주민과 일상적인 갈등 관계에 있기 때문에 이들을 대표하는 사람도 있는 편이 낫다. 특히 울산이나 여수 같이 화학업종이 밀집된 지역일수록 더더욱 지역 시민사회와의 협력적 관계가 중요하다. 또한 소비자들도 기업에 대하여 견제하고 감시할 권한이 있다. 일상적인 경영 행위에 같이 참여하기에 일반인은 전문성이 떨어져서 곤란하다고 말할 수는 있다. 그렇지만 우리나라의 시민사회에도 이제는 어느 정도는 전문가들이 포진하고 있기 때문에 기업에서 지금 선임하는 전관예우 받는 사람들 이상의 전문가들을 충분히 추천할 수 있다. 노동자와 시민의 이해를 대변할 전문가들을 추천하도록 하는 것이 그렇게 어려운 문제는 아니다. 어차피 지금도 이사회에서 사외이사들이 모두 협력하더라도 회사 측이 과반을 확보할 수 있게 디자인되어 있기 때문에, 이견이 나오는 것 자체가 이사회 진행과 결정을 불가능하게 하지는 않는다. 다만 지금보다는 좀 더 많은 격론이 나오게 되고, 쉽게 쉽게 통과시키기에는 좀 더 불편해질 뿐이다. 그러나 사외이사제의 도입 취지가 원래 그거 아닌가? 자기들끼리 알아서 의사봉만 두드리지 말라고 도입된 제도 아닌가? 결정 과정에서의 격론이 많을수록 시행단계에서 부작용이 조금이라도 줄어든다.

공기업이든 사기업이든, IMF 이후 돈만 벌면 된다고 생각하는 흐름이 강했다. 그렇지만 그사이에 국제적으로는 윤리경영이 기업 표준인증으로 등장할 정도로 기업 운영 방식에 대한 변화가 생겼다. 기업과 사회의 관계에 대한 이해도 바뀌었다. 그리고 감사실에서 하는 일상감사와 업무 감사가 경영의 핵심 축으로 떠올랐다. 그사이, 우리는 점점 더 감사가 유명무실한 존재로 바뀌고 있었다. 이게 효율적이지도 않을뿐더러, 기업 자체를 위해서도 좋은 것이 아니다. 기업은 그냥 알아서 하면 될까? 그렇지 않으니까 ISO의 기업 표준화 인증 같은 것을 받고, "우리는 이렇게 경영해요", 그렇게 외부에 알리는 것 아닌가? 현대화 과정에서 우리는, 감사는 그냥 외국에서 하니까 우리도 적당히, 모양만 흉내 내는 정도였다. 우리가 필요해서 도입하거나 강화한 제도가 아니다. 필요 없다고 생각하니까 삼성전자든 현대자동차든, 사외이사들에게 감사위원회 맡기고, 적당히 입으로만 감사 잘 한다고 하고 있는 것 아니겠는가?

호주 등 외국의 대형 연기금들이 내부 규정 때문에 한국에 투자를 못 하는 경우가 종종 발생한다. 그들의 기준으로 보면 한국의 주요 기업들에 내부 경영 감시 혹은 견제 시스템이 미흡하거나 없다고 판단되기 때문이다. 우리만 원래 그런가 보다 이러고 있지, 국제적 기준으로 보면 지금 한국 기업들의 감사와 사외이사 시스템은 없는 것과 마찬가지다. 이런 식으로 기본 경제 조직들이 내부 브레이크 없이 자기 맘대로 하는 방식으로는 우리 경제가 더 앞으로 나아가기 어렵다. 이제는 내부 브레이크 장치들도 대대적으로 한 번 정비해야 하는 시점이 되었다. 더 늦으면 안 된다.

—

4
그러나 감시자들은 누가 감시할 것인가?

—

'건강한 마음에 건강한 육체'라는 말은 로마 시인 유베날리우스가 한 얘기다. 그가 한 얘기 중에는 유명한 얘기들이 꽤 많다. "그러나 감시자들은 누가 감시할 것인가?", 이 얘기도 유베날리우스가 한 얘기다. '감시자의 감시자'라는 논리적인 문제와 관련된 질문이다. 국정원 같은 감시기구에 대해서 종종 던져지는 질문이기도 하다. 이 질문의 기원은 플라톤의 〈공화국〉까지 올라간다. 만약 완벽한 통치자가 존재한다면, 그 통치자가 제대로 하는지 감시하는 것은 누가 하는 것일까? 그리고 이 질문은 '감사 중의 감사'라고 할 수 있는 감사원에도 그대로 적용된다. 자, 누가 감사원을 감사할 것인가? 이 궁극의 감시자를 누가 감시할 것인가?

한국의 감사원은 4대강과 관련해서 몇 번이나 곤란한 상황에 빠지게 되었다. 감사를 할 수도 없고, 안 할 수도 없는 경우다. 대통령이 직접 추진하는 일이라서 더욱 그렇다. 감사를 엉망으로 할 수도 없고, 그렇다고 감사를 너무 잘 할 수도 없다. 감사원이 이제 와서 4대강 감사를 한다면, 같은 이유로 새만금도 감사해야 한다. 이건 하고, 저건 안 하고, 그렇다고 다른 기구에게 이걸 맡길 수도 없는, 논리적으로 곤란한 상황에 감사원이 종종 내몰리게 된다. 제대로 하면 될 것 아냐? 자신의 임명권자가 하는 일을 제대로 감시할 수 있을까? 이런 감사원의 독립성 문제는 1987년 이후 30년간 계속 논의 중인 일이다. 9번째 바뀐 헌법이 9차 개정헌법이고, 그 후 30년간 우리나라에서 헌법은 바뀐 적이 없다. 감사원의 세부 규정은 감사원법을 고치면 되지만, '감시자의 감시자'의 근본적인 위상은 헌법이 정하고 있다. 그리고 이걸 바꾸려면 헌법이 바뀌어야 한다. 역시, 보통 일은 아니다.

가끔 주요 연구기관에서 감사원의 변경에 관해서 전문가 여론조사를 한다. 대체적으로 바꾸어야 한다는 의견이 70~80% 정도 나오는데, 절반 정도가 독립기관으로 바꾸는 것을, 20% 정도가 미국처럼 국회 소속으로 바꾸자는 의견을 가지고 있다. 지금처럼 하는 것은 문제가 있다는 것에는 대부분 동의를 하는데, 별도 기구로 둘 것인가, 국회 소속으로 할 것인가, 여기에 대해서만 의견이 갈린다.

다른 나라도 최근에 행정이 복잡해지면서 감사원의 업무도 고전적인 회계 감사에서 성과 감사, 즉 정책 감사가 강화되는 추세다. 돈을 횡령하거나 잘못 쓴 것은 원래부터 중요한 문제였다. 그러나 정책을 제대로 했느냐 혹은 해야 할 일을 하지 않았느냐도 포괄적으로 감사의 범위로 들어가게 된다. 해야 할 일을 안 한 것도 문제다. 그런 점에서 보면, 지금 한국의 감사원 자체가 감사 대상이다. 너무 감사를 안 한다.

감사원의 운영과 관련된 주요 쟁점은 크게 두 가지다. 감사원장의 임명을 누가 할 것인가, 그리고 그 임기를 어떻게 할 것인가, 요렇게 요약할 수 있다. 두 가지 중에서 쉬운 임기에 관한 얘기부터 해보자. 감사원장의 임기는 4년이고, 대통령의 임기는 5년이다. 딱 맞지는 않는다. 그래서 일정 기간은 전임자가 임명한 감사원장과 새로운 대통령이 동거하는 상황이 온다. 동거 자체가 문제는 아닌데, 새로운 감사원장을 임명하고 싶으니까 결국 기존의 감사를 그만두게 하려고 한다. 대통령이 감사를 그만두게 하는 일이 생기니까, 결국 감사원장이 대통령 눈치를 안 볼 수가 없다. 그리고 현재의 제도로는 대통령에게 감사 결과를 보고도 한다. 대통령이 감사원장을 임명도 하고, 그만둘 수도 있게 하고, 보고도 받으면서 그 안에서 뭘 하는지를 들여다볼 수도 있다.

외국에서 감사원장의 임기는 대체적으로 좀 길다. 프랑스와 네덜란드 같은 데는 종신제다. 한 번 임명되면 죽을 때까지 감사원장이다. 이런 시스템의 장점은, 누구도 흔들지 못한다는 것이다. 미국 15년, 독일 12년, 영국 10년 등 7개 국가가 10년 이상이 임기다. 일본과 스웨덴은 7년이다. 한국, 노르웨이, 포르투갈이 4년이고, OECD 국가 중에서는 가장 임기가 짧다. 독립적인 감사원을 원한다면, 행정부 소속인 경우는 대통령 임기 2회인 10년, 국회 소속인 경우는 국회의원 임기 2회인 8년에 맞추는 것이 좋을 것 같다. 최소한 임명권자인 대통령이나 국회의원보다는 임기가 월등히 길어야, 자기들 맘대로 그만두게 하면서 흔드는 일이 줄어들 것이다. 진짜로 확실하게 하는 것은 프랑스 같은 종신제이다. 확실하기는 하지만 너무 한 명에게 권력이 집중되는 위험 요소가 생긴다.

감사원의 소속을 어떻게 할 것인가? 이 문제가 감사원장을 누가 임명할 것인가라는 질문과 같다. 한국처럼 행정부에 소속시킨 나라는 OECD

국가 중에서는 스위스 한 곳이다. 스위스는 연방제 국가고, 대통령이 권한이 약하기 때문에 행정부 강화 차원에서 행정부에 소속시켰다고 볼 수 있다. 한국은 중앙정부 기능이 아주 강하고, 대통령은 그보다 더 강하다. 그래서 감사원을 대통령이 들고 흔드는 지금과 같은 상황은, 설계 자체가 좀 잘못 되었다고 보아야 한다. 이건 별로 이론의 여지가 없다.

남은 쟁점은 별도의 독립기구로 둘 것인가 아니면 국회 소속으로 할 것인가, 기술적인 문제는 여기에 초점이 맞추어진다. 프랑스는 법원과 같은 위상으로 별도의 독립기관으로 운영된다. 일본도 마찬가지다. 그리고 미국과 영국은 의회 소속이다. 만약에 감사원이 충분한 권위와 힘을 가지고 있으면 별도의 독립기관으로 운영되어도 큰 상관은 없다. 그렇지만 한국과 같이 대통령의 힘이 아주 강한 경우에 독립기관이 되면, 있으나 마나한 기관으로 전락할 위험도 있다. 그리고 감사 업무를 하기에 충분한 인력과 예산을 확보하지 못할 가능성도 있다. 우리나라의 경우는 미국처럼 국회에 소속되는 것이 훨씬 나아 보인다.

시스템 디자인으로 보면 감사원의 경우는 미국처럼 가는 게 맞는데, 어려운 것은 디자인의 효율성 문제가 아니라 국민적 정서의 문제라는 점이다. 우리는 국회를 싫어하고, 정당을 혐오한다. 그리고 국회의원들을 진짜로 싫어한다. 행정부를 견제하고 이상한 정책으로 예산 낭비하는 것을 막기 위해서는 국회의원 수를 늘리는 게 더 효율적인 일이지만, 대체로 80% 이상의 국민들이 국회의원 정원을 늘리는 것에 대해서는 절대적으로 반대한다. 국회에서 예산 통과시키면서 예산 감시도 하고, 법률 만들면서 행정 운용사항도 점검하는 게 효율적이지만, 국민들의 정서적인 벽을 넘기가 쉽지는 않다. 그리고 무엇보다도 감사원의 운영 방식을 바꾸는 것은, 법률로 안 되고 국민투표를 통해서 헌법 개정이 이루어져야 한다. 기술적으로는 딱 답이 나오는데, 정서적으로는 답이 안 나온다. 그래서 87년 이후 30년째 우리는 감사원 개혁에 대해서 논의하고 있고, 대통령은 여전히 적당히 친한 사람을 감사원장으로 뽑는다. 그리고 여전히 감사원 보고도 받는다.

유배날리우스가 로마 시절에 했던 질문이 여전히 지금 우리에게도 유용한 질문이 되었다.

"그러나 감시자들은 누가 감시할 것인가?"

감사원이 강력해져서 이상한 사업들을 함부로 만들거나 집행하지 못하는 것이, 궁극적으로 우리에게는 훨씬 유리한 일이다. 그리고 금융 등 많은 분야에서 해야 할 일을 제대로 하지 않아 생겨나는 금융 피해를 줄이기에도 이쪽이 더 낫다. 하지 않아도 될 일을 하는 것, 해야 할 일을 하지 않는 것, 이런 것을 제대로 견제하기에는 우리의 감사원은 아직은 너무 미흡하다. 그리고 구조적으로 약점을 가지고 있다.

—

5
궁극의 브레이크, 국민투표 부의권

—

"스위스 병사 해외 파견 반대! … 지금까지 스위스는 해외에 파병된 스위
스 병사들이 자신을 지킬 용도로만 무장을 할 수 있었다. 새로운 법률 개
정안은 아무런 제약 없이 모든 무기를 사용하는 것을 가능하게 한다. 전
투 참가는 평화유지에만 국한되지 않을 것이다. 게다가 나토NATO 의 지휘
를 받는 전투 참가도 가능하게 될 것이다."

- 독립적이고 중립적인 스위스 행동, 2001년 6월 국민투표를 위한 발제문 중에서

2001년 6월, 스위스에서 무척이나 흥미로운 국민투표가 진행되었다.
이라크 위기가 심각해지면서 미국은 전 세계에 파병을 요청하기 시작하
였다. 우리도 2003년에 이라크 파병을 놓고 온 국민이 열띤 논쟁을 벌인
적이 있다. 스위스는 우리와는 정치 지형이 좀 다르다. 우리는 극우파와
보수 쪽에서 좀 더 열렬하게 파병을 요구하지만, 스위스의 극우파는 거

꾸로 파병을 반대한다. 번갈아가면서 집권을 하는 중도 좌파와 중도 우파, 즉 정부를 운용하는 쪽에서는 스위스의 국제적 고립을 벗어나 UN이나 EU에도 가입하고 싶어 한다. 그리고 그런 국제조약 가입의 흐름 속에서 파병을 지지한다. 스위스는 한국전에도 파병을 했었다. 적극적으로 외국에 파병하고 싶어 하는 한국의 극우파와는 달리, 스위스 극우파는 영세중립국으로서의 스위스의 고립주의와 인권주의를 지지한다. 전쟁 중 포로예우 등 서로 지켜야 할 기본 내용을 담은 '제네바 협약'을 아주 중요한 스위스의 전통으로 생각한다.

이라크에 파병할 것인가, 아니면 파병을 하지 못하게 할 것인가, 이 두 가지의 목소리가 6월 스위스에서 정면으로 충돌했다. 51% 대 49%로 정부 개정안이 승리하기는 했다. 그러나 파병 반대를 가지고 스위스의 극우파들이 49%의 득표를 얻어내는 대사건이 벌어진 것이다. 농민의 당 등 여러 개로 나누어져 있던 극우파 정당이 합치게 되었고, 주요 정당이 되는 대약진이 벌어졌다. 전쟁과 평화라는 주제에 대해서, 스위스 극우파는 좀 독특하다. 파견도 반대, 자국에 외국 군대 주둔도 반대, 성조기가 나부끼는 한국 태극기 집회와는 양상이 많이 다르다. 물론 이들 역시 다른 유럽의 극우파와 마찬가지로 강력한 인종주의적 성향을 가지고 외국인 이민, 특히 동구지역의 이민에 대해서 강력하게 반대한다. 다른 것들은 일반적인 극우파와 비슷하지만 전쟁에 대해서만큼은 입장이 확고하다. 이들은 2000년대 초반 국민투표를 계기로, 독자적 정치세력으로 급성장하였다. 우리나라에서 만약 극우파들이 국민투표를 주도해서 49%, 거의 과반에 가까운 국민적 지지를 받을 가능성이 있을까?

전통적으로 스위스의 국민투표는 '브레이크'라는 별칭으로 불린다. 연방 정부가 하는 일이 좀 아니다 싶으면 여지없이 국민투표로 간다. 발동 요건도 쉽다. 국토는 우리나라 절반 정도의 크기지만 인구는 여전히 천만이 안 된다. 국민투표 발동요건은 5만 명의 서명이다. 그 정도면 남발될 위험이 있지 않을까? 그건 보는 시각에 따라서 다르다. 극우파도 투표를 주도하고, 녹색당도 주도하고, 정당과 상관없는 진짜 일반 시민들이 주도하는 경우가 있다. 심지어 자동차 시내 주행을 30킬로미터로 제안하자는 법령을 반대하는 의견도 국민투표까지 갔다. 매년 하는 정도가 아니라 1년에 3~4번 한다. 단일 주제만 가지고 매번 투표를 해서는 행정적으로 감당이 어려우니까, 한 번에 3~4개씩 몰아서 투표를 한다. 우리가 황우석 사태 이후로 골치 아파 하던 줄기세포 연구에 관한 주제도 벌써 국민투표로 올라갔다. 유전자 조작식품도 여러 번 올라갔고, 에너지와 관련된 주제는 항목별로 수시로 올라간다.

스위스의 국민투표가 반드시 어떤 정책을 세우는 브레이크 역할만 하는 것은 아니다. 전 세계가 지켜보는 주제 중의 하나인 기본소득도 국민투표에 벌써 올라갔다. 물론 부결되었는데, 예산 규모와 집행 방식을 바꾸어서 여러 번 더 올라갈 것이라고 사람들이 예상한다. 농업과 관련해서 부유한 지역이 힘든 지역에 농업 보조금을 지원하는 방안도 국민투표를 통과했다. 새로운 제도를 도입할 때에도 국민투표는 중요한 수단으로 활용된다.

스위스만큼은 아니더라도 많은 나라들이 국민투표를 주요한 의사결정 방식으로 사용한다. EU 통합과 유로화 통합 때에도 많은 국가들은 국민투표를 거친다. 그리고 영국이 EU를 탈퇴할 때에도 국민투표를 거쳤다. '레퍼렌덤Referendum'이라고도 불리는 국민투표는 국가적 의사결정을 해야 할 때 가장 중요하고 핵심적인 수단이다. 투표는 국회의원이나 대통령 뽑는 선거 때만 사용하는 방식은 아니다. 우리는 아직 정책의 방향을 놓고 전면적인 투표를 해본 경험이 전무하다시피 하다.

4대강 때 중요한 딜레마에 한 번 부딪힌 적이 있다. 국민투표는 헌법 개정 사항이기 때문에 아직은 국민들에게 발동할 권리가 주어져 있지 않다. 9차 개정헌법은 국가가 위급한 경우라도 국민투표를 아주 제한적으로 규정하고 있고, 부의권이라고 부르는 발동 권한도 대통령에게만 독자적으로 부여하고 있다. 그렇지만 헌법 개정이 필요 없는 주민투표는 이미 발동 기준이 좀 까다로워서 그렇지, 우리에게도 이미 도입되어 있다. 국민적으로 반대가 강하니까 국민투표를 했으면 4대강은 막을 수 있는 사회적 여건이 형성되었다. 그러나 해당 지역에서는 개발을 선호하는 찬성 쪽이 더 많다. 대구를 제외하면 대부분의 지역에서 주민투표를 하면 4대강은 가결될 가능성이 높았다. 결국 주민투표로 가지는 못했다. 주민투표는 이미 도입되어 있고, 국민투표는 아직 도입되지 않은 상황, 이런 상황에서 딜레마가 종종 발생한다. 정상적이라면 노후 원전폐쇄나 탈핵 같은 정책 방향은 국민투표를 거치면서 진행되는 것이 옳다.

국민투표가 헌법 개정 사항이기는 한데, 이미 주민투표는 물론이고 주민소환제까지, 지자체 단계에서는 다 도입된 국민참여 제도가 중앙정부 차원 혹은 국가적 차원에서 아직 도입되지 않은 것은 좀 이상하기는 하다. 이거 하나 바꾸자고 헌법을 고치기가 어려워서 여전히 그냥 없는 채로 버티고 있을 뿐이다.

민주주의 제도로서도 국민투표는 중요한 역할을 한다. 서로 같이 논의하는 공론장에는 여러 종류가 있는데, 가장 강력하면서도 가장 궁극의 역할을 하는 것이 국민투표다. 예전에는 '민도'라는 말을 썼다. 말은 고상하지만, 사람들 수준이 안 되어서 선진국 제도를 쓸 수가 없다는 말을 이렇게 돌려서 한 것이다. 막걸리만 사주면 찍어주고, 나라님이 하시는 일이면 무조건 찍어주고, 이런 상황에서 국민투표가 집권자가 자신을 정당화하는 방식으로 악용될 것이라는 게 국민투표에 대한 예전의 시각이었다. 국민이 수준이 안 되어서, 대통령이 자기 이름을 걸면 그냥 그대로 다 찍어줄 것이다. 이 정도가 80년대까지 한국의 지식인들과 공무원들이 국민을 대하는 방식이었다. 그러나 지금도 그럴까? 태극기 수준만 되어도, '나라님이 하는 일'이라고 정부에서 하는 걸 일방적으로 지지하지는 않을 것이다. 그리고 그들도 자신들의 정책을 가지고 국민투표에 나오는 것이, 그게 발전하는 것이다. 서울시장 오세훈이 무상급식 때 사실상 자신의 시장직을 걸고 주민투표를 했다. 시장이 하는 일이라고 사람들이 일방적으로 지지해주지는 않는다. 국민투표에 비해서 TV 토론이나 여론조사는 제한적이다. 그러나 국민투표에는 그런 제약이 없다. 이런 과정을 통해서 서로 학습하고 훈련하면서, 의견이 다를 때 조율하는 것을 같이 배워나가는 과정이다. 상호학습을 하는 일종의 러닝바이두잉, 새로운 혁신을 만들어내는 과정이기도 하다.

밀실에서 논의하는 것을 광장으로 가지고 나오는 일은 좋은 일이다. 공무원 책상에서 결제 라인 따라 결정되는 것 외에 국민들이 직접 제안하거나, 수정하거나 혹은 정지시키는 과정이 있는 것은, 그 자체로 투명성과 효율성을 높이는 일을 한다. 그런 과정을 통하면서 수동적인 국민에서 좀 더 적극적인 시민으로 변해가고, 국민참여도 같이 높아진다. 좋은 제도다. 스위스는 1848년부터 지금까지 305번의 국민투표를 치렀다.

그사이에 유럽 최빈국 중의 하나였던 스위스 경제가 1인당 국민소득으로는 스웨덴, 노르웨이 등과 함께 최상국 중의 하나가 되었다. 선거 때마다 비용이 들기는 하는데, 그 비용 덕분에 스위스가 경제 강국이 된 것으로 해석할 수는 없을까? 스위스 교과서는 우리랑 비슷하다. "국토는 좁고, 인구는 많고…" 이렇게 시작한다. 국토의 태반이 알프스라, 평지도 별로 없다. 게다가 산악지대라서 겨울은 길고, 농사지을 수 있는 시기도 얼마 안 된다. 가난한 게 당연하다. 게다가 주요 언어도 독일어, 프랑스어, 이탈리아어로 세 가지나 된다. 언어권도 다르고, 연방제를 유지하는 이 나라가 국민투표를 통해서 경제적 성과를 만들면서 선진국으로 도약한 것이다.

사회적 의사결정과 절차적 민주주의라는 관점으로만 국민투표를 볼 일은 아니라고 생각한다. 황당한 예산 낭비와 이상한 정책을 견제하는 경제 장치이기도 할 뿐더러, 생략하기 쉬운 중요한 토론들을 촉진하는 과정이기도 하다. 한 번 한 번의 국민투표에는 부작용도 있고, 문제도 있다. 모든 결정이 다 합리적이거나 좋은 결정인 것만도 아니다. 그러나 반복해서 시행하면 국민투표라는 궁극의 공론장이 주는 누적적 효과가 있다. 경제 장치라는 시각에서 국민투표를 생각할 필요가 있을 것 같다. 4대강, 자원외교, 이런 걸 우리가 국민투표로 같이 논의할 수 있었다면, 지금은 그렇게 절약한 수십 조 원을 어디에 쓸 것인가, 행복한 고민을 하고 있었을지도 모른다. 9차 개정헌법을 만들었던 87년, 우리는 시민들의 참여와 열정을 제도화할 방법에 대해서 소홀히 했었다.

—

6
침묵이 길어지면, 사기꾼들이 돌아온다

—

큰 아이 다섯 살 때 촛불 집회가 열렸다. 워낙 추운 겨울이라서 아이들을 데리고 본집회에 가지는 못했다. 둘째는 폐렴으로 몇 번이나 입원을 했었다. 오래 있지는 못하고 집회 시작하거나 준비할 때 잠깐 보고 다시 들어왔다.

"박근혜는 돼지 나와라."

어느 날, 큰 애 입에서 나온 얘기다. 어린이집에서 아이들끼리, 그런 촛불 시위 흉내를 내면서 노는 모양이다. '퇴진하라'라는 어려운 단어를 잘 모르니까, '돼지 나라와'라는 소리로 들은 것 같다.

"최순실 씨는 뭘 잘못했어?"

'돼지 나와라'라고 말하는 이 아이도 '최순실 씨'의 이름은 정확히 알고 있었다. 그보다 어린 세 살짜리 둘째도 '대통령 할머니'라는 말은 안다. 우리 식구들은 조카들까지, 대부분 짧더라도 촛불 집회 근처에는 갔다. 물론 우리 식구가 다 촛불 집회에 동의하는 것은 아니다. 아버지는 헌법재판소 앞에서 열린 태극기 집회에 나가셨다. 아무도 몰랐는데, 설날 모두가 모인 자리에서 어머니가 일러주셨다. 며느리들의 집중 성토가 있었다. 아버지만 그런 것도 아니다. 내가 친하게 지내고 또 같이 일도 하는 사람들 중에도 태극기 집회에 나간 사람들도 있다. 한국의 많은 가정들이 그랬을 것이고, 또 많은 집단에서 비슷한 일을 경험했을 것이다. 촛불 집회에 간 자식들과 태극기 집회에 간 부모가 명절에 만나는 것은 어색하기는 하지만, 처음 있는 일은 아니다. 박근혜에 대해서는 판단이 엇갈리기는 해도, 최순실을 두둔하는 사람을 만나기는 쉽지 않다. 9년 동안 이상한 일이 많이 벌어졌다. 그리고 그 사건의 정점에 최순실이 서 있게 되었다. 촛불 집회에서 헌법재판소 판결까지 가는 동안, 아마 많은 사람들도 그랬겠지만 나도 나 스스로를 돌아보게 되었다. 그리고 내 삶을 전체적으로 다시 한 번 생각해보게 되었다.

내가 어렸을 때, 한국은 군인들의 나라였다. 그리고 그 후로도 오랫동안 군인들의 나라였다. 어른들은 나에게 육사를 가라고 했다. 나는 싫다고 했다. 육사가 싫으면 비행기 탈 수 있는 공사라도 가라고 했다. 그런 시대였다. 서른이 되었을 즈음에야 군인들의 시대가 끝났다. 그리고 내가 50이 되었을 때, 이 나라는 사기꾼들의 나라가 되어 있었다. MB는 자기가 뭐 하는지는 알았던 것 같다. 박근혜는 자기가 뭐 하는지, 잘 몰랐던 것 같다. 순실이는 알았을까? 긴 세월을 기다리며 참고 지냈던 나의 나라는, 결국에는 사기꾼의 나라가 되어 있었다. 그리고 국가는 그 사기의 한가운데에 존재하는 핵심 개념이 되었다. 그 누구도, 여기에서 자유로울 수 없고, 편안할 수 없다.

21세기 경제에서 선진국 경제를 이해하는 가장 손쉬운 방법은 1인당 GDP를 보는 방법과 합계출산율을 보는 방법이 있다. 국민소득으로 내 삶을 잠시 생각해보았다.

나는 1인당 국민소득이 174달러일 때 태어났다. 저개발 국가 중의 저개발 국가다. UN이 LDCLeast-Developed Country라고 부르는 곳에서 태어난 셈이다. 대학에 갔을 때 중진국 초입인 2,803달러였다. 내가 취직을 했을 때에는 13,000달러였고, 그사이 한국은 초기 선진국 단계가 되었다. OECD에도 가입했다. 1인당 국민소득 2만 불은 노무현 재임 기간인 2006년에 넘어섰고, 그 후 10년, 아직 2만 7천 불 정도, 3만 불까지는 못 간 상태다. 정말 못사는 나라에서 태어나 빠른 시기에 중진국 단계를 넘어섰고, 중년이 되었을 때에는 이미 선진국에 살고 있는 셈이다. 이런 경험을 한 사람이 전 세계적으로 우리들 말고는 없을 것 같다. 적어도 경제지표상으로는 그렇다. 우리나라 국민소득이 만 불에서 만오천 불 사이에 있을 때, 청와대에서 임명장을 받고 UN에서 정부를 대표하는 협상단이 내 직업이었다. 그때 내가 했던 핵심적인 일은, 역설적이게도 한국이 선진국이 아니라는 것을 보여주고 설득하는 일이었다. 그렇다고 방어만 하고 아무 공격도 하지 않을 수는 없으니까 '브릿지 롤', 선진국과 후진국 사이의 가교 역할이라는 개념을 전면에 내세웠다. 어느 정도는 그 전략이 성공했고, 그 후로도 한동안 우리나라 외교에서 그 프레임을 종종 썼다고 들었다.

이제 우리는 3만 불 목전, 진짜로 선진국이다. 이제 이런 수량적 진실을 부정할 수 없다. 그 나라가 사기꾼들의 나라가 되었다. 이제 다른 지표 하나를 다시 생각해보자. 합계출산율이라는 개념을 처음 접한 것은

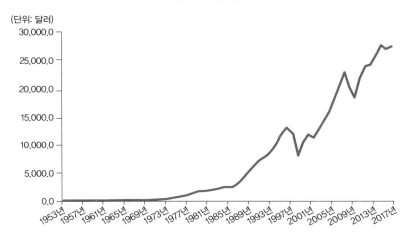

1인당 국내총생산

(단위: 달러)

90년대 초반이다. 박사 논문 준비하면서 인구 문제를 중점적으로 살펴볼 수밖에 없었다. 노무현 정부 초기에 합계 출산율이 1 아래로 내려갈 것이라는 전망이 나왔다. 그때부터 '고령화 대책'이라는 이름으로 출산 문제에 정부가 돈을 쓰기 시작하기는 했다. 합계출산율은 약간 올라가서 1.2 정도까지 갔는데, 그 이상 올라가지는 않았다. 이렇게 쓴 돈이 무슨 의미가 있느냐고 하는 사람들도 있지만, 그런 조치가 없었으면 2000년대 중반, 벌써 1이하로 내려갔을 것이다. 물론 합계출산율 1.2나 1 이하나, 물리적으로 엄청난 차이가 있는 것은 아니다. 그냥, 심리적 마지노선 같은 것이라고 볼 수 있다.

2017년 가을, 합계출산율의 잠정적 추정치가 1.05로 나왔다. 그리고 이건 쉽게 바뀌기 어려운 추세다. 2016년 서울의 합계출산율은 이미 0.94다. 구청별로 보면 진짜로 무시무시하다. 강남구 0.82, 종로구 0.78,

관악구 0.77, 이런 데는 합계출산율 1이 문제가 아니라 이미 0.8 이하로 내려가 있다. 이건 추세다. 전국이 0.8 이하로 내려갈지는 아직은 좀 더 지켜볼 일이지만, 빠른 시간에 1 이하로 내려가서 0.9까지 가는 데 그리 오래 걸리지 않을 것 같다. 왜냐? 이 흐름에 결정적인 역전을 가져올 만한 의미 있는 변수가 별로 없기 때문이다.

만 5세 미만인 영유아 사교육 시장이 2015년 기준으로 3조 2천억 원 정도 된다(육아정책연구소). 육아 비용 말고 사교육 비용만 이렇게 3조 원이 넘어간다. 1인당 기준으로 하면, 고등학생 사교육 비용을 곧 추월하게 된다. 이게 어느 정도인가? 영화 시장이 2조 원 약간 넘는다. 우리는 인구 1인당 매년 영화를 4편씩 보는, 진짜 영화 많이 보는 나라다. 어느 도시나 가장 길목 좋은 곳에는 대형 멀티플렉스가 몇 개씩 있다. 온라인 영화 시장도 4천억 원 규모는 된다. 수출도 최근 증가세다. 이 모든 것을 다 모은 영화 산업 규모가 2조 원 약간 넘는다. 한 해에 우리나라에서는 40만 명 정도 태어난다. 주로 영유아 사교육 하는 만 4~5세 기준으로 하면, 80만 명 정도 되는 아이들의 부모가 3조 3천억 원을 내고 있는 셈이다. 영유아 사교육 안 하면? 겁난다. 누가 이 무의미한 게임에 들어가겠는가? 아이 안 낳고, 결혼 안 하는 게 이 시스템에서는 불합리한 선택은 아니다.

그렇다고 앞으로 수년 내에 실제 체감할 정도로 주거비가 급격히 내려가는 극적인 변화가 있겠는가? 현재 논의 구조만 보면, 집값이 정체면 다행일 정도다. 중산층 자녀들이 부모들의 도움으로 겨우 주거비를 마련할까 말까이고, 그렇지 않다면 정말 아무 답 없다.

이렇게 상황을 만든 제도의 일부는 박정희 때부터 내려온 것도 있고,

전두환 때 생겨난 것도 있다. 사교육이 헌재에서 일부 위헌 판결이 난 것은 DJ 시절인 2000년이다. 기원과 출발이 다른 제도들이 서로 얽혀서 지금의 어려움을 만들고 있다.

이 구조로 한국 경제가 갈 수 있는 최대치는 1인당 국민소득 3만 5천 불 내외일 것이라고 생각한다. 지금까지 해오던 관성이 있어서 약간은 더 버티겠지만, 그 이상 더 가기는 어렵다. 1인당 국민소득 4만 불을 넘어서, 7만 불, 8만 불, 이렇게 간 나라들은 중간 중간 내부 검토를 하면서 그때 그때 나름대로 시스템을 최적화시키면서 간 나라들이다. 관악구의 합계 출산율 0.77이 전국 출산율로 보편화되는 길에 이미 들어선 한국이 갈 수 있는 길이 아니다.

우리가 더 앞으로 가기 위해서는, 아니 더 행복하게 살기 위해서는 지금 우리의 경제 시스템과 제도를 한 번쯤 점검하고 업그레이드해야 한다. 지금이 딱 좋은 시기다. 오랫동안 침묵하던 시민들이 크게 입을 열었다. 많은 변화가 있을 것이고, 좀 더 근본적인 변화도 생겨날 가능성이 있다. 그렇지만 과연 '국가의 사기'가 줄어들까? 다시는 4대강 같은 황당한 사업은 안 하고, 자원외교라는 이상한 단어를 쓰면서 국가의 돈을 털어먹는 일이 안 벌어질까? 가난한 사람들만 손해 보는 저축은행 사태 같은 일은 다시 안 벌어지고, 외국계 대부업체들이 신나게 활개 치고 다니는 일이 좀 줄어들까?

촛불 집회와 함께 국민은 시민으로서 충분한 역할을 이미 했다고 생각한다. 대통령을 내렸다. 그리고 사기꾼들도 일부 끌어내렸다. 역사적으로, 무너져가는 국가를 시민들이 이런 정도로 일으켜 세운 전례를 보기어렵다. 그러나 이게 다가 아니라는 생각은 누구나 조금씩은 할 것이다.

시민들의 열의와 관심으로, 많은 분야에서 시간이 걸리더라도 큰 변화가 올 것이라는 기대는 있다. 그러나 이게 과연 '사기 치지 않는 나라 만들기'를 위해서 충분할 것인가, 여기에는 의문이 있다.

자, 다시 우리가 출발한 60~70년대부터 지금까지를 돌아보자. 우리의 국가 내부를 들여다보자.

한국의 국민들은 더 이상, 일방적으로 국민이라고 호명되던 '피지배자'의 입장은 아니다. 헌법의 주체이며, 민주공화국의 힘이 원천이 자신이라는 것을 알고 있다. 프랑스 혁명을 통해서 공화국을 세운 바로 그 시민들에 비해서, 우리의 시민 의식이 떨어진다고 말할 수 없다. 역사적 힘도 적다고 할 수 없다.

기업은? 세계은행 2017년 평가 기준으로, 한국은 기업하기 좋은 나라, 4위에 해당한다. 한국의 기업들이 글로벌 기업의 효율성에 아직 미치지 못한다고 하더라도, 제도나 여건상, 한국 기업들이 특별히 더 불리한 조건에 있지는 않다. 그리고 그런 분위기 속에서 세계적인 기업들이 계속해서 등장할 가능성이 높다.

정부는? 정부는 시스템이다. 그리고 그 시스템은 국가별로 걸어온 역사가 있고, 제도의 기원이 있다. 한국 정부만이 일방적으로 부패하고, 게으르다고 보기는 어렵다. 공무원 안에는 유능한 사람도 있고, 그렇지 않은 사람도 있다. 아주 보수적인 생각을 하는 사람도 있고, 진보적인 생각을 하는 사람도 있다. 다른 나라도 그렇다. 시스템을 움직이는 '펑셔너리(functionary)'라는 말, 그야말로 기능적인 분야다. 좋은 국가는 좋은 정부를 가지고 있지만, 좋은 정부가 있다고 해서 반드시 좋은 국가가 된다는 보장은 없다. 60~70년대의 저개발 국가 시절의 정부에 비하면, 지금 우리의 정부는 많이 좋아졌다. 그동안의 개선을 모두 부정할 정도로 부패한 것은 아니다. 청와대와 감시기구 그리고 사법부 일부가 부패했지만, 행정부의 정부 시스템 전체가 문제라고 할 정도는 아니다. 여전히 많은 사람들의 시선에서는 무능하고 월급만 많이 받는 집단처럼 보이겠지만, 60~70년대에 비하면 많이 나아진 것도 사실이다.

그렇다면 시민 단체는? 유신 시대에는 시민 단체 자체가 아예 없었다. 그리고 그 역할을 개별적인 사람들이 했다. 그들을 '재야'라고 불렀다. 몇몇 사람들이 스스로 지사가 되어 군인들과 싸웠다. 90년대 중후반 이후로, 한국에도 시민단체가 생겼다. 2000년대 들어와 지역에도 시민단체들이 본격적으로 생겨나면, 중앙 단체만이 아니라 풀뿌리 단체들도 조금씩 모양새를 갖추어가는 중이다. 아직도 지역에 본격적인 시민사회가 형성되었느냐고 물으면, 모든 지역이 그렇다고 말하기는 어렵다. 그래도 유신 시대에 비하면 상전벽해의 변화다. 영화 〈변호인〉에서 외국 유학한 건설사 간부인 류수영이 시민 운동이 생기기에는 아직 한국은 경제적으로 멀었다고 말했다. 그런 시기상조 얘기 듣던 단계는 이제 아니다. 젠더, 인권, 생태, 거의 전 분야에서 그래도 유신 시절보다는 많은 단체들이 생겨났다.

이 와중에 그 시절보다 후퇴한 것이 있다. '학자적 양심'이라는 말이 사라졌다. 군사 정권에서 중요한 역할을 한 학자들이 적지 않고, 그들이 가졌던 힘을 이 사회는 학자적 양심이라고 불렀다. 그런데 IMF 금융위기 이후 '전문가'라는 개념이 급부상하면서 학자라는 말을 점점 덜 쓰게 되었다. 그리고 사회적으로, 전문가에게는 전문성만을 요구했지, 양심을 요구하지는 않게 되었다. 어차피 같은 사람인데, 학자라고 불리던 시절에는 왠지 양심을 지켜야 할 것 같은데, 전문가로 불리면 그런 걸 지킬 필요가 없는 것 같다.

MB 정권 후반부기에 '월천 교수' 혹은 '월천급'라는 단어를 들은 적이 있다. 자기 연봉 말고 회의비나 연구수당 같은 것으로 매월 천만 원을 버는 사람을 '월천'이라고 부른다. 그리고 대학에서 그런 사람을 에이스급으로 분류한다. 정부 과제도 타오고, 특성화 대학으로 지정하는 로비 같은 것도 잘한다. 과외 소득도 많이 챙기고, 조직에도 도움이 되는 사람이다. 보수 정권 9년이 만들어낸 학자의 위상은, '월천급'이라는 단어로 대표된다. 그 정도 아니면 학계 서열에서 아래로 밀리는 구조가 만들어졌다.

정부에서 운영하는 정부 출연 연구소에도 박사들과 전문가들이 있다. 어차피 공부하는 사람인 것은 마찬가지지만, 이 사람들을 학자로 보지 않고 그냥 전문가, 정확히는 '월급쟁이'로 분류하는 경향이 강해졌다. 어차피 피차 월급 받고 일하는 사람들인데, 특별히 무슨 양심을 더 지켜야 할까? 학자의 양심, 전문가의 양심, 이런 단어들이 사라져버렸다. 이 지점이 한국이 군사 정권보다 뒤로 간 분야고, 시스템의 최고 약점이기도 하다.

국가의 크기는 지난 수십 년 동안, 많이 커졌다. 전문성이 높아지고, 부처도 많아지면서, 칸막이도 더 많아졌다. 그리고 그 칸막이 사이사이마다 소통의 문제도 생겼지만, 비밀주의도 더 심해졌다. 순실이가 마음대로 놀 수 있던 공간이 바로 이 비밀주의 속에서 생겨났다. 국가가 해야 할 일을 안 하거나, 하지 말아야 하는 일을 맘대로 할 수 있는 것에는 이렇게 생겨난 비밀주의가 한 몫을 했다. 4대강 같은 황당한 사업이 가능한 것, 바로 이 전문가들의 비밀주의 때문이 아니던가? 그리고 연구나 개발 당사자들이 입을 다물고 있는 한, 예전에는 쉽게 막을 수 있는 일들이 이 제는 아무도 못 막는 일들이 되어버린다.

국가는 커졌지만, 전문가들의 분야는 더 협소해졌다. 정부의 몇십 조 짜리 사업이라도 실제로 계산을 한 사람은 한 명인 경우가 많다. 두 명이 면 나은 경우다. 다섯 명 정도가 같이 작업을 하는 경우는 거의 없다. 조 각조각, 하나의 셀을 한 명 아니면 두 명이 담당해서 실제 내용을 만든 다. 예전에는 공무원들이 그 일을 직접 했는데, 그것도 이제는 외주 용역 으로 바뀌면서 공무원은 공정 관리만 한다. 많은 경우는 정부연구소에서 처리하고, 가끔은 외부 전문기관의 '월천'에게 가기도 한다. 이 담당자들 도 대부분 전문가들이고, 기본적으로는 학자다. 이들이 입을 열면, 그 사 람이 바로 내부고발자다. 아니라고는 하지만 혹독한 보복이 기다린다. 게다가 조직 위계를 거스르고, 수많은 비밀 엄수서약을 깬 것이라서, 조 직에서는 도덕적으로도 심각한 비난이 퍼부어진다. 이들이 명예롭게 얘 기하고, 우리가 그 얘기를 들을 수 있는 방법이 있을까?

이걸 개선할 수 있는 제도 설계는 어렵지 않다. 국회에서 '정책 청문 회'가 쉽게 열릴 수 있게 하고, 이걸 좀 더 자주, 좀 더 광범위하게 하도록 하면 된다. 지금은 국회 청문회가 범죄 수사와 비슷한 방향으로 가고 있 는데, 정책 청문회라는 이름으로, 실제 계산한 당사자가 자신의 계산한 방법, 설계한 방식, 기대효과와 문제점 그리고 개인적 소견 등을 좀 더 자유롭게 얘기할 수 있게 하는 게 더 효과적이다. 정부부처나 정부연구 소도 국가의 일부지만, 국회도 국가의 일부다. 당연히 국회를 통해서 국 민은 국가의 일을 알 권리가 있다. 국회에서 국민들에게 하는 청문회에서는 장관이나 차관 혹은 연구원장의 지시도 의미가 없다. 그리고 자기들끼리 내규로 만든 비밀준수서약 같은 것도 의미가 없다. 그게 국회의 권한이다. 우리가 많은 청문회에서 보는 것처럼, 정책 청문회에 나온 사람들이 선서를 하게 될 것이다. 거짓말 하면 위증죄 처벌이다. 많은 전문가 혹은 연구진들이, 선서를 하게 되면 학자적 양심으로 자신이 계산한 방식과 자신이 지켜본 장단점에 대해서 솔직하게 얘기할 가능성이 높다. 그들은 정치인이 아니고, 어떻게든 승진해야 하는 고위 관료도 아니다. 월급 받는 전문가이기도 하지만, 학문의 길을 걸어가는 학자이기도 하다. 군이 다른 청문회 증인처럼 엄청나게 거짓말을 하고, 위증죄의 위험을 감수할 것 같지는 않다.

개별 연구진들을 정책 청문회로 부르는 것은, 큰돈이 들어가는 사업이나 정책의 위험성을 줄이는 효과가 있다. 하거나 안 하거나, 그런 결정만이 아니라 어떻게 더 효과적으로 디자인할 것이냐, 그런 질문도 중요하다. 설계를 더 잘하면 비용이 많이 줄어든다. 그리고 실제로 계산한 연구자들이 정책 청문회에 증인으로 설 가능성이 있다고 하면, 공무원 등 용역과제 준 기관의 갑질 역시 많이 줄일 수 있다. 연구나 검토결과의 품질이 그것만으로도 지금보다는 나아진다. 이게 정부연구소에만 유효할까? 순전히 민간연구소에서 비즈니스 차원에서 한 연구들은 논란의 여지가 있다. 사적 연구의 재산권 문제 같은 것이 걸릴 수 있다. 그러나 정부 용역으로 참여한 연구결과는 어디까지나 국가의 재산이다. 그들에게 국회의원이 질의하지 못할 것이 없다.

지금도 가끔 이런 정책 계산에 관한 사안들을 공개적으로 같이 토론하는 자리가 없지는 않다. 행정재판에서 소가 걸리면 판사 앞에서 전문가들이 변호사를 사이에 두고 피고와 원고로 갈려서 토론을 한다. 새만금이 그랬다. 그러나 행정법원까지 가는 게 반드시 좋은 일은 아니고, 시작하기 전에, 디자인하고 준비하는 단계에서 국회 정책 청문회에서 전문가들이 계산 방법과 결론을 내린 이유들을 서로 설명하는 게 훨씬 더 효과적이기도 하고, 부드럽다.

국가의 규모는 점점 더 커질 것이다. 그리고 그 안에서 당사자 아니면 손대기 어려운 비밀이 점점 더 많아질 것이다. 학자적 양심은 사라졌고, 전문가의 규범은 아직 형성되지 않은 지금, 좀 더 서로 편하고 뒤끝 없이 진실을 말할 수 있는 구조적 장치들을 마련하는 것이 필요하다. 범죄에 대해서만 얘기를 많이 하는 것이 아니라 정책에 대해서도 서로 많은 얘기를 하는 것, 그게 선진국이다. 국민들은 이제 들을 준비가 충분히 되어 있는데, 거대 국가의 비밀주의 격벽에 갇혀서 전문가들이 입 꼭 다무는 것, 이런 폐쇄적 구조를 완화시키는 것이 우리가 맞추어야 할 퍼즐의 마지막 조각이다. 보복이 두려워서 전문가들이 입을 다무는 것, 이건 제도로 비교적 쉽게 풀 수 있는 일이다. 정부는, 자신들이 '을'로 부리는 전문가들이 너무 많은 것을 얘기할까 봐 두려워, 그들을 을의 세계에 영원히 가두어두기를 원한다. 그러나 길게 보면, 많은 것을 토론하고, 충분히 얘기하고, 같이 결정하는 것이 더 안전하고, 안정적이며, 돈도 덜 든다.

너희는 떠들어라, 나는 입을 다물 것이다, 이게 촛불 집회를 지켜본 말 없는 정부 쪽 전문가들의 입장이었을지도 모른다. 그러나 그들에게도 학자적 양심이 없는 것은 아니다. 그들의 삶과 안전을 보호해줄 장치는 이제 마련하면 된다. 국회를 통하면 그렇게 어려운 일도 아니다. 침묵이 길어지면, 사기꾼들이 다시 돌아오게 된다.

사기 치지 않는 나라 만들기, 그 마지막 퍼즐이 전문가의 비밀주의를 완화시키는 제도적 장치들이다. 언제든 원안을 만든 사람이나 계산을 담당한 사람이 국회 정책 청문회에서 증인으로 모든 것을 말할지도 모른다고 생각하는 것, 그게 청와대나 장관실에 쭈그리고 앉아 꾸미는 일들을 좀 더 투명하고 정직하게 만들어줄 것이다. 예나 지금이나, 시끌벅적하게 많이 떠드는 사회가 좀 더 건강할 뿐더러, 경제적으로도 효율적이다.

왜 이런 귀찮은 일들을 지금 해야 하는가? 우리 자식들이 우리보다 더 나은 삶을 살거나, 더 행복하기를 위해서, 지금 우리가 뭔가를 해야 한다. 그냥 입 다물고 가만히 있으면, 우리 자식들이 집단적으로 우리보다 더 어려운 삶을 살게 된다. 그리고 그 이유는 지금 현재를 사는 우리가 못난 짓을 했기 때문 아닌가? 서울 관악구의 합계 출산율 0.77, 지금 우리는 그곳으로 가고 있다. 변화를 만들어야 한다. 국가의 사기를 줄여야 한다. 국가는 그 존재 자체가 사기다. 사기를 아예 없앨 수는 없다. 그렇지만 지금보다 현저히 줄일 수는 있다. 그게 우리가 갈 길이다.

—

맺는 말

—

1. 하버마스와 힌츠페터, 철학자와 〈택시운전사〉의 기자

프랑크푸르트의 막내라고 할 수 있는 하버마스의 철학은 '공론장public-sphere'이라는 단어로 요약할 수 있을 것 같다. 사람들이 모여서 많은 논의를 하면, 결국은 많은 문제를 풀어낼 수 있다는 의미다. 너무 이상적이고, 백인 엘리트 중심주의라고 비판하는 사람들도 적지 않다. 모두 자신의 이익만을 위해서 얘기를 할 텐데, 그게 모인다고 좋은 결론이 나올 수 있을까? 토론은 빼고 손쉽게 여론 조사를 보는 편이 낫다고 생각하는 사람들도 꽤 있다.

독일은 산업혁명의 시대가 지난 후에 산업화를 했다는 의미에서 후발 산업사회로 분류된다. 영국이나 프랑스보다 뒤에 경제 발전을 시작했다는 의미다. 그리고 뒤처진 경제를 빠른 시간에 키우려고 해서 그런지, 결국에는 두 번에 걸친 세계전쟁의 당사자가 되었다. 1945년 패전 후 완전히 모든 것이 망가진 서독, 그들이 어떤 고민을 했을까? 모든 것은 무너졌고, 사회는 나치의 광기로 불신과 고통이 팽배했고, 나라는 베를린 장벽으로 두 동강이 났다. 그리고 그들을 불쌍하다고 하는 사람도 없다. 독일인들은 아마도 만나는 외국 사람에게 "미안합니다"라고 말해야 했을 것이고, 굽실굽실 거리면서 사과했어야 했을 것이다. 너무나 가난하고 비참해진 가해자, 그때 고립된 서베를린에 물자를 공급하는 일을 맡았던 갈브레이드의 책을 통해서 그 시절의 단편을 우리가 엿볼 뿐이다. 그렇게 무너진 나라가 무엇을 해야 하는가, 이 고민을 했던 사람들이 프랑크푸르트 학파다. 마르쿠제의 〈1차원적 인간〉과 같은 책의 시대적 배경이 무너진 독일이다. 그 고민이 끝까지 가서 학파 마지막 철학자인 하버마스에게서 나온 것이 공론장 개념이다. 그래도 우리가 모여서 열심히 얘기하고 고민하면, 조금은 더 나은 선택을 할 수 있다! 눈물 나는 얘기다.

영화 〈택시운전사〉는 상식과 용기를 가진 독일 기자 위르겐 힌츠페터가 광주에서 벌어진 일을 한국 외부에 알리게 되는 과정을 그린 이야기이다. 힌츠페터가 8살 때 독일은 패망하였다. 히틀러 시대에 태어났고, 43살에 광주에 도착하게 된다. 독일이 무너진 나라를 다시 세우기 위해서 공론장이라는 개념을 열심히 고민하던 시절에 청년기를 보내게 된다. 시선을 잠깐 뒤집어보자. 지금 우리의 40대 혹은 50대는 어떤 마음을 가지고 세상을 살아갈까? 한국의 기자가 1인당 국민소득 1,703달러 내외의 국가에서 벌어진 학살 현장에서 목숨을 걸고 진실을 알리는 역할을 이제는 할 수 있는가? 아마 많은 독자들이 즉각적으로, 절대 그런 일은 없을 것이다, 이런 생각을 할 것이다. 그런 멀고 먼 외국 말고 당장 우리나라에서 벌어지는 얘기들도 그들은 제대로 얘기하고 있지 않은가? 물론 그런 기자가 있을 수도 있다. 아니, 이미 있는데, 마치 독일 사회가 힌츠페터에 대해서 잘 모르는 것처럼, 우리만 잘 모르고 있는 것일 수도 있다. 그러나 한 가지는 확실하다. 독일 기자들이 패전으로 무너져버린 나라에서 공론장에 대한 고민을 한 것과, 그냥 책으로 배워서 개념만 알고 있는 우리와 공론장에 대한 고민의 깊이가 다르다는 것, 그건 확실하다.

경제사에서 독일 덕분에 생긴 개념이 하나 있다. '융커'는 프로이센 시절의 젊은 귀족을 뜻하는 말인데, 워낙 넓은 영지를 가졌고, 서구 사회에서도 유례가 없을 정도로 패악질이 심했다. 자본주의 이전의 경제의 모순을 지칭하는 핵심적인 개념이다. 우리 식으로 치면 '건물주' 혹은 '2세 건물주' 정도 될 것이다. 이 문제를 독일은 풀었다. 그리고 지금 경제적으로 가장 성과가 좋은 나라 중의 하나가 되었다. 지난 10년간, 한국은 종합주가 지수가 거의 제자리다. MB가 노무현에게 물려받은 코스피 지수가 순실이 감옥 가는 순간까지 거의 1900 내외로, 거의 같았다. 이런 패턴을 보인 또 다른 나라가 일본이다. 지난 10년간, 일본도 주식가치로 보면 별거 없었다는 얘기다. 내려간 나라도 있다. 영국, 프랑스 등 EU 국가들이 내려갔다. 결국 영국은 EU를 탈퇴하기로 결정한다. 그 와중에 올라간 대표적인 나라가 미국과 독일이다. 다른 EU 국가들의 주식이 내려가는 와중에 독일은 올라갔다. 정말 대단한 거다. 자본주의 후발주자였던 독일이 향후 10년간은 세계 경제의 트렌드를 끌고 갈 것이라고 사람들이 예상하는 이유다.

하버마스가 공론장 얘기를 꺼낼 때, 어떤 정당이 좋은가, 누가 지도자가 되어야 하는가, 이런 얘기를 하고자 한 것은 아니다. 그 시절에도 독일은 보수 정당이 강했고, 지금도 보수 정당이 집권하고 있다. 공론장 얘기의 핵심은, 두 가지다. 지금보다 나은 사회는 존재할 수 있다는 것, 그리고 누가 대통령이나 수상이 되느냐가 중요한 게 아니라 사람들이 뭐가 중요한지, 이 얘기를 적극적으로 같이 나누는 것이 훨씬 더 중요하다는 것이다. 현대 언론에 대한 핵심 이론은 하버마스의 공론장 담론 위에 서 있다. 그 말이 맞냐, 맞지 않느냐, 그 얘기가 언론 이론의 '뼈다귀'다.

　우리도 지금 같은 고민에 서 있다. 보수 10년, 나라는 완전히 무너져 내렸다. 뭔가 있는 것 같지만, 그 안의 핵심들은 다 빠져 있고, 껍데기만 남았다. 알짜들은 사기꾼들이 다 집어갔거나, 부수어버렸다. 독일의 하버마스가 공론장이라는 개념을 생각한 시기와 지금 우리 시대의 질문이 비슷하다. 독일은 융커라는 해소해야 하는 전 시대의 고민이 있었다. 사회를 장악한 융커들이 하자는 대로 했더니, 두 번에 걸친 세계대전과 패전 그리고 인종주의만 남았다. 그리고 우리에게도 지금 건물주라는 문제가 생겼다. 건물주들이 하자는 대로 하면? 그리고 건설사들이 하자는 대로 하면? 한국 10대들의 장래희망 중의 하나가 건물주다. 공론장을 진짜로 목숨 걸고 만든 나라가 패전 서독이다. 결국은 통일도 하고, 매우 강력한 경제도 만들게 되었다. 우리에게는 그 문제가 건물주다. 재벌+'찌게다시', 그게 지금 우리의 건물주 문제다. 신정부에서 50조 원을 도시재생에 쓴다. 대부분의 돈은 건물주 호주머니로 들어가게 될 것이다. 역설적으로, 과거에 국가가 조직적으로 저지른 사기 중에서 건물주 호주머니로 들어가지 않은 거의 유일한 사업이 자원외교일지도 모른다. 그 돈은 아예 외국으로 나가버렸으니까, 최소한 국내의 건물주 호주머니로 그냥 들어가지는 않았다. 설령 들어갔더라도, MB나 그 친구들의 건물에 들어가지 않았겠는가? 일반 건물주와는 별 상관없는 얘기다.

우리가 지금부터 만들어야 하는 사회의 목표는 명확하다. 청소년들의 꿈이 더 이상 건물주가 아닌 나라, 그게 우리가 목표다. 생활경제의 안전판이 부수어지고, 국가가 하는 거의 대부분의 '국책사업'이 돌고 돌아 결국 건물주의 주머니로 들어가버리는 나라, 이 문제를 우리가 풀 수 있을까? 서독의 철학자 하버마스가 공론장을 고민하던 순간이 지금의 우리와 크게 다르지 않다. 그러나 힌츠페터라는 독일 기자가 등장할 수 있는 배경은 지금의 우리와는 다르다. 영국이나 독일이나, 전부 다큐를 목숨 걸고 찍는다. 그리고 사람들이 열심히 본다. 자신들에게 공론장이 필요하다는 것을 이해하고 그걸 만들려고 한 나라와 그렇지 않은 나라의 차이가 아닐까? 돈도 안 되고, 재미도 없는 걸 뭐 하러 만들고 뭐 하러 봐? 죽고 싶지 않고, 망하고 싶지 않아서다. 융커들이 하자는 대로 방치하고 "우리는 힘없는 예술가니까", 이러고 있다가 진짜로 자기들 마을로 폭격기가 날아들고, 연합군의 탱크가 몰려왔다. 공론장은 다양하고, 복잡하다. 그리고 때로는 매우 어렵다. 그걸 목숨 걸고 만들고 지켜낸 독일이 드디어 경제적으로 영광을 보는 순간이 왔다. 우리에게도 그런 영광의 순간이 올까? 살아서 보고 싶다.

2. 마음의 점

10여 년 전, 스위스에서 봤던 한 장면을 마지막으로 길었던 이 책을 마무리하려고 한다. 그때 한 번도 배운 적도 없고, 생각해본 적도 없는 것을 보았다. '마음의 점'에 관한 얘기다.

마음의 점? 말 그대로다. 마음에 찍은 점, 점심點心이다. 점심을 어떻게 먹는가? 이게 그 나라의 사정을 생각보다 잘 보여준다. 밥공장이 있는 나라도 있다. 인도처럼 인건비가 싼 나라에서는 점심을 집에서 직장으로 배달하는 것이 직업이 된 나라도 있다. 나는 어렸을 때 도시락을 싸가지고 다녔고, 고등학교 때는 저녁까지, 두 개씩 싸가던 시절도 있었다. 지금 우리 집 아이들은 어린이집에서 점심 급식 한 번을 주고, 오전과 오후 간식 한 번씩을 준다.

내가 스위스에서 봤던 장면은 점심시간 전에 공장에서 몰려나오는 노동자들이었다. 현대중공업과 일을 하던 시절이 있었는데, 그때는 점심 때가 되면 노동자들이 공장 안으로 몰려들었다. 협력업체든 내부 직원이든, 외근 나갔던 노동자들도 점심 먹으러 공장 안으로 돌아왔다. 그런데 점심 때 사람들이 공장 밖으로 나가는 것은 그때 처음 보았다. 그들은 집으로 점심을 먹으러 가는 중이었다. 당시 한국에서는 학교 급식에 관한 논쟁이 한창이었다. 각자 싸온 도시락을 먹다가, 나라가 발전하면 단체급식으로 바뀌는 단계가 한 번쯤은 온다. 그리고 더 발전하면 집에서 먹고 싶은 사람은 집에 가서 먹고 온다. 엄마, 아빠, 자녀, 그렇게 점심 때 집에서 밥을 먹는 것은 스위스에서 실제로 보기 전까지는 들어본 적도 없고, 상상도 못 해봤다. 1인당 국민소득 5만 불 정도 넘어갈 때 그런 변화가 왔다.

우리나라는 편도 출근에 58분 정도 걸린다. OECD 최고다. 일본도 좀 길다. 40분이다. 가장 짧은 곳은 스웨덴, 18분이다. OECD 평균은 28분이다. 집이 20분 내외의 거리에 있고, 점심시간을 두 시간 주면 집에서 밥 먹을 만하기는 하다. 그 정도 선진국이면 가사도 엄마와 아빠 사이에 적절히 나누어져 있을 것이다. 지금 우리처럼 편도에 58분이면, 돈 주고 집에 가서 먹고 오라고 해도 할 수가 없다. 벌금 내라면 차라리 벌금 내고 말 것이다. 불가능하다. 우리도 원래 이랬던 것은 아니다. 1995년에는 편도 출근이 우리도 30분 내외였다. 2000년대 이후 미니 신도시 만들고, 토건붐이 불면서 온 국민의 출퇴근 시간이 길어졌다. '아파트 공화국'이 만든 또 다른 폐해다.

출퇴근 시간을 줄이는 것이 많은 나라에서 정책적 목표로 등장한 지 좀 된다. 그걸 '콤팩트 시티'라고 부른다. 일과 직장 그리고 학교 등 주변 시설이 좀 더 가까운 데에 있어야 한다는 의미다. 물론 우리나라에서도 '콤팩트 시티' 논의가 있기는 했는데, 실제로는 고층 빌딩을 더 많이 짓자는 의미로만 사용되었다. 그리고 상가와 아파트를 합치자, 주상복합 논의로 흘러가버렸다. 그러나 원래 의미는, 어떻게 하면 출퇴근 거리를 줄일 수 있을까, 그런 의미였다. 자족도시라는 개념도 있다. 집 근처에 직장이 있을 수 있게 디자인된 도시이다. 우리도 그 논의는 했지만, 멀고 먼 도시에 공장 부지 끼워 넣고 인허가 받을 때에만 사용했다. 그리고 결국은 공무원 서류에만 존재하는 개념이 되었다. 자족도시의 진짜 의미는 명확하다. 강남 집값 잡는 게 중요한 게 아니라, 궁극적으로는 강남으로 출퇴근할 필요가 없는 사회를 만들어야 한다는 것이다.

손학규 주도로 '저녁이 있는 삶'에 대한 논의가 한창 뜨거웠던 시기가 잠시 있었다. 우리에게는 노동시간 단축의 의미였다. 그렇게 우리가 어떻게 저녁을 집에서 먹을까, 된다 안 된다, 그러고 있던 시기에 많은 나라는 저녁은 당연하고, 점심도 집에서 먹는 흐름들이 생겨나고 있었다. 물론 이런 게 진짜로 여성들의 고통으로 끝나지 않기 위해서는 기본적인 식사는 남녀가 반분하는 정도의 남성 가사참여율에 대한 변화가 있어야 한다.

만약 오세훈이 무상급식이 점심 논의의 마지막 단계가 아니라는 것을 알았으면 어땠을까? 급식 다음 단계로 집에서 먹는 점심의 시기가 온다는 것을 그가 알았으면 아마도 무상급식에 시장직을 거는 그런 무모한 일은 하지 않았을지도 모른다. 공짜로 점심을 준다고 해도, 그보다는 집에 가서 먹고 싶어 하는 사람들이 늘어나면, 예산 걱정은 줄어든다. 그는 자기가 복지에 대해서 잘 안다고 생각했지만, 실제로 그 복지국가들에서 당시에 어떤 일이 벌어지고 있는지는 잘 몰랐던 것 같다.

국가가 토건으로 사기 치던 지난 20년, 우리나라 국민은 매일매일 하루에 한 시간씩을 도둑맞은 것이다. 전에는 평균적으로 한 시간에 가능했던 출퇴근이 지금은 두 시간이 되었다. 그걸 위해서 광역열차를 죽어라고 만들고, 간선도로를 엄청나게 늘리는 것은 누구 좋은 일이겠나? 국가가 우선적으로 해야 할 일은, 출퇴근 시간이 OECD 평균인 편도 28분 수준으로 돌아가게 하는 것이다. 그리고 스웨덴이 보여준 궁극의 복지는 출근 편도 18분, 이 정도면 정말 사람이 좀 숨도 쉬고, 생각도 하고, 독서도 하고, 놀기도 할 정도가 된다. 집에서 점심을 먹든, 사먹든, 급식을 같이 먹든, 개인이 선택할 일이다. 그러나 지금 우리에게는 집에서 먹는 점심은 평균적으로, 선택지 안에 아예 없다. 그렇게 편하고 즐겁게 사는 사람들의 노동생산성이 우리보다 세 배다. 스웨덴의 이케아가 들어오면 우리는 구경 간다고 난리 난다. 그 사람들은 본토에서 충분히 쉬어가면서 일한다. 우리는 두 시간 걸리면서 죽어라고 출퇴근하면서, 도대체 뭐 하는 짓이냐?

노동생산성, 문화생산성 그리고 창의성, 이 모든 것들이 결국은 출퇴근 시간의 함수에 걸려 있다. 21세기를 설명하는 복잡한 말들이 있다. 가장 단순하게 말하면, 집에서 점심 먹는 사람들이 돈 많이 벌고, 편해지는 시대가 21세기 아닌가? 지식경제, 창조경제, 복잡하게 말하지만 결국은 그 내용이다. 점심 때 집에 보내줄 수가 없으니까 구글은 호텔급으로 점심이라도 최고로 주는 것이고.

우리 모두는 매일 마음에 점을 찍는다. 물론 가끔은 못 찍기도 하고, 살 빼기 위해서 안 찍기도 한다. 직장인 중에서 집에서 마음의 점을 찍는 사람은, 거의 없다. 공식적으로 자기 직장에서 마음에 점을 찍을 수 있는 월급쟁이는 딱 한 명, 청와대의 대통령이다. 대통령 말고 맘대로 거기에서 점을 찍었던 사람이 순실이 아니냐? 대통령은 중요한 사람이니까 집에서 점심을 먹으라고 한 거 아니겠나? 한국 의전서열 2위인 국회의장도 마음에 점을 집에서 찍지는 못한다. 여의도까지 의장 공관 출퇴근 시간이 30분 정도 된다. 대통령만 집에서 점을 찍는다.

한국의 통치자 중에서, "지금 생활인이 즐거워야 한다"라고 생각한 유일한 사람은 세종대왕이다. 서경에 나오는 생생지락生生之樂이 세종의 꿈이었다. 살아가면서 생활인이 즐거운 나라, 그걸 꿈꾼 사람이라서 위대한 것이다. 나머지 사람들은 다, 자기만 믿고 참고 기다려달라고 했다. 물론 기다려달라고 하고 정작 자기는 도망가버린 지도자들도 몇 명 있다. 사기꾼들이 늘상 하는 얘기가, "믿고 기다려 달라"는 말이다. 물론, "가만히 있으라"고 그러는 사람들도 가끔 있었다.

직장인이 생활 속에서 즐거울 수 있는 필요 조건 중의 하나가 마음의 점을 집에서 찍는 것이다. 물론 충분 조건은 아니다. 지금은 월급쟁이 중에서 대통령 딱 한 명이 공식적으로 자기 집에서 마음의 점을 찍는다. 우리가 '국가의 사기' 시대를 해체하면, 궁극적으로 직장인들이 집에서 마음의 점을 찍는 단계가 온다. 경제 발전 시작하기 전에 사람들이 집에서 점심을 먹다가, 온갖 우여곡절 끝에 복지국가 궁극의 단계 혹은 생태도시 단계에 오면, 다시 집에서 점심을 먹게 된다. 겨우 집에서 점심 먹기 위해서 이 어려운 일들을 해야 하는가? 하여간 지금까지의 역사는 그렇다. 우리나라의 직장인들이 평균적으로 집에서 마음의 점을 찍을 수 있는 순간, 그 순간의 대통령이 대왕 세종을 뛰어넘은 궁극의 지도자로 역사에 남을 것이다. 세종도 말만 생생지락이라고 했지, 경제를 그 정도로 잘 하지는 못했다.

하루에 한 번씩, 우리에게는 마음에 점을 찍는 순간이 온다. 그 점이, 내가 누군지, 우리는 누군지, 지금 어디까지 왔는지, 그걸 보여준다. 우리가 이제부터 만들어야 할 '사기 치지 않는 나라'는, 평균적으로 학생을 포함한 직장인들이 OECD 평균치인 편도 출퇴근 28분인 나라다. 그래서 마음의 점을 집에서 찍고 싶을 때, 집에서 찍을 수 있는 나라다. 월급쟁이가 집에서 마음의 점을 찍을 수 없는데, 우리는 잘했다, 정말 잘했다, 이렇게 국가가 스스로 하는 얘기는 다 거짓말이고, 다 사기다.

마음의 점을 어디에서 찍는가, 누구와 같이 찍는가, 이게 지금 우리에게 가장 중요한 존재적 질문이다. 사랑하는 사람과 집에서 마음의 점을 찍는 것, 그게 행복이다. 우리 모두는 행복하기 위해서 태어난 존재다. 그리고 그 행복은 사랑과 함께 온다. 현대 자본주의가 찾아낸 궁극의 행복은 바로 마음의 점이다. 프로이드가 '사랑의 노동'에 대해서 말한 적이 있다. 사랑하는 사람과 직장에서 같이 노동할 수 있는 것, 그걸 프로이드는 인류 경제의 궁극적 모습이라고 생각했다. 그걸 정책적으로 구현해낸 것이 집에서 점심 먹을 수 있는 월급쟁이의 삶 정도가 될 것이다. 여러분은 지금 사랑하는 사람과 마음의 점을 찍고 있는가?